Cradles of Eminence

杰出轨迹
对话 700 位名人的童年

[美]维克托·戈策尔　[美]米尔德丽德·乔治·戈策尔
[美]特德·乔治·戈策尔　[美]阿丽尔·M.W.汉森　著

刘菁　译

北京出版集团
北京出版社

著作权合同登记号

图字：01-2019-8058

Copyright © 2020 by BEIJING PUBLISHING GROUP, Cradles of Eminence.

Copyright © 2004. All Rights Reserved. Published by arrangement with the original US publisher, Great Potential Press, Inc.

2020中文版专有权属于北京出版集团，未经书面许可，不得翻印或以任何形式和方法使用本书中的任何内容和图片。

图书在版编目（CIP）数据

杰出轨迹：对话700位名人的童年 /（美）维克托·戈策尔等著；刘菁译 . — 北京：北京出版社，2021.7

书名原文：Cradles of Eminence：Childhoods of More Than 700 Famous Men and Women

ISBN 978-7-200-16092-5

Ⅰ.①杰… Ⅱ.①维…②刘… Ⅲ.①名人一生平事迹—世界 Ⅳ.①K811

中国版本图书馆 CIP 数据核字（2021）第 010903 号

杰出轨迹
对话700位名人的童年
JIECHU GUIJI

[美]维克托·戈策尔　[美]米尔德丽德·乔治·戈策尔
[美]特德·乔治·戈策尔　[美]阿丽尔·M.W.汉森　著
刘菁　译

北 京 出 版 集 团
北 京 出 版 社　出版

（北京北三环中路6号）
邮政编码：100120

网　　址：www.bph.com.cn
北 京 出 版 集 团 总 发 行
新 华 书 店 经 销
河北宝昌佳彩印刷有限公司印刷

710毫米×1000毫米　16开本　25.5印张　335千字
2021年7月第1版　2021年7月第1次印刷

ISBN 978-7-200-16092-5

定价：96.00元

如有印装质量问题，由本社负责调换
质量监督电话：010-58572393

CRADLES OF EMINENCE

第一版作者
维克托·戈策尔 米尔德丽德·乔治·戈策尔

第二版增补内容作者
特德·乔治·戈策尔 阿丽尔·M.W. 汉森

以此书纪念米尔德丽德·乔治·戈策尔和维克托·戈策尔，并献给当今所有持续关注超常儿童的人士。

译者序 / CRADLES OF EMINENCE

  本书第一版的作者是维克托·戈策尔和米尔德丽德·乔治·戈策尔，他们是夫妻二人，戈策尔先生是心理学博士，戈策尔太太是中学英语老师。戈策尔太太在生了孩子之后，就辞职回家做了全职妈妈。戈策尔先生是这本书的第一作者，可是连他自己都说，这主要是因为他的名字后有"博士"二字。其实，大量的工作是他太太做的。她阅读了400位20世纪杰出人物的几千本传记，着重看有关他们童年时代的内容。从这些资料中，他们总结出了一些非常有趣的规律。但是因为这本书的第一版是20世纪60年代出版的，所以，书里所研究的杰出人物基本是20世纪早期和中期的人物。

  后来，本书在2004年再版的时候，他们的儿子和一名助手又收集了另外300位20世纪后期的杰出人物的资料，发现这300位杰出人物的经历验证了本书第一版中所讲述的规律。所以，现在本书第二版成了700位杰出人物的成长经历总结。虽然本书是研究文献，但是原作者的文笔生动有趣，所以大多数读者也可以读懂。直到今天，本书在人才学研究中的地位仍然非常重要。美国一些专门为有天赋儿童及他们的父母提供帮助的协会，仍然把这本书列为父母必读的重要书目。家长和老师读后，可以了解怎样培养孩子，年轻人读后，可以把它当作励志故事激励自己。

作者们写这本书的主要动机就是好奇：那些改变了社会和人类历史进程的人物，在他们成长的过程中，受到的是什么教育、什么熏陶？经历过什么挫折、打击？他们的童年有哪些共同点？

这些问题听起来简单，其实却很难回答。多数教育学研究都是短期的。比如，一组一年级孩子学钢琴，一组一年级孩子学奥数，到五年级时，看看哪组小朋友学习成绩好。但是，这种研究结果意义不大，看不出钢琴和奥数对孩子有没有长期影响。教育学研究也有长期的，比如，有一项非常有名的研究是由美国人刘易斯·特曼在1921年组织开始的。当时，他是斯坦福大学的教授，他和他的团队通过学校老师的推荐、测试，选出了1500多名超常儿童，对他们进行长期追踪观察，记录他们的家庭情况、生活状况、所受的教育、个人成就。特曼去世后，他的学生、学生的学生及后来人还在继续研究，一直坚持到最后一位被调查者离世。结果，这项研究硕果累累。但是，它对于回答"取得了重大成就的人有什么样的童年"这个问题，却没有帮助。因为这些超常儿童长大之后，绝大多数都没有取得重大成就。当然，这不能怪特曼他们没有预见未来的本事，"前瞻性"的研究都有这个问题。

本书使用的是"回顾"的方法，它选取的研究对象已经被历史证明是改变了社会的杰出人物。这些人成长过程中表现出来的共性在某种程度上可以称得上是"规律"了。有意思的是，有些"规律"很出人意料。比如，书里多次提到，在当今和在19世纪、20世纪，大多数杰出人物不喜欢甚至憎恨学校。这和现在流行的"学霸文化"现象正相反。其实，不是"学霸"有问题，而是很多孩子的能力无法在不因材施教的教育方式里显露出来。所以，老师和家长所面临的一个难题，也许就是从表象之中，看到每一个孩子真实的自我和他们的潜力，用适合每个孩子的方法、多样的成功标准，去帮助他们发挥自己的潜力。

再比如，这本书谈到家长对孩子成才所起的作用的时候，有两点很有意思。第一，对孩子影响最大的，不一定是家长手把手教孩子功课，把孩子送入名校，也不一定是苦口婆心教育孩子要成为一个什么样的人。对孩子影响最大的，是一个家庭作为一个整体所拥有的人生追求，是家长自己在努力成为一个什么样的人。这本书所研究的700位杰出人物，绝大多数都有精力充沛、热爱学习、为追求真理而不惜付出任何代价的父母。第二，舒适、幸福的童年并非一个人成才的保证。事实上，这本书揭示的一个"规律"是：多数杰出人物都遭遇过逆境。这绝不是说父母要故意给孩子制造逆境。而是说，父母大可不必惧怕孩子遇到困难，也不要把一切都为孩子安排妥当。

不过，与20世纪杰出人物童年时期的社会相比，当代社会已经发生了很大的变化，因此，书中的一些观察需要放在新的社会环境里解读。比如，第二章里提到：跟父亲关系亲密的男孩们长大后更可能是社会的反叛者、革命者，或者哲学家；跟母亲关系亲密的男孩们长大后往往会选择走艺术的道路。20世纪，多数女性在家做全职母亲，而现在的女性大多从家庭走向社会，有些还取得了不小的成就。再比如，书中提到，很多杰出人物都有事业失败的父亲，这些父亲敢于梦想、敢于试验，虽然他们在生活中碰得头破血流，但是他们的孩子继承了他们的"想象力"和"闯劲儿"，在时机合适的时候，取得了成功。如今，有想象力、有闯劲儿的母亲也有更多的机会去创造自己的事业，她们可能也与这几百位杰出人物的父亲一样，虽然对她们而言，获得成功并不容易，但她们的性格、心态，也有可能是她们的孩子事业成功的基础。

  当然，这本书不是成功宝典，不是说父母只要照着这本书给自己的孩子创造一个童年环境，他就能成为伟人。但是，这本书里大量的信息和发现，能够让家长和老师更好地理解有天赋、有创造力的儿童，在教育和抚养这些儿童的时候有更多的信心、更开放的头脑，还能够让我们意识到教育研究的重要性。这本书总结出来的有些"规律"是很让人惊讶的，这就更加说明，拍拍脑袋想出一些教育理念并不难，哪个家长、哪个老师都行，给自己的理念找理由也不难。但是，这些理念是否正确、是否实用，不可仅凭想象去判断，是要通过实践检验的。

刘菁
2021 年 4 月

序言 / CRADLES OF EMINENCE

当特德·乔治·戈策尔问我们，远大前程出版社是否愿意出版《杰出轨迹对话700位名人的童年》（Cradles of Eminence）的第二版的时候，我们感到非常高兴。本书的第一版于1962年出版，在当时非常受关注。《纽约时报》（New York Times）和《麦考尔》（McCall's）杂志都介绍了此书，作者们也应邀在全国各地发表演说。在那个时期，很多人对帮助儿童实现他们的价值感兴趣，而这本书的作者们——通过研读几千本杰出人物的传记——研究了400位[1]杰出人物的童年，试图发现他们的相似之处。这些儿童有没有特殊的机遇？他们所受的教育、所接受的行为规范，是否有特殊之处？他们童年时期的生活环境里有没有一些因素促成了他们日后的成功？

作者们发现，这400位杰出人物的童年经历确实有一些共同之处。虽然他们

---

[1] 本书第一版研究了400位杰出人物，第二版中增加了对300位杰出人物的研究。

成长在那些对学习充满热爱与激情的家庭里面，但是他们经常厌倦于正规的学校教育，有些甚至是在家学习的。他们成长在到处是书的家庭里，这些家庭里总是有让头脑活跃的谈话和对事物执着的看法。这使得这些人还在儿童时期就学会了思考，学会了清楚地表达自己的意见。他们的父母中至少有一位（通常是母亲）性格很强势，而这些强势的父母对自己的孩子充满信心。这些研究结果，以及书里所描述的其他结果，在本书刚出版的时候，非常引人思考，非常挑战传统思维，至今也一样。而且在今天，这本书读起来仍然非常引人入胜。

当你阅读本书时，你肯定会发现自己在思考这一切对于今天而言有什么借鉴意义。你或许与我们一样，会思考今天的世界在培养和支持优秀才能发展方面，是否延续着以前几十年的做法。现在的父母们在子女教育和生活上，是否像以前的父母一样给予关注？我们的学校在发现和鼓励具有远大前程的儿童方面是否比以前有进步？我们的学校是否给优秀的孩子提供了发展机会？

不过，归根结底，到底怎样算杰出？作者们鉴定杰出的方法是生平至少有两本传记来记录他们的人生。一般来讲，传记的主角都是那些在科学、医学、文学、世界和平、艺术、体育、政治方面做出贡献的人，或者以其他方式起领袖作用的人。

在多数情况下，当谈论杰出的时候，我们想到的是那些成为后代榜样的人物和他们的正面贡献。这本书里描写的绝大多数人都是这种正面的杰出人物，但是，很少有人的生活是完全没有起伏的。比如，我们知道，巴勃罗·毕加索、路易斯·阿姆斯特朗、弗里达·卡罗、威尔·罗杰斯、杰克·伦敦、埃丽诺·罗斯福、查理·卓别林、温斯顿·丘吉尔等人都经历过创伤重重的童年时代，但最终所有这些人都对社会做出了巨大的贡献。

在过去的一个世纪里，人的本性没有发生大的改变，或者根本没有变化，但是社会却有了极大变化。在本书出版后的40年间，世界出现了太多的变化，比如，生物医学、信息技术、全球化，等等。这些变化应该可以在很多领域里促进杰出人物的进步。当热爱询问的头脑希望寻求答案的时候，他们随时可以联网信息库来得到信息。在一代人的寿命之内，速递、电子邮件、互联网、传呼机、传真机、手机、卫星电视，以及可以存储音乐、书籍、电影、百科全书甚至装有整个图书馆信息量的 CD-ROM，就已经被接受，并视为常规。世界范围内的信息交换是迅速的。CNN、MSN 的即时新闻和互联网已经成为家喻户晓的东西，我们的世界变成了一个比以前小得多、连接得紧密得多的地方。

本书让读者瞥见在更早的一个时期内的社会里的家庭与社会生活。我们现在是否失去了那个时代的一些重要的东西？现代社会的信息工具在促进社会进步的同时，是否也让我们付出了太大的代价？它让我们的日常生活节奏戏剧般地加快了，但同时是否也妨碍了杰出人物的发展？

我们还记得，在本书出版了 10 年之后，有人做过预言，未来的先进技术会让我们有更多时间与家人相处、培养自己的业余爱好，而且我们肯定会实现每周 4 天工作制。但事实上，尽管有了那些"节省时间的发明"，但我们不仅没有得到更多的闲暇时间，多数人还认为我们现在能自由支配的时间更少了。在有自由时间的时候，我们的典型做法是从那些电子设备中得到娱乐，比如手机、电视、录像机、电脑，而不是独自创造乐趣，不是与家人共度时光。我们作为个体独自进行娱乐，而不是与其他人进行交流；我们更多地触摸键盘，而互相抚摸得越来越少。我们彼此之间、家庭内部，是否正在失去亲密的联结？技术的进步是否成了家庭内部沟通、人际关系、创造性思维与行为的障碍？它们是否干扰了我们的注意力，让我们对于世界上更重要问题的关注减少了，比如，环境污染、可再生能源，或者是人类的健康发展？如今，我们是否放弃了对学习的热爱之情，转而追求没有挑战性的娱乐？

本书所研究的全部家庭中，几乎至少有一位家长热爱主动学习。这些家长给孩子们读文学名著，在家庭的晚餐桌上讨论政治问题。事实上，这些后来成为杰出人物的孩子们的父母对于孩子的日常生活都是非常投入并积极参与的，甚至到了过于强势和"推"孩子的地步。他们鼓励有教育意义的活动，如旅行、学习、技能训练、阅读、下棋、手工制作。

这400位杰出人物中的大部分人在童年时期对学校有着强烈反感。对于他们敏捷的头脑来说，学校的节奏太慢了。这些人中，有很多中途退学，有一些跳了一级或两级，甚至更多级，还有的是在家里由父母或家庭教师来教，因为学校太缺乏挑战性。

戈策尔他们发现，有才能的孩子们常常不被老师认可，老师并不认为他们有很大潜能。事实上，有一些人甚至被他们的老师认为"没有求知欲"或者"脑子慢"。这些人包括托马斯·阿尔瓦·爱迪生、卡尔·门宁格、马塞尔·普鲁斯特、阿尔伯特·爱因斯坦、谢尔盖·瓦西里耶维奇·拉赫玛尼诺夫、贾迈勒·阿卜杜勒·纳赛尔，以及温斯顿·丘吉尔。

今天，同样的状况还存在吗？在今天，大多数教育者是否懂得聪明、有天赋的儿童具有什么样的特质？很遗憾的是，在今天，对于有天赋、有能力的学生仍然存在许多误解和不理解。很多天赋优秀的成年人告诉我们，他们在学校里极少接受过思维上的挑战（起码在进入大学之前如此）。同样还是这些成年人，现在，他们在抚养自己的孩子们，这些孩子们又同样在学校里没有遇到挑战。在一个循规蹈矩的教学大纲下，相同年龄的学生要学习同样的内容，缺乏挑战是不可避免的。对此，学校教师和行政人员给出的理由是，所有同年龄的小孩都应该在同一个年级上学，因为从长期来看，交往能力比学业上的挑战更重要。我们很怀疑是否真的如此。我们认为学业进步的机会与交往能力起码是同样重要的。本书里研究的很多杰出人物之所以获得重大成就，在很大程度上是因为他们挑战了传统的社会规范。

　　作为成年人，我们希望（且很多时候假定）聪明、有创造力的孩子能在学校里学到技能，接受挑战，发展他们的潜能、智慧、创造力，建立他们获得高水平成就的动力。但是很多教育方面的领袖人物发现，在当今很多学校里，似乎除体育外，教育的重点在于给予学生最基本、最低水准的能力，这种做法的结果就是降低了课业学习的要求，比前些年的要求还低。虽然说，让所有学生都能够起码达到一个最低标准是个可敬的目标，但是太强调这一目标就意味着学得最慢的学生得到了最多的关注和帮助，聪明的学生却被丢在一旁无所事事。他们已经掌握了老师所教授的内容，却只能停滞不前，直到所有的学生都达到了那一个年级的最低标准。有些人认为，我们的社会——至少在美国——也许正在不可救药地滑入一个反智状态，强调平庸，强调随大流，强调适应社会，而不强调创新、优异与创造力。

　　那么，那些聪明的学生到底怎么样了？最新的一项关于美国公立学校里超常教育的全面调查是在 1985 年进行的——本书第一版出版的 20 年之后。这项调查研究长达 4 年，最后的结果发表在《高能力学生的教育》（Educating Able Learners）这本书里。我们没有任何理由相信，从那项调查开始到现在，情况有任何好转。那项调查发现，有一半以上的公立学区的学监认为他们的学区里没有智力超常的学生，有 60% 以上的学校给超常学生提供的额外教育时间，每周只有 3 小时或者更少。在存在超常教育的地方，学校也只是选择那些显眼、容易被家长看到的教育方式，比如，把超常学生从各自班里抽出来几小时，或者送到其他场所几小时，进行集中授课，而不会选择那些更具有实质内容却不太显眼的方式。作为研究的一个部分，《高能力学生的教育》的作者们还访问了一些麦克阿瑟学者。这些人获得了由约翰·D.和凯瑟琳·T.麦克阿瑟基金会颁发的所谓的"天才奖",被认为在未来有可能成为伟大人物。他们被问及的问题包括过去哪些教育方式对他们而言最为有用。这些麦克阿瑟学者描述的教育方式,与现在大多数公立学校和私立学校能够提供给学生的都非常不一样。他们列举的有提早入学、跳级、导师制度,以及他们的父母对他们的教育十分亲力亲为。这些都与本书里所研究的那些杰出人物的正面的教育经历很相似。这些麦克阿瑟学者与这本书的研究对象一样,典型的心态是不喜欢学校,却喜欢一对一的学习指导方式。

现在的学校是否给了聪明、有天赋、有才能的学生更多的机会?这个问题的答案似乎是"很不平衡":有些学校给了这样的学生更多机会,大多数学校则没有。美国教育部1993年的一份报告说,美国正在浪费一项最宝贵的资源——学生的天赋、能力与学习热情。当今的学校给学生提供更多的学业和职业培训的科目、更多的课外活动。但是,对学业的要求有多么严格,却经常让人怀疑。我们确实可以找到专门的艺术学校,提供高级水平课程的学校,提供国际文凭的学校,以及各种各样的提供高级课程的私立学校和特殊的公立学校,这些学校可以为学生提供很强的学业教育。但是就算在大城市里,也得颇费一番工夫才能找到这样的学校。在美国的很多州,都有为超常学生办的特殊暑期学习项目。但是能够享受这些学习项目的学生,与需要这种项目的学生相比,只占一个很小的比例。

19世纪70年代早期,美国教育部长西德尼·马兰发布了《马兰报告》(The Marland Report)。在这个报告发表之后,大多数州都出台了一些服务项目,给有极大潜力的学生提供更好的教育。事实上,大约一半的州制定了法规,要求学校为有天赋、有才能、需要特殊教育的学生提供这种服务项目。不过,只有不到一半的州要求教师接受特殊训练,学习怎样教育有天赋、有才能的学生。在什么样的服务项目适合这些学生方面也有着很大的分歧。而且在有些时候,纸上写的对于实际发生的事情也没有什么影响。这些年来经费缩减，很多学校确实处于一个困难时期，很难满足所有学生的需求。

尽管有法规方面的硬性规定，当今的教育体系对于天才教育仍然存在着偏见，而且流传很广，这些偏见尤其针对那些比较"激进"的做法，比如，早入学、跳级、家庭学校。这些都是本书所研究的 400 位杰出人物经常采用的做法。在今天的学校里，流行的观点是：有天赋的学生并不需要特殊的帮助，因为如果他们真的那么聪明，那他们自己就能搞定学习。而且他们需要学会怎样跟其他的孩子相处，这样他们长大之后才能融入社会。

美国联邦政府与州政府对有天赋儿童教育项目的财政支持也很少。比如，在美国联邦政府用于教育的每一美元里面，只有不到两美分是用来支持有天赋儿童教育的。各州政府对于这些项目的支持力度多少不一，但是一般来说他们只支持最基本的项目。

最近，公立学校的另外一个变化也对有天赋学生有负面影响，那就是这些学校的学生现在必须参加标准化考试。现在，很多州要求三年级、六年级等的学生通过笔试才能够升级。聪明学生通过这些考试当然是不成问题。问题在于，如果学校对于让所有学生都达到最基本的、最低的要求过于重视，会使得超常学生得不到挑战、得不到拓展的机会。也许除了最低标准的考试之外，我们还应该考虑，是否需要考查学生相对于他们的年龄和年级来说超前到什么程度，这样才能保证给超常学生的特殊教育项目切实符合他们的实际水平。现在，学校老师压力很大，他们要给所有学生准备一年一度的学业考试，以衡量学生是否达到了"与所在年级相称的学业水平"。对学校的评估、对老师们的测评越来越依赖于这些标准化考试的成绩了，于是年复一年，老师们越来越为了这些考试而教学。也因此，他们给每个学生因材施教的时间越来越少，尤其是给那些超常学生的时间越来越少。

现在，学校里一个大趋势是越来越趋向"混杂水平分组"——也就是把很多处于不同水平的学生分在同一个学习小组里——以及"合作学习"，也就是一个小组里有各种水平的学生，他们互相帮助，一起完成一个项目。但是，本书指出，任何人要想杰出，必须学会独立工作，自己给自己确定方向，正如乔治·贝茨和乔琳·克尔彻所说："自治的学生。"

在今天的世界里，来自同伴的压力也是阻碍个性发展的一个因素。高人口密度，加上媒体的密集宣传，也影响年轻人的思维和行为。市场推广部门在推荐最新时尚方面很有一套，只有心理很强大的少年才能够抵御同伴的压力。但是，在很多领域里，尤其是在那些需要创造力的领域里，要想杰出，则需要非传统的作为及很强的个性。

我们观察到，正是因为上述的种种原因，家长越来越倾向于为有天赋和有才能的儿童选择家庭学校。就像书里研究对象的家长一样，给子女选择家庭学校的家长也通常有很强的、与潮流不符合的信念。他们不希望自己的孩子屈服于同伴的压力，去迎合潮流，甘于平庸。他们自己也对学习有着强烈的热爱，有很强的价值观，以及一种个人责任感。

但另一方面，如果我们的孩子有才能，作为父母，我们是否愿意让孩子成为杰出人物？我们很高兴地看到，特德·乔治·戈策尔和阿丽尔·M.W. 汉森两位在本书第二版中注意到了成为杰出人物所需要付出的代价。在很多领域里——很可能是大多数领域里——要想成为杰出人物，就需要专注、一意孤行，这就意味着要有选择地忽视一些其他应尽的责任。目前，仅有的几个关于有创造力的、有才能的成年人的研究都注意到，杰出的成年人往往显得怪异，别人可能会很难与其生活在一起。配偶、子女、同事、上级往往会在自己的需求被忽视的时候对那些杰出人物很不耐烦。与本书研究对象相似，当今最有创新能力、最有影响力的成年人，不管算不算得上杰出，都受到批评说他们"太紧张""工作狂""过于有新意""太敏感""太与众不同""太反传统""太自我"。

我们希望，本书第二版的出版，能够重新唤起公众的兴趣来寻找、培养——或者起码是容忍——那些可能正在成为杰出人物的人们。我们的世界如此复杂，我们面对的困难如此之多，我们在众多的领域里都需要有杰出人物的领导。我们需要有人来保护环境，需要有人来解决饥饿问题，需要有人发现疾病的治愈方法，需要有人发现新的能源，需要有人领导并实现社会正义，需要有人指引我们探索外部与内心世界，需要有人帮助我们学会如何和平地在地球上共存。我们必须培养今天的儿童成为明天的杰出领袖，让他们具有能力和特质去追求成功。

詹姆斯·T.韦布博士
临床心理学者
美国超常儿童联合会前任主席
远大前程出版社总裁、出版人

珍妮特·戈尔
教育学硕士
亚利桑那州教育部前任超常教育专家
远大前程出版社编辑

第二版前言 / CRADLES OF EMINENCE

当我的父母做了最初的研究并出版了本书第一版时，家长、教育工作者和媒体的反应都很热烈。《纽约时报》和《先驱论坛报》（Herald Tribune）第一次报道这项研究，起因是我父亲第一次在全国超常儿童协会的年会上报告了他们的研究成果。那次会议是1961年4月20日在纽约的亨利·赫德森酒店举办的。当时，《纽约时报》报道中拟的大标题是："学习是成功的金钥匙"。在正文里，这篇报道写道："一项对于20世纪400位杰出人物童年时代的研究表明，他们最常见的共同点之一是对于学习的热爱，尽管这里的学习不一定是正规的、有组织的学习。"《先驱论坛报》报道的大标题是："'疯狂'绝少是天才的标志"。文章开头是这样的："天才不是疯子，但是那些功成名就的人能够摆脱他们的环境、他们的成长经历及他们的学校带给他们的枷锁，前提是，如果他们的家庭里有对学习的热爱和有足够的向上的动力。"

当我父母的研究被报道的同时，著名的妇女杂志《麦考尔》也发表了我父母为其撰写的文章。《麦考尔》杂志上的文章是以 5 个导读重点开头的：

- 一项对 400 名杰出人物的研究显示，他们当中没有一个人有舒适的童年。
- 几乎所有人的父母当中，都至少有一个有理想，并有动力去追求自己的理想。
- 大多数人的父亲和母亲都非常有自己的见解。
- 很多父母持有反传统的主张，让周围的人吃惊甚至反感。
- 很多父母，特别是母亲，在孩子的生活里有着强势的地位。

《麦考尔》杂志上的文章还说："在童年时期，这 400 人几乎不喜欢学校，也很少有人喜欢他们的老师。但是，如果用今天广为接受的测试来衡量，几乎所有人都显示出超常儿童的特征。"这项研究引起了很多读者的共鸣。在 1961 年，很多家长和老师都开始重新思考 50 年代流行的那种一刀切的教育方式。他们的担心是，那些"按照不同的鼓点行进"的孩子不容易融入他们的社区或者学校里的主流"文化"。我们是应该帮助这些儿童去"适应"环境，像很多心理学家和教育工作者呼吁的那样？还是应该尊重甚至鼓励这些儿童的与众不同？

1962 年，这本书被利特尔和布朗公司出版后，受到了广泛的关注。它的读者群包括家长、教育工作者，以及其他只是对于名人的童年感到好奇的人。我父亲成为这本书的第一作者，只是因为他有个心理学博士学位，让人觉得这可能会让书更加畅销。但是这本书背后的大量工作其实是我母亲做的，她原本是高中英语老师，在 37 岁生了第一个孩子之后就辞了职。她既有时间也有兴趣去挖掘一个丰富的信息库：正式出版的名人传记。这个信息库几乎被职业心理学家完全忽略掉了。

传记是个丰富的信息来源，但要把它用在科学研究里，却不是容易的事。没有任何心理学家花时间读过几百本传记，然后进行分析，以找出它们之间的共同点。幸运的是，大多数传记作家只用几个章节来讲述主人公的童年时代，大多数也都包括了我母亲需要的基本的信息。她很喜欢在图书馆一泡就是一天，或者把书带回家里，读那些重要的、有成就的人的童年故事。

读者们常常认为本书对他们而言是一个激励，也把它推荐给其他人。在很多年里，利特尔和布朗公司一直在持续出版这本书，在本书第一版出版了大约20年之后，他们发行了软皮版本。当他们最后决定不再出版这本书的时候，读者们对这本书的兴趣也没有减弱。在2003年，如果在谷歌上搜索本书，会找到905个链接，这些链接大多来自于受到了这本书激励的人们。有些评论在网上经常被引用。詹姆斯·多布森博士总结了这本书的发现，他认为本书应该"怎样在你家里被运用是一件十分显而易见的事。如果你的孩子有过惨痛的经历，或者身体有残疾，不要放弃。一定要帮助孩子发现自己的强项和天生的能力，并用它们来战胜残疾"。多布森博士是"关注家庭"（Focus on the Family）组织的创办者，该组织是非营利的，它拥有自己的广播和电视节目。该组织的网站宣称，多布森博士的评论每天有2亿人收听。

默里·彼得斯是加利福尼亚州科其兰姆学区的超常教育资源老师。他在2003年3月6日的《新闻小报》（*Newsletter*）中写道："我对有天赋的学生'成绩低于能力'的现象一直担心，但是读了本书，使得我在这个问题上得到了启发。"他在当地图书馆放了几册这本书，敦促家长们都去借阅。他还说："读了这本书，会让人感到要去接受那些有巨大潜力却很难适应现行教育体系的学生。"

"红色小屋校舍"（The little Red School House）网站的苏茜·雷德说："我是在搜索亚马逊网站的时候找到这本书的，可是它最低的售价也要50美元。我希望你们都能在图书馆找到这本书。它真的让人大开眼界。"美国驻欧洲军事指挥部出版的《佩德罗之角》（*Padre's Corner*）期刊意在提供启迪、幽默，发人深省，它的2002年4月期刊里引用了书里的发现，标题是"成功人士与痛苦际遇"。文章提出，书中的人物之所以最终获得了杰出的成就，很可能是因为他们用一个方面的杰出成就来弥补另外一个方面的不足。

本书还出现在很多给父母的阅读书目上，特别是给超常儿童的父母，考虑让孩子在家学习或者采用其他非传统教育方式的父母。这本书已经很难找到。通常亚马逊网站上会列出几本旧书，有些旧书商手里也有，但是这些经常价格不菲。在写下这一段落的时候我查了一下，最便宜的一本开价92美元。有一本有维克托在扉页签名的，居然开价200美元。我决定在我的网站上登出一段书里的摘录，然后，我就开始时不时地接到读者问询，在哪里能够找到这本书。有一位女士在本地的图书馆找不到这本书，但是她很急切地想读，因为"我有一个还很年幼的孩子，我非常想从这本书里学到我能学到的一切……因为有一天，它或许会应用到我孩子身上"。

一位英国读者写道："我在英国唯一能找到的一本是在大英图书馆里。为什么没人重印这本如此有价值的书？谁拥有它的出版权？如果有足够的人提出要求，也许有人会再版这本书。"

一位美国女性问道："谁拥有《杰出轨迹 对话700位名人的童年》和《300名杰出人物：对杰出人物的心理与社会分析》（*Three Hundred Eminent Personalities: A Psychosocial Study of the Famous*）的版权？它们有没有可能再版？……从我经手的市场、家庭学校的市场来看，我觉得它们很可能有至少几千本的销量。"

我的父母已经去世了，他们没有想到需要指定一个出版物执行人。我哥哥约翰是他们的遗嘱执行人，他允许我来办理这本书的再版事宜。利特尔和布朗公司交出了版权，我向远大前程出版社的总裁詹姆斯·T.韦布博士提议再版此书，他欣然同意了。

除了再版本书第一版的原文之外，我认为对它进行一些补充是必要的。从1962年到现在，发生了很多事情，读者也很自然地想知道，过去的研究所得到的结论是否还正确。我们做过一些后续研究工作，包括在1978年我帮助我父母写了《300名杰出人物：对杰出人物的心理与社会分析》；1992年，我还出版过另外一本传记比较研究——《转移立场与坚持立场的人：政治信念与信念失落之间的动态平衡》（Turncoats and True Believers: The Dynamics of Political Beliefs and Disillusionment）。其他作者也做过类似研究，有两位以非常精彩的统计方法证实了书中的结论（详见第十二章）。

在这些书籍出版之后，社会发生了一些重要的变化，性别角色和男女之间的关系肯定是有了变化。本书中的很多人士的母亲把她们的生命投入到孩子的事业中去，即使在孩子长大成人之后还是如此。在今天的世界上，越来越多的母亲有自己的事业。学校也变了，更加意识到创造性和多元化的重要性。很多家长选择自己在家里教育孩子，使用在互联网和其他地方很容易就可以得到的教学大纲。就像本书一再揭示的那样，聪明的学生想要发展他们的潜能，父母的投入是至关重要的。

也许，今天的杰出人物在学校里的日子会好过一些，不会像本书中的多数人物那样认为学校是个让人很不愉快的地方。事实上，在应该怎样对待有天赋、超常儿童方面，本书也许促成了一些变化。我们希望，新的补充内容可以促成更多的变化。

如果想要彻底修订本书第一版，更新样本，就需要仔细阅读成百上千本传记的前面几章，而这可能需要几年的工作。这种做法会积累足够的材料，写一本新书。在将来，我们也许会做这件事。但是在目前，我们决定再版本书的第一版原文，在文字上做一点澄清。我们增加了 2003 年的增补内容（第十二章），集中讨论自本书第一版出版之后的一些发展趋势。

  我很幸运地能够请到我的继侄女阿丽尔·汉森来帮助我做这项工作。阿丽尔刚刚从哈沃福特学院毕业，希望在新闻界找工作。她的兴趣是做一名科学记者，她有热情，也有能力来帮助我继续我父母的工作。借着她的帮助，我们在最后一章里加入了研究 1995—2003 年新出版的传记所得到的一些结论，以此作为对本书在 21 世纪到来时的补充。

特德·乔治·戈策尔

第一版前言 / Cradles of Eminence

> 在事实面前，像小孩子一样坐下来，做好准备，放弃所有已经形成的观念，谦卑地跟随大自然，让它带你去到任何难以想象的目的地。否则，你将一无所获。
>
> ——T.H.赫胥黎

人类最宝贵的资源是有天赋的儿童，对于如何培养这些儿童，我们有着极大的好奇心，这种好奇心使得我们进行了这项调查，研究了20世纪杰出人物在成长过程中的情感与智识环境。有些杰出人物是邪恶到了极点，有些则做了大好事。但是多数是规划、建立了新的社会组织，给人们建立了新的思维框架，或者为人类的文化宝藏加入了新的内容。我们用杰出一词来描述这些人物，是因为他们重要到了同辈人要为他们写传记的程度。

要想了解人与人之间的共性与不同，我们需要研究一个大的样本。杰出人物是来自农村、乡镇还是城市？公众眼中的名人是否来自有爱心、有自由的家庭？他们的童年是否很快乐？他们是否通常很健康？

我们整理出来的名单（附录）很可能会让未来2065年的评论家和学者感到好笑。在历史上，任何一个时代的人都没有聪明到可以看出有哪些同时代人会得到未来学者的高度评价。尽管如此，我们也可以自信地宣布，这份名单来自于无数人的判断和选择：所有读书、写书、买书的人，评论家，作家，编辑，出版商。

我们最后用来选择研究对象的计划是这样的："如果一个人出生在美国，而在新泽西州蒙特克莱尔公共图书馆的传记部有他的两种或者以上的传记，此人即可以被列入我们的研究名单；如果一个人在美国以外的地方出生，那么，如果在新泽西州蒙特克莱尔公共图书馆的传记部有其一部传记，即可以被列入我们的研究名单。但是我们只列入那些20世纪在世的人，而且他还要被起码一种标准参考书收录过。"

这个计划经常让我们感到头疼，我想任何人如果对和自己同时代的杰出人物有强烈的好恶，都会对这样的计划感到头疼的。拉尔夫·邦奇，在1950年获得了诺贝尔奖的非裔美国外交官，就没有进入我们的名单，因为图书馆里没有给成年读者写的关于他的传记。威廉·科迪（野牛比尔）倒是被收录了，因为在蒙特克莱尔的公共图书馆里有5本他的传记，跟爱因斯坦的一样多。这倒不是图书馆采购员的过错。它反映的是一种普遍现象，即科学家的传记太少了，它还反映出的是公众对威廉·科迪的兴趣。不过，值得注意的是，同一个图书目录里还有21本与爱因斯坦有关的非传记书籍，而与科迪有关的则一本也没有。

我们受到过一些邀请，在社区组织里介绍我们的研究。总的来说，在提问的时候，男性对待我们的态度是很好的。他们可能很愿意听到这样的事例：有很多父亲没有能够达到自己的目标，但是他们的孩子们却没有受到什么影响。

听众中的母亲们很喜欢听奥尼尔、伍尔夫、契诃夫等人物的不幸遭遇，但是等我们历数了各种不幸遭遇之后，她们又抵触起来。她们错误地认为，我们是在鼓吹要虐待孩子以激发他们的创造力。我们唯一能够做的是一再强调，我们是汇报一项研究成果，我们自己也没想要在家里当恶魔，以使我们家的3个儿子将来成为剧作家或者小说家。在当今，也许既有创造力又能生活舒适是有可能的。我们怀疑它的可能性，但是我们的怀疑不具科学性。我们强调，我们跟生活在几十年前的那些父母养育孩子的方式无关，是他们养育了他们的孩子，不是我们。在我们的经验里，不管是否合适，母亲们比父亲们更容易把听来的每一句话都拿到自己孩子那里去对号入座。

我们个人并不认为我们研究的所有人都同样的出众，所以，我们依靠已经出版的资料来判断谁是杰出人物，这样做相对客观一些。时间才是唯一的评判，它可以决定谁是真正的杰出人物，但是人们总是会有不同意见，这对我们来说不是一个大问题。在我们的样本里，有一些最少为公众所知的人物写了一些最有洞察力的书，讲述他们家里发生的事情，给了我们一些最好的启示，让我们看到家长和教师应该做些什么样的事情，去教育和养育聪明、有好奇心的孩子，不管他们的天赋到底如何。

在蒙特克莱尔公共图书馆里有着最多种类的传记的是：富兰克林·德拉诺·罗斯福，28种；莫罕达斯·卡拉姆昌德·甘地，21种；温斯顿·丘吉尔，20种；阿尔伯特·施韦泽，17种；西奥多·罗斯福，17种。在纽约公共图书馆借阅处的统计是：丘吉尔，27种；罗斯福，26种；甘地，20种；施韦泽，16种；西奥多·罗斯福，16种。在一个大致的地理范围之内，比较有规模的图书馆的传记类藏书都大同小异。

我们选择蒙特克莱尔公共图书馆，是因为它是离我们最近的、规模足够大的图书馆，它有一个收藏很丰富的传记区，开放书架上有几千册传记。凑巧的是，这也是全美国第一个使用计算机系统来跟踪借书记录的图书馆。蒙特克莱尔是一个很富裕的大城市附近的郊区城市，以住宅区为主，有4万人口，有很高比例的专业和商业人士。

如果我们在检索了蒙特克莱尔公共图书馆目录之后，在把某个人列入了我们的杰出人物名单之后，我们阅读他的资料的时候，这些资料就可以来自任何地方。我们用过纽约公共图书馆，纽瓦克公共图书馆，印第安纳波利斯州立公共图书馆，托利多公共图书馆，加利福尼亚州公共图书馆圣塔巴巴拉、文图拉和洛杉矶分馆的资料。我们也使用了自己的藏书、朋友的藏书，以及参考了书店及商业性质的图书馆的资料。我们通常用《图书出版》（*Books in Print*）来寻找有哪些资料是可以找到的，同时也确认一下我们有没有漏掉哪个真正重要的杰出人物。

有时候我们会后悔没有放宽标准，把只有一本传记的美国人也收录进来。但是"有一本传记的美国人"就会包括很多并没有取得重大成就的政客、运动员和演员。在外国出生的美国人的传记不太可能引起人们的兴趣。所以，我们收录其他国家杰出人物的条件是其有一本传记即可。但是我们排除了那些因为从父辈那里继承了某种地位才有传记出版的人。

我们经常遇到的一个问题是："你们认为这些杰出人物就像今天那些智力测试分数很高、被称为'超常儿童'的孩子吗？"

这些最终成为杰出人物的孩子们，很多都跟当今智力超常的孩子们一样，拥有出色的逻辑思维能力和识别事物之间关系的能力。他们对知识充满好奇心，有很广泛的兴趣，可以非常有效率地独立工作。他们表现出来的最卓越的能力是阅读能力，很多是在4岁的时候就可以独立阅读。几乎所有人在很小的时候就阅读了大量优秀图书。他们是有原创性的思想者，对机械训练和循规蹈矩没有任何耐心。他们很可能会受到玩伴的排斥，很可能有重视学习的父母。他们中的多数来自中产阶级专业人士或者商业人士的家庭，他们的兄弟姐妹也都很有才能。这些后来成为杰出人物的孩子们,如果用今天的智力测试来衡量,可能多数都会得到高分数。

有些人可能会质疑把传记作为资料来源是否可靠。我们得承认,我们无法确定这些作者是否说了真话,只能报告他们说了什么。我们给自己选定的任务不包括检验一个人谈论自己的时候是否说了实话,或者传记作者是否说了实话。我们只希望我们能够准确地总结他们的叙述,在选择材料的时候适当取舍。不过,想说假话或者误导别人其实也不一定像人们想象的那么简单。

亨利·M.斯坦利是在非洲找到了利文斯通医生①的那个人。他就试图隐瞒利文斯通医生的国籍,以及他是私生子的事实。当人们知道了利文斯通医生真实身份的时候,后果对亨利来说,是灾难性的。亨利晚年在自传里讲述了他真实的生活故事。据我们所知,亨利是我们的研究对象中唯一一个试图说如此大的谎言的人。在多数情况下,资料出现错误,是当事人的疏忽,而不是刻意的误导。

在弗洛伊德学说出现之前,很多人都说过类似于卡内基说过的关于他母亲的话:"在我父亲去世之后,她就完全属于我了。"在那之后,有一个阶段,一些惴惴不安的作者生怕显得自己天真,或者暴露一些致命的弱点,所以那些有可能会被拿来用精神分析法进行诠释的事情就都被忽略不提了。在当代,人们对自己的行为意识得格外清楚,这些行为被弗洛伊德理论认为意义重大。在人们忽略一些事实、保留另外一些事实之后,我们得到的只不过是一部分事实,但是这比全部不实之词还是要更好一些。我们希望的是,被我们当作事实的说法来自很多不同的资料,把这些资料加在一起,使得说法与事实更接近。所以,当托马斯·曼说"我憎恨学校"的时候,我们就凭这样直截了当的说法,把他归入非常不喜欢

---

① 利文斯通医生:苏格兰传教士、医生、探险家、社会改革家。在非洲生活和探险多年,他的事业和奇遇引起了很多欧洲人对非洲的兴趣。他一度有6年与外界完全断绝联系,是威尔士的记者亨利·M.斯坦利在非洲某小镇找到了他。

学校的那组人当中去。

有些传记作者会有一种倾向，就是喜欢传达那些比较老生常谈的观点，传记主人公和他的家庭成员们的一些很平常但很坦率的说法常常不被提到。所以，在某些传记有关主人公家庭成员的叙述里，克莱门斯、弗洛伊德和丘吉尔的母亲都有与传统相左、丰富多彩的性格，而在另一些传记里，她们的形象就不是这样的，因为这部分作者更愿意传达那些被广泛接受的典型的形象，或者想给一个事先设定的性格发展脉络寻找支持。

如果有可能，我们就尽量使用这些人的自传，或者是家庭成员、邻居、关系密切的朋友的记载，再加上用简单、没有专业术语的语言描写的这些人物所经历过的事件和他们的行为。

在20世纪50年代，我们曾经给一本教科书撰写了一章关于"有天赋儿童"的内容。这本书的书名是《超常儿童临床心理学》（The Clinical Psychology of Exceptional Children），当时是由C.M.洛蒂特教授主编，现在他已经去世了。从那以后，我们对刘易斯·M·特曼在1910年前后选出来的有天赋儿童就有了更高的兴趣。这些儿童是由加利福尼亚州的教师推荐出来后接受了测试，这1500多名学生的智商在140以上，从那个时候开始，他们就一直被当作研究对象。这些研究结果发表在"天才的遗传性研究"（Genetic Studies of Genius）这一系列丛书里。丛书的第五册是《天才群组的中年》（The Gifted Group at Mid-Life），于1959年出版。这本书把这些人描述成生活舒适、有经济基础、性格保守、工作出色的公民。他们有建树的领域主要是科学，其中有3个人还被评选为科学院院士，但是他们普遍缺少在与美学相关的领域里的成就。

我们也观察到，一些智力超常的儿童在成年之后不费力就给自己找到了适合且待遇优厚的工作，但是这些工作却无法给他们带来智力上的挑战，无法让他们从中获得深度的满足感。同样是这些人，在童年时代，家庭经济条件优越，不乏安全感，接受的是最好的教育。而当我们阅读杰出人物的传记的时候，我们看到的是让人兴奋的、喜欢探索的、有创新的人，但在童年时期，他们却经历过创伤、各种条件的匮乏、烦恼、冲突，而所有这些，通常会被人看成精神疾病的诱因或者会让人走入歧途。在课堂上表现出色、后来会成为有能力但是没有创造力的成年人的那些人，和在学校里不成功、后来却影响了一代人的那些人相比较，他们之间的差异是难以解释的，这种差异越来越有力、越来越持续地挑战我们，让我们对其无法忽视。

我们决定研究那些比特曼的样本更加有创造力的人群。我们寻找的是更加投入到政治和社会改革活动中的人，是在音乐、艺术、文学方面更有天赋的人，是那些挑战我们的文化常态的人。如果在我们之后的一代或者几代人中有像爱迪生、爱因斯坦、托马斯·曼这样的人物，我们希望能够预见他们的未来，并且帮助加速他们前进的步伐。

从 1957 年开始，我们会时不时地在图书馆里疯狂地阅读传记类图书，我们在演讲中用了很多从书里搜集到的资料。有些荒唐的是，当我们给听众做如下的有点恶搞的游戏的时候，学教育的研究生还不如家长教师联席会的成员猜得准。在这个游戏里，我们让几组听众听如下几名儿童的情况，然后让他们预测这些儿童的未来。我们的问题是：5 年之后，他们会是超常儿童，还是普通儿童？他们心理发育正常，还是会有心理问题？他们会有精神疾病，还是会行为不端，或者智力有缺陷？

第一例：女孩，16 岁，孤儿。母亲与酗酒的父亲已经离异，父亲早已去世。母亲把孩子托付给外祖母照料。母亲很排斥这个长相平平的孩子，她撒谎，还偷吃甜食。5 岁的时候，为了吸引别人的注意力，她曾经把硬币吞到肚子里。父亲很爱这个孩子。有很多年的时间，孩子都生活在"白日梦"里。在梦里，她是父亲家里的女主人。寡居的外祖母管不了住在家里的孩子的4个姨妈和舅舅。年轻的舅舅也酗酒，还曾经离家出走，也不告诉老母亲他的目的地。有一个姨妈则因为爱情方面的纠葛，把自己关在房间里。外祖母觉得她在教育自己孩子方面是失败的，所以，她下决心要对外孙女更加严格管束。她给外孙女打扮得很古怪，不让她和朋友玩，为了让她后背挺直，给她戴矫形器，还不许她去上学。而在这个女孩的父亲家族里，姑姑是残疾，叔叔有哮喘病。

第二例：男孩，高中毕业班学生。他从医生那里搞来患有神经衰弱的证明，需要休学6个月。男孩不是一名全面发展的好学生，没有朋友，老师认为他是个问题学生。他说话很迟，父亲因为儿子体育差而觉得很丢脸。男孩不适应学校生活。他举止古怪，父母觉得他"另类"。

第三例：男孩，6岁。出生的时候头很大，因此，他被认为有脑源性发热。在他出生之前，家里的前3个孩子都死去了。亲戚和邻居都觉得这孩子不正常，但是，他的母亲不觉得。被送进学校之后，他被老师认定有精神疾病。母亲非常愤怒，让孩子从学校退了学，她要自己教孩子。

这上面的3个例子中的孩子分别是罗斯福、爱因斯坦和爱迪生。但是我们的听众却认定他们一个行为不端、一个脑子有病、一个弱智。之后，我们给听众讲了以肤浅、片面的信息为基础做出仓促的结论是危险的，强调了客观测试的重要性和要研究足够的案例才能做出合适的判断。听众也"回击"了我们，他们多次逼我们承认，我们无法解释，为什么不幸福的家庭里出来的这些孩子会有很强的适应能力，以及会取得不错的成就。

在研究过程中，以及在写本书的过程中，我们收到了其他问题和我们需要做的其他工作的干扰。在正常情况下，戈策尔家里人做正式研究的领域只限于精神病患者的康复。后来我们得到一次机会，在全国超常儿童协会的年会上报告我们的初步成果。这就为我们的业余研究兴趣提供了一个渠道，让我们继续研究杰出人物童年时期的情感和智力环境。我们的动力是我们的好奇心及听众的热情。

《纽约时报》的教育记者伦纳德·伯德报道了我们的初步成果。国内和国外的公众的迅速反应让我们知道，很多其他人也像我们一样有着好奇心，想了解那些后来成了杰出人物的孩子是被父母以什么样的养育方式抚养长大的。所以我们就继续开展这项工作，把研究做完，并且写完这本书。

我们故意把这项工作看成家庭作业，想连续阅读几个星期，却不事先确定自己要寻找的是什么。我们决定，我们这个团队当中的至少一个人应该把我们样本里每一个人物的所有材料都读一遍，对他们的家庭里的情感与智力的氛围有一个全面的印象。比如，我们是在读了好几百本书之后才发现书中一再出现的父亲的失败是一件值得注意的事情。如果把书分给好几个人来分头读，这种现象就不会被注意到。这个我们在业余时间自发开展的研究项目是一份真正出于热爱的工作，因此，也给我们带来了真正的快乐。

因此，在我们与这400人"亲密接触"的两年之间，被吸引到这个圈子里的人是利特尔和布朗公司的耐心且有远见的编辑埃伦·D.威廉斯，以及我们的私人朋友阿尼塔·克雷默。她从自己的家庭责任中抽出时间，义务为我们打字和做研究助手。

在满足我们好奇心的过程中，我们找到了几个答案，也提出了一系列新的、让人感觉不一定舒服的问题。

维克托·戈策尔
米尔德丽德·乔治·戈策尔

目录 / Contents

第一章　尊重学习与成功的家庭／1

　　勤奋努力、追求上进的父母／9
　　直到老年还热爱学习的父母／23
　　家庭的价值体系／30

第二章　有强烈主观意志的父母／33

　　家庭里的反叛／37
　　继承和发扬了父母的强烈主观意志的孩子们／39
　　与父母选择了相似道路的孩子们／42
　　有强烈主观意志的家庭中，那些与父亲关系亲密的儿子们／45
　　遭遇了死亡、牢狱、流放的父母们／51
　　社会地位与固执己见／54

第三章　屡败屡战的父亲／57

酗酒的父亲／70
容易失败的父亲对孩子成长的贡献／83

第四章　强势的母亲及少数强势的父亲／87

母权家庭／91
有特殊才能的儿童们／93
强势的母亲们／96
妻子与母亲的作用／101
强势的父亲们／105

第五章　过度关爱孩子的父母／111

常常过度控制孩子的单亲母亲们／121
过度关爱孩子的父亲们／124

第六章　"问题"家庭／133

不忠实的妻子和丈夫／150

第七章　没有大问题的家庭／159

第八章　不完美小孩／183

失明与视力缺陷／186
个头小／193
肢体残疾／195
肥胖／201
体弱／205
其貌不扬的孩子，英俊美丽的父母／210

第九章　早期的痛苦／217

"插足者"情结／220
孤儿与半孤儿／225
非婚生的孩子／227
胆小的男孩与敢于冒险的孩子／231
语言障碍／233
不良少年与反叛者／234
在杰出人物成长的家庭里很少有人患有精神疾病／239

第十章　不适应学校／249

被人认为无趣和学业失败的儿童／256
休整时期的重要性／264

　　　　不抱怨学校的是少数／266
　　　　家庭教师受到欢迎／268

第十一章　"离开永远摇着的摇篮"／281

　　　　总结我们的研究结果／284
　　　　与其他研究比较／286
　　　　性别认同／288
　　　　有创造力的学生被学校视为问题儿童／289
　　　　当今与这 400 位杰出人物成就相当的人／293

第十二章　当今杰出人物的摇篮／307

　　　　总结／333

附录／341

第一章

尊重学习与成功的家庭

| 第一章　尊重学习与成功的家庭 |

> 爱因斯坦直到临终前都致力于物理学研究。很有趣的事情是，他的研究和与他同时代的几乎所有物理学家的研究都不一致。
>
> ——C.P. 斯诺　《新政治家》（*New Statesman*）

在我们所研究的20世纪的400位杰出人物当中，几乎所有人的父母中至少有一位非常渴望获得智慧和创造方面的成功。这些杰出人物的父母有好奇心，愿意尝试，不懈努力，有探索精神。他们精力旺盛，不断进取，尊重学习，热爱真理，其中一些也热爱生活中的美。

有天赋的人群分布并不存在一个地理中心，也没有任何一个种族、国家或者一种文化能垄断有天赋人士的"产出"。要找到这些人，我们需要找到他们多数人生活的农场、村庄、小镇。他们来自美国的北方、南方、中西部、东部和西部，从缅因州的大青山到密苏里的钻石垒，从印第安纳州的阿尔伍德到加利福尼亚州的弗莱斯诺。他们来自澳大利亚的迪恩沼泽、美国肯塔基州的格雷夫斯县、瑞士曼琛布克希，或者美国印第安属地的乌洛迦。他们来自西伯利亚的波克罗夫斯科耶、特兰西瓦尼亚的纳吉森米克罗斯、墨西哥的萨波特兰、荷兰的霍赫姆、非洲的尼克罗夫，等等。他们来自世界所有大州。他们当中只有很小一部分来自大城市，即使居住在城市，很多也是居住在树木葱郁的城市周边。这些散在各地的家庭的共同点，是他们都有强烈的动力想要做点什么、学点什么、改变点什么、到什么地方去看看，而所有这一切都是为了不断地完善自己。

当然，我们不能把这种对学习的重视与对学校的热爱混淆起来，因为按照传统标准来看，这些家庭对于正规学校教育的态度是漫不经心的，甚至是很负面的。有几名男孩、女孩根本没上过学。这些未来成为杰出人物的孩子们的家长存在一种倾向——让孩子退学，自己在家里教他们，带他们出去旅行，让他们参加工作。爱迪生和马可尼都是在家学习的。莱特兄弟在家鼓捣东西，做生意，他们从来没上过大学。科学家、医生、教师、律师等人是提供特殊服务的，需要有从业执照，这些人确实是成功地进入了好大学，在大学里也还很开心。不过在进大学之前，他们也让父母操够了心。

这些家庭里的父母们都很努力地让孩子尽可能地发挥出他们的潜能。哈维·库欣，一位著名的脑科医生，在小时候拼写很差——成年之后仍然差，不过成年之后拼写于他而言就不那么重要了。他从耶鲁和哈佛两所大学里写给家里的信件里满是错别字，而且犯的尽是低级错误。他的母亲，贝齐·玛丽亚·威廉斯·库欣，是一个从来不让时间从自己手中白白溜走的人。哈维是他们家10个孩子里最小的一个，在他上小学期间，回家吃午饭之后，他母亲会送他回学校。母子俩在马路上慢悠悠地溜达，而孩子内心急不可待想要赶去玩球的半小时里，他母亲会教他拼写。在他上高中的时候，他母亲也曾帮助他学习拉丁文和希腊文。她为其他孩子所做的，也并不比她为这最小的孩子所做的少。对于她帮着抚养大的那些与她有一半血缘关系的兄弟姐妹，她也同样给予帮助。任何人需要任何帮助时她都会出手。她的丈夫亨利·柯克·库欣医生，有一次告诉她说，他领回家一个年迈女人请她帮忙照顾，这位老人无亲无故，失去了双臂。她即刻激起同情之心，奔出去迎接这位客人，但结果，她迎来的是一尊米罗的维纳斯的石膏像，原来是她丈夫买来做家居装饰的。

这位母亲的消遣，是在她给家里人织毛衣的时候，把一本书放在眼前的架子上阅读。她儿子这样评价她："她每一天的计划就是要让日子过得最有效率，她经常是一边唱歌一边做事，从早到晚，充满热情，毫不疲倦。"这就是摇动杰出人物摇篮的女人。

当一个成年人和一个有潜力的孩子之间有着良好沟通与理解的时候，这种和谐的关系对双方都有好处。相比起父亲们，母亲们更容易达到这种愉快的状态。当父亲们看到眼前有现成的这么容易接受教育的学生，有时候会忘乎所以，过于兴奋，想进行一些教育实验。

威廉·詹姆斯和亨利·詹姆斯[1]及他们的兄弟姐妹都是时而上学，时而停学的，他们经常跟着父亲到处旅行。他们的父亲富有，有一种大都会的视野。他热切地想让自己的孩子们了解多种文化、多个国家，这种观念对他的孩子们有着不同的影响，不仅止于培养出了两个出了名的儿子。

诺伯特·维纳，著名的数学家，父亲利奥·维纳是哈佛大学斯拉夫语言的教授。在父亲的安排下，诺伯特经历了非常艰苦的学习过程，因为他父亲认为，每个学生都有潜力学会比老师教的多得多的东西，学生能够学到多少东西，完全取决于老师的教学能力。没有一个男孩像诺伯特那样被父亲如此严苛地辅导过。但

---

[1] 前者是著名的心理学家，后者是著名作家。

是诺伯特从不认为自己会希望接受另外一种教育。因为，内心从来不会觉得无聊，这个好处抵消了被父亲逼着学习带来的所有苦恼。

后来成了美国第 28 任总统的伍德罗·威尔逊，9 岁时才认识字母，11 岁才学会阅读，因为父亲一直读书给他听。他的父亲不愿意等孩子自己学会阅读，迫不及待地想让儿子也喜欢那些他本人喜欢的书。这个聪明又善于表达的牧师把儿子留在家里，而不让他去上学。他给儿子读书，给他解释这些书的意义，之后考查年幼的伍德罗对书中观点的看法。

另外一位拿孩子教育做实验的家长是加利福尼亚州的一个牧场主，同时还是一位律师——乔治·巴顿三世。他坚信个体发生重现系统发生，每个小男孩的成长过程会重现人类历史的发展过程，生命初始必须像未开化的人那样崇尚火、水、原始部落吟唱的简单节奏，以及摇篮曲。他从不认为年幼的孩子需要学习阅读，认为阅读应该在少年时期，当孩子能够懂得历史书的时候才开始。他把乔治·巴顿四世留在家里，在他们家与外界隔绝的农场里生活，他给儿子读书听。在他工作的时候，由孩子的母亲和一个姑姑给孩子读书。他们读童谣，然后也会讲关于巫婆的故事、会说话的动物、妖怪、神话传说。这个男孩在 12 岁时离开家去上寄宿学校，为进西点军校做准备的时候，在史诗方面，他已经是个权威，他还会编剧本，但是不会读书。如果说他在学校里不怎么开心，这算是一种轻描淡写的说法。

在那些抚育了杰出人物的家庭都会有一个强烈的倾向，即以个人的强项、潜能和目标为基础来寻求发展，而不是假定每个人都应该拥有一个巨大的、特定的知识库。整个家庭，或者其中的一部分成员，会全身心地投入到与他们同时代的人都不同的探求、发展的行动里去。

这种与众不同的行为不是特意而为，也不是由别人强加的。这种行为的出现，似乎仅仅是因为当事者不可能有其他的做法。当家长不允许自己的孩子和玩伴们玩耍，或者让孩子进入到不同寻常的学习环境里的时候，他们很多时候并不认为是因为自己很强大，恰恰相反是感到因为自己的弱点才让他们这样做。他们经常对自己很苛刻，彼此之间经常有冲突，他们也因此变得充满自责和焦虑。亲戚和邻居的批评也使得他们对自己的养育方式所抱有的态度变得更加模棱两可。比如，伍德罗的亲戚就写信来，表达年幼的伍德罗既无趣，学业又落后，很让人奇怪，他们替伍德罗的父母感到难过。

这 400 位杰出人物的父母绝对没有先知先觉。通往杰出的道路不是用赞扬，甚至也不是用学识堆出来的。这些后来成为了杰出人物的孩子们常常并不是全面发展、学业成绩好、听话的学生。对于热爱好书、重视学习的父母来说，这往往令人烦恼。在这些家庭里，有一种对于观念的个人审视，很少有人会像被动的信息接收机一般，不加批评地接受别人灌输给他们的观念。

心理学家安妮·罗的一项研究证实了重视学习是培养杰出人物的一个特征。在这项研究里，她报告了对 64 位优秀的美国物理学家、社会学家、生物学家的测试与访谈的部分结果。因为这些访谈非常个人化，这 64 位受访者的姓名被隐去了。但是我们知道化学家莱纳斯·鲍林是其中一位，我们得到许可，分析了他的罗尔沙克测试[①]结果，在我们的另外一本书《鲍林：科学与政治生涯》（*Linus Pauling: A Life in Science and Politics*）中发表。在这 64 个家庭里有中产阶级、有低收入家庭、有专业人士家庭，但学习对他们而言都具有重要的价值，与本书里描述的 400 个家庭一样。一般来说，父母的过分的保护也牢牢地控制了孩子们。但这些孩子也以一种不寻常的激情追求独立的道路，追随自己特殊的兴趣。

[①] 罗尔沙克测试：Rorschach Test，一种心理学测试，受试者观察一些模棱两可的图案，他们对这些图案的看法被用来分析他们的个性和情感。

与本书里研究的400位杰出人物一样，虽然安妮的研究里的许多儿童来自以学习为中心的家庭里，但他们在学校里也有些问题。有几名儿童被老师认为是弱智，在学校里曾经留级。有一位著名的心理学家认为"在学前班里的日子像在地狱里一样"。有一位科学家的母亲总是责备孩子念书太多。一位物理学家曾经带头向学校老师扔臭气弹。有一个男孩吃得太多，因为他没有其他开心的事情可做。有一位生物学家说他一直很孤独，其他小孩都不喜欢他，他却不知道原因。有一个少年总是要躲着两个超前发育的同伴，因为他们喜欢抓住他，拧他的手腕。他们每个人所选择的专业成了自己主要的乐趣，在成年之后也是如此。以全面发展的标准来看，他们并不是优秀学者的材料，不是领导人才，不够多才多艺。他们中的很多人还曾经靠打工读大学。

1929年，一位伊利诺伊州埃文斯顿市的心理学家保罗·威蒂也发现，智力超常儿童的父母通常热爱数学、音乐、阅读、旅游、发明创造、体育、政治、戏剧，或者建筑工作。在1955年，P.F.布兰德温研究了一组得过西屋科学奖的纽约市高中生。他们也同样来自家里有着庞大图书收藏的家庭，父母希望儿女们成为专业人士。

戴尔·武夫勒指导了一项关于美国专业人才的大型研究。据他估计，每年大约有一半的有天赋的高中毕业生来自其父母对读书和教育都没有兴趣的家庭，这些人的天赋很可能最后都被浪费掉了。预测一个人能否成功的一个简单法则就是看他家里有多少书，以及他父亲的职业。如果学生的家庭环境里没有热爱学习的成分，那么，除非我们能够找到办法激励他们的学习热情，否则每年会有大量的人才潜能被浪费掉，而无法让他们为社会创造价值。

勤奋努力、追求上进的父母

英国小说家弗吉尼亚·伍尔夫的父亲莱斯利·斯蒂芬，是个竞走冠军，对于20英里①、30英里和50英里的越野行走充满激情。他是高山俱乐部的主席，是登上施雷克峰②的第一人。他还是《国家传记词典》（Dictionary of National Biography）的一名从不知疲倦的编辑，经常在他的书桌前工作到累倒或病倒。

小塞缪尔·爱迪生上校，穿着他的长统靴子的时候有6英尺③1英寸④高。在为了保全性命而被迫逃亡之前，他是他们镇里的跳远冠军。在逃亡的两天半的时间里，他从加拿大某地跑到80英里之外的美国边界，后面是追赶他的国王的手下、印第安向导和猎犬。如果他被抓住了，并且受到惩罚，他很可能就活不到做父亲的那天了。他的儿子托马斯·爱迪生体力、耐力也很惊人，以至于他可以把每天的睡眠时间减少到5小时。

温斯顿·丘吉尔的外祖父列莱纳德·杰尔姆，是个活跃的、激情洋溢的人。他是个赌徒，也是个外交官，还是报纸编辑，他还是第一个驾着4套马车在纽约大街上奔驰的人。H.G.韦尔斯的父亲则是一个板球运动员。

很多杰出人物的母亲们都没有维多利亚时代流行于淑女中的那种弱不禁风和神经兮兮的习惯。军事英雄埃德蒙·亨利·海因曼·艾伦比的81岁高龄的老母亲，在做完阑尾切除手术的几个小时之后，就把头探出窗外，大声斥责一个干活慢慢腾腾的园丁。北极探险家弗里乔夫·南森的母亲阿德莱德·南森，是一位身材高大且充满活力的女人。她所在社区里的女人们都认为滑雪是个不适合女人的运动，

---

① 1英里≈1.61千米。
② 施雷克峰：Schreckhorn，是欧洲最北的海拔4000米以上的山峰，是瑞士阿尔卑斯山脉的一部分。
③ 1英尺=30.48厘米。
④ 1英寸=2.54厘米。

但是她却参加了这项运动。她在自家花园里挖土的时候就像个男人，而她也会亲手为她的孩子们缝制西装一直到他们18岁。她的消遣是阅读历史书。温斯顿·丘吉尔的母亲，珍妮·杰尔姆·丘吉尔，曾鼓励英国女性穿着舒适的户外着装。一位对她怀有敬意的记者称她为"豹女人"。英国女性们把她那充沛的精力归结于她1/8的易洛魁印第安血统。

《天下一家》（One World）一书的作者温德尔·威尔基的父母也许可以被看作我们研究的对象里面的一个典型的家庭——追求进取、活跃、充满智慧、有活力，又不乏书卷气。母亲比父亲更加追求进取也是一个典型特征。

作为印第安纳州阿尔伍德小镇上的一名律师，赫尔曼·威尔基因为推崇改革而树了不少仇敌。当时，这个小镇有点混乱，有30家酒吧和1个红灯区。不过，正是因为这个6英尺高的男人能够一个人把办公室的保险柜扛起来，他才不会轻易被别人挑下马来。

他的太太亨丽塔·特蕾西·威尔基是印第安纳州第一位通过律师资格考试的女性律师，她唯一的姐妹是第一个在美国得到行医执照的女性医生。她们的母亲，一个移民家庭的女孩，因为在一个公共广场上表述她对贩卖黑人儿童的看法，险些遭到暴徒围攻，不得不从南方逃出来。亨丽塔是个身材高大的女人，有着轮廓鲜明的五官。她每天出去上班，作为一名律师，扮演着男性的角色。在家里，她则会在自己的瓷盘、瓷杯、瓷碟子上勾画精细的图案，或者弹钢琴。她的5个孩子与她之间从来没有像与他们的父亲那样亲近过。在她的墓碑上有这样的题字："一位被不可征服的意志所驱动的女性"。

如果不是管家漫不经心地照看，那么白天威尔基家的孩子们就会乱跑。当他们的母亲下班回家之后，她会给孩子们洗漱、梳头、穿上得体的衣服。晚饭之后，全家人都会聚集在他们那拥有6000册藏书的图书室里，听父亲给他们读狄更斯、史蒂文森或者乔治·艾略特的书。当第一个孩子因困倦而睡着的时候，父亲会轻轻地把他抱上楼，然后放到床上。之后，父亲总会回到图书室，继续给其他的孩子们读书，直到最后一个孩子被抱上床。从楼上的卧室里，这些半睡半醒的孩子们会听到优美的钢琴声。在那座空旷而有些破旧的木头结构的房子里，常常充满着他们的母亲在钢琴上弹奏出的声音。这房子到现在还立在××街的尽头，一半在城里，一半在乡下。

在英国，在另外一位上进、勤奋的中产阶级律师家里，在同一个历史时期，小小的克莱门特·阿特利正在经历另外一种临睡前的程序。他的父亲和母亲都非常重视孩子们在学业方面的进步。每天晚上，孩子们要唱着母亲教给他们的歌曲，在房间里列队行进。母亲弹钢琴，他们唱歌，当一个又一个年幼的孩子变得疲乏不堪的时候，保姆就把孩子们一个一个抱去睡觉。之后，年长些的孩子们在餐厅里与父母一起吃些点心，与父母交谈一天之中发生的事情。（孩子们接到警告说，他们要好好对待新来的家庭教师。这位教师还在为她在前一个家庭所遭遇的经历而烦心，前一个家庭有一个不可救药的小孩，名字叫作温斯顿·丘吉尔！）

埃伦·阿特利可不是一位会允许她的3个女儿和5个儿子在学业和道德方面缺少教育的母亲。当3岁的小克莱门特，家里最小的孩子，耍脾气的时候，她对他的举止一点不骄纵。这样做的结果就是，小克莱门特一看到母亲来了，就把头藏在枕头里大声叫："克莱门特悔过了！"他接受了母亲强加于他的那种静默沉思的习惯。父亲对于儿女们的教育都很上心，他让他们以如下的题目写文章："怎样用一笔固定收入供养一个家庭？"

在这些父母追求进取的心态里，常常会有一种让人不愉快的紧迫感，让孩子们难以忍受。兰斯顿·休斯，非洲裔美国诗人，小时候很反叛，因为父亲总是不可控制地要做一个"无事忙"，而且非要别人也忙，他对父亲很不满。他在自传

《大海》（*The Big Sea*）中说："'快点'是他最喜欢的英文词和西班牙文词。他总是跟电灯公司里他的雇员、家里的厨子、马克西米里亚诺和我说'快点，快点'，让我们快点做自己手头在做的任何事，赶快把这些事做完，然后好去做他一直想让我们做的事情。"

后来，他的父亲去了墨西哥，在那里成了一个成功的商人和农场主。他对儿子表示了对于那些拖拖拉拉、满不在乎的人的极度反感。他自己常常是凌晨 3 点钟就起床，做好准备迎接漫长而辛劳的一天。他自己不舍得花钱，但是却很情愿给儿子钱，作为大学期间的开销。

小提琴家卡尔·弗莱什的父亲，是奥地利小镇维瑟尔堡的一个全科医生，他把自己的职业看成人生的责任，而不仅仅是个挣钱的途径。他常常给穷人免费提供治疗，向任何病人收费都使他感到为难。他对于钱的态度是一回事，对于工作的态度，那就是另外一回事了："工作就是他的人生信念。无论在何种情况下，他都不能容忍无所事事。他的典型的问题是，'你在做什么？'因为他的系统的教育，我在后来的生活里总是不满眼前，几乎到了不健康的地步。'以享受为目的的旅行'不仅让我觉得反感，而且真的会引起神经衰弱——疲劳、忧心忡忡、易怒。"

他父亲骨子里的爱与善心，并没有妨碍他在儿子 9 岁的时候就送他离家学习。卡尔对小提琴并没有那么热爱。给他选择了这种乐器的人并不是他自己，如果可以自己选择，他甚至可能更倾向于学钢琴。但是他的两个哥哥和一个姐姐都已经在上钢琴课。对于他们家来说，如果他学小提琴，就比较方便，因为每天从下午 4 点到晚上 7 点，家里的钢琴总是被哥哥姐姐占用着。卡尔在试图少练小提琴方面可以说是没少动脑筋，他会把琴弦弄坏，甚至剪断，或者把家里的大钟往前拨 15 分钟。但是，尽管他对小提琴没什么热情，但事实却是明显的：他有着不同寻常的能力。对于他们家来说，这就意味着他应该发展这种能力。不管是善心的父亲，还是性情暴烈的母亲（到卡尔16岁的时候，母亲还抽他耳光呢），都毫不迟疑地把这个9岁的小孩送去了维也纳，因为在那里能够找到最好的老师。雷吉姨妈让他在自己家里寄宿，不过，她是一个缺乏爱心、以自我为中心的人，在她眼里，孩子什么都不是，让卡尔住在自己家里，只意味着她可以多一份收入。

在回到了维瑟尔堡，度过了一个太过短暂的假期之后，不开心的小卡尔乘火车回到维也纳。在火车上他时常把自己关在卫生间里，背着所有人哭。在11岁的时候，他试图自杀，站在横跨多瑙河的一座桥上，盯着冰冷、发暗的河水，最终他觉得，跳下去并不是最好的出路。家庭里的那种强烈的、要让这个有天赋的儿子充分发展自己音乐天赋的愿望，超过了他们对孩子自身幸福的考虑，让他们忽略了卡尔的感受。

美国舞蹈家阿格尼丝·德·米尔的母亲安娜·德·米尔，是亨利·乔治[①]的女儿，是电影导演威廉·德·米尔的太太，著名电影导演和出品人西西尔·德·米尔的嫂子。安娜从来就不允许她自己浪费时间，也不允许她的孩子浪费时间。她要求女儿用法语念颂祈祷文，以达到双重目的，既与神灵沟通，又练习外语。她女儿描述说，安娜有一个特别喜欢的说法。"'不要只是坐着，亲爱的，'她走进一个房间的时候会这么说，'做点事情！'到现在，我都无法做到在天黑之前阅读，除非阅读与我的工作有即时的联系。"

母亲的上进心绝不仅仅是身体上的。阿格尼丝说："作为亨利·乔治的女儿，母亲很早就给自己定下了关注的方向——战争、经济衰退、财富分配不均，等等。很自然地，她觉得在另外一些话题上做出确定的结论也是不费吹灰之力的事情，比如，帽子、裙子、家居装饰、礼仪、绘画、音乐、戏剧、烹调、养育孩子、性。"

[①] 亨利·乔治：Henry George，1839—1897，美国作家、政治家、政治经济学家。

威廉·德·米尔，未来舞蹈家的父亲，是个身体充满活力的人。当他70岁的时候，他仍然能够在网球场上大胜年轻选手。被人称为"老爹"的威廉，在一个有良好教育背景的家庭里，被认为是最有才华的一个成员。他的兴趣并不仅仅止于他所工作的电影片场："老爹延续了他父亲，亨利·德·米尔的传统，是个自由派和贸易自由主义者。他在表达他的信念的时候绝对不会有所犹疑，甚至会在逆潮流的《洛杉矶时报》（*Los Angeles Times*）和更加逆潮流的《观察家报》（*Examiner*）上买版面，为民众请愿。他的政论文章非常精彩……老爹最突出的特点是他的智慧。语言不仅是他的工具，还能让他感到愉悦。"

他们的女儿，在面对成为舞蹈家的过程中的各种艰辛时的态度，与他们家的气氛非常吻合。"我的课程表被安排得满满的，上课、作业、网球、钢琴、编辑工作，决定这些活动的重要顺序的标准只有一个：要为舞蹈训练让路。我早上6点半起床，然后我就精神高度集中地学习和训练，直到晚上6点。那之后我就自由了，可以穿上舞蹈服，走走路——走去我妈的浴室。

"在这种孤独、枯燥的训练里，在母亲的浴池旁边，没有音乐，没有人给打节拍，没有合适的地板和镜子，我的愉快，来自于与父亲共进晚餐的期待，听他讲他的那些场景，讲在摄影棚里发生的事情……有时候，晚饭之后，他会唱歌，我给他伴奏……在这样的晚上，我的幸福感似乎要溢出来了。我早早上床睡觉，计划着第二天的训练，祈祷着第二天在班里学习得更好。当我在床上等待入睡的时候，呼吸着花园里潮湿的空气，我的小猎狗舒舒服服地躺在床的正中间，或者躺在我身上，我一度梦见我在舞台上和巴甫洛娃一起跳舞，跳舞，直到我昏晕倒地，倒在她的脚下。这样，她就会注意到我，会说，'那个女孩子有天赋'。"

一个作曲家、作家，或者艺术家，也许可以推迟"训练"的年月。但是一个舞蹈家或者乐器演奏家如果要发展自己的技能，就必须充分利用青春期之前的时光。因为音乐家几乎无一例外地很早显露出音乐天赋，所以他们的父母需要很早就做决定。显露出音乐天赋的孩子，如果想成为演奏家，就特别容易受到来自父母的压力。在这样的家庭里，通常是父母催促孩子练习，这样才使孩子在长大后有获得成功的可能。因为一个孩子的特殊的音乐才能而使得家庭四分五裂的，可能没有比大提琴家巴勃罗·卡萨尔斯的家庭更甚的了。

巴勃罗出生在文得里尔——距离巴塞罗那70公里的加泰罗尼亚的小镇。他在家里11个孩子中排老二。他的父亲，教堂里的管风琴师，是一个很谦逊的人，一个出色的音乐家，一个真正的音乐艺术家。是他给了孩子们最初的音乐训练。到了巴勃罗11岁半的时候，他的母亲坚持要他去巴塞罗那，去接受更高程度的教育。"他一定要去巴塞罗那，我要亲自送他去。"

她也真的亲自送他去了。而且，直到他22岁，他们的家庭都被一种不能承受之重所分裂、所压迫，最终他们陷于贫穷。这种重压，来自于母亲不惜一切代价也要让儿子的天赋得到发展、得到承认的决心。"我父亲认为所有的这一切安排都不甚有道理，而且把这一切都归咎于我母亲的、他称之为'对于辉煌的幻想'。他们争吵得非常厉害，让我感到很痛苦，感到我对这一切也负有责任。"

当巴勃罗离开了那个留有他快乐、无忧无虑的童年的小村子的时候，他并没有梦想要成为一个伟大的音乐艺术家，相反是他的母亲在替他做这个梦。对于那个小村子，他一直没有失去对它的热爱，直到成年之后，还经常回去。

一开始，他的母亲把他安排在巴塞罗那的亲戚家里。经过一年之后，他的母亲也去和他一起生活，把他的父亲和其他的子女都留在老家。虽然母亲决定把家分成两个，到巴塞罗那为巴勃罗建立另外一个家，他们家的亲情纽带倒也并没有因此而断裂。巴勃罗的父亲给他买了一个成年人型号的大提琴，到巴塞罗那来看望他，在他第一次举办音乐会的时候陪他一起坐有轨电车去音乐厅，一路上安慰这个有些害怕的孩子。巴勃罗一直都爱他的父亲，但是他也感激他的母亲，而且把他最终的成功归结于她。

经过了一段时间之后，巴勃罗并没有取得什么辉煌的成绩，这时候，他想到了自杀。他没有向母亲讲述自杀的想法，怕让她不愉快。当17岁的巴勃罗在巴塞罗那完成学业，从市立音乐学校毕业的时候，母亲带着他和他最小的两个弟弟搬去了马德里。他们在贫民区里租了一个小阁楼，在那里，搬运工的两个有精神疾病的孩子总是吵吵闹闹，邻居们也很喧哗。莫菲伯爵对巴勃罗产生了兴趣，但是他希望这孩子能够成为作曲家。巴勃罗的母亲则有不同看法，大提琴必须是第一位的。他们与伯爵的关系变得紧张起来，于是，卡萨尔斯的这一部分家庭又到了布鲁塞尔，在那里他们有希望得到一些经济上的援助。在之后的漫长、经济困难的几年里，巴勃罗的母亲一直充满乐观地支持他。

巴勃罗和他的母亲去了布鲁塞尔的音乐学院，在那里他得到了一份奖学金。当这个孩子说他会拉某些曲目的时候，一个爱嘲弄、讽刺人的老师的第一个反应是在全班同学面前嘲弄他。当这名新学生证明了自己的技能的时候，这位老师感到非常羞愧，并且祈求得到这个孩子的原谅。但是巴勃罗不想留在那里了。第二天，他们家就离开布鲁塞尔，去了巴黎。在那里，他们住在一个又小又脏的破房子里，为了省钱而节食，直到巴勃罗患上肠炎、痢疾和胃肠道出血。他母亲把自己的头发剪掉去卖钱，他父亲则一直汇钱过来，直到他的积蓄也都用光为止。

在绝望之中，巴勃罗和他母亲及小弟弟们又回到了巴塞罗那，而巴勃罗终于时来运转了。他在自己过去上学的学校——巴塞罗那市立音乐学校，找到了一个教师的工作，这是他第一份有着像样薪水的工作。他以前的一位老师加西亚去了阿根廷，空出了一个职位，他推荐了巴勃罗来补上这个空缺。当巴勃罗22岁的时候，他又一次去了巴黎。这一次，他母亲和父亲及弟妹们都留在了家里。巴勃罗这样评价自己的母亲："她是一名超群的女性！只要想一想她在马德里的时候做的事情，她在那里开始学习外语，跟我选的课大致差不多。这一方面是她认为这样可以帮助我的学习。但是主要的原因还是我们对于彼此的深厚感情，我们不想让这种感情因为我们所受到的教育有不同而受到影响。"

仔细想一想卡萨尔斯的家庭，有一个问题是我们不得不思量的：在他这样的家庭里，其他兄弟姐妹最后怎么样了？在我们的研究中，我们自始至终都考虑到了这个问题，在每一次看到相关信息的时候，都做了笔记，记载下来杰出人物的兄弟姐妹们的职业情况。总的来说，这些兄弟姐妹们可以都归入同一类人，这与其他关于有天赋儿童的兄弟姐妹的研究所揭示的一样。有上进心、激励孩子的父母，不会仅仅培养出一个具有超群绝伦能力的孩子，他们一般会把其他孩子也教育成有能力、有智慧的人。举一个例子，巴勃罗的一个兄弟也成为了音乐家，不过，他留在了西班牙。

贝登堡一家，曾经住在伦敦帕丁顿区斯坦霍普公园街 6 号。当他们家 10 个孩子里的第 6 个被认为在学业上太过无能，不太可能延续家族传统而考进牛津大学的时候，全家都为此很不安。孩子们的父亲，大卫·贝登堡教授，是牛津大学的数学讲师，有着永远不能满足的求知欲。他如此之忙，以至于每天晚上只有 5 个小时的睡眠时间。他为他的班级授课，撰写专业文章，阐述劳资关系及自然哲学。他与和他同时代的那些学者保持着亲密的关系，这些人包括本杰明·乔伊特、迪安·斯塔利、约翰·拉斯金、罗伯特·伯朗宁，还有他妻子的表兄查尔斯·金斯利。

这位数学教授抽出时间，带着自己的孩子们在自然中漫步，鼓励他们进行收集，为孩子们画好玩的卡通肖像画，还教他们怎样用丢弃的废品制作玩具。孩子们在他的书房里做特殊的科学实验和艺术项目，他就在一旁，在需要的时候可以给孩子们建议和鼓励。如果孩子们能够在他正在撰写的文章中找出 4 个错误，就可以得到 1 便士。当他的第 6 个孩子，罗伯特·史蒂芬生·史密斯·贝登堡出生的时候，他在牛津已经教了 30 年的书，已经不是一个年轻人了。

大卫·贝登堡教授还创建了皇家地理学会。他还是《曼彻斯特卫报》(*Manchester Guardian*)的第一任编辑。除此之外，他还花时间举办各类讲座，主题涉及健康、信仰、教育等。他的第三个太太，亨丽塔·史密斯·贝登堡，是在他已经有了 3 个孩子的时候和他结婚的，当时 3 个孩子的年龄分别是 8 岁、5 岁、3 岁。他的第三个太太又与他生了 10 个孩子，其中有 7 个活到了成年。她也会积极地抽出时间给那些收治穷人的医院做义工，还担任了妇女教育联盟中央委员会（Central Committee of the Woman's Education Union）的委员。这个联盟在 1872 年创建了女童公立全日学校公司（Girls' Public Day School Company）。同时，她还是一位很有成就的艺术家。

当大卫·贝登堡教授去世的时候，亨丽塔的最小的孩子只有 1 个月大，最大的继子 22 岁。她竭尽全力，按照她丈夫所希望的方向继续培养孩子们。大卫·贝登堡对于死记硬背和教条的学习方式感到恐惧，他相信孩子们快乐学习的时候学习效果才最好。他的太太则提出了关于归纳推理的理论，并且把这种理论用于她家里的教育实验室以教育她的孩子们。

罗伯特·史蒂芬生·史密斯·贝登堡后来创建了童子军。当他还是一个红头发、眼睛闪闪发亮的小孩子，去切特豪斯公学上学的时候，他一点都不遵守老师和学生之间的适当界限。他的同学们不理解这个激情有余的男孩子为什么这么想充当一个父亲的角色，想让他的同学们开心，想给老师们帮忙。当学校从城里搬到城外一个新址的时候，"斯特"，这是同学们给他的称呼，给学校的行政人员帮了大忙。老师们都喜欢他，而学生们都觉得他"古怪"。

他成为了所有委员会的成员，却没能当上任何一个委员会的主席。他会即兴模仿别人，也会模仿动物的叫声，比如，学鸟叫惟妙惟肖。在学校戏剧演出里，他充当搞笑的角色。他全心全意想要让他的同学们开心，那种方式就像一个父亲，4岁孩童记忆里的那种父亲。在那个年龄，他还没有能够察觉他父亲对于科学、数学与哲学的忠诚。

当"斯特"到了应该去牛津大学的时候，他们家的老朋友本杰明·乔伊特却拒绝了他，说这个男孩子"不太符合贝利奥尔学院学生的风貌"。他父亲就是在那个学院教书的，他的哥哥们也在那个学院做出了骄人业绩。就在那同一年，他同父异母的哥哥乔治·贝登堡在那里获得了校长奖，而"斯特"却被拒绝入学。

切特豪斯公学的校长海格·布朗说，乔伊特的这种判断人的方法让他很失望。但是智慧女神最终还是帮助孩子取得了胜利，在有700名考生参加的军队考试中，"斯特"取得了骑兵考试第二名和步兵考试第四名的佳绩。

贝登堡家的兄弟们的成长和特曼研究过的1500多名超常儿童中的大多数一样。他们的能力比大街上普通人能够达到的高度要高得多。但是，虽然他们的成就显著，他们却没有做出什么独创性的贡献。但即便如此，他们在社会上也是广受尊敬的。罗伯特的最大的同父异母的哥哥成了一位法官。他的那些同父异母的姐姐们都嫁得很好。他同胞哥哥里最大的一个因为自己所做的地理学方面的成就而受封爵位。乔治是因为他的行政工作而受封爵位，他还是内阁成员。有一位兄弟成为出色的艺术家和出庭律师，一位成为苏格兰皇家天文学家。最小的兄弟是经验丰富的气球驾驶员，以飞行员身份受封爵位。有一位姐妹嫁的丈夫，因为在担任自然历史博物馆馆长期间所做的贡献而受封爵位。在这400位杰出人物的家庭里，有很多兄弟姐妹也都是很出色的。

独创性和想象力，而不是学识方面的特质，是罗伯特与众不同和成为杰出人物的原因。他一直是一个好脾气、孩子气的家伙，他那关于猎野猪的精准论述，怎么也没法和他那些比他受过更良好教育的哥哥们在科学、学术方面的贡献相提并论。但是，恰恰是他一心要挑战传统的教养方式的决心，而不是他思维独特的父母在智力上的追求，使得他长大后成为了杰出人物。

在有生之年，大卫·贝登堡教授没有能够看见他的每个儿子都被归入杰出人物行列，除了一直单身的最小的女儿阿格尼丝，他也没有能够看到其他女儿都嫁了一个能干的丈夫。阿格尼丝帮助自己的哥哥罗伯特，用他们对于自己父亲的记忆（尽管他们的父亲去世的时候，他们一个4岁一个3岁），作为理想中的童子军领队的原型。在本书所研究的400位杰出人物中，没有哪个家庭培养出了这么多能够在百科全书和其他参考书里被查到的儿女。

这些如此热爱学习的父母，大多数都在家里创造了一个能够"出产"杰出人物的环境。不是所有父母都像可爱的大卫·贝登堡教授或者著名大提琴家巴勃罗·卡萨尔斯那长期忍受艰辛的父亲那样——利他、耐心、无私。有些父母专心于自己的事业，但他们在教育子女方面所做的事情仅仅限于成为孩子们勤奋工作的榜样。他们太忙了，顾不上为了子女的特殊需要而操心。

在有些情况下，尽管儿子得不到父亲的认同，但儿子还是会继承并发展父亲的事业。老道格拉斯·费尔班克斯是好莱坞无声电影的明星，小时候被他那精力充沛却做什么都很失败的父亲所遗弃。他还是个小男孩的时候，非常活跃，永远都在蹦蹦跳跳，到处攀爬，蹿上跳下，有着纯粹的小动物般的本能。他非常聪明，但是对待学习却漫不经心。当他结婚，太太生下小道格拉斯·费尔班克斯之后，他又与太太离婚，他做这件事的时候一点也不关心这个胖乎乎、长得不漂亮的小男孩的感受。老道格拉斯和他自己的父亲一样，在建立父性方面是完全彻底地失败了。贝丝·费尔班克斯（小道格拉斯·费尔班克斯的母亲），这样描述当时的情况："老头子是非常温和善良的，他只是没有做父亲的本能。在小道格拉斯的整个童年、少年期间，他根本就没有对孩子上心过。他每天回到家，孩子在不在家，对他来说根本没有区别。"

当这个他从来没喜欢过的儿子13岁的时候，老道格拉斯还在为他自己这份得来不易的事业而奋斗，他充满焦虑和怒气，但是儿子却在另外一位导演、父亲的对手杰西·L.拉斯基执导的一部电影里得到了主演的角色。老道格拉斯坚持让儿子放弃这个角色，为以后上大学而做准备。因为在他看来，儿子想当一个演员肯定会失败的，而失败肯定会让儿子蒙羞，也会毁了自己。

这部电影正如老道格拉斯预言的一样，失败了。但是，小道格拉斯并没有承认失败。相反，他重新开始，从电影界的最低层做起。他得供养自己那花钱毫无计划、毫不节制的母亲，以及她那些总是依赖她的南方来的女眷。与此同时，他成为一个摄影助理，给人扛沉重的器械，在剪片室里消磨了很多无趣的时光。最后，是他那有计谋的继母，玛丽·皮克福德，一个充满同情心的人，懂得这一对父子身上都有一种不可阻挡的想要创造、想要通过表演来表达自我内在的愿望。在小道格拉斯渐渐成功，在他那心气很高的父亲那里渐渐得到接受的时候，她帮助父子俩成为朋友。小道格拉斯一直就没上大学。当他出演约翰·范楚坦的《年轻的伍德利》(*Young Woodley*)一剧并受到公众好评的时候，他的父亲跟别人说："你看了我儿子演的剧没有？我想是我错了。他真不应该在17岁时演出这些东西，他应该去读大学。不过，我说什么，你们就别在意了。他是一个特立独行的小东西，上帝保佑，他居然真的成功了。"

这位父亲则是经过了15年的辛苦努力，才走上明星之路。他可不想让这个性情与自己正相反的儿子威胁他在行业里的地位。但是，虽然儿子与父亲的关系疏远，儿子仍然选择和父亲走一样的道路。

羊毛商伊西多·施纳贝尔，也不愿意让自己的事业屈居于自家儿子的事业之下。他们在奥地利的小镇别利茨做生意。当他们家儿子阿图尔在音乐方面显露的天赋已经超出了他们家可以提供的培养条件时，孩子的母亲找到了愿意出资赞助的人，可以让他们全家都搬到维也纳去。父亲可以在维也纳给自己的羊毛生意找到新的客户，儿子则可以在那里学习钢琴。除了父亲，其他人都很满意这个安排。在他父亲看来，他在维也纳的生意不像预期的好，对于他们家要在一定程度上依赖他儿子的资助人这件事，他无疑是反感的。于是，他把买卖转手给了维也纳一家老牌公司。第二年，全家都回到了别利茨，只有阿图尔一个人留在了维也纳。这样的安排出人意料，但也是幸运之举，因为这使得父亲和儿子都能够以自己选择的方式发展各自的能力，每周都要上演的母亲和儿子之间的暴风雨般的冲突也停止了。欧内斯廷·施纳贝尔非常执着、坚定地要看到儿子成为一个伟大的艺术家，所以儿子的惰性让她气得发狂。她总是非常热切地向别人展示儿子的才能。有一次，在阿图尔11岁那年，在节日期间回家度假的时候，她为儿子在家乡筹办了一场音乐会，而这激怒了儿子的老师。有1000多人参加了这场音乐会，人们把别利茨最大的集会厅挤得水泄不通。母子都从这次活动中得到愉悦，但是老师却认为阿图尔办音乐会的时机还不成熟。这位老师对阿图尔的要求总是比对班里其他成年学生的要求还高，经常揶揄得阿图尔掉眼泪。

  阿图尔一个人留在维也纳，没人管束，他的父母要求他独自一人去发展他的潜能，这让他觉得痛快极了。他自己挑选寄宿家庭，当纳尔肯家让他觉得无趣的时候，他就搬到活跃的哈瑟丽太太家里，哈瑟丽太太是一位寡妇，有4个还在上学的儿子和一个漂亮的女儿，早熟的阿图尔爱上了这个女孩。阿图尔还是很受一些品位高尚的家庭欢迎的客人，当这些家庭里和他同龄的小孩们去睡觉的时候，他却在为成年的客人们演奏，以及参与他们的谈话。在他十二三岁的时候，他就享受着一个年轻、婚龄的单身汉在富有、受过良好教育的社交圈子里所能够享受的一切特权。他那志向高远的母亲远在别利茨，只能满足于儿子那时时到来的进展良好的汇报。尽管如此，这样的安排对于阿图尔来说也并不尽如人意。"在这样的环境里生活并不总是幸福的，我在那里并不总是觉得快乐。"但是，尽管有不快乐，他还是情愿远离家庭，独自一人在外，因为他需要得到好的学习机会。

直到老年还热爱学习的父母

在我们做这项研究的时候，一个我们没有预料到的观察是有多少父母在进入老年之后，到了 80 岁，甚至 90 岁之后，仍然保持头脑与身体的活跃。在很多已经进入老年的父母身上，仍然经常可以感觉到他们对于学习与进步的热爱，而这种热爱在人们心目中通常是与充满活力与激情、生活节奏快的青年时期联系在一起的。

作为都柏林的艺术家、作家、哲学家，约翰·巴特勒·叶芝对于总是生活在自己儿子——著名诗人威廉·巴特勒·叶芝的盛名之下感到非常不满。69 岁时，他把自己"流放"到纽约市，在那里进行了一场一个人的"文艺复兴"。他对自己的孩子和孙子辈们没有任何愤懑，但是从那之后，他也再没有去探访过他们。他与孩子们之间的关系一直就像同辈人一样，经常给他们写信，有时候，他跟儿子威廉甚至每天互相写 3 封信。他在纽约有一份收入，而且很受尊敬，这是他在都柏林所没有的经历。在都柏林，他对于结识比自己更有名望的人总是持小心翼翼的态度，在那里他有意把自己混在艺术圈子里失败者中间。而在纽约，情况正相反，他的画卖得很好，他也开始充满活力和激情地读书和写作，他具有超群的与人交谈的能力，这让他在文学圈子里很受欣赏。大约有 13 年的时间，直到 82 岁去世时，他一直是那个"离家出走而且混得不错的老头"。

还有一个老头也混得不错，他只是想证明"如果我儿子能当作家，那谁都能当作家"。这就是那个对儿子既羡慕又嫉妒到不可救药地步的威廉·吉尔伯特博士。他跟他那同样喜怒无常的儿子威廉·施文克·吉尔伯特勋爵之间的争吵，是他们家始终在上演着的"娱乐节目"。吉尔伯特博士对于儿子的戏剧（吉尔伯特和萨利文的那些轻歌剧）所得到的赞美根本听不惯，所以他就开始自己写一系列的小说。当他创作的《谢尔利大楼疯人院》（*Shirley Hall Asylum*）和《奥斯汀医生的客人们》（*Dr. Austin's Guests*）成为畅销书时，虽然他不一定向后世人证明了自己，但至少他向自己证明了自己。

对书籍的依恋和渴望创造的心理需求可以战胜贫穷、潦倒、失意、个人悲剧，以及老年时期身体与头脑的衰退。贝弗里奇一家可以为所有这些方面做证。从贝弗里奇家父母的记述中可以看到，虽然在他们那个时代，超常儿童的特点还没有被学者们系统研究过，在他们家的孩子们身上却有一些特质，如果当今的研究人员给他们使用常规的超常儿童测试，这些特质肯定会被记录下来。他们家的一个儿子，威廉·贝弗里奇，是社会学家和英国社会安全保险系统的创始人。《印度召唤他们》（*India Called Them*）一书记录了他们一家的故事。这些记载让我们能够详细了解他的父母，我们对这400名研究对象的父母的了解，没有比对他家了解更多的了。

像很多其他超常儿童的父母一样，在打算要孩子的时候，父亲亨利和母亲安妮特的年龄已经不小了。安妮特是个学校老师，也是一个在印度从事社会改革的人士。但不幸的是，她对自己教的那14名年轻的印度女孩所抱有的美好期望——独立、跟得上时代的步伐，这一切慢慢地被淹没在无聊小事的争斗之中——勺子、叉子、过滤纸、不辞而别的用人、喝得烂醉的房东……就在这个时候她认识了一位性格内向的鳏夫，并且嫁给了他。亨利·贝弗里奇在他们第五次见面的时候就向她求了婚。当他们结婚的时候,她 32 岁,他 38 岁。

在他们那个时代,理想的家庭状态应该是经济稳定,心情平和,孩子们在自己熟悉的社区里健康成长,有健全的社区健康服务系统和儿童福利机构。如果希望旅行,也能够轻松成行。贝弗里奇一家却没有任何这些优越条件。他们一家被很多问题所困扰:经济问题、严重的疾病、家人的去世,以及他们在职业与社会生活中的不顺利。甚至在孩子们还小的时候,他们总是不停地搬家。

安妮特细心监督着家里每一道菜的制作过程,但是这样做仍然是不够的,最终她还是得了霍乱。之后,家里最小的孩子赫尔曼在 8 个月大的时候发高烧,之后他便不再会说话,还表现出多动、有毁坏欲的倾向,而且对周围现实环境漠不关心。当另外一个儿子威尔差点死于同样一场莫名其妙的高烧之后,安妮特就带着 4 个孩子回到了英国,在那里买了房子。在这个过程中,也是百般不顺利:下水道系统有问题,厨子有伤寒病,无能的卫生检查官把好好的草地挖得乱七八糟。一位他们至爱的亲戚贝西姨妈前来帮忙,却在一次事故中丧生。给威尔选好的学校,后来发现它只是徒有外表的空架子。威尔曾经在放学之后挨一个男孩子的打,因为这个男孩厌憎新来的学生早熟。最后是安妮特出面去对付这个"小恶霸",安妮特威胁他说,如果再敢动她儿子一个指头,她就叫警察来把他抓起来。在帮助赫尔曼康复方面,虽然他们找了一个有着爵士头衔的医生,但是与在印度时那些错误百出的医生相比,他也没有给孩子带来更多的帮助。亨利·贝弗里奇很艰难地维持着这样一个两地分居的家庭,他要保证家庭有足够的经济保障。他的家里还有其他一些人需要支持——他的姐妹和母亲(一位 77 岁的可怜且神经兮兮的女人)。但是,即使在面临破产的窘迫之中,亨利·贝弗里奇整个人仍然保持生机勃勃,富有冲劲。

生活的不幸并没有使这一对父母远离书籍和学习。结婚之后,他们最开心的

杰出轨迹　　对话700位名人的童年

一年是被遣送到一个与世隔绝的小工作站的时候，那是他们的一个心术不正的上司作为对他们的惩罚而做出的安排。但是，正是在那个偏僻的地方，他们却能够尽情享受年幼的孩子们在成长过程中逐渐开放的心智给他们带来的快乐，享受阅读书籍、报刊的乐趣，享受与家庭成员共处的快乐。而在以前工作的地方，他们常常是深深陷于各种琐碎的争斗之中的。

他们养育的4个孩子，每天都给他们带来欢乐和激情。在分离的时候，父母也会相互写亲密而无比温柔的长信，诉说他们对于孩子的期望和梦想。在苏格兰无所事事的一段时间里，安妮特写了一份关于3个年龄最大的孩子的2000页的"备忘录"。这些孩子曾经在伦敦的大街上闲逛，好奇地从栏杆缝隙里张望别人在干什么，尽管这些曾经让她感到难为情，但她却并不替孩子们担心，而是详细记述了他们的美好、美德与才能。在这份对3个有天赋儿童的用心观察的"备忘录"里，她让读者看到了多年之后才开展的对于超常儿童研究的雏形。

心理学家莉塔·S.霍林沃思在《智商180以上的儿童》（*Children Above 180 IQ*）一书中，描述了她通过测试而挑选出来进行研究的一批有天赋的儿童，这些儿童比一般孩子更高大、更强壮、外貌更漂亮。这些儿童对于不公正待遇非常敏感，当读到人与人之间以非人性手段相对的时候，他们会动感情。有一个孩子在读到美国内战结束之后，北方如何对待南方的时候，落下了眼泪。与贝弗里奇家庭的孩子们一样，这些孩子很可能显得老气横秋，表达方式严谨，观察他们的人会觉得他们有些少年老成，有些不合潮流，甚至有些古怪。

在霍林沃思研究发表的几十年以前，安妮特·贝弗里奇就描述了自己孩子身上这样的特质。莱蒂在6岁的时候，个子很高，体形很瘦，头发的颜色像是栗子的颜色。她是个非常优秀的步行者，又有点书生气。在6岁的时候，她不仅能够阅读德语，也能阅读英语。当安妮特给她读书，读到一个穷苦的煤矿工人的儿子死去了的时候，她潸然泪下。"她发自内心地哭起来，而且怎么也无法劝解。"后来，莱蒂发现了一个关于自己的有趣的现象：如果她不出声地读同一首诗歌，她怎么也无法被感动到落泪。她还与她的母亲讨论了这个现象的原因可能是什么。

威尔在4岁9个月的时候是个又瘦又小的孩子，但他的头发很好，有一双充满爱意的蓝眼睛。他用大量本应该用来玩耍的时间，工工整整地写了很多四则运算的算式。"威尔的性格里一个非常突出的特点是他做论断的准确性。他说话时非常字斟句酌，而且对别人也做如此要求。他不允许任何人（包括妹妹小图图）因为不认真而出错。"当他母亲说错了一个德语词的时候，他会给她纠正过来，虽然不是以独裁者的口气，但也是以一个有资格观察和批评的人的口气。他的德语阅读比英语阅读好，但是他喜欢听别人给他读英语书，他的英语口语也足够好。

小图图在3岁半的时候，是一个卷头发的小孩，有着一张鲜艳的小脸和圆滚滚的体形。她每天正式学习20分钟的课程，还会读两页德语读物。自从搬家到苏格兰之后，她就不跳舞了，在那之前，她常常在班吉波尔①的家里，披上纱丽，在卧室里的壁炉前优雅地跳舞。但是她现在非常热衷于跳吉格舞。安妮特还提到，孩子们到了苏格兰之后就拒绝说印度斯坦语。在当时，他们家的孩子会说3种语言。安妮特和亨利在写信的时候则会熟练地使用多达4种语言，他们还学习其他语言，目的是为了好玩。

贝弗里奇一家很喜欢旅行。不管有多少孩子需要她在路上照顾，安妮特都从来不厌烦坐火车。她还把普通的旅行变成有意义的旅游观光，故意绕远路，以便能够多看到一些新东西。她总是能够如愿以偿，带着她的"随行人员"到处在欧洲游历。她走海路从意大利热那亚到了印度孟买，坐火车游历了整个印度，午夜时候在阿拉拉巴德换车，最后在班吉波尔下车。到了印度之后，他们家喜欢到偏

---

① 班吉波尔：Bankipur，是印度比哈尔邦的一个滨河城市。

远和条件不好的地区做短途旅行。他们去过兰吉德河的河谷，那是在泰姬陵之下5000英尺的地方，他们在走过横跨河水之上那颤颤悠悠的竹桥的时候还是不禁心惊胆战。

安妮特对于自己的孩子们的超常能力是很清楚的。他们家的英国亲戚们常常称这些孩子们为神童。随着时间的流逝，在家里的这几个超常孩子中，威廉还超过了其他孩子。这也并不意外，在超常儿童中这甚至很典型，因为威廉是搬家去新学校之后在适应学校方面有很大问题的那个孩子。在超常儿童中，男孩通常比女孩更容易遇到问题。他们家的女孩们来到英国之后很快就交上了新朋友，但是威廉却没有。他母亲一如既往，出面去对付那些欺负他的孩子，过后又自己出面给儿子寻找新朋友。安妮特是两个家长里面更加厉害的那个——这一点也不奇怪。

威廉在孩童时期和成年之后，都能够自发地对很多问题进行长时间的思考，并解决这些问题。在一定程度上来说，他的父母也都有这种特质。他的父母对于书本和学习的热爱一直持续到了生命的最后一刻。亨利在56岁退休那年，回到了安妮特和孩子们身边："1893年1月14日，他静悄悄地走出了印度的服务署——和35年之前他来到的时候一样的静悄悄。那个夜晚，他听到了有老虎出没的萨乌格尔岛上，野狼在嗥叫。"

安妮特和亨利现在有时间读书了——历史、游记、传记、小说、哲学、诗歌。他们各自开始工作，把波斯语书籍翻译成英文。亨利在翻译阿布·法佐的著作《猫头鹰》(The Owl)，安妮特则在翻译高尔-巴丹的作品。安妮特学波斯语，是在莱蒂去世之后开始的。亨利建议她学习波斯语，免得她陷入不可救药的悲恸之中。后来，为了翻译巴布尔王子的回忆录，她又学了土耳其语。

亨利在1921年结束了他的翻译工作。在84岁高龄时，他还忙碌地做着纠错、编辑索引、增补的工作。安妮特则在1922年，她即将80岁时，出版了巴布尔王子回忆录 4 卷，要知道在那个时候，她的耳朵已经聋了，眼睛做了白内障手术，而且在 77 岁的时候还做了一次大的内脏手术。在 88 岁的时候，亨利带着一个用人搬到了他们乡间的别墅去生活，但是安妮特却不肯与他同行，只在周末才过去，因为为了修改译稿，她需要住在一个离图书馆近的地方。他们两个都在 1929 年去世。安妮特是先离世的那个，而她在去世前一天还在工作。对学习的激情就这样一直持续到生命的最后。

多产小说家和诗人约翰·考珀·波伊斯来自一个博物馆管理员的家庭，他们家还出了另外 4 位小说家和其他杰出人物。他那阴郁且多愁善感的母亲是约翰·多恩①的后代，她似乎对成功、健康和幸福充满仇恨。她认为，上帝为人选择的是忧伤的道路。她喜欢阴影，害怕阳光。约翰一直是她最喜欢的儿子，那只是因为他那种自我嘲讽的方式使得她一直不知道自己的儿子有多么著名。约翰会提到成名所需要的内在动力，但是当他评论成功者的时候，他不会把功劳归结于有内在动力的人们的其他品质："大多数成功的杰出人物，比如，'俗人'所谓的了不起的人士，之所以成功，是因为成功就是他们想要的——比其他任何事情都更有吸引力。反常的事情也是会出现的，比如，有些无声无息的数学家突然之间像流星一样出现在大众视野中。不过，一个普遍规律是，那些充满能量和欲望，一心想要出人头地的人，最后就出人头地了。"

在那些培养了杰出人物的家庭里，不断学习与上进的动力会持续多年，而且与金钱无关。这在威廉·贝弗里奇对于他父亲的遗嘱的描述里表现得很明显，他说："当他的生命结束的时候，他甚至不再拥有他的大部分藏书，只除了那些与我们家有关的。在他的遗嘱里，他的财产总共有 82 英镑。他离开这个世界的时候所拥有的财产，几乎与他来到这个世界的时候一样多。"

---

① 约翰·多恩：John Donne，1572—1631，英国讽刺作家、诗人。

在我们研究的 400 位杰出人物中，只有两位说他们小时候不喜欢学习。这两位都是政治家。阿尔弗雷德·史密斯，民主党总统候选人，当年与共和党赫伯特·胡佛竞争。他就坦言他不喜欢书籍。他说他这一辈子只读过一本书，那本书是一个著名的为了奖金而比赛的拳击运动员的传记。他的父亲是爱尔兰移民、卡车司机。在学习、获得地位、获取权力方面，他不把任何功劳归结于他父亲。他的母亲一直是位有上进心的女人，她责怪孩子父亲当时没有在纽约市的郊区买下农场，那块地后来又卖出去了，成了市政府的土地，卖了个非常好的价钱。阿尔弗雷德·史密斯很早就崭露头角，他的才能是在领导能力方面，这是一种到目前为止还无法用标准化测试来衡量的能力。他 10 岁的时候便赢了一场演讲比赛，他的演说和与人相处的能力最后帮助他成为了纽约州的州长。

家庭的价值体系

如此看来，家庭的价值体系对于有能力的儿童来说影响是最大的。如果一个孩子的父母看重能力的培养，有强烈的智力和体力方面的进取心，这个孩子长大后很明显地就会比他的同龄人更有可能成为杰出人物。

获得成就的另外一个因素是父母情愿让幼年的孩子离开家去发展自己，这是弗雷德·L. 斯特罗特贝克的观点。包括他在内的 4 名学者做了一项历时 4 年的关于鉴定天赋的研究，他们的成果记录在《潜能与社会》(*Talent and Society*)一书里。在本研究选取的 400 人当中，也有很多儿童因为家庭所在的社区无法提供孩子需要的教育而被送到外地去。有些父亲和母亲为了孩子的发展而忍受他们并不情愿的分离。

热爱学习被看作持续一生的品质。这种热爱，即使在疾病和忧患面前也仍然会坚持下去，甚至在人们获得很不错、令人满意的成功之后也仍然存在。这种热爱并不是与物质欲望联系在一起的。除了对于知识和成功的追求，父母和孩子往往还都拥有身体上的活力。这些知识方面追求上进、体力上充满活力的父母和孩子，即使不能获得巨大进步，也不会让事情变得更糟。一个家庭里有可能只有一个孩子成为杰出人物，但是家庭里的所有成员都可能很有能力，对社会有益。

在这 400 个家庭里，90% 以上都表现出了对于学习和成就的热爱。

第二章

有强烈主观意志的父母

第二章　有强烈主观意志的父母

> 在那个时代，除非别人请他们开口，否则，小孩子是只应该被看到，而不应该被听到的。但是，当父亲认为我们的年龄到了能够有自己的见解的时候，他就立刻给予我们足够的空间来表达我们的见解，不管这见解会有多么幼稚……他痛恨平庸，痛恨循规蹈矩，信奉性别平等……他为社区争取的权益包括免费图书馆、义务教育、为公立学校提供免费图书……毫无保留地接受单一税制。
>
> ——玛格丽特·桑格《自传》（An Autobiography）

近些年来，在家庭教育理念方面，"中立"的父母比较受欢迎。他们温柔地支持孩子，给孩子提供良好条件，不去规定他应该怎么做。父母要求自己有耐心，特别是面对处于青春期这个关键年龄段的孩子更是如此，因为他们不想延迟孩子的心理成熟期，不想扼杀孩子的创造力。如果在这样良好的愿望之下，他们仍然把自己的想法表露得太过直接，说出了一些与坊间流行的观点相左的话，让孩子感到了难堪，他们会表现得充满内疚，急于为自己开脱。如果某些方面不随波逐流，他们会感到良心上的不安，因为他们很痛苦地知道，他们这样做是把自己的孩子置于一些社交困境之中。

今天，大多数父母在教育孩子时会有一个前提：孩子有权利做其他孩子做的事情，拥有其他孩子拥有的东西，能够感觉到自己是坊间流行的文化的一部分。父母试图把自己放在孩子生活的背景里。因为要达到这个目的，他们放弃了一些自己原本希望能够成为家庭传统的东西。

对于我们这个研究里的家庭来说，这种"中立"的养育方式是闻所未闻的。在这400个家庭里，227个有强烈的政治主张，他们会坚持一些不受大众接受的主张，参与改革运动，在公众场合表达一些有争议的观点。这些强烈关注各种事物的家长被我们称为有强烈主观意志的家长。

在这些人中间，有查尔斯·达尔文、亨利·乔治和罗伯特·英格索尔的同党，这些父母拒绝接受婴儿生来就有罪和命运前定之类的理论。他们中的一些为了废除奴隶制和争取公民自由而工作，或者参与他们社区里的公众事务改革运动。他们普遍追求的是更好的居住条件、更好的健康医疗条件，以及更好的教育条件。

他们投身其中的大多数运动，在当今，甚至不会让任何人扬扬眉毛。但是，在他们那个时代，父亲及母亲（母亲占少数）会发现自己与传统的社会秩序和被普遍接受的道德标准格格不入。当今的家长，如果谁要故意模仿他们，那谁就要遇到几乎无法逾越的障碍。他们首先需要在当今的那些非常极端的主张里选一个，而且选的主张虽然在当今只有少数人信奉，但是在几十年之后却会让他们因为宣扬这种主张而受到敬仰。他们参与宣传这种主张必须是真诚的、无私的，对于有可能带来的负面影响也要置若罔闻，比如，对于配偶和孩子的经济状况及在社区里的地位的影响。他们必须能够感觉到，他们对真理的锲而不舍是对于环境的本能的反应。

家庭里的反叛

在这些父母具有强烈的主观意志的家庭里，孩子们更有可能的是模仿父母，而不是反叛。超过 1/4 的孩子们要么接受了父母对待事情的态度，并且把这样的态度作为起点去建立自己的名声，要么实现了一个家庭的梦想，要么选择了一个家族性的事业。他们就像查尔斯·达尔文一样，他的祖父曾经写过一首关于物种进化的诗歌。

在这些家庭里，那种出言不逊、批评一切、总是与父母吵架，激烈地批评父母对于文化与政治的见解的青春期少年是很少见到的。这些家庭里的孩子更有可能追随他们那些有强烈主观意志的父母，试图了解父母为什么会对这些事情这么投入。这样的孩子被学校开除的可能性比离家出走的可能性大得多。但是，青春期反叛的模式，在义务教育普遍实施之后，也许已经发生了变化。在这些传记和自传里，老师是孩子的敌意所指。而在当今，是家长们，而不是老师们，更加不会反对孩子的行为。也因此，也许是家长们让自己成为青春期少年需要批判、需要反叛的靶子。当然，这仅仅是我们的一种猜测。

在我们的研究对象里，反叛父母的男孩、女孩都很少，一共 24 个，而且他们的反叛时间一般也不会持续很长。儒勒·凡尔纳在 11 岁的时候离家出走，想到客船上去做服务生。但是他颇具诗人气质却最终成为一名律师的父亲找到他的时候，他还是松了口气。父亲把他领回了家，回到深爱他的母亲身边，他母亲因为他的出走而充满了焦虑。凡尔纳的出走，不是为了逃离家庭，而是为了逃离学校。他对学校没有任何好感，他还在自己的书里画满了船只和飞行器的设计图。他离家出走得到的惩罚是只能吃面包、喝白水。怀着一种忏悔的心情，他对他母亲说："从今以后，我只会在我的想象里旅行。"

哈罗德·拉斯基，是一位非常出色的政治理论家。在18岁的时候，他从一个暑期文化交流活动中回来，带回家一个28岁的非犹太人新娘。这件事让他那个努力向上爬的正统犹太人家庭陷入了混乱之中。他的新娘同样具有叛逆精神，有着强烈的自我意识，对遗传学和政治都有兴趣。他们立刻就被哈罗德的父母分开了，哈罗德被送进了大学。新娘则回到了苏格兰，在那里等待哈罗德毕业。当哈罗德毕业的时候，他们重新拾起了婚姻关系，等到他们的孩子出生的时候，父母也与他们和解了。当哈罗德出名之后，一个很明显的事情是他的妻子对他的事业有着积极的影响，那时候，老人们对她的敌意就基本上消除了。

阿诺德·贝内特，未来的小说家和剧作家，不愿意进他父亲的律师事务所做职员，高中荣誉毕业后的第二年，他便去了伦敦。当时，他想当一名作家。他的母亲拿出了本该购买食物的钱来帮他，支持他的"反叛"。挪威剧作家、诗人亨里克·易卜生，在17岁离开家之后就与家里断绝了一切关系。他拒绝接受家庭的宗教信仰，并对他父亲在事业方面的失败感到羞耻。

有一个乐于讲述自己反叛的人，他是精神病医生欧内斯特·琼斯，他以弗洛伊德的传记作者的身份而被人所知。他的父亲是个政治上的自由派，依靠自己打拼，并且积极参与社区的事务，参与学校董事会、社区议会等。欧内斯特对父母的感情都很深，而且他有理由认为自己是父母关系中的纽带。他的父母待人热情，乐于给人以支持，思想自由，主观强烈，但是他父亲很难承认自己有任何做错了的事情。欧内斯特从来不记得父母两人彼此生过气。13岁的时候，他无所顾忌的说话方式使得他与父亲陷入了一场关于虹吸泵的不愉快的争吵中。在这段时间里，他和父亲之间不仅有了隔阂，他还伤害了父亲的感情。

作曲家弗雷德里克·德柳斯拒绝继承父亲的羊毛生意，他跑到佛罗里达，期望这样可以让他有时间参加音乐活动。与其他父母不同的是，他的父亲一直没有原谅他的这次反叛行为。

另外一个成长在充满各种强烈主张的家庭里的孩子——玛格丽特·桑格,没有听从父母的安排,而是选择了另外一条路去释放并贡献自己的精力。这位家庭计划服务中心的代表人物是希金斯家的11个孩子之一。这些孩子曾经被人称为"魔鬼的孩子",因为他们的父亲敬仰进化生物学家查尔斯·达尔文和律师罗伯特·恩格索尔。有一次,希金斯租了纽约州康宁市最大的楼,把恩格索尔引荐给公众。当一群愤怒的民众把演讲者和听众都赶出来,追到希金斯家房后的地里去的时候,玛格丽特·桑格也混在逃跑的人群里面。玛格丽特·桑格在学校里也是个叛逆者,当八年级的老师公然侮辱和讽刺、挖苦同学的时候,她就主动退学了。

继承和发扬了父母的强烈主观意志的孩子们

有一种频频出现的现象,就是孩子延续了父母的意志,我们如果想要仔细描述每一件这样的事情,那么仅仅这些事情就足够占据很长篇幅。最明显的例子是那些参与人道主义活动和改革运动的父母,他们的孩子常常会关注同样的事物。那些不排斥父母的不循常规的主张,且在成年之后也推行这些主张的孩子,在学校里也往往特立独行,不愿意随波逐流。

简·亚当斯是豪尔安居会①的创建人。她推行的任何主张都不会与父亲的信念冲突。简的父亲是亚伯拉罕·林肯的亲密朋友,他最珍惜的一封信就是林肯写给他的。他总是关注着与和平、友谊、穷人生存状况相关的问题。简在1910年获得诺贝尔和平奖。与父亲一样,因为参与社会工作和劳资关系改革工作,简名

---

① 豪尔安居会:Hull House,是建立于美国芝加哥的一个社区服务组织,最初服务来自欧洲的穷苦移民,给他们提供住所,提供社区生活服务、教育机会和文艺活动。后来扩大到美国许多城市。

声大噪。

小时候，简会在夜晚悄悄下楼去，与父亲说说话，以消除一个经常梦到的噩梦所带给她的恐惧。在梦里，世界上所有人都死了，只剩下了她一个人。在她的身上承载着的，是让整个世界恢复原状的使命，而如果想要完成这个使命，她就必须做出一个推车的轮子。她独自一人生活在一个荒凉的世界上。村子里的街道看起来就和平时一样，只是没有了人。铁匠铺也还在原来的位置，砧铁仍然在门旁边，但是满目看去，空无一人。在梦里，她承载着极其沉重的、让世界重新启动的使命，而且她需要在所有那些消失了的人还有机会回来之前完成这项任务。

她一直也没能够向她父亲讲述这个噩梦的细节。一次又一次，在自传里，作者们讲述了自己小时候感受到的恐惧、受到的迫害，以及他们如何忍受这些恐惧与迫害，而没有让任何一个成年人知道的情境。儿童时期，孩子们的表达能力不够强大，即使是在语言方面有天赋的孩子其表达能力也有限，这是很可怕的事情，这也给予了成年人沉重的责任。

简的父亲是个鳏夫，他很享受自己柔弱的小女儿在这些夜晚的亲密诉说与交流。她问了他关于自己的焦虑感的问题，她感觉她比自己的同班同学知道得少。同班同学知道"宿命"的意思，但简就觉得这个概念对她来说是个谜团。

父亲回答说："你和我的头脑都永远不会懂得命运前定这个概念，简。但是这真的不重要……对于自己不明白的事情不要装懂，这才是重要的，你一定要诚实面对你的内心……正直比其他一切都重要。"

有天赋的儿童需要与成年人大量交流，在简的身上，父亲在一定程度上满足了她。她不愿意抱怨她所在的村子里的小学校，只是暗示学校无法满足她的需要。父亲支持简在教育方面的决定，当她无法接受继续待在寄宿学校里的时候，父亲允许她退了学。

| 第二章　有强烈主观意志的父母 |

另外一个因为受了主观意志强烈的父母的影响而在学校遇到困难的女孩是赛珍珠。她17岁时进了朱韦女士在上海办的学校，在那之前，她的大部分学习都是与她那精力旺盛、想象力丰富的妈妈在餐厅的桌上进行的。

还有一些父母，他们对善行的热情使他们很早就让孩子们了解贫穷、疾病和人类之间的不人道。在这些孩子中，有一位长大后成为人道主义者和作家，他是皮埃尔·范·帕森。他在《我们生命中的日子》（Days of Our Years）一书中描述了自己的童年。

这个男孩在荷兰的一个小城市霍林赫姆长大。他家里有3个主观意志非常强的人——母亲、父亲，以及叔叔吉斯。

母亲乐于帮助城市里的病患和贫穷人群。她带上年幼的皮埃尔，去访问结核病童。放学回家的路上，他会在贫民区停一下，因为母亲在那里组织了一个清洁运动。那里的街道如此狭窄，他站在道路中间，双手伸出去就可以摸得到街两边房子的墙壁。

皮埃尔最喜爱的则是吉斯叔叔，他是一名风景画家，还是一个单身汉。皮埃尔跟着他游遍乡间，寻找可以入画的景色，他们一离开家就长达几个星期。他们在乡间露营，一路下来被晒得黑黑的，受够了风吹雨打才回到家里。他从吉斯叔叔那里学到的历史知识比他从所有课本里学到的加起来还要多。吉斯叔叔给皮埃尔讲了自己与一些智慧非凡人物的交往，包括艺术家文森特·凡·高、作家列夫·托尔斯泰、神学家欧内斯特·勒南，以及无政府主义者米海尔·巴枯宁。当他们在乡间漫步的时候，他讲到爱尔兰的独立运动，或者马其顿的民族主义。皮埃尔把叔叔讲的全部记了下来，他觉得叔叔像是出生在科克[①]或者巴尔干地区似的。吉斯叔叔的演说就是这么具有魔力。吉斯叔叔是个自由派，他还给皮埃尔介绍了伏

[①] 科克：Cork，爱尔兰的一个郡，是1919—1921年爱尔兰独立战争中的一个重镇。

尔泰、卢梭、圣西门和歌德。

尽管皮埃尔家庭中的长者们个个都很有主见，但是对于孩子在学校里究竟发生了什么，他们却似乎什么也不知道。关于他的校长，皮埃尔在他的自传里是这么说的："他的脸是一张满是皱纹的面具，他那骨节突出的手指越来越细。他激发了我心中如此多的恐惧……在暴怒和生气的时候，他的嘴唇弯成一条斜线，像只老虎一样，露出他短短的黄牙……"

有一次，校长在皮埃尔的抄写本里发现了一句话，让他大为愤怒。这次事件给皮埃尔的印象是如此深刻，以至于到了成年之后他还记得那句惹恼了校长的话："雪花纷纷扬扬，来自无情的灰色天穹"。

后来，由于父亲的生意失败了，皮埃尔心甘情愿地推迟了进大学的时间，他的另外一个弟弟也放弃了进入荷兰一所军事学院的机会。他们全家移民去了加拿大，在那里，学校的学习不那么死板。皮埃尔在加拿大获得了第一份工作，这份工作是位于多伦多的维多利亚学院的神学院教务长给他的，他的母亲也为此很是高兴。

与父母选择了相似道路的孩子们

欧内斯特·贝文，英国政治家、劳工领袖，有个白天在富人家厨房里做帮工、给整个社区做接生婆的母亲。母亲拿到报酬的时候，总是会向那一家的户主再多要几分钱，然后把这几分钱捐了。她是个非常认真的女人。很多年里，为了要在多佛路上修建一座教堂，在工作之余，她会组织筹款。

在她去世的时候，她最小的儿子欧内斯特只有7岁。在3岁的时候，欧内斯特就在教堂里发放赞美诗册。当他5岁的时候，母亲生病躺在家里，他就自己去教堂，然后回家告诉母亲，牧师在讲道的时候说了些什么。13岁时，这个成了孤儿的男孩逃离了他打工的威廉·梅农场。在农场里打工的时候，他把鸟赶走，以免它们破坏庄稼；驾驶挖坑、播种的机器；犁地；把甜菜和萝卜切了喂牛。为了这些活计，他和雇主时有争吵，有时还会挨鞭打。后来，他用一把利器震慑住了那个惩罚他的雇主，带着自己的衣物和积蓄跑到了布里斯托。在卫理会教堂的主日学校里，他第一次开始对学习和劳工问题产生了兴趣。

马克西姆·李维诺夫（原名米尔·沃勒克），苏联外交家。他的父亲摩西·沃勒克，一个农产品商人，和他的母亲安娜·沃勒克一起把他们家变成了比洛斯托克知识阶层里爱书人士的一个活动中心。父亲摩西是个聪明、爱探究的人，对他同时代的文学非常感兴趣，尤其喜欢屠格涅夫、陀思妥耶夫斯基和托尔斯泰。人们时常来他们家借书，聊聊时事新闻，经常讨论到深夜。当秘密警察上门来带走了他的父亲，而且6个星期音讯全无的时候，5岁的马克西姆也受到了深深的影响。这个事件是由于一个跟他们家存在竞争关系的农产品店家给了警察一些起误导作用的信息导致的，好在最后事情被解决了。摩西回家的时候受到了街坊邻居的热烈欢迎。

在另外一个家族里，伯特兰·罗素，英国哲学家、数学家、教师、作家、反传统的斗士，他的父亲安伯利·罗素在遗嘱里把4岁的伯特兰和10岁的弗兰克这两个儿子托付给两个宗教不可知论者朋友去监护。英国公众为此觉得受了冒犯，结果两个孩子由法庭给指定了监护人。法庭没有遵从孩子父亲的遗嘱，而是让孩子的祖父祖母做了监护人。他们的祖父在盛年时也是个干劲十足的改革家，现在进入老年，身体又有病，他坐在自己的巴斯椅子里，对孩子们的"噪声"忽略不计。可是罗素夫人，仍然异常活跃。在她丈夫当首相的那段时间里，她被内阁成员们称为"夺命龙葵"。她公开反对帝国主义战争，反对政府对爱尔兰人的态度。

孩子们的父亲在政治上并不是很成功，因为他在议会中引入了一个议案，要求法律允许在星期天也可以进行与宗教无关的演说和辩论。孩子们的单身汉叔叔罗洛也住在家里，他给孩子们读他写的关于"竞争原子"的诗。弗兰克从祖父母家跑了，后来被送去了寄宿学校。但是伯特兰是在家里受的教育，为上大学做准备。

苏珊·B.安东尼，妇女政治权利运动领袖，从很小开始就受到了父母的影响，而且这种影响很直接，且持续深远。这种影响让她建立了一种欲望，那就是要在政治上具有影响力。苏珊的父母拥有一间磨坊，他们对为他们工作的那些工厂女孩施行了家长式的管理，让她们住在示范屋一样的、带花园的宿舍里。男性员工在厂区之内不许饮用含酒精的饮料。每个星期天，所有员工都会受邀到磨坊主的家里去，倾听关于世界大事的讨论。苏珊的父亲丹尼尔是个废奴派人士，在禁酒协会工作，他接受妇女与男人平等的主张。苏珊是纽约州妇女禁酒协会的秘书，她的工作困难重重，因为纽约州的男子禁酒协会认为女性组织禁酒协会是不合适的。苏珊的父母在听到了一次伊丽莎白·卡迪·斯坦顿[①]的演讲之后，在写给她的信中提到了这位女士，正是这封热情洋溢的信，使得苏珊主动与伊丽莎白·卡迪·斯坦顿建立了联系，从而开启了一段历时长久、硕果累累的合作。

在一次全国性的经济恐慌之中，父亲丹尼尔的生意失败了。苏珊很高兴她能够退出那个戒律繁多的学校。在她后来的职业生涯中，几乎没有任何一件事情不是从她的家庭对她的影响中自然生发而来的。

---

① 伊丽莎白·卡迪·斯坦顿：Elizabeth Cady Stanton，1815—1902，美国社会活动家、废奴派人士、妇女运动领袖。

有强烈主观意志的家庭中，那些与父亲关系亲密的儿子们

乔治·伯纳德·萧伯纳曾经声明，说跟母亲关系亲密的男孩们有"狭窄范围内的智慧"，跟父亲关系亲密的男孩们有"更宽广的人文主义"，大致是这个意思。在我们研究的这些家庭里，这种说法似乎是对的。跟父亲关系亲密的男孩们更有可能是社会的反叛者、革命者，或者哲学家。跟母亲关系亲密的男孩们则常常选择艺术道路。

看一看一些父亲处于中心地位又充满强烈主观意志的家庭，我们会发现男孩们经常会做父亲梦想他们去做的事情。在这400人中，有1/4继续了父母的工作或者思想。尽管有些男孩在社会上是叛逆者，但在他们父亲心目中他们可是英雄。当劳工运动领袖戴维·杜宾斯基参加罢工，为面包坊工人争取更高工资的时候，虽然父亲自己就拥有一家面包坊，但他却没有阻止自己的儿子去这样做，而且当儿子以煽动民众的罪名被关押起来之后，他还买通了一个警察，把儿子解救了出来。

报社编辑威廉·艾伦·怀特的母亲是个支持废除奴隶制的共和党人。她在肯塔基州的小城议会园的一所小学教英文，这个小城有一批同情南方的居民，她因为坚持要在自己的小学接收黑人学生而丢掉了工作。这个又高又瘦的未婚女人吸引了一个胖乎乎的中年小店主兼内科医生的注意。在内战期间，他是个民主党人，由于坚持认为应该通过妥协的方式获得和平，他被别人称为"榆木脑袋"。他还认为，即使在萨姆特堡战役[①]之后，林肯仍然应该举行和平会谈。

他们的儿子深爱着他们，他说："没有任何其他孩子会有意志如此强烈、主张又如此不同的父母了……我很惊讶于他们会相安无事，甚至很和睦地一起生活

[①] 萨姆特堡战役：1861年4月12日和13日，宣布从美国独立出来的南方联盟炮轰美国军队驻地萨姆特堡，军队被迫撤离。这一战役是美国内战正式展开的标志性事件之一。

了15年以上。"

戴维·本·古里安（儿时的名字是戴维·格林），以色列的第一任总理，没有让他的父亲阿维戈尔失望。他曾经因为在华沙街头领导集会、推行犹太复国而被捕。戴维被关押起来，不得不让他的父亲来把他弄出去。阿维戈尔对此不仅不吃惊，甚至在戴维离开家到华沙去上大学的时候，他就预料到了这个结果。阿维戈尔来了，穿得齐齐整整，戴着高高的礼帽，是个有效率、有经验的律师，对于把客户从各种小过节中弄出来已经习以为常。因为警察局工作人员也姓格林，对戴维这个大男孩感觉亲切，所以例行公事很快结束，然后就让他走了。

戴维的母亲姗达尔·格林曾经说："将来有一天，全世界都会知道我们的这个儿子。"她的11个孩子里有5个在婴儿时期就夭折了。所以，"永远正确的姗达尔"——别人是这样叫她的——就有对戴维过度保护的倾向。在母亲的羽翼之下，他性格内向、体弱多病。他坐在来访者中间，听在他身边进行的关于犹太复国主义的讨论，他跟成年人下象棋，别人也像对待成年人一样和他说话。但在他11岁时，他的母亲去世了，从那之后，他开始变得活跃、强壮、咄咄逼人。

后来成为墨西哥总统的拉萨罗·卡德纳斯，在小城吉奎尔潘长大。在他幼年的时候，那个小镇是一个革命思潮和活动的中心。镇里的大多数家庭都从事与轻工业有关的工作，制作围巾或者凉鞋。镇里的年轻人离开家乡到墨西哥城去打工，他们隔一段时间回到家乡，就会给家乡人讲述一些他们在外面学来的新观念。卡利昂先生是镇上最有影响力的人，他不仅是收税官，也是自由派刊物《群众》（*La Popular*）的编辑，这个刊物每50天出1期。

拉萨罗的父亲多玛斯科·卡德纳斯也是一位受人尊敬的社区领袖。多玛斯科有着提高小镇民众的健康和生活水平的强烈愿望。因为镇上没有医生，也没有医院，他就阅读医学书籍，给自己的和邻居的孩子们治病。他的8个孩子，没有一个在婴儿时期夭折，这使得他的家庭显得很不寻常。多玛斯科重视每一个孩子的教育。当拉萨罗和一个朋友逃学的时候，他一视同仁地用鞭子把两个孩子都抽了一顿。

多玛斯科是一个有上进心、有强烈主观意志的人，他积极响应新的主张，认为需要提高墨西哥人民的生活水平。他不断尝试，积极而主动地努力工作，试图提高全家人的生活水平。当他的织布生意既不赚钱又局限他活动的时候，他就开了一家肥皂厂，但不幸的是，肥皂厂的生意也失败了。相比之下，他开的台球厅更成功一些，但是大儿子拉萨罗很反感经常光顾台球厅的那些男人们在这里酗酒、赌博。父亲很能理解儿子，所以，在儿子11岁，从这个小镇唯一一所有能力维持的学校里毕业的时候，父亲把他托付给了自己的一个密友——《群众》杂志的革命派编辑，让他去做学徒。在那里，拉萨罗才受到了真正的教育。他开始阅读维克多·雨果的作品，而不仅仅是那些冒险小说。

当拉萨罗总统把墨西哥的健康和教育水平都提升到了一个新的高度的时候，当他建立了公立教育系统，当他把石油工业和铁路国有化的时候，他是在践行——而不是反叛——他从小在家庭中所接受的来自父母的观念。在我们研究的400人里，儿子们常常是完成了父亲们有可能去做的事情。在个人生活中，拉萨罗表现出了与他那坦诚的父亲一样的强烈的父性和严格的要求。他不仅要求家人以简单的方式生活，还收养了8名孤儿，让他们成为自己的家庭成员。

1815年，富有、年轻的理查德·波特与一位"奇怪、内向、神秘、难以捉摸的'生物'（玛丽·赛顿·波特）"结了婚。玛丽·赛顿·波特对于那些被社会拒绝和厌恶的人们充满同情，这种同情使得她对这些人产生认同，并且也觉得自己是他们中的一员。别人认为她其实是一个有着凯尔特人血统的英国女子。后来，玛丽·赛顿·波特和理查德·波特的唯一的儿子与劳伦西娜·海沃丝结婚，劳伦西娜的父亲是利物浦的一个商人，他参加了反谷物法联盟及那个地区的其他激进活动。劳伦西娜是个有学识且迷人的女人，她与丈夫生了9个女儿，个个博学且坚持自己的意志。她们每个人都嫁给了一个出色的男人，这些男人中有4个在不同时期曾经是议会成员，每个人都有特殊的才能，而且几乎所有人都有强烈的个人观点。在玛丽·赛顿·波特和理查德·波特的后代中，有两个在我们所研究的400名杰出人物名单上：他们的外孙女比特丽斯·韦布是一个重要的社会领袖，他们的曾外孙斯塔福德·克里普斯爵士是一位英国政治家。

在还是个孩子的时候，斯塔福德·克里普斯就很认同他父亲查尔斯·阿尔弗雷德·克里普斯的和平主义。与很多政治家的童年时期一样，斯塔福德拥有充分的自由，被家人宠爱。他也是家里孩子们中智力出众的那个。像多数参与政治或者政治科学的人们一样，他是在人生后期才确定走这条道路的，他最初的理想是成为一名科学家。

斯塔福德的外号是"老爹""父亲大人"，因为他有个习惯，那就是别人没问他意见的时候，他却总是硬要给人出主意，而且是给比他年长的人出主意（这是有天赋儿童的一个常见的习惯）。他是家中5个孩子里最小的一个。当斯塔福德1岁的时候，他的母亲特蕾莎·波特·克里普斯，就看出来他是家里"上升的天才"。到他3岁的时候，家里其他人也不得不承认这位"老爹"拥有不同寻常的智力。

特蕾莎·波特·克里普斯在她最小的儿子4岁的时候就去世了。她给丈夫和孩子们留下了遗言："我希望孩子们尽量在乡间成长，尽量以他们的父亲受教育的方式接受教育。我希望他们的生活尽量简单，不要追求表面的荣耀及其他类似的坏习气……我恳求我的孩子们无论在顺境还是逆境里都互相支持。"她的妹妹比特丽斯·韦布，把她描述为"一个天生的艺术家，对人有着强烈的敏感，有能力抓住一个人或者一个事件中最重要的特点"。

斯塔福德早期的能力得到了全家的认可。他的家族有很多传统可以由他继承下去，但是他的父亲——历史上第一个帕尔默爵士——希望他自由地做出自己的选择。帕尔默爵士是他们家族四代人里面第八个被选入下议院的。父亲的3个叔叔、1个叔祖父和他的曾曾祖父都是国会议员。

斯塔福德母亲的家族也同样显贵。凯特·波特·库特尼姨妈在斯塔福德的母亲去世之后就扮演了一个母亲的角色。她的丈夫伦纳德·亨利·库特尼是一位政治经济学家、《泰晤士报》(The Times)的首席撰稿人。虽然他已经失明多年，但他仍然是一个杰出的英国政治家，与帕尔默爵士一样，他追求的是一条自由、和平主义的道路。

斯塔福德很早就接触到其他主观意志非常强的亲戚和一些家族的朋友。他的姨妈玛格丽特·霍布豪斯也是一个和平主义人士，她的丈夫亨利·霍布豪斯是一位议会成员，也是皇家中学教育委员会的成员。斯塔福德最年轻的姨妈是比特丽斯·韦布，她和丈夫西德尼·韦布都是费边社会主义组织的领袖人物。斯塔福德的母亲在结婚之前曾经做义工来改善穷人的居住状况。她的义工工作是由汤因比馆①的创始人卡农·巴内特领导的，这里的工作方式后来成为贫困阶层成人教育的模式。

斯塔福德的生活没有被他的家族限定，但是家族对于他的思维方式起了最重要的影响。他也受到了威廉·斯特吉斯的影响，这是他们家的一个朋友，在放假的时候，斯塔福德会跟他聚在一起。后来，他还受到了继母玛丽安·爱丽丝的影响。同时对他影响比较深的还有他在温彻斯特中学时候的校长 H.M. 伯奇牧师。

---

① 汤因比馆：Toynbee Hall，坐落于伦敦东区，成立于1884年。它欢迎不同社会背景、经济背景的人来此学习、居住、交流，并推进慈善事业，它旨在促进社会不同阶层人群之间的理解、交流和合作，最终消除贫困与不平等。

不管一个家庭持有什么样的信念，把一个智力出众的孩子当作成年人来看待，对于孩子来说至关重要。当他拥有自己的听众，可以表达自己的想法，可以听别人发言的时候，他在情感和智力上就都会得到满足。其他孩子觉得斯塔福德很难相处，他那"老爹"的绰号就是一个证据。老师和家长如果能够受一个能力超群的孩子信任，特别是在孩子成长的关键时期，他们就担负着重大的且令人激动的责任。斯塔福德在学校里是个小科学家，他的学习成绩非常好，但在那个时期，他并没有表现出对社会和政治问题有什么特殊的敏感性。

在这个家庭里，成员之间有着很大差异。但是，在关注社会这一问题上他们的想法是非常一致的。

在这些思想观念鲜明的家庭里，一些成员在当时很关心殖民地人民的自由，关心联合国的进一步发展，关心有可能在将来给世界上不发达地区提供足够食粮的农业成果，同时也关心城市规划、农村民居、流动人口、步行街、国家公园等。

不要小看这些精力旺盛、性格古怪的前辈们。他们可能非常固执己见，但是，那些"中性"的家长，把自己的感受钝化，以成为一个"没有颜色的背景"，让他们的孩子们在这个背景衬托之下显得突出，他们可能会发现，他们的孩子们也会没有颜色，也会平庸。在他们还是孩子的时候，这400名杰出人物都很喜欢与能够激发思想火花的、像对待成年人一样跟他们谈话的人相处。约翰·高尔斯华绥的父母关系不好，他认为母亲对待生活的有限的方法为他们的母子关系设立了难以逾越的屏障，使得他一直不能享受与母亲在一起的时光。她那封闭的头脑让他觉得很闷。没有任何一个杰出人物在接受访问的时候说他们因为有固执己见的父母而感到遗憾，相反，他们经常说，他们喜欢有自己思想的父母，喜欢那些敢于说出自己想法的父母。即使当这些孩子在成年之后推翻了父母以前的一些想法，或者不再信奉父母从前为之努力过的主张，他们仍然会讲述关于这些想法的趣闻逸事，通过这些趣闻逸事，人们看到一些他们不好直接夸耀的特点——从父母那里继承来的智力、能力、好奇心，以及表达自我时所流露出来的生命力。

遭遇了死亡、牢狱、流放的父母们

有一些子女，尽管他们对自己的父母持肯定态度，却在是否继承父母的作为方面还是会心存疑虑。这是因为，他们的前辈因为表达自己的坚定信念和进行反对活动而曾经遭到流放、长期坐牢，或者付出生命的代价。这些人很可能是下意识地没有去从事他们的父母所为之奋斗的事业，他们转而会选择艺术作为表达自己的手段。

在波兰钢琴家、作曲家伊格纳茨·简·帕德瑞夫斯基只有 3 岁的时候，他父亲就因为反对俄国的行动入狱 13 个月。伊格纳茨听到的有关他父亲坐牢的事情深深地影响了他。他转向了音乐，但是，在多年之后，他以同样的热情加入了自由波兰的事业。他在从事这两项事业的时候，都有一些心理问题，曾经一度因身体条件使得他无法弹琴的时候，他转而去务农。当他处于音乐家和政治家的角色之中的时候，他一直感到困惑，无法放松自己，这是否在什么程度上与他父亲曾经入狱的问题有关，我们就不得而知了。

约瑟夫·康拉德生于波兰，是用英文写作的作家，他写的故事没有一个比他自己父亲的故事更悲剧、更打动人的。他的父亲是阿波罗·纳列兹·库尔泽尼奥夫斯基，他的母亲原名是埃维莉娜·波波罗夫斯基。他们的婚礼曾经被新娘家里推迟了 6 年，因为那位英俊的未婚夫整天什么也不做，只是坐在他父亲庄园里的豪宅内，写一些从来没有被发表过的诗歌和剧本。只是因为埃维莉娜因郁闷而生病之后，她的哥哥们才最终同意了这门婚事，那时候她 25 岁，而阿波罗则已经

36岁了。新娘的哥哥们把阿波罗当成他们最要好的朋友之一，却对他和自己妹妹的婚事持极其怀疑的态度。

让双方家庭的亲戚们失望的是，阿波罗为了让妻子一家高兴，本来已经做起了庄园管理的工作，但是很快他就丢掉了他自己应得的遗产，还丢掉了他妻子嫁妆里的现金，迅速地投入到了自由波兰的事业中。埃维莉娜仍然如以前一样爱他，支持并追随着他的事业。当阿波罗被判决流放西伯利亚的时候，他还算是幸运的，因为他那些亲戚的帮忙，他才没有被处死。

埃维莉娜要求当局把她也当作政治犯来对待，掌权的人同意了。于是，这位娇弱的太太和她4岁的儿子（约瑟夫）都加入了囚犯的行列，开始了去西伯利亚的历时3个月的艰难旅程。在这些人里，没有其他妇女和儿童。在她还是个姑娘，住在自己家里的时候，埃维莉娜每天连梳洗、穿衣这样的事情都是有人伺候的。约瑟夫差点死在这艰苦的旅途上。埃维莉娜在旅程到达终点的时候也差点失去生命。约瑟夫亲眼看到了父母缓慢、痛苦地死去，先是母亲在他7岁的时候离世，然后他至爱的父亲又在他12岁的时候死去。

当他17岁的时候，他拒绝去上大学。那些爱他却被搞迷糊了的亲戚们最终同意了他的要求。这个成了孤儿的男孩想去看大海，在那之前，他只在书里读到过海——那温暖的、遥远的南海。尽管他聪慧，中学时期于他而言却是一段非常不愉快的经历。在西伯利亚漫长的冬天里，父亲阿波罗是他的家庭教师，没有任何学校教师能够取代父亲在他心中的地位。约瑟夫·康拉德是他在英语世界里为人所知的名字，他从未像他的父母那样热心地拥护政治自由事业，自然是使他全神贯注的敌人。

另外一个在儿童时期，自己父亲受到过迫害的人物是作家康拉德·博克维西。在这个犹太男孩长大的保加利亚的社区里，只有一位公民把吉卜赛人当人看待，那就是康拉德的父亲。年幼的康拉德有一个吉卜赛保姆。她就像他的母亲一样，康拉德的父母甚至允许这个保姆带康拉德离开家，一走就是很长时间。

康拉德对自己的母亲并不觉得亲近。他的母亲生活在一个幻想的世界里，对她来说，她反复阅读的那些小说，比她的丈夫和孩子还要真实。康拉德是父亲的宠儿，当学校无法给予他智力上的挑战，因而他觉得学校生活令他觉得无聊到无法忍受的程度的时候，他父亲非常起劲地在家里辅导他。父亲为康拉德在学业上的飞速进步而欣喜，父子俩心意相通，追求变化，理解力超强。

当父亲在一场社区骚乱中被殴打致死的时候，家庭里的宁静突然终止了。在父亲死后，康拉德跟着一些吉卜赛人跑了。他虽然不曾像父亲那样成为社区的领袖，但是作为一名作家，他通过记述吉卜赛人的生活赢得了声誉。

艺术家保罗·高更的父亲克洛维斯·高更是共和主义自由派报纸——《国家》（*National*）的一名不甚有影响力的记者。在拿破仑三世掌权的时候，他逃离了法国，却在前往秘鲁的途中死于心脏病。

保罗·高更的外祖母芙萝拉在一系列家庭变故后离开了自己的丈夫，在欧洲到处旅行，宣讲性别平等、崇高与自由的爱情等主张。

对于年幼的保罗·高更，一个生活在秘鲁的"被流放"的孩子来说，这些家族的故事是他的文化遗产中的一部分。当他成年之后，他总是帮外祖母说好话，说她是一位"不寻常的、美丽而高贵的女性"。在中年时期，保罗·高更不像他父亲和外祖母那样充满强烈的个人主张，他成为一名画家，用绘画重现自己在失去父亲后在秘鲁的生活。

意大利指挥家阿尔图罗·托斯卡尼尼的父亲克劳地奥·托斯卡尼尼把追随朱塞佩·加里波第——现代意大利之父——当作了自己的事业，因此他一共参加了3次战役，在一次被判处枪决之后得到了宽大处理，被改判了3年徒刑。

当克劳地奥回到家里与家人团聚的时候，他们家正处在经济非常困难的时期，但是克劳地奥并没有在自己的裁缝铺里长时间地工作，而是在街上闲逛，找人跟他辩论政治问题。阿尔图罗还是个少年时，就不得不承担起了养家的重任，而作为父亲的克劳地奥对此却一点也不觉得内疚。到了晚年，克劳地奥仍然会拦住别人，让别人听他的演讲，但是演讲的内容已经变了，变成他儿子阿尔图罗那无与伦比的才能和无限的荣耀。

社会地位与固执己见

在这 400 位杰出人物里，有的拥有财富，有的继承了家族的社会地位，他们的名字在参考书里多次出现的，包括亚当斯、鲍德温、贝尔福、伯德、塞西尔、张伯林、丘吉尔、库珀、克里普斯、詹姆斯、肯尼迪、尼赫鲁、拉乌、洛克菲勒、罗斯福、罗素、西特韦尔和塔夫特。他们的贡献通常是在政治方面。在这些家庭里，有主见是一种氛围，在这种氛围里，有一些延续下来的东西：主见的累积，对于成功的期望，表达自己观念与意见的习惯，以及果断做决策的习惯。

多名杰出人物来自同一个低收入的家庭是不常见的。当这种情况出现的时候，孩子们共同取得成就便是一种荣耀。这也说明家庭凝聚力、集中思想和在攻克难关时相互支持的重要性。莱特兄弟的父亲，是一名有主见的小城牧师。父母给予了他们深厚的感情，也尊重他们用自己的方式去试着实现自己想法的权利。他们非常需要彼此之间的帮助。

其他来自有主见收入却比较低的家庭的杰出兄弟们还包括医学家梅尤兄弟和门宁格兄弟。那些在沃特、维克托和罗伊·鲁瑟还是少年的时候就认识他们的人，会觉得如果没有其他两位的帮助，他们中的任何一人想取得日后的那种成就，都是一件不可思议的事情。每个星期日，他们的父亲，西弗吉尼亚州威岭镇上一个酿酒厂的工会领导，都会把鲁瑟三兄弟叫到一起，在楼上的一个卧室里讨论劳工改革、政治及妇女的参政权等问题。他带着三兄弟去监狱看望著名的社会主义领导人——后来的总统候选人尤金·V.德布斯。孩子们的祖父是一个德国的社会主义运动领袖，也是他们家心目中的英雄。

第三章

屡败屡战的父亲

| 第三章 屡败屡战的父亲 |

> 家庭的败落，似乎打开了他们创造能力的闸门……在两代人里，他们为《国家名人录》（National Biography）贡献了4个名字。我父亲的名字是第五个。
>
> ——耐吉尔·柯南·道尔爵士（阿瑟·柯南·道尔爵士之子）

在这项研究里，我们发现大约有一半的杰出人物的父亲在日常生活里是有失败倾向的。比起生活在同一个地理区域、同一个时代的其他男人，这些人是否更加容易失败，我们现在不得而知，所以，我们得出的结论只能是：父亲破产、事业失败，并不会阻碍他们的子女取得成功。在一个家庭里，即使赖以生存的经济基础充满变数，一个孩子仍然可以充分发挥自己的潜力。即使目睹自己的父亲经历尝试、失败的全过程，孩子探索新领域的劲头依旧未减，甚至最终还取得了成功。

仔细观察父亲失败对家庭里的感情氛围产生了怎样的影响，就可以看到，在事业上和在商业运作上遇到困难的父亲可以分为两类。第一类，是那些喜欢做白日梦的父亲们，他们倾向于退出生活的主流，进入自己的学术小天地。第二类，是那些不切实际、有着大而无当梦想的父亲们——毫不犹豫就跳下海的那些人。这两种人都倾向于相信：好日子就在拐角处等着。

亚伯拉罕·马斯洛在《自我实现的人》（*Self-actualizing People*）一书中描述了他的一些观察结果，他所使用的词汇，恰好是在描述杰出人物的父亲们的时候也经常出现的。本书提到的这些杰出人物的父亲们往往不是很成功，但是，他们愿意有理性地进行冒险，接受那些计划内可以接受的风险——而这些素质对于那些成功地进行自我实现、做出了重大贡献的人来说，也是必需的。从这里得到的推论便是：尽管父亲失败了，但是具有同样素质的孩子仍然可以成功。

马斯洛注意到，杰出人物常常有"第二种天真"，这些人在兴之所至的时候常常像个孩子，不会对未知领域感到恐惧，神秘的、让人迷惑的东西往往能够吸引他们。他发现，取得高成就的人可以"没有条理，不拘小节，行事混乱，缺乏具体性，容易怀疑，不够决断，依赖于猜想，不精确或者不准确"。他把这些特性定义为在科学、艺术和生活的某些时刻需要拥有的创造性。他发现，相比起其他人来，杰出人物在心理上，更不需要取悦他人，通常对于别人怎么想他们持无所谓的态度。

粗略了解一下 400 位杰出人物成年之后的生活，即可为马斯洛的观察提供支持。在我们的样本里，杰出人物的父亲绝对是很经常地具有这些特性。童真是具有创造力人士的特征之一，这也不是马斯洛独有的观察。著名的心理分析学家欧内斯特·琼斯观察到，杰出人物可以是容易上当受骗、轻信他人的，而且性格里经常有一个愿意接受别人、接受别人观点的特征。他举的例子有歌德、哥白尼、牛顿和达尔文。诺贝尔奖得主、作家托马斯·曼的观察是，在某些人身上，最伟大的智力天赋与最让人难以置信的天真是和谐共存的。

小说家、社会哲学家和政治活动家阿瑟·凯斯特勒，有一个活力四射又行事无常的父亲，有时生意失败，有时腰缠万贯。他在谈论自己父亲性格的时候说："那些与我的人生道路有过交集的金融方面的重量级人物，不管他们从事的是出版业、艺术品交易、金融业、还是影视业，为人做事，都无一例外有自己的一套习惯——不合群，不按常理出牌，而且他们基本上是很天真的人……很明显，那种诡计多端、冷酷、精于算计的类型，往往是商业界里的轻量级或者中等量级人物。"

心理学家艾瑞克·弗洛姆提出，创造力的发挥，要求人们放弃那种确定的感觉。在这些家庭里，确定性是被义无反顾地抛弃掉的，而且常常是在新的道路被勘探之前就被抛弃了。数学家、控制论的创始人诺伯特·维纳，就放弃了在哈佛大学做语言学教授的职业生涯。诺伯特的父亲是俄国籍，而诺伯特之所以成为美国公民，是因为他父亲要到南美洲去加入一个群居部落，以便实行素食主义，但是在前往南美的途中，他被困在了美国新奥尔良。

在相当一部分的家庭里，父亲很容易被幻想所左右，不安分，喜欢尝试。理查德·尼克松的父亲天性不安分，很外向，爱争论，喜欢扎堆。他总是想去体验一下不同的工作，于是，在不同时期，他曾经做过玻璃工人、陶瓷工人、杂货店主、火车车厢的粉刷匠、种土豆的农夫、牧羊场的场主、早期的电话接线员、电车司机、油田里的临时工、木匠。他还是劳工运动的活跃分子，在他自己因为站在露天车厢里而把脚冻坏之后，他组织了有轨电车司机工会。当他最后终于在加利福尼亚州自己开的水果店和加油站安顿下来的时候（那里的气候对他那脆弱的脚很有好处），他的商店成了社区里的一个聚会场所。他这个店主在那里高谈阔论宣讲政治，而妻子则安抚那些被冒犯了的顾客。如果不是疾病"袭击"了这个家庭，他很可能会在晚年得到一些经济上的保障。

杰出轨迹　　对话 700 位名人的童年

　　曾经一度在军队做工程师的乔治·惠斯勒少校，是行为多变的单身汉画家詹姆斯·麦克尼尔·惠斯勒的父亲。正是这位少校做出了全家去俄国的决定，在那里，他接受委托修建从圣彼得堡到莫斯科的铁路。他的妻子一直觉得悲剧就要发生，所以她根本不想去俄国。作为一名工程师，他擅长的事情是在地势困难的地区开辟道路。他喜欢解决技术问题，但是他的雇主们总是不相信他的判断。不过，沙皇倒是对这位活力四射的美国人感到很兴奋，给几百名不情不愿的农民下了命令，让他们协助他修建一段穿过 400 英里的沼泽地的铁路。在惠斯勒少校由于劳工营里暴发霍乱而不幸染病去世后，沙皇为他的两个大儿子——詹姆斯和威廉——在宫廷里安排了杂务工作，希望他们能由此安顿下来。但是这个处于窘境的家庭选择了去康涅狄格州，在一个农场上寻求安定。

　　莫里斯·格什温是作曲家乔治·格什温的父亲，是一个商场上屡败屡战的人。他的那些率性、孩子气的处事方法，成为格什温家族的传说。他的儿子们曾经数过，在他们全家四处迁移，以便住得离父亲的生意比较近的过程中，他们一共住过 28 所公寓。莫里斯尝试过开餐馆、浴室、印刷厂、蛋糕店、雪茄商店，还开过台球厅。

　　出生在南斯拉夫时期黑山的政治家、《新的阶级》（The New Class）一书的作者米洛万·吉拉斯，他的父亲是一位农夫。父亲把自家的石头房子盖在风大的高坡上，从方圆几里地之外就看得到他们家的烟囱。他们一家人住在二楼上，这样，牲畜们可以住在一楼，暖和一点。他那过度劳作的妻子一点不在乎景色如何，只是诅咒大风。米洛万的父亲是个不知疲倦的劳动者，但是他偏在从来没有水流过的地方建造水渠，在贫瘠的土地上播撒种子。他的孩子们知道母亲是对的：房子应该建在避风的山谷里。但是，当他们从老远地方回家的时候，却很喜欢能够远远地看到山顶上的家。"人可以分不同的种类。有些人追求实用，有些人追求

| 第三章　屡败屡战的父亲 |

美。我把我自己嘛，"米洛万说，"放在追求美的阵营里。"

阿梅代奥·莫迪利亚尼的母亲在产床上的时候，法院执行官上门来了，要没收他们家的财产。为了保留下一点家产，他母亲把一些值钱的东西藏在床上，孩子就是在这些东西中间来到世上的。在他们家，财产永远处在来了去，去了又来的过程中，好在他们并没有真正地贫困过，这一切都只是令他们经历一些灾难性的起伏而已。

作曲家莫里斯·拉威尔的父亲约瑟夫·拉威尔是一位工程师，他在1866年发明了二汽缸的"无马马车"，并获得了专利，但这项专利没有给他带来任何声誉。相反，他因为"扰乱平静"还被罚了款。诺贝尔奖得主、作家阿纳托尔·法朗士的父亲从一个农民成为一个书商，但是他发觉在书店坐着不走的人比买书的人要多得多。在阿纳托尔的记忆里，他永远被夹在他冷淡、退缩的父亲和总是哭泣、神经质、将爱都倾注给他的母亲之间。弗朗索瓦·左拉在制订一个修建运河的计划的过程中去世，这让他的妻子和小儿子爱弥尔·左拉陷入了贫困之中。西格蒙德·弗洛伊德在听到父亲说无法再在经济上支持这个26岁的学者的时候，很受刺激。他是母亲的宝贝儿子，但对父亲却多多少少感到一些厌烦。

因为父亲生意失败，而要尽量补偿母亲的一个极端例子是工业家安德鲁·卡内基。做成这项事情，不是没有创伤的，而且，他那爱做梦、理想主义的父亲对他的影响，在这位成年金融家的身上表现得非常强烈。

由于一些非自身的因素，威廉·卡内基失去了他赖以谋生的事业，是他的妻子玛格丽特，成为家里的决策者。按照她的计划，全家在安德鲁10岁、弟弟汤姆5岁的时候从苏格兰乘船到了美国。在苏格兰的顿芬兰，威廉·卡内基找不到工作。在整个英国，新式的纺织厂取代了手工纺织的工匠，威廉挨家挨户兜售他那些手织的桌布，却怎么也卖不出去。如果不是妻子开了一家破破烂烂的小杂货店，还给人修鞋，全家人很有可能就要饿死了。

威廉·卡内基从来就没有给家庭提供过可靠的供给，就算他的工作有一个稳定的市场需求的时候也是如此，所以，他们家没有任何应急的储备。威廉是个不可救药的梦想者、理想主义者，一个从来不在乎钱的男人——除非妻子、孩子有急用。

安德鲁·卡内基的"汤米舅舅"——塔米·莫里森，在苏格兰各地都是家喻户晓的。"汤米舅舅"是他母亲的弟弟，他从一个村庄跋涉到另外一个村庄，扛着一根巨大的棒子，胡子在风中飘起。他是一名很有感染力的演说家，甚至有一次他还因为自己的演讲而坐了一个星期的监狱。威廉·卡内基也是一名宪章运动家，安德鲁·卡内基也打算像他父亲一样成为一名宪章运动家。有一次，当威廉给一大群人演讲的时候，安德鲁·卡内基试图从人群中挤到前面去，听他父亲的讲话。这个小个头的男孩被听众里一个强壮的男子举起来骑到自己肩膀上，他坐得高高的，看着自己父亲演讲而其他男人在倾听，因为骄傲，他全身都在颤抖。

后来，虽然安德鲁变得富有了，但他和母亲仍然居无定所。他很渴望有一所房子，可母亲却更愿意从一家旅馆换到另一家旅馆。安德鲁对母亲非常孝顺，父亲去世之后，除了需要照顾的弟弟，他就只有母亲这个亲人了。母亲让他向自己保证一辈子不结婚，并且要让自己成为富婆。她经常说："没有任何女人配得上我的小安德鲁。"在44岁的时候，他爱上了一个22岁的女孩，但是，直到他52岁——母亲去世1年之后，他才和这个女孩结了婚。

那些不喜欢父亲、跟同伴关系差、有个自我的母亲、交往退缩的男孩，长大后，往往充满敌意和不友善。但是安德鲁·卡内基却对父亲有着一种很温馨的感情。他长大之后，成了一个大方和友善的人，善意地对待与他见过面的人们。他回复那些向他乞讨的来信，供养很多人，而且非常热衷于以一个富翁的身份回到苏格兰的顿芬兰去。他一直没有忘记他们家来到美国的经历，也没有忘记他12岁的时候在一家棉花厂里当操纵纺锤的小工。但是，在生意场上，安德鲁却是冷酷无情的，甚至可以说是脸皮非常厚。在霍姆斯特德大罢工①的时候，他雇用了一支军队以镇压工会的罢工。但是罢工使他非常烦恼，他去了欧洲，直到罢工结束才回来。

安德鲁·卡内基要求妻子签订一份婚姻合同，保证不做他的继承人。但是他却慷慨地赠送给了她大量财产，使得她永远不会感到贫穷或者需要依赖别人。他给公共图书馆、研究项目、世界和平事业的捐赠总计3.3亿美元。他写的一本罗列了富人的社会责任的小册子，一度成为美国和欧洲的畅销书。他彻底地还清了他所认为的欠母亲的债。

他的弟弟汤姆·卡内基，就从来没有"要补偿母亲"的精神负担。他跟一个年龄相当的姑娘结了婚，养了好多孩子，哥哥就像父亲一样对待他，他也一直给他哥哥打工。但是安德鲁·卡内基就一直挣扎在他父亲的理想主义和他母亲的物质主义之间。当他越来越富有、年龄也越来越大的时候，看到他挣来的钱、听到钱所发出的声音，都让他很反感。他不能忍受在身上带现金，所以有一次被人从伦敦电车上给赶了下来，就是因为他兜里没钱坐车。跟他相似的是，亨利·福特和查理·卓别林，他们也是出身贫穷后来成为富人的，他们也都反感经手金钱。

另外一个男孩约翰·D.洛克菲勒也有一个经历过大起大落的父亲。约翰出生于纽约州里奇福德附近的一个农场。他父亲威廉·艾弗利·洛克菲勒是个走街串巷兜售江湖医药的小贩。他是个巧舌如簧的骗子，卖瓶装的包治癌症的饮料，给

---

① 霍姆斯特德大罢工：1892年，美国经济迅猛发展，转型的势头受阻，劳资关系紧张。当时工会宣布进行全国性的罢工。安德鲁·卡内基设在宾夕法尼亚州霍姆斯特市的钢铁厂，因为钢铁价格下跌，厂方宣布给工人减薪。当工会与厂方交涉无效之后，大罢工爆发。双方冲突不断升级，最后成为工人们与厂方和政府军队的武装冲突，这场冲突持续了4个月，数百人死亡。罢工平息之后，安德鲁·卡内基强行解散了工会。这次事件让他失去了慈善企业家、劳工同情者的形象。

人治病的诊费是25美元。他在小村镇里旅馆外面打出的广告牌声称，他包治所有癌症，除非已经是非常晚期的。当然，即使是晚期，他的治疗仍然可以让病人受益。任何时候，只要有机会，威廉·艾弗利·洛克菲勒连自己的儿子也骗，目的是让他们学会在经手钱的时候能够聪明一点。在孩子很小的时候，他就让他们为家里做一些事，比如他在约翰10岁的时候就让他去给家里买树种，那之后不久又让他去盖一所房子。约翰雇用了一个建筑设计师，转签了合同，监督着把房子盖起来了。由于当父亲的威廉·艾弗利·洛克菲勒经常很长时间不在家，家里的生活常常很拮据。因为身上的衣服太破烂了，以至于有一次詹姆斯和威廉在学校里不得不缺席了班级合影。年幼的约翰每天都会到路上去坐着，等待父亲回家。

在这个家庭里，父亲的失败，是周期性地、戏剧性地不给家里提供生活保障。对于孩子来说，生活的大起大落，比贫困还要难以忍受，因为这种大起大落不会因为家里有了钱就不再出现。

与此相反的例子是后来的美国副总统阿尔本·巴克利，他的父亲原来是个租种土地的农民，在很多贫困的肯塔基农场上干过活，直到他买了一个小农场为止。但是，像这样的家庭，因为生活标准一直很低，孩子反而不太受影响。

就算是一个实际上很富裕的家庭，如果父亲发愁生意上的事情，孩子仍然可以有强烈的焦虑感。戴安娜·库珀是英国爵士、下议院成员达夫·库珀的女儿。童年的时候，她住在一座城堡里，生活富裕。但是，由于父亲总是在她面前谈论税收，以至于她这样一个从小衣食无忧的人居然对贫穷充满了恐惧感。

约翰·D.洛克菲勒的女儿贝西，在她父亲遭受公众谴责的一段时间里，病倒在法国，情绪受到很大困扰，总认为自己一定会身无分文地死去。

父母富有，不意味着孩子们没有过失败的经历，因为失败的原因多种多样，并不一定是经济原因导致的。洛克菲勒的后人们就时时会因为他们的父辈没有得

| 第三章　屡败屡战的父亲 |

到公众一致的赞美和尊敬而感到困扰。当约翰·D.洛克菲勒的妻子赛蒂去世的时候，她的遗体无法被送回家乡克利夫兰安葬。因为克利夫兰的税务官曾说约翰还欠他们这个城市税款，如果他要送妻子的遗体去她家族的墓地入葬的话，他们就会利用这个机会给他发逮捕令。约翰的兄弟弗兰克，为了抗议约翰做生意的手段，把早夭的两个孩子的遗骨从家族墓地里迁出来了。

约翰·D.洛克菲勒的儿子受到父母的严格管束，从来没有感到自己很富有。离家住校的时候，小约翰用把裤子压在音乐课本底下的方式来"熨"裤子。他自己的孩子们只共同拥有一辆小脚踏车，这样他们才能学会分享。

当小约翰·D.洛克菲勒一家出去旅行的时候，每个小孩都会得到一份工作，也有一份工资。每个小孩可以得到一笔零花钱，而每个小孩的账本也是要受到仔细检查的。孩子们帮着收拾行李、擦鞋、挂衣服。在家的时候，他们要擦鞋、打苍蝇，在花园里除草，还要养兔子，卖给一家实验室。当他的两个儿子纳尔逊和劳伦斯在一个夏天跟随一组格兰费尔成员[①]在北方荒野里生活的时候，他们的厨师病了。这两个男孩接过了厨师的职责，而且做饭比厨师做得还好吃。

根据威廉·曼彻斯特——《洛克菲勒家族肖像》（*A Rockefeller Family Portrait*）一书的作者的说法，生活简朴、遵守预算的传统一直在他们家族里延续："当一个洛克菲勒家族成员的零花钱没有了，那就是没有了。不久以前，纳尔逊正在他们坐落于海豹港的家里与一个来访者交谈，他的一个儿子进来了。'父亲，我只剩下5美元了，要是再有5美元，我就可以去舞会了。'纳尔逊看上去很是同情。'哎哟，那真是太糟糕了！'他嘟哝说，然后继续与来访者交谈。"

当年那个精力充沛、想象力丰富、多姿多彩的江湖医生，那个给人讲笑话、

[①] 格兰费尔成员：Grenfell Mission，19世纪末期成立的一个医学慈善组织，目标之一是为贫困地区建立医疗设施。

活到了100岁还很活跃的老人,在曾孙子们身上仍然留有影子。纳尔逊身上总有一股冲劲,而且他的身体素质也非常强,所以,即使白天他把同事都折腾得筋疲力尽之后,晚上他还能去攀岩。曼彻斯特说:"纳尔逊的天赋在于行动,在于不顾一切往前走……他的兄弟们虽然没有他这么冲劲十足,但是也都像他一样,身体总是充满了能量。"

还有其他一些失败的父亲。凯特琳·托马斯,诗人迪伦·托马斯的妻子,在她讲述她公公的《消磨多余人生》(Leftover Life to Kill)一书里写道:"那是我所遇到过的所有人里最不开心的一个。他做了所有能做的苦工,想要摆脱他卑微的出身,提高自己的地位,他坚持不懈地发展艺术。但是到了最后,结局却是悲惨的,他彻底失败了。他给迪伦留下的,是满钵满盘的苦果,是所有这些年以来没有得到任何回报的劳作。"

对于F.斯科特·菲茨杰拉德来说,他父亲作为一个小杂货店生意人,却无法给一家人提供足够的经济保障,这就是失败。这个灾难,使他成为一个一会儿跪拜厨房里的女用人,一会儿又痛骂达官贵人的男孩。当F.斯科特·菲茨杰拉德被他的姑姑送进一所男校之后,他成了社交上的失败者。这不仅是因为他那种带有女性特点的清秀的气质,也因为他的一个习惯是与那些比他更有钱的男孩子辩论,专门与他们对着干。在富人中间,他总是"穷亲戚"。

男孩子也可能会觉得父亲的失败是一种耻辱,会试图遮掩他们家较低的社会地位。亨里克·易卜生一直没有原谅父亲的突然失败。这一失败让他们一家陷入贫困之中,从城里一个富有的街区搬到了城郊贫穷的地带,而且,亨里克也无法再继续上大学,而成了一个药材店学徒。

著名的细菌学家保罗·埃利希的父亲是上西里西亚斯特雷伦[①]的一个小客栈

[①] 译者注:今波兰斯切林。

| 第三章　屡败屡战的父亲 |

的主人，他是一个和善却古怪的人。在妻子忙着小酒吧生意的时候，他却常常坐在一边自言自语。

在那些父亲无法提供足够物质保障的家庭里，有几种生意很为常见：出租房屋或者开设酒馆，以及开办私立学校。

有一个家庭，在经历了早期的灾难之后做出了很好的调整，那就是美国第34任总统德怀特·戴维·艾森豪威尔的家庭。戴维的父母在大学一年级还没有读完的时候，就退学结婚了。两年之内，他们就丢掉了2000美元及堪萨斯州阿比林附近160英亩①的一座农场。这座农场是父亲送给他的新婚礼物。戴维从来也没想过当农民，他的志向是当一名工程师。他那干劲十足的妻子艾达是个孤儿，在一个对她漠不关心的亲戚家开的农场上做工。她用她获得的那一点点遗产供自己读了书，还买了一架很好的钢琴。她是一名学音乐的学生。

这对年轻的夫妻把他们的土地抵押给了戴维的姐姐阿曼达，然后他们在堪萨斯州的希望城买下一家小百货店。一个狡猾的同事偷了钱柜里的钱，跑到外国去了。那些在他们那里赊了账的顾客，因为天气干旱，麦子价格下跌，也还不起账了。心不在焉的戴维把这个烂摊子委托给一个律师处理。但是这个律师也欺骗了戴维，自己把剩下的钱吞了。之后，戴维和艾达搬家到得克萨斯州的丹尼森，结果也不尽如人意。在亲戚们的劝说下，他们回了家。

当他们重新安顿下来之后，戴维在堪萨斯州阿比林的美丽泉奶制品厂当了工头。在他们家里，没有争吵，没有相互指责。对艾达来说，他们早期的不幸不光是戴维的责任，她的责任也一样大。她曾经买了一些法律书籍，想试试看能不能从那个欺骗了他们的律师那里把钱讨回来一些。但是很快她就放弃了这个注定会失败的想法。孩子们从来没有听到父母争吵过，戴维也总是被尊为一家之主。但

---

① 1英亩 ≈ 0.14公顷。

是，艾达才是更加灵活、更加会在一分钟之内做出决策的人。就算在非常困难的时候，她也从来没有出去工作过。她把自己剩余的精力用在了刺绣和音乐上。她让儿子们一遍又一遍地做他们所承担的家务，直到他们做好为止。他们把家安在城里一个很一般的街区的一个3英亩的菜园旁，艾达监督着把菜园里种出来的菜卖掉。孩子们很忙，但是从来没有极度贫困过。

戴维是一个爱做梦的人，也是一个爱追梦的人。他曾经以画草图、计算的方式试图把《圣经》（*Bible*）里的历史和修建金字塔的历史联系起来。

早期的挫折，让他无法相信律师可以是一种诚实的职业。他对军人和律师都没有什么敬意。他有一个当律师的儿子，这使他比有一个当兵的儿子更加感到悲哀。他希望有一个做医生的儿子，却没有能够如愿。对于戴维来说，医生从来就是所有专业人士里面最值得尊敬的人。

酗酒的父亲

这400个家庭里的那些爱酗酒、失败的父亲们的故事令我们有了一些不寻常的发现，而这些发现被其他社会学研究证实了。D.霍顿发现了酗酒与担心生计之间的关系，这个发现很是让人信服。他分析了56个原始社会群落，从中发现，因为担心干旱、洪水、庄稼歉收而产生的焦虑感越严重，酒精饮料消耗的速度越快。在一种文化里，酗酒的风气有多盛行，也取决于其他一些因素：社会成员是否需要迅速进行自我调整（这是由社会运行方式所决定的），他们是否有很强烈的内心冲突，被社会文化所支配的人们对于酗酒的态度，以及在多大程度上社会可以提供其他的消除焦虑的方式。

在这400个家庭里，大多数酗酒、失败的父亲都是被困在容易让人焦虑的环境里。一种以前没有被观察到的、出乎意料又很发人深省的现象，是我们这项调查里有21位酗酒的父亲，他们的后代中，有14位成了具有强烈幽默感的演员、歌手和作家。

萧伯纳关于酗酒的父亲"产出"搞笑的儿子这一现象是这样阐述的："你如果没法把家里的骨架①扔掉，你就只好让它跳舞。"他解释说，如果一个男孩子，看到过自己的父亲一只胳膊下面夹着一只包得歪歪斜斜的鹅，另一只胳膊下面夹着一只同样包得歪歪斜斜的火腿，屁股顶着花园的墙，头上戴着一顶高帽子，还起劲想拉手风琴，那么，这个孩子不会成为一个悲观的人，而会把悲剧当作闹剧看待。

萧伯纳的父亲乔治·卡尔·萧的人生也是失败的，他投资了一家一直就在破产边缘的玉米磨坊，但最终无力回天，导致他投资失败。对此，老萧总是嘲笑自己，即使在参加别人的葬礼时，他也会不可控制地大笑。曾经，他认为饮酒没有什么好处，不但就自己的这个观点进行过长篇大论，还让自己的儿子萧伯纳相信了他的这个说法。但是，当发现父亲背地里悄悄地酗酒时，萧伯纳感觉很沮丧。

当母亲露辛达·伊丽莎白·戈尔丽·萧离开父亲，跟自己的一个同事——一位音乐老师一起去了伦敦后，父亲开始控制酒量，并开始看望自己的老朋友们。虽然几乎彻底戒了酒，但是在生意方面，他仍旧没有什么起色。和母亲一起离开的人叫范德利尔·李，他是一个年龄比较大的人，在都柏林的时候与萧家合住一所房子。促成他俩一起离开的原因，不是爱情，而是母亲需要一笔收入，同时她非常厌恶丈夫酗酒。在伦敦，他们两个都可以拥有条件优越的音乐工作室，供学生们使用。

---

① 家里的骨架：Family Skeleton，英文里的"家里有一副骨架"的说法指的是一个家庭里有不想为外人所知的秘密。这里萧伯纳的意思是说：家里的丑事既然是客观存在，那就让它发挥点娱乐功能吧。

杰出轨迹　　对话700位名人的童年

　　萧伯纳总是用经济差距而不是感情，来解释他父母的分手。他说，母亲能够让3名火枪手和达达尼昂借宿在家，而意识不到他们的性别——除非他们在客厅里吸烟。

　　萧伯纳可以拿自己的童年寻开心，但是他的描述在本质上是悲剧性的。佩尔森描述萧伯纳家的房子是冷冰冰的，充满了贫困，同样也充满了排斥。露辛达·伊丽莎白从来也没喜欢过她的儿子，也许是因为他让她想起了自己的丈夫。对于她的女儿们，她倒不是这么排斥。她很勤奋地练习她的音乐，认为那些收入低廉的用人们"连3只猫都没本事照顾好，何况是3个孩子"。他们的饭食是炖牛肉和烧得很难吃的土豆。茶就被留在茶吊子里，直到全都化成了渣子。当露辛达·伊丽莎白去伦敦的时候，她带走了女儿们，把儿子留给了丈夫，而且6年没有给他写过信。萧伯纳没有照过照片。没有人欣赏他的性格和能力，也不曾有人帮他计划过未来。他也不喜欢自己，觉得别人说他是不招人喜欢的"小野兽"是对的。他对父亲有着如此强烈的反感，当父亲需要花几个小时的时间算账，即使他完全可以轻易搞定的时候，他也不主动去给父亲帮忙，而父亲的自尊心使得他也无法开口让儿子帮忙。

　　"我们被抚养长大的方式，或者说，我们没有被抚养长大的方式，让人无法回顾。"萧伯纳在86岁的时候说。他倒没有被虐待，只是被忽视了。这倒让他具备了一种惊人的自主、独立，但是延缓了他的情感发育。他说："在纯粹的感情方面，我的经历让我成了一个没有真情的野人。"在母亲的葬礼上，他安慰自己和他唯一的同伴的方法是讲了一段幽默小品，描述那死去的女人对她看不到的这种景象可能会有什么样的反应。

　　美国幽默作家欧文·S.科布的父亲乔舒亚·科布是一个身材矮小却咄咄逼人的家伙，他在美国内战期间的南方军队当兵时，不小心伤了自己的眼睛。他想在一堆篝火上点燃雪茄，却笨手笨脚地把挂在腰带上的一个手枪弹夹掉到火里去了。随之而来的爆炸伤了他的泪腺，所以他永远是眼泪汪汪的，他的下眼皮也一直因发炎而疼痛。

虽然做过的烟草生意和蒸汽船生意最后都失败了，但他还是一个骄傲的小男人。他穿最上等的浆洗过的衬衫，他那双小脚上穿的是昂贵的手工制作的靴子，抽的是最好的雪茄烟。他喜欢听孩子们的笑声，他会用礼物换取孩子们对他的尊敬和喜爱。当马戏团来到镇上的时候，他不仅带自己的孩子去看戏，也带上邻居家的孩子们一起去。夜幕降临的时候，他才带着孩子们回家，每个孩子的怀里都揣满了爆米花和烘干的花生。带孩子们出一次门，花掉一个星期的工资对他来说好像算不上多大的事。

乔舒亚的父亲曾经很富有，但美国内战把他父亲的家产全毁掉了。作为一个女婿，他也很失败。当他成了桑德斯家的入赘女婿的时候，他根本没有机会在那个显要的圈子里证明自己的能力。他的岳父，鲁本·桑德斯博士，因为发现了用阿托品治疗霍乱很有效，而在国际上很有名气。在女儿女婿频繁地陷入经济危机的时候，这位岳父给了他们财政支持。科布一家总是别人的"穷亲戚"，这种情形既让人烦恼，也让人觉得羞耻。在因为健康原因而被南方军队遣送回家的时候，乔舒亚还没有念完大学，但是，因为眼睛的关系，他没有办法再重返校园了。

他大女儿的名字鲁比是以外祖父的名字命名的，这个孩子占据了他妻子大部分的时间与爱意。如果不是因为神经质的鲁比，他们原本可以离开肯塔基州的帕杜卡，到工作机会更好的地方去。鲁比是个"小号的灰姑娘"，她的侄女把她形容是一个女乔纳森·斯威夫特。她是一个被宠坏了的大女儿。她的外祖父在某一年圣诞节的时候给她买了一枚钻石戒指，同时给五音不全的弟弟欧文买了一把小提琴。当她感到失望的时候——她对什么失望，那就没人知道了——她就成了个

杰出轨迹　　对话700位名人的童年

"小隐士",把窗帘全都拉上,不肯出门。她每天小心翼翼地穿衣打扮,然后拖着她那一号的小鞋从一扇窗户走到另一扇窗户,从窗里看外面的行人,对他们做一些机智而刻薄的评论。她的母亲完全被鲁比和自己的烦恼占据了,这使得她的儿子欧文总是觉得母亲排斥自己,但是他依然还是爱自己的母亲的。

当蒸汽船公司易手的时候,乔舒亚丢掉了那里的工作。他那数目可观的人寿保险里面有一条赔付自杀者的条款,所以,他决定——他儿子后来很确信地认为——要用过度喝酒的方法自杀。尽管眼睛不好,但乔舒亚身体还是强壮的,这使得他虽然总是饮酒过度,但还是度过了4年痛苦的日子才死去。欧文在他的自传中写道:"那4年对于我母亲来说也非常痛苦。现在,这些年的记忆仍然像一块刻在我脑子里的伤疤一样。"

欧文跟镇子外的一个女孩结了婚,然后去了纽约,做了一名记者和幽默作家。鲁比最终从她的"退休生活"里走出来了。在她老年的时候,她很开心,也很有能力,很温柔地照顾了她的母亲。一个来自帕杜卡的有魅力、有地位的男人一直不懈地追求她。有40年的时间,他每天晚上都来鲁比家吃晚餐。每天晚上,他们都开车出去兜风。她母亲去世3天之后,鲁比与她的心上人结了婚。

斯蒂芬·李科克是加拿大的幽默作家,他来自一个麻烦多多的家庭,父亲彼得·李科克是个酒鬼,做事很失败。像老艾森豪威尔家一样,老李科克和妻子很早就结婚了。老李科克在年轻时候是个英俊、招人喜欢的小伙子,出生在英国一个富有且和睦的家庭。他过着很随意的生活,驾驶帆船出海,不太规律地去上学。在18岁的时候,他追求了一个贫穷人家的女孩,名叫阿格尼斯·埃玛·巴特勒,并且和她秘密地结了婚。

这对不成熟的小夫妻被送到南非去种地。蝗虫吃光了他们的庄稼,于是他们又被送到堪萨斯去种地,在那里,庄稼又被螳螂吃光了。他们又搬到了加拿大,在那里，他们失去了第三个农场。李科克的爷爷在听说那里的学校质量很差之后，寄钱给孩子们请了一个家教。

当老李科克年纪大了的时候，他变成了一个虐待老婆和孩子的人。两个大的儿子离开了家，是17岁的斯蒂芬·李科克把他父亲带到火车站，掏出一根鞭子，威胁他父亲说：除非他离开家，再也不要回来，否则，就要给他点厉害看看了。后来，老李科克在新斯科舍①住了50年，改名为路易斯上校，再也没回家。他的妻子一直负债累累，直到幼小的孩子们大到可以帮助她的时候，生活才有所好转。来自善良的富有亲戚的帮助使得李科克一家从来没有真正陷入穷困潦倒之中。在他们家的11个孩子里，斯蒂芬是最痛恨他父亲的一个，而他也是家庭成员里以幽默作家而成名的那个。

有一位作品妙趣横生的作家，父亲也是个酒鬼，当母亲去世之后，父亲就抛弃了家庭。这位作家就是肯尼思·格雷厄姆——《柳林风声》（*The Wind in the Willows*）的作者。他是家里最大的孩子。父亲离家之后，孩子们就交给了对他们毫不关心的外祖母去照顾，但是外祖母对他们没有爱心，把他们看作让人无法忍受的负担。

演员莫里斯·切瓦力亚对于父亲扔下母亲和他的3个兄弟而跑掉，很是高兴，因为他父亲经常喝酒，酒后就对家人很粗暴。莫里斯14岁时离开学校后就努力挣钱，以便在经济上帮助母亲。但是他在一家钉子厂干活的时候伤到了手指。不能继续在厂里干活后，他找到了第一份当歌手的工作。当莫里斯成为一个名人之后，他父亲找到他的更衣室来想见他，但是莫里斯非常愤怒地把他赶走了。后来，当他想起那犹犹豫豫、衣着褴褛的父亲的眼里的悲哀的时候，他又有些后悔了，但是他再也没有见过父亲。在莫里斯的生活里，母亲永远是最重要的人物。"母

---

① 新斯科舍：Nova Scotia，是加拿大的一个省。

亲有一种安静而甜蜜的气质，一种简单之美……当她微笑的时候，她的笑容就像一道光芒……直到现在，她还仿佛每时每刻都在我身边，就像她活着的时候一样。"

查理·卓别林的父亲是因为酗酒而死的。查理的父亲是他母亲的第三任丈夫，在英国和美国时，他是一名通俗歌手，唱些煽情的叙事曲，查理的母亲是个成功的歌手和舞蹈演员，有时候在吉尔伯特和萨利文的音乐剧里担任某个角色。她教会了查理模仿和观察别人的身体姿态——她能够通过观察一个陌生人的身体姿态而看出他有什么烦恼。查理的父母在他刚能摇摇摆摆走路的时候就教会了他跳吉格舞和唱歌。那之后不久，母亲就出现了精神疾病的症状，而这些症状从此再也没有离开过她。她从现实生活里退缩到自己的小天地，有时候连自己的儿子们都认不出来了。酗酒的父亲给了查理第一次演出的机会，在他5岁的时候，他被父亲硬推到台上去顶替他那突然生了病的母亲，当时，他唱了一首街头买卖人的歌曲——《杰克·琼斯》。

在他5~7岁那几年，查理是在一所孤儿院里度过的，在那里，食物永远不够，孩子们被当成罪犯那样来对待——挨鞭打，在单人房间里被关禁闭。在他10岁的时候，他13岁的同母异父的哥哥西德尼充当了他的经纪人，帮他在伦敦娱乐城得到了一个好的角色。他在各个地区巡回演出，在一部讲述贫民致富的剧里出演了一个很符合他身份的正面人物，从那时起，他成了一名很成功的小演员，享受着成功，穿戴时髦，还拎了一根手杖。查理和西德尼很快就把他们的母亲从贫困的环境里接出来了，然后把她送进了一个好的养老院。在父亲因为酗酒而死亡之前，他们一家人就散了。

有着酗酒的父亲的幽默作家们的悲剧故事，如果不加上亚历山大·伍尔科特的故事，就显得不完整了。他是作家、电台广播人、《纽约时报》的戏剧评论家。他的人生故事被非常了解他并对他感情很深的塞缪尔·霍普金斯·亚当斯真实坦诚地讲述了出来。亚历山大·伍尔科特成长在新泽西州法兰克斯一个社会主义者的集体群落里。法兰克斯群落创始人的女儿，弗兰西丝·巴克林，不顾长辈劝阻，嫁给了一个来访问的英国人沃尔特·伍尔科特。酗酒及其他的古怪举止使得周围的人都觉得他不是一个能养家的人。绝望的弗兰西丝和孩子们住在法兰克斯的时间非常久，而与自己的丈夫和父亲在一起的时间非常少，有些巴克林家族的亲戚们很刻薄地说，沃尔特·伍尔科特的作用就是生孩子。

有一段时间，沃尔特·伍尔科特和一个名叫吉布斯的股票投机者交上了朋友，于是他变得很富有。全家搬进了一所豪宅，但是这一切只持续了不到一年的时间。当失败来袭的时候，沃尔特·伍尔科特说，他太疲劳了，然后在床上躺了两年。亚历山大·伍尔科特把他自己形容成是一个发疯的父亲和一个放纵的母亲的儿子。他非常排斥他的父亲，但其实这个不快乐的父亲本质上来说是个善良的人，也从来没有虐待过儿子。当沃尔特·伍尔科特在纽约的大街上倒地而亡的时候，亚历山大·伍尔科特中断了正在进行的牌局，用一小时的时间安排了火化，然后又回到牌桌上去了。

但是，有一段时间，亚历山大·伍尔科特很难与同性朋友相处，而这可能与他排斥酗酒、失败的父亲有很大关系。此外，他的姐姐茱莉和她最好的朋友总是把这既脆弱又早熟的小弟弟当作宠物，可能也是一个原因。她们保护了他，使得他很少与其他男孩有直接的接触，在街坊演出的剧里，她们把他打扮成小仙子。当亚历山大出去钓鱼的时候，他还要戴一顶帽子作为装饰。另外一位对他产生女性化影响的人物是他的第一个公立学校的老师，索菲·罗森伯格。她让他成为路易莎·梅·奥尔科特和她的作品的拥戴者。在青春期早期，他乐于把自己打扮成一个女孩，还给自己起了一个女孩的名字，爱丽莎，在他装扮成女孩的时候他就用这个名字。

很明显，亚历山大对婚姻关系感到不舒服，他甚至无法让自己请一对夫妻同时来家里做客，但是如果夫妻二人中只来一个，他可以很好地招待客人。伍尔科特家的所有孩子都很喜爱自己的母亲，而除了亚历山大之外，其他人也很喜欢自己的父亲，他们把他看成是一个"有趣的，虽然有时候没有责任心的老朋友"。在这个家庭里，对酗酒的、失败的父亲最具敌意的这个儿子，后来以他的机智但有些刻薄的方式，让家里的骨架跳起了舞。

约瑟夫·蒂托和很早就成为孤儿的僧人格里高利·拉斯普金都曾经住在乡下贫民区的破房子里，而因为时常醉酒的父亲，有时连这样的状况都难以维持。约瑟夫的父亲是个和善的人。约瑟夫很出色地适应了学校。而催眠术士、诡计频出的骗子格里高利却有一个喜欢施虐的父亲，他的母亲和手足都在他年幼的时候死去了。在他们所居住的社区里，他们家和他自己都不曾被善意对待过。没有老师看到这个孩子的才能，以及他想要摆脱自己出身而向上的动力。

在这项研究里，没有任何一个幽默作家和演员有一个宁静、幸福的家庭和很好地适应了自己角色的父母。但是，也不是所有幽默作家和演员的父母都酗酒。塞缪尔·克莱门斯、哈利·劳德、埃迪·坎托、林·拉德纳都有不成功但并不酗酒的父亲。

心理学家刘易斯·特曼注意到，学校老师通常是举止得体的中产阶级，有着中产阶级的价值观。在大多数老师的思维里，从"好的家庭"出来的干干净净、举止得体、被精心抚养大的孩子，比起镇里醉汉的没人管的孩子，肯定是有更多的成功的机会。社区和学校认为，来自破碎家庭的孩子，或者父母不道德、酗酒、举止怪异的家庭的孩子，是被低看的，甚至常常被认为是问题儿童。耶鲁大学的一位社会学家，A·B.霍林希德，著有《橡树镇的年轻人》（*Elmtown's Youth*）一书，这本书讲述的是对美国中西部一个典型小镇的一项非常出色的研究。

在书里，他描述了这样一种态度："在俄亥俄州的小镇坎姆敦，舍伍德·安德森生长的地方，他就面对着这种否定的态度。有一个学期，他迟到了 32 次，但是因为他们家的不寻常的情况，学校领导并没有通知他的母亲。坎姆敦的所有人都知道舍伍德·安德森是一个勤奋工作的人，很多人把他叫作'活儿'，因为他总是在找下一份活儿在哪里，他的外号就是这么来的。没有任何一份诚实的工作是他不愿意干的。他卖出去了许多份《辛辛那提问询报》（*Cincinnati Enquirer*），他帮助母亲上门收取客户的脏衣服，然后再把洗干净的衣服给客户送回去。"

舍伍德手里总有一本书。当他去钓鱼的时候，他带着一本书。当他给棒球队做主管的时候，在两局之间他也读书。但是他没有表现出任何方面的天赋，不像他姐姐斯特拉那样，能够优美地背诵诗篇，也不像他哥哥卡尔那样画画很好。

舍伍德的勤奋与他父亲的不作为形成鲜明对比。在他父亲的马具生意失败之后，母亲就不得不开始给人洗衣服。父亲喝酒，欺骗母亲，舍伍德知道所有这一切，所以他总是维护他母亲。

学校的管理者并没有把他当成一个有学术发展潜质的学生，所以他们决定允许他退学，以便帮助他的母亲。

埃莉诺·罗斯福的父亲艾略特·罗斯福小时候是一个"拥有阳光和财富"的孩子。他个子很高，肤色晒得很黑，当他结婚的时候，他是个上流社会的人物，也是 20 万美元遗产的继承人。对于那个可爱的、被宠坏了的、富裕家庭里的长女安娜·霍尔来说，他是一个浪漫形象的代表，就是她需要的那种花花公子丈夫，可以和她一起参加玩票性质的戏剧俱乐部，可以陪伴她出席那些让人疲倦、她却全都应允下来的社交活动。当他决定像其他人那样去纽约市工作的时候，他每天都要从长岛的家去上班，他们的婚姻就开始破裂了。因为当安娜想娱乐的时候，他却想休息。当他们有了一个相貌普普通通的小女儿之后，父亲为她着迷，宁愿在后院的泥土地上陪孩子玩，也不愿意陪伴妻子去参加社交活动。安娜·霍尔·罗斯福与那之后出生的两个儿子关系都很好，但是她一直就受不了让自己的女儿触摸她。她把自己女儿称为"老奶奶"，因为女儿那老式的举止而在客人面前嘲笑她。

当埃莉诺5岁的时候，她父亲的腿受了伤，开始用喝酒来减轻疼痛。父亲由此陷入酒瘾，全家就陪他一起去了意大利的一个戒酒所。埃莉诺被送进了附近的一所住宿学校，她在那里很不开心。她吞下了一枚一分钱的硬币，想以此得到学校里修女们的同情。但是，除了父亲，其他所有人都为她的这一行为而羞辱她。这个时候，她已经养成一些行为习惯，让她母亲觉得她是一个不可救药的孩子。在这一阶段，她也发展出对于他人的同情心。有一天，参加完骑马活动后，她原本可以骑马回家的，但被雇来牵马的那个男孩的脚流血了，所以埃莉诺坚持让他骑马，而她自己走路。在他父亲还在意大利戒酒所的时候，她的父母就分手了。母亲和孩子们回到了纽约。

安娜后来死于白喉。埃利，那个如此漂亮、从来没有被母亲责备过的小儿子，之后不久也死去了。小小年纪的埃莉诺和弟弟霍尔被送给他们的外祖母抚养，这是安娜的遗嘱，因为她不想让孩子们的父亲得到孩子们的法定抚养权。

在安娜去世后，有一次，艾略特来探访埃莉诺，与她交谈，并且带她出去兜风。在这次探访过程中，他允诺她说，将来有一天，她能够到父亲家去居住，做父亲家的女主人。之后他就走了，留下她生活在一个梦想的世界里。在那个世界里，她是女主角而父亲是男主角。在她的自传里，她写道："只要我一上床，我就进入了这个世界。只要我一醒来，我也进入了这个世界。我所有醒着的时候，任何人让我觉得无聊的时候，我都会进入这个世界。"

外祖母霍尔没有能够让自己的4个孩子在青春期的时候听她的话，现在她就决定，对自己的外孙子、外孙女要格外严厉，特别是对埃莉诺，因为她是个"罗斯福"。因此，埃莉诺从来不被允许与罗斯福家的人有什么接触，因为外祖母不喜欢他们家。就连母亲也很喜爱的、好心的姑婆格蕾西，她也不能接触。格蕾西姑婆带埃莉诺去过蜡像馆，给她讲故事，陪她去看过牙医。但是霍尔外祖母说，罗斯福家的人对孩子有坏影响。罗斯福家的爷爷是个一生做了很多慈善事业的人，他专门为残疾儿童建立了医院。但是埃莉诺连到这个医院去慰问也不被允许。

很显然，外祖母霍尔只要能够说"不行"，就绝对不会说"行"。埃莉诺接到去旧日的西部地区游历的邀请，但是外祖母不让她去，也不说明原因。当她不读书的时候，埃莉诺就开始想她的父亲。她记得他曾经带她在一个报童俱乐部做感恩节晚餐的服务生，而这个俱乐部是她的爷爷老西奥多·罗斯福创办的。艾略特给她解释说，所有这些衣着破烂的小男孩都没有家，他们住在木头棚子里，或者空地上，或者住在别人房子和公共建筑的门洞里。艾略特一直牵挂着贫困儿童，当他只有7岁的时候，他就曾经把自己的好大衣给了一个冻得哆哆嗦嗦的小孩。埃莉诺还知道他给穷孩子送洋娃娃，还给他们讲自己很少能够见面的女儿。

10岁的时候，她被告知，父亲已经去世了。她哭得非常伤心，之后，就更经常地在白日梦里与她父亲生活在一起。

埃莉诺的亲戚们对她很不满意。她撒谎、偷糖果，她的拼写、算术和语法成绩都很差。她咬指甲，非常惧怕小偷和黑暗，她害羞、行动笨拙。当与她同龄的女孩们都穿长到脚踝的长裙的时候，她却还穿着短裙。从11月1日到次年4月1日，不管天气如何，她总是穿着厚重的法兰绒衣服。

她们的一个邻居，亨利·帕里什的太太，对罗斯福一家都很好，她对埃莉诺也很友好，让这个孤独的小女孩和她自己的小孩子们一起玩。他们的洗衣妇人奥沃豪斯太太是个快乐的人，埃莉诺也和她一起度过了很多时光。家庭女教师们、法国的女用人们、德国的女用人们，都被精力旺盛的埃莉诺赶得脚不沾地地忙。在她走路的时候，她总是在做白日梦，在想她的父亲。

她能够见到男孩子们的唯一的时刻，是圣诞节，她被允许去科琳娜姑姑家参加晚会。科琳娜姑姑是她父亲的妹妹，在艾略特最后病重的时候，给予他非常精心的照顾。在这个晚会上，女孩子们对穿着古怪、呆头呆脑的埃莉诺很不友好。她的脚腕没有力气，当她想和其他人一起滑冰的时候摔倒了。但也是在这个晚会上，她认识了一个英俊的男孩子，他也是一个"罗斯福"。

外祖母霍尔说，在她自己的家里，对于一个快要接近15岁的女孩子来说，气氛太过欢乐。她怕埃莉诺会变得像她的姨妈和舅舅们那样不服管教。当埃莉诺被送到伦敦附近南大地的艾伦斯伍德学校上学的时候，她随时随身带着对于父亲的记忆。当父亲去世的时候，弗吉尼亚州爱宾顿的报纸在编者评论里把他描述成一个做了大量、实实在在的慈善工作的年轻人，他的名字在那些有需要的人群里是家喻户晓的。在他的家里，这个酗酒的父亲与女儿的交往在她5岁之后就很少了，但是在引导她的同情心和日后关注的事物方面，他绝对起了积极和肯定的作用。

路易斯·阿姆斯特朗被酗酒的父亲遗弃了，又被他那经常"出门在镇上逛"的母亲忽视。他因为在街上开枪而被抓起来，然后被送到了一个为"有色人种弃儿"而设立的孤儿院。他在那里学到了音乐，也很感激这个条件并不好的地方能够提供的食物和稍微舒适一点的环境。

作家托马斯·沃尔夫把他自己伤心的童年经历写成了文学作品。他有幸遇见了两位看出他的天赋并且帮助了他的老师——J.M. 罗伯茨先生和太太。他的兄弟姐妹们曾经因为他钟爱莎士比亚而在饭桌上拿他开玩笑。从他母亲那里，他继承了一种无法被征服的意志和一种毫不动摇的坚持。这个长相古怪、高大身材上长了个小脑袋的男孩在说话结巴的时候会把唾沫溅到别人脸上。他生活在两个屋檐下，却没有自己的家。他母亲管理一个寄宿客栈，他那酗酒的、爱读书的、充满艺术细胞的父亲则住在他们家分得的宅地上，由女儿做管家。托马斯·沃尔夫最广为人知的小说之一可能就反映了他自己童年的处境，这本书的名字叫作《你无法再回家》（*You Can't Go Home Again*）。

约翰·斯坦尼斯劳斯·乔伊斯是詹姆斯·乔伊斯的父亲，他是个多彩多姿的人。18年间他成为了16个或是17个小孩的父亲，在这过程中他用光了一笔有限的遗产。他的人生戏剧包括频繁上演的家庭迁徙，所以孩子总数也搞不清了。约翰这个人，在歌曲、故事和快乐的玩伴之间，就把人生消耗过去了。只要他还有靠分遗产拿到的钱，他在酒吧、饭馆和赛马场上就很招人喜欢。但是，他因为不明智的投资，不断失去家庭的财产。约翰有过很多职务，但是没有一个职务被他履行得很好。不过，有一段时期，他还做过设在都柏林的全国自由俱乐部的秘书。他从来也没有感觉自己是个穷人，而只是觉得自己是一个倒运的富人。他的妻子和孩子们却觉得他们很穷，詹姆斯·乔伊斯非常讨厌他父亲。

容易失败的父亲对孩子成长的贡献

这400名杰出人物的父亲们的一个与众不同的特点就是他们愿意承受风险。有争议的小说《异果》（*Strange Fruit*）的作者莉莲·史密斯出生在佛罗里达州的小城加思泊。她的父亲是一位很有自己主张的人，他以学习为生活重心，也热衷于各种试验。他的女儿成年之后，也情愿不给自己留后路，在南方的民权运动之前很久，她就摈弃了她的家庭和她那南部的社区里流行的种族偏见。她在《梦想的杀手》（*Killers of the Dream*）一书中写道："我们知道，我们是这个小镇里一个受尊敬的、有地位的家庭，但是，除了知道这个情况之外，我们很少考虑自己的地位。我们的父亲之所以在木材和海军装备方面做生意，是因为赚了和赔了都很激动人心，而不是因为钱能够买到的东西，也不是因为钱有时候能够给人带来安全感。我不记得我在任何时候'想成为富人'，我也不记得我父母把勤俭和节约当作重要的良好品质来培养我们。在我们家里，总有对风险的接纳，对于不给自己留后路的做法有一种适度的喜悦，有一种对于'下一步将会发生什么'的期待。我们不是不负责任的人，那种追求快乐的生活原则不是我们的生活方式。正相反，我们所受到的教育是，我们每个人都应该相信，我们应该做一些对于社会有真正价值的事情。我们家也相信，在需要的时候，为了让每一个孩子都做好准备去做他一生该做的工作，家庭可以做出牺牲。我们还接受了学习是非常重要的事情的观念，读书是非常重要的，但是'坏书'是会被我母亲烧掉的。我们尊重音乐、艺术和技术的价值，但是，很自然地，我们的生活所围绕的重心是人、人的生活质量……"

漫画家比尔·莫尔丁是一个充满梦想却又对前途漫不经心的父亲的孩子。他的童年经历也使得他在以漫画作为表达自我的独特方式中很容易冒失败的风险。比尔在他的《也是一种传奇》（*A Sort of a Saga*）中，描写了他那别人无法抑制的父亲和父亲的很多尝试："当他讲述一个新的计划的时候，他可以滔滔不绝讲几个小时，描画出一幅灿烂的前景，给出所有可能的反对意见然后把它们一一予以驳斥，就好像有六七个人在讨论，而不是只有一个人在说话一样。西德（比尔的兄弟）和我从来就为父亲这样推行新主意的行为而着迷。但是，随着时间的流逝，我母亲眼睛里的光亮越来越少了。"

普利策奖得主、作家和文学评论家范·怀克·布鲁克斯说，是他父亲在进军商界时的失败，让他去寻找另外的途径来表达自己，让他善于观察和评判社会图景。他父亲是一个学者型的人物,在内华达州拥有一个镍矿,但是镍埋得太深,不利于作业,而且这个矿离铁路也太远了。对于投资的担忧,让父亲失去了快乐和机智。在《图景与肖像》(*Scenes and Portraits*)一书里,范·怀克·布鲁克斯写道:"荒唐之处在于,他曾经拥有一个国际著名的矿。他用这个矿换了内华达州山里这么一个东一块西一块的矿……我感觉,我父亲根本就不应该做一个生意人。在这件事情上,我的观点带有一些感情成分,这是毫无疑问的。我仇恨商业,我觉得商业就像一个恶魔,它吞噬了美国人头脑中最优秀的部分。"

在这 400 人当中,如果谁有一个经历过失败的父亲,那么其后果并不是孩子行为退缩、保守,而是让他从对于创新的恐惧之中被解脱出来。不成功男人的妻子有可能转向自己的儿子来寻求安慰,而儿子也经常试图以自己的成功来让母亲高兴。但是,在多数情况下,他的成名并不是因为他在对待问题的时候采取了保守的、小心谨慎的方法,而是因为,跟自己的父亲相比,他能够更好地利用自己的想象力和创造力。

那些创造出了新产品、为人类贡献了新知识、提供了新的乐趣的男人和女人们,他们的创造力似乎离不开他们的父亲们所拥有的那些品质:充满孩子气的、对新的生活经历的渴望,甚至有些天真、缺乏所谓的效率。

第四章

强势的母亲及少数强势的父亲

第四章　强势的母亲及少数强势的父亲

> 当她自己（指诗人的母亲）无法实现个人成功愿望的时候，她便把这种雄心转到了孩子身上。她爱自己的孩子们，这应该是不言而喻的。但是，更接近真相的是，那种决不妥协的、对于一个理想的固执追求被置于爱之上。她身上没有什么软弱之处……
>
> ——威廉·卡洛斯·威廉姆斯 《是的，威廉姆斯太太》(Yes, Mrs. Williams)

在这400名杰出人物的父母里面，如果在今天，那些强势的母亲们可能会是职业妇女，她们可能会让电视机成为孩子们的伴侣，而自己或者一头钻进工作里去，或者接受成年人教育，或者从事改进社区的活动。我们之所以研究这400名杰出人物的母亲，是因为她们生活在一个很不一样的时代，她们经常会发现，表达自己的上进心和能力的最佳渠道，是培养能干的儿女们。从过去到现在，养育孩子的钟摆已经摆过一个很大的弧度。把自己的精力都放在孩子身上，来获得做母亲的满足感，这种现象在当下已经不再高频率地出现了。强势的母亲们往往爱做决定，而且凡事都事先规划，如果她们能够把这些习惯控制在一个合理的范围内，将最终可能会受到自己那些成名了的儿女们的尊敬，这些孩子会把自己的成功部分归功于自己的母亲。安妮特·贝弗里奇和艾达·艾森豪威尔就是这样的两名女性。强势的母亲们很精明地盯着家里的食品柜，盯着家族之树上的新分枝，也盯着某些名人堂里面是否刻上了她们家的名字。

但是，那个越过了合理界限的强势母亲，会使得她的被圈养的孩子们很难反抗她，因为她是爱的焦点，也是权威的中心。如果孩子不进步，她会收回自己的爱。

反抗母亲强势的孩子，比起那些同情自己母亲，进而认同自己母亲的孩子来，更容易适应恋爱和婚姻关系。那个"母亲的乖儿子"在成年之后，在与同龄男性交往的时候，常常会觉得不舒服。他会倾向于与男同事争吵，而如果他是一名军人，他会倾向于认为人的生命是可以轻易抛弃的。他对民主程序不放心，很可能会成为一个独裁者，对人类不信任，认为这世界上只有自己和自己的母亲最明智。他需要有女性围绕着他、认同他，他更愿意和比他年长的女性、儿童和宠物相处。他也许会在母亲去世之后才结婚，也许会打一辈子光棍。如果他在母亲还在世的时候就结了婚，他会希望妻子相对于他母亲来说属于从属地位，或者重现母亲对他的支持。如果母亲对他压制太厉害，而他又试图反抗，他就有可能会变得非常内向却很有创造力，但是在人际交往中，他却很少会得到快乐。

在这些强势的女人中，至少有18位是比丈夫年轻许多的女性，她们的丈夫老得足可以做她们的父亲。其他的一些强势女性，则似乎在选择丈夫的时候，就故意把他们的唯一的功能定位在生育子女方面，在有了孩子之后，丈夫就会放手让她们去独自管教孩子。

虽然在维多利亚时期的小说里强势的父亲有着一席之地，但相对来说，这样的父亲还是比较少见的。当这样的父亲真要在家庭里占压倒性优势的时候，他会十分易怒，总是批评一切，被自己无法控制的冲动所驱动。这样的父亲会很少给他的孩子制订什么宏大的计划，他更有可能延迟孩子们实现自己的雄心壮志的时间，但又无法真正阻止他们。

有时候父亲会希望孩子能够留在家里，继承家庭的生意或者从事同样的职业，而母亲的梦想则经常是无边的。但是，家庭对孩子的期望较少地把女孩也包括进去，一个家庭还有可能因为女儿想成为一名职业女性而感到不安。

母权家庭

有些家庭里不仅是母亲比较强势，而且在构成上也像是个母系氏族。诺贝尔奖获得者、微生物学家塞尔曼·A. 瓦克斯曼，出生在乌克兰的一个小镇。他生活在一个基本是母系氏族的环境里。塞尔曼的母亲在 21 岁的时候就已经是一个充满能量的女商人，她被亲戚们催促着结了婚，因为她们担心她将来会成为一个老姑娘。

在婚礼之后不久，她的丈夫——一个铜匠，就参军了，他一走就 5 年没有回来。当他回到新娘身边的时候，发现她已经给自己、给她的母亲、给她的 7 个姐妹们和外甥们、外甥女们中间那些需要栖身之所的人营造好了一个家。她和她的母亲经营的干货生意蒸蒸日上，很是成功。她可不仅仅是个女生意人，她还给穷人家的女孩张罗嫁妆，给周围的人提供无息贷款，她对村里每一个遇到困难的村民都很关心。

小妹妹的夭折，让年幼的塞尔曼把自己的职业理想转向了医学。他生活在一个有着和谐气氛的家庭，但是他父亲在儿子的生活里只偶尔起点作用。母亲虽然强势，但兴趣非常广泛，这就使塞尔曼免去了被母亲压制的命运。当塞尔曼还处在青春期的时候,母亲就去世了,但他得到了那些母亲曾经帮助过的人给予的帮助。

教育家鲁弗斯·琼斯的父亲埃德温·琼斯一年四季都穿着大衣,冬天是为了把热气留在大衣里面,夏天是为了把热气挡在大衣外面。他的情绪起伏很大,平时对自己的工作不怎么用心,可当精神头儿来的时候,就会一口气把它干完。他从不雇用别人,总是自己一人干活。他在幼年时期经常被痉挛所困扰。他是个好人,但性格内向,总是很沉默,却时不时地会自嘲一下。

鲁弗斯·琼斯的母亲玛丽·霍克西一头红发,总是精力充沛的,当她在19岁搬进那个本来就是女人当家做主的家的时候,无论名义还是实质上,她都成了家里新的女主人。她的精力旺盛、幽默、做事讲策略,并且善解人意,让她在对待那些鱼贯来访的客人的时候,成了很好的女主人。她们家每周都会有一两个客人来访,这些客人会带来外面世界的一些新鲜事,也会慷慨激昂地对世界大事进行评论。

已经住在这个家里的人有鲁弗斯·琼斯的祖母苏茜·琼斯。她是个经受了磨炼的垦荒女人,每天吸3次烟袋,她还是个能干的厨师、牛奶工、织布工、裁缝、园丁、肥皂匠人和护士。她也是一个头脑开放、心胸宽大的女人。在这个家里,还住着一个单身的姑妈皮丝·琼斯,她是个让人摸不透的女人,也是一个有着惊人的文化修养的女人。她对自己年幼的侄子(鲁弗斯·琼斯)的潜力有着近乎狂热的信心。

在这个家庭的边缘,是伊莱·琼斯的太太茜比尔,伊莱·琼斯则是比鲁弗斯·琼斯的父亲年长许多的、不善言辞的伯伯。正是因为茜比尔伯母和伊莱伯伯,这个农村里才会有那么多国外的来访者。茜比尔伯母有着如松涛般的声音,她在加拿大、新苏格兰、英国、利比里亚、塞拉利昂、希腊和圣城都演讲过。

克瓦米·恩克鲁玛是他母亲唯一的儿子,而他母亲则仅是他父亲的多个妻子中的一个。在很大程度上，是他在成年之后的努力，使得这个地方成为一个独立的国家——加纳。他说，这一切与他母亲有关，他母亲的意志是不可忽视的。这几位母亲都关注所有孩子的需要。这几位母亲互相之间没有争吵，克瓦米·恩克鲁玛的同父异母的哥哥们像他的母亲一样很喜欢娇宠他。为了引诱他吃东西，母亲曾经用芭蕉叶子把食物包起来，藏在他的枕头下面。是她说服了孩子的父亲，让她唯一的儿子接受了教育。

在父亲去世后，克瓦米的叔叔成了他的监护人，但母亲渴望自己的儿子接受教育的愿望并没有因此减弱。当他在美国读完大学，回到她身边的时候，她都认不出他了，因为他的成熟，也因为他在美国整了牙。在她的经历里，没有一个男人从外面回到家中的时候，门牙中间的大缝会奇迹般地被填上了。而克瓦米的这种难以解释的外表的变化着实让母亲觉得迷惑。因为母亲不认字，所以她与克瓦米的书信往来是通过克瓦米的一个朋友来实现的，有时候这个朋友会去她家，给她读克瓦米的信。

克瓦米·恩克鲁玛与母亲很亲近，而且他还相信，对于志在成功的男人来说，结婚生子对他们的发展是个阻碍，因此，他一直拖到45岁才结婚。

有特殊才能的儿童们

这些杰出人物的成长史让我们发现，往往有着特殊才能的孩子才最能够把母亲身上那种强势的性格激发出来。然后，这个母亲在她追求挖掘孩子才能的狂热之中，可能会置其他家庭成员于不顾，就像大提琴家巴勃罗·卡萨尔斯的母亲那样。

另外一个应该把自己事业的成功归功于母亲的是演员、剧作家诺埃尔·科沃德，他认为是母亲在他的事业发展中给予了重要指导。他的母亲在《每日镜报》

杰出轨迹　　对话700位名人的童年

（*Daily Mirror*）上读到一则广告，征召一名有天赋的12岁男童，出演一部儿童剧。在他出演第一部戏的时候，他和母亲在一位法官那里遇到了一些麻烦。这位法官不允许那些想来剧院演出的学龄儿童去演戏。他认为，诺埃尔的父母是贪图孩子来剧院之后能够挣到的每周两英镑。诺埃尔的母亲用戏剧化的表达方式为自己的行为进行了辩护，她认为如果诺埃尔被剥夺了表演的快乐，那么他肯定会面临感情上的崩溃。为了避免这种灾难性的后果，她愿意每周亲自给这个法官送4英镑来，只要他允许让这个孩子参加演出，而不用去上学。法庭上的旁听者们都觉得很开心，而法官则仓促地结了案，让这孩子和他母亲遂了心愿。

在不演戏的时间里，他就被送去上学，但诺埃尔经常逃学，在城里闲逛，"演戏"。他假装自己是一个可怜的流浪儿，有一个酗酒、凶恶的父亲。而在现实中，他的父亲是个善良温和的人。不过，即使是在取乐的时候，诺埃尔也没有编造关于他母亲的故事。

当培恩钢琴公司倒闭后，诺埃尔的父亲就找不到工作了。在那之后，他的母亲在伦敦接管了一所寄宿公寓。她煮饭，在楼梯之间跑上跑下，严厉地对待那些寄宿者。诺埃尔的父亲则做一些游艇模型，在克莱汉姆广场的水池里放船。这些漂亮、精致的小船，每一个细节都是父亲精心制作的。他们家最小的儿子埃里克，身体状况很不好，就和父亲一起玩船。埃里克是父亲的宠儿，而诺埃尔是母亲的宠儿。

如果科沃德夫人允许丈夫经常性地给她帮忙，她也许就不会在做寄宿公寓女主人的时候出现那种几乎崩溃的情况。当诺埃尔跟母亲到海滨的度假屋度过假期的时候，比自己的妻子更喜欢跟人交往的科沃德先生很成功地经营了寄宿公寓。他跟寄宿的人们聊天聊得十分开心，"端着早餐盘从一个个房间里跳进跳出"。诺埃尔一直没有结婚，当他成年之后，他仍然继续以母亲作为自己生活的中心。

| 第四章　强势的母亲及少数强势的父亲 |

有些母亲在儿子还没有出生的时候就开始为他们规划未来。建筑师弗兰克·劳埃德·赖特的母亲安娜·劳埃德·琼斯非常相信胎教的作用。在儿子出生之前，安娜就决定，他应该成为一名建筑师。她把10幅古老英国尖顶教堂的木刻装裱起来，挂在育婴室里。她非常坚信自己肚子里的孩子会是一个男孩，而且他会成为一名建筑师。

当乡村教师安娜29岁的时候，她嫁给了一个46岁巡回教课的音乐教师威廉·盖利·赖特。他那时正好在她所在的社区逗留。她知道他中止了学习医学，因为他认为那不是真正的科学。她也知道他中止了学习法律，因为他对法律的实行也不抱幻想。他的兴趣转向了教音乐和做浸礼会牧师。因为丈夫比她大17岁，所以，精力旺盛、走路总是大踏步的安娜就没法在改变他的生活方式方面有什么大的作为了——尽管她很努力地尝试了。在她儿子18岁的时候，她温和却坚定地告诉丈夫，他应该离开她和孩子了。那时候，她身患疾病，而他们家一贫如洗。在这个例子里，这个易怒、不开心的丈夫并没有去酗酒，而是转向了梵语。他在他的书房里来回踱步的时候，还高声吟诵诗篇《乌鸦》（*The Raven*）。安娜并没有真的想让威廉离开自己，但是他却真的走了。那之后的15年里，她一直期待着他能够回家，直到他去世。

路易斯·布罗姆菲尔德是获得普利策奖的小说家，他的职业也是他的母亲给他选的。路易斯·布罗姆菲尔德的父亲查理·布罗姆菲尔德总是很容易被说动，去收留那些遇到困境的亲戚、朋友。他那安在一所简陋的农场的家里面总是住满了或贫穷或生了病的亲戚、朋友。一旦他挣到一点钱，这些人就会用一些"疯狂的、浪漫的伎俩"，几乎是在钱刚到手的时候就把它给哄骗走了。他能够给予自己的孩子们的，是他对土地、对动物的热爱，以及他与别人友好交往的时候所得到的无尽的快乐。

安妮特·布罗姆菲尔德决定，她的长子要成为一名作家。他们在书架上堆满了文学名著，路易斯每天都被要求读几个小时的书，路易斯的妹妹玛丽则被要求练钢琴。安妮特在年轻的时候曾经想成为一名音乐家，但是那时候她没钱上乐器课。在她婚后的生活里，她的身上逐渐添加了各种职责，就像绵羊身上容易沾满草籽一样。在她结婚之后，她还得每周两次回到娘家，给她的父亲，一个鳏夫，做饭、打扫卫生。有一些病重的亲戚来看望她，或者就是来她这里等死的，她都给予了照顾。过重的生活负担导致她所有的个人梦想只能通过她的孩子们的人生来实现。

如果路易斯不喜欢读书，母亲的强势可能就会让他反叛，就像她的二儿子一样。路易斯的弟弟查尔斯成了一个生意人，一个"职业非知识分子"。路易斯的妹妹玛丽则在她能够把自己的潜力发挥出来之前就夭亡了。安妮特上进的动力并没有随着年龄而减退。在她80岁的时候，她仍然有决心控制她的孩子们。当她到俄亥俄州的马拉巴尔农场去跟她的小说家儿子路易斯一起生活的时候，家里时常会出现暴风雨式的气氛。在她所有的日子里，她用一种病态追随自己的孩子们，并想要控制他们。

强势的母亲们

想要控制别人的心态并不是某个种族、国家和文化所特有的，富有的母亲和贫穷的母亲是以同样的强度把她们的意志加于孩子身上的。在音乐演奏方面有天赋的孩子是最容易感受到压力的，因为他们身上的天赋很早就被看出来。巴勃罗·卡萨尔斯可不是唯一的一个有着强势母亲的音乐家，但是，像19世纪作曲家安东·布鲁克纳的母亲那样决心大的并不多见。她甚至在从孩子父亲葬礼回来

第四章 强势的母亲及少数强势的父亲

的路上停下来，给孩子报名上了音乐学校。

耶胡迪·梅纽因的母亲并没有想到要做音乐家的母亲，但是，当儿子显露出了超群天赋的时候，她把他与他的同伴们隔离开了。她还把自己的女儿们也拉到这个小圈子里，也许是为了让所有的孩子都共同承受这样的隔离。如果任何一个孩子偏离了她的对于"良好行为"的精确定义，她便会立刻收回给这个孩子的爱。她的女儿赫夫齐芭这样描述她们所接受的抚养方式："当我们第一次遭遇生活中的难题的时候，我们都像傻子一样不知所措。"

当贾科莫·普契尼的父亲去世的时候，他的母亲在孩子们中间看来看去，要挑选一个来继承家族的传统。普契尼家族在那之前的四代人里面每一代都有一个人成为卢卡地方村子里的风琴师。她需要那些大一点的男孩帮助家里挣钱，养活一大家人，所以，6岁的贾科莫就被她随意地选中了，虽然他并不想当风琴师。他的父亲是个善良和蔼的人，但是，他的叔叔接受了这份不讨好的工作，来教育这个不服管的孩子，而这个叔叔常常虐待孩子，当这个年幼的小音乐家出错的时候，叔叔就踢他的小腿。贾科莫由此养成了一个下意识反应，每当他听到一个错误的音符的时候，他的腿就会抽动。

萨拉·德拉诺·罗斯福强势的特点，在她的家族成员写的很多书里都有描述，在她儿子富兰克林·D.罗斯福的诸多传记里也都有记载。她的强势影响了两代人。对于这位老祖母，詹姆斯·罗斯福说："我们都明白，这个地方（指海德庄园）是奶奶的家。她定下什么规矩，我们就得接受什么规矩，连父母也一样。我们这些'小雏鸡们'很快就学乖了，如果我们想要什么东西而父母不肯给的时候，我们想要绕开他们，最好的办法就是去找奶奶求情。"

当富兰克林成年之后，他对他母亲发表的关于公共事务的评论置之不理，但是，在他的个人生活和家庭生活方面，他却一直受母亲影响。这是因为财政大权是由母亲攥着的，而她非常吝啬。詹姆斯说，他父亲很少有情绪爆发的时候，但是在老祖母那点点滴滴的教导之下，他父亲的怒气一直是在沸点附近。富兰克林从来也没停止过反抗他母亲对他的教导：什么事情可以做，什么事情不可以做，怎么样保证消化道功能的规律性，怎么样教养她的孙子、孙女。其实全家都知道，正是老太太自己把孙子、孙女娇惯得不像话。

萨拉·德拉诺·罗斯福总是说："我儿子富兰克林是德拉诺家的人，一点也不像罗斯福家的人。"她是在26岁的时候跟52岁的老詹姆斯·罗斯福结婚的，老詹姆斯跟前妻生的儿子詹姆斯正好跟她年龄一样。年轻的"罗西"——别人是这样叫他的——是个活力四射的花花公子。当萨拉把自己的儿子罗斯福送到格罗顿预备中学去学习的时候，她这个继子的儿子也已经在那里上学了。

萨拉的父亲，具有冒险精神的沃伦·德拉诺二世，在女儿只有10岁的时候，就让女儿了解了什么是满世界的冒险。他的太太、用人和6个很小的孩子花了125天的时间，坐船绕了地球半圈，在中国与他会合。这次走海路的冒险非常成功，最后萨拉从她很崇拜的父亲那里继承了133.8万美元。她对自己的钱看得很紧，从来不去动那笔遗产，决心在她辞世的时候能够把这钱原封不动地传给她儿子。她给儿子钱也是一点一点地给，付账时总是慢吞吞的。

因为新郎年龄的原因，萨拉的父亲反对她的婚事，但是不听劝说的萨拉最终遂了自己的心愿。她那年长的丈夫，固执的老詹姆斯·罗斯福年轻时曾在军队里干过两个月，还跟着一位化缘的教士徒步游历了意大利。在他做生意的过程中，曾经3次为了钱和权做了高风险的赌注，但3次都失败了。通过投票，他失去了对于一家公司的控制权，这家公司在1873年的恐慌中损失惨重。当试图得到南方一段铁路的控制权的时候，他也失败了。他还帮助建立了一家公司，希望在尼加拉瓜开辟一条运河。为了这个项目，他筹集了600万美元，但是当1893年的经济萧条使他的财源干涸了之后，他不得不放弃了这个工程。

不管从什么角度来看，这个丈夫都没有被自己的妻子压制住。但是富兰克林就没有这么幸运了。富兰克林很崇拜自己的父亲，但是，父亲能够管得住母亲，母亲却能够管得住他。老詹姆斯·罗斯福教给了儿子很多技能：打猎、钓鱼、划船。在他14岁之前，富兰克林是在家上学的，他母亲监督着他学习。在富兰克林3岁之后，他们家每年都要去一次欧洲，还带着家庭教师一起去，萨拉总是和家庭教师吵架。在他们的家庭女教师当中，有一位思想自由、明察秋毫的瑞士女性，珍妮·桑多斯小姐，她教导这个男孩子在审视历史的时候要注意人的因素，比如，那些建造了金字塔、成为法老的牺牲品的埃及苦力的悲惨遭遇。他们的关系一直延续下去，当她的学生已经成年并成为公众人物的时候，珍妮·桑多斯小姐仍然与他通信，既给他忠告，也很敬佩他。

从一开始，萨拉就坚信自己唯一的儿子会成为一个伟大人物。她把他曾经用来写作业的每一片小纸头都保留着，她把他在婴儿时期穿过的小衣服都打包，贴上标签，给未来的历史学家们留着当参考。即使富兰克林在格罗顿时成绩一般，以及在哈佛时同样毫不起眼的学习经历，都没有动摇她对儿子会有超群业绩的信心。在他希腊语成绩不及格，或者是主课得了C的时候，也没有任何记录说明她觉得有必要给他一番说教。

她的这个态度可能是有道理的。约翰·冈特描述了富兰克林在格罗顿的同学们："那些最出色的格罗顿男生最后往往什么也不是，那些恨格罗顿的男生反倒日后表现更好……后来成功了的男生们都不是从众的人，也正是由于这个原因，他们很容易被每一个年级里核心的学生小群体排斥在外。"

约翰引用国际著名的外交家萨姆纳·威尔斯的说法来支持自己的观察。当有一次问到他在格罗顿的生活是否开心的时候，萨姆纳说："噢，上帝，没有，我那时是条虫。"

富兰克林在格罗顿的时候没有引起别人的注意。别人既没有喜欢他，也没有不喜欢他。他被人叫作"富兰克叔叔"，因为他的侄子"罗西"比他高一个年级。他不像那些真正"古怪"的学生那样，他从来没有被"装进箱子"（被塞进一个储藏柜，尺寸很小，不可能让一个男孩子舒服地待在里面），没有被"灌水"（弄到卫生间里去，用整盆的水往脑袋上浇，恨不得把人淹个半死）。但是他也受到过捉弄，他曾经被迫站在墙角跳舞，其他男孩则拿冰球杆戳他的脚踝。

在中学的最后一年，他参与了辩论活动，他对于消除社会对犹太人和非裔美国人的歧视产生了兴趣。当时格罗顿还没有录取过这两类学生。这也表示着他对他母亲的反抗。按照菲莉丝·博顿的说法，他母亲并无意把犹太人当作有同等社会地位的人。但这并不意味着他不深爱母亲，不意味着他不再频繁给她写信，信的开头称呼是"我最亲爱的妈咪"。富兰克林的父亲在他在哈佛读一年级的时候去世了，这之后萨拉就搬去了波士顿，希望能够跟儿子离得更近些。

在这400名杰出人物当中，在一个男孩子感受到了来自自己母亲的不可动摇的信心和尊重之后，他就会需要从其他女人那里继续得到这种鼓励。年轻的詹姆斯·罗斯福提到了他父亲身上的这种需要："我父亲是个很享受女性伴侣的男人。当他的听众里有几个崇拜他又很迷人的女性的时候，他这交谈者的角色就出演得浑身发光，出类拔萃。这是个非常自然的情况，因为我父亲是个演员，喜欢处于大家注意的中心位置。"

他的妻子没有给他不加批评的彻底赞赏，而他母亲已经让他习惯了这种赞赏。埃莉诺·罗斯福说："如果他有一个完全不批评他的妻子，他可能会更高兴。但我一直做不到这样，他得从别人那里找到这样的态度。不管怎么说，我觉得我有时候扮演了一个鞭策者的角色，虽然我的鞭策并不一定总是受到欢迎。但我是为他想要达到的目标而服务的。"

罗斯福家的人在谈论自己和评价彼此的时候时常很坦诚。詹姆斯曾经长篇大论地来评价自己的祖母这个权威人物，他的评论以这样的话结尾："最终，当母亲向其他方向发展，给她自己建立一个更广阔的生活，而不是被婆婆、'小雏鸡'、缝纫小组和社交责任划定了界限的时候，祖母就输了。母亲成为她自己想要成为的人，不被其他人压制，连父亲也不能左右她。"

妻子与母亲的作用

这 400 名杰出人物是一个个复杂的个体，有些在成年之后，其性格还发生了很大的改变。在这项研究里，如果我们想讨论这所有 400 人，我们就不太可能涉及童年时期之外的阶段。只是在讨论最著名的那些人物的时候，我们才有篇幅提一下童年时期的经历对于成年之后态度的影响，特别是对于婚姻及其他亲密关系的态度。我们也不太可能详尽地讨论妻子和其他成年人对于一个杰出人物的发展所起到的作用。不过，刘易斯·特曼发现，在他研究的样本里，有天赋的年轻男人如果与热爱学习的女性结婚，他们就更有可能成功。

在富兰克林得了脊髓灰质炎之后，如果不是埃莉诺·罗斯福的功劳，他可能就不会再试图继续自己的事业了。其他在丈夫的事业里绝对起到了作用的女性包括艺术家萨尔瓦多·达利、音乐家爱德华·埃尔加和安东尼·德沃夏克的妻子们。这些女性之所以被提到，是因为我们看到，如果一个有智慧、有思想深度的成年人想要在童年之后继续成熟，那么其他人将会对此起到非常重要的影响，这里的影响可能是正面的，也可能是负面的。在当今世界里，很可能我们同样可以说，杰出女性的丈夫们在支持妻子方面也有同样的影响。

1898年，亚瑟·麦克阿瑟将军接到命令前往菲律宾。他的妻子玛丽·麦克阿瑟却去了米尔沃基，在那里找了家公寓，请了个家庭教师，辅导她的小儿子道格拉斯，以准备西点军校的考试。一位医生也被请来，矫正这孩子的有一点弯曲的脊柱，因为这有可能是他军旅事业上的障碍。

在那同一年的6月，道格拉斯通过了考试，得了99分，成为了学校历史上入学考试分数最高的考生。他的竞争对手的成绩跟他最接近的是77.9分。他的母亲在他13岁之前一直是他唯一的老师。父母给他制定的目标，现在达到了。

直到她82岁去世为止，玛丽都是为了她那天才儿子活着的。和萨拉一样，她比她丈夫多活了很多年。另外和萨拉一样的是，在儿子上学期间，玛丽也住得离儿子很近。

一个同学回忆说，年轻的道格拉斯从8岁起就非常傲慢。年轻学员们看到这样一个同学，母亲住得这么近，又这么明显地觉得自己儿子要承担天降大任，便下意识地不想和善对待他。高年级的学生逼他一直做蹲起，直到他晕倒为止。

西点军校的学员们每天只有很短暂的时间是可以完全自由支配的，那就是晚饭之后、回营房集中之前的半小时。当天气好的时候，道格拉斯就和母亲沿着"挑逗街"散步，而他是否跟女孩子在那里散过步，可从来没有任何记载。在阴雨天气里，他跟母亲在旅馆里聊天，给她讲他那一天的历险记，拿着偷偷带来的水果作为礼物。有时候他停留的时间会超出许可的时间。有一次，当学员长官来看望他母亲的时候，他不得不从运煤管道里钻出去。

1935年，当罗斯福总统让道格拉斯·麦克阿瑟将军到菲律宾去建立本土防线的时候，他犹豫要不要去，因为他母亲身体看起来不太好，不一定能够和他同行。他母亲知道他很想去，所以，尽管不喜欢海，尽管有不断恶化的脑血栓，她还是陪他去了。等他们到了马尼拉的时候她已经病得很重了，在空运来的药物还

第四章　强势的母亲及少数强势的父亲

没来得及用上之前,她就去世了。道格拉斯·麦克阿瑟将军在中年的时候与一个年轻女性结了婚。她是他母亲在船上认识的,他母亲认为这位年轻女人会是儿子最理想的妻子,就把她介绍给了儿子。

一位以美貌、体弱多病和女性美来控制儿子的母亲是伊莎贝尔·麦肯齐·金,她儿子后来成为了加拿大的总理。作为被流放的起义者威廉·里昂·麦肯齐·金的女儿,小时候的伊莎贝尔受了很多苦,也受到别人的嘲弄。

在她最有潜力的那个孩子还很小的时候,伊莎贝尔就决定,要让这个孩子重建他们家族的声望和财富。伊莎贝尔的丈夫是个温和的、学者式的人物,跟儿子麦肯齐·金比起来,很无能,不像儿子那样被家族里所有人看成一个能干的人。家里都是由伊莎贝尔管账,做决策,用她小女人的伎俩左右着儿子的前程。

伊莎贝尔是个充满活力的可爱女人,在她4个孩子幼年的时候,她和他们像同伴一样玩耍,而不是像个家长。所有孩子有事都找她拿主意。当家里没钱给所有女性都添置新衣服的时候,新衣服就买给伊莎贝尔,女儿们就不给买了。

离开家去上学的时候,麦肯齐·金在自己房间里放了5张他母亲的照片,读巴里写的《玛格丽特·奥吉尔薇》(*Margaret Ogilvie*)[①]的时候,还把他母亲的照片拿在手里。伊莎贝尔马不停蹄地忙于各种活动,还因为由此造成的神经紧张而导致消化不良,但全家都对此表示很理解。麦肯齐·金的父亲也加入了这种盲目崇拜,他写信给儿子说,伊莎贝尔穿上新衣服、戴上可爱的小帽子,像画一样美丽。

当麦肯齐在芝加哥攻读学位的时候,他爱上了一名护士。他母亲恳求他,看在她的年龄和这么痛苦的分上,不要结婚,起码要等到她死后再结婚。而如果他

[①]《玛格丽特·奥吉尔薇》:苏格兰作家、《彼得·潘》的作者巴里(1860—1937)给自己的母亲写的传记。

真的要结婚,也请不要跟一名护士结婚。为了这段不幸的浪漫史,他给母亲写了2.1万字的道歉信,而且一直没有结婚。晚年时他转向灵学,以与他去世的母亲和其他一些他曾寻求过指导的人保持联系。这些人里也包括已经去世的富兰克林·D. 罗斯福。在他那远离其他人的书房里,有一幅巨大的他母亲的油画肖像。在最后的岁月里,他与世隔绝地独自生活。

有一个受母亲控制的女孩,是让人快乐的盐湖城的小姑娘莫德·基斯卡汀,她为更多人所知的身份是演员莫德·亚当斯。当妻子和女儿都离开家要去当女演员的时候,詹姆斯·基斯卡汀非常不高兴,但是,他对于她们从事的活动没有什么发言权,他唯一可做的,是告诉女儿,不许她用自己的姓。他在弗吉尼亚市的一个银行工作,从那点工资里挤出钱来,跟着骡帮往返于丹佛和帕布罗之间。如果他们的头两个孩子,一对双胞胎男孩,没有死去,他们家可能也不会分散到各处。

4岁的时候,莫德就在旧金山给观众们演唱"当露珠落下时,有人自远方来"。她跟着她母亲所在的剧团到矿山去演出。她在《汤姆叔叔的小屋》(*Uncle Tom's Cabin*)里演小艾娃,在《八分之一是黑人》(*The Octoroon*)里演小保罗,在《阿肯萨旅行者纪德》(*Kit, the Arkansas Traveler*)里演爱丽丝·里丁。

每隔一阵,母女俩就回到詹姆斯·基斯卡汀那里去,他也很高兴她们回来。詹姆斯是个大胆的骑手,他很招人喜欢,他从来不会因为工作而耽误了他享受好时光。有一次,他大发脾气,是因为他妻子和女儿冒冒失失跑去了纽约演出,结果被困在那儿了,因为那个剧的明星裹了票房收入跑了。在莫德12岁的时候,他就去世了。学校里的老师们都央求莫德的母亲,请她答应让这个老师们喜欢的学生留在学校里继续读书,他们还建议说,她应该学习成为一名教演讲的老师。但是,这对母女都更情愿上台演出。在莫德的母亲老年的时候,她仍然对于自己女儿一辈子单身,对男人没有兴趣而感到很得意。就这样,一个来自盐湖城的、受母亲控制的女孩,和一个来自苏格兰基里缪尔的、被母亲爱到窒息的詹姆斯·巴里,让一代剧院观众从《彼得·潘》(*Peter Pan*)中得到了快乐。这部剧是讲一个永远没有长大的小男孩的。剧作者与主演,和故事的主人公一样,也永远没有长大。

强势的父亲们

　　强势的父亲们通常并不很关心儿女们的天赋。他们对自己的潜力,比对儿女们的潜力更加在乎。所以他们会尽力维持自己作为一家之主的地位,或者保证自己身体健康和生活舒适。他们的目标都很即时,不像母亲们那样,拥有长远的梦想,希望通过孩子和孙子们来实现自己的价值。他们经常希望自己的儿子能够像自己,但不见得比自己更好。他们太过自傲,不肯只为了儿女们的成功而生活。

　　脾气暴躁、没有耐心的父母倒不一定是要占上风的父母,也不一定总是要干涉孩子们的职业选择,还不一定会想控制孩子的思想或者干涉交友方面的选择。贾瓦哈拉尔·尼赫鲁的父亲在遇到重要事情的时候对孩子就很慈爱和宽容,但是贾瓦哈拉尔·尼赫鲁在他的自传里这样描述父亲:"他的脾气确实非常可怕,就连现在这么多年过去了,我仍然不认为我遇到过另外一个跟他脾气同样坏的人。"

　　第一任亚芬伯爵、英国政治家安东尼·艾登的父亲威廉·艾登爵士是个气场很强却又容易被别人的气势压倒的人。他可以因为在花园里看到的一朵红花,听到狗的呜咽,或者因为闻到威士忌和烟草的气息而无比感动。他的儿子曾说他是处于一种内心不停翻滚的状态中。威廉爵士有一张尖酸、不饶人的嘴巴,他儿子很小就学会了要躲开他,而且还认为任何强烈感情的表露行为都是不合适的。父亲总是在孩子们放假的时候离开家,去寻找一个地方,使得他可以不被打扰、专心画他的精巧的水彩画，这倒也使得他的家人有了一种轻松感。

　　情绪爆发的时候，威廉爵士往往是不分对象的，他那暴风雨般的脾气发作的对象包括孩子、用人和朋友，只有他妻子茜比尔夫人，一个深深吸引他的罕见的美女，能够幸免。兰道尔夫·丘吉尔这样评价茜比尔夫人："安东尼·艾登的母亲就像很多著名的美女一样，是个被宠坏了的女人。"他说，他家里的人都相信，就是因为母亲根本不在意安东尼，让安东尼很反感，他才有内在动力去追求成功。安东尼似乎更属于不被接纳的孩子，而不是被父母控制的孩子。面对父母的控制，他的反应就是退缩。在牛津上学的时候，就算面对他的辅导员，他也不怎么亲近。

　　在自传里，英国批评家约翰·米德尔顿·默里这样描述自己的父亲："在表面上，我的生活目标就是要成为他想让我成为的人。一个小孩儿也会有自己的需要，这样的想法会让他那简单的头脑感到迷惑，也因此，这种想法一直没能在他脑子里占据一席之地。"约翰·米德尔顿·默里的父亲约翰·默里从早上8点工作直到夜里12点，他找不到任何原因来解释为什么自己的儿子不能用同样的毅力来学习学校里的功课。约翰·默里的父母都出身贫穷的劳动家庭，学习是他能够逃离穷苦和挣扎的唯一途径。约翰·默里学习到的所有知识都是通过自学得来的。白天，他是一家旅馆的职员，晚上，他在一家小银行做出纳。他的妻子照顾寄宿客人。妻子比有雄心壮志的丈夫约翰·默里小10岁，有时候，她对丈夫也有反叛情绪。妻子是一名热情、快乐的女子，有一次，她对儿子坦白说，她曾经梦想过离家出走，去加入吉卜赛人的大篷车队。

　　约翰·米德尔顿·默里在2岁的时候就很擅长阅读；两岁半的时候，他能够把乘法表背到12乘12；7岁的时候，他就会解一元二次方程，而且，在记日期方面，他就是个天才。星期天，全家人在一起度过，下午，约翰·米德尔顿·默里就和父亲一起玩无穷数列。如果算错了，那对于约翰·米德尔顿·默里而言就是

| 第四章　强势的母亲及少数强势的父亲 |

个灾难，因为一个错误就会让父亲非常生气，而为了不让父亲生气，他们全家一直在不停歇地努力。约翰·米德尔顿·默里总是做噩梦，而他试图避免做噩梦的办法就是戴一个打了结的毛巾上床睡觉。在这些噩梦里，有一圈一圈的灯光向他压下来，这些光圈似乎比光速还快，离他越近，光圈就越小，但光线就越强。

联邦德国首任总理康拉德·阿登纳的父亲，为了跟一个漂亮、小巧、整天在上班时候唱歌的姑娘结婚，放弃了自己的职业。他一直没有实现自己的梦想，只成了一个平凡的政府工作人员。在孩子们入学之前，他就教会了他们读书。有一次，他对一个儿子大发雷霆，因为在写作业的时候，他忽然跑出去看几名正从他们房前经过赶去救火的消防队员。康拉德在学校里成了"一匹孤独的狼"，他永远沉浸在自己的学习中，大多数时候一人独处。

弗兰茨·卡夫卡说："你使我失去了所有的自信，却加给了我无边的负罪感。"这位作家是布拉格一个富裕商人的儿子，他恨他的父亲就像他爱他那独特、古怪的母亲一样强烈。在他之后出生的两个弟弟都夭亡了，他还有3个年龄比自己小很多的妹妹。卡夫卡对父亲的抗议很强烈，但却不具体，我们也看不到他们家庭的其他记载里是否提到他父亲对这件事怎么看。

霍雷肖·赫伯特·基奇纳是因军队将领的身份而成为杰出人物的。他的父亲H.H.基奇纳上校是爱尔兰的一个贫困地区的行政人员。他们住在一座阴暗、潮湿的房子里，父亲却觉得毯子是没用的东西。霍雷肖·赫伯特·基奇纳的母亲是个脆弱、有病的女人，比他父亲小20岁，她坚决不要用粘在一起的旧报纸来充当被子，于是父亲就把报纸钉在床框上，试图挡风。在她活着的时候，她努力保护自己那脆弱的、退缩的儿子。在母亲去世之后，父亲娶了音乐教师爱玛·格林，但他们的婚姻没有维持多久。

父亲给孩子们定的规矩是严格的。他们的生活要遵守一个条例，如果谁无意犯了很小的过错，他们就得像虐待狂一样相互惩罚。故意淘气是绝对不被允许的。有一次，在烈日下，基奇纳的胳膊和腿都被用绳子绑在了门球柱子上，帽子被盖在背上。基奇纳是个胆小、安静的孩子，从来也不知道保护自己，有一次，他把自己弄伤了，伤得很严重，结果他爬到床底下，像个受伤的小动物那样藏了起来。

根据准将C.R.巴拉德的说法，作为一名成年人，基奇纳放松不下来。也许他在乎过自己是否被众人喜欢，但他从来没费力去争取过。基奇纳不鼓励别人给他提建议，也避免跟别人讨论，是他自己的"驱动的力量让他的计划取得了成功"。当他对待下属足够严厉的时候，下属们的确做到了一些被认为是不可能的事情。如果他手下的军官结婚，他就会很不高兴。

亨利·路易斯·门肯在青春期和成年后都是个反叛者。在这400位杰出人物中，他是与父亲在职业选择上有过激烈冲突的15名男孩之一。奥古斯特·门肯是个固执的商人，跟他兄弟一起经营着一份欣欣向荣的烟草生意。他是个快乐的、什么都敢做的搞笑高手，也是个机会主义者。

他认为自己是孩子们的宽容而尽心的父亲。他跟孩子们愉快、活跃地玩耍，带他们出去旅行，给他们买了一匹小马，还为他们策划了很多的探险和娱乐节目，此外，还给亨利准备了一间玩摄影的暗室。他让孩子们上钢琴课，给亨利买了台印刷机，还送他去上特殊的体育课，以矫正他的驼背——因为趴在书上如饥似渴地读书的不正确的姿势，他的背才驼了的。当亨利在技术学院的学习成绩保持了全班第一名的时候，奥古斯特奖励给了他一个价值100美元的钱包。他聘请了一个家庭教师教亨利学西班牙语，这样对他的烟草生意能起到更大的作用。奥古斯特逼着亨利做了两年家族生意，而也是在这时候，亨利越来越憎恨父亲。但是，亨利也不情愿被送到约翰斯·霍普金斯大学，去学习怎样成为一名律师。

亨利在他的自传《报纸生涯》（*Newspaper Days*）的结尾处写道："我父亲

| 第四章　强势的母亲及少数强势的父亲 |

是 1899 年 1 月 15 日星期五去世，在星期天下葬的。在紧接着的那个星期一，我仔细地刮了胡须，穿上了我最好的一套西装，然后，我就去参加了当时的《巴尔的摩号角晨报》（*Baltimore Morning Herald*）的面试。"

他的自传开始的部分流露出来了他对父亲的敌意，如果从父亲的角度来考虑，他虽然顽固却真是出于好意，那么，儿子的敌意就显得很不合情理。亨利的母亲支持亨利卖掉了家族的产业，对于他想成为记者也没有异议。

有 109 位母亲可以被很容易地归结到强势的那一类，但是这类父亲却只有 21 位。最常见的用来形容这些父母的词语包括：强势，压倒一切，固执，意志强硬，有决心。在晚年，母亲们会变得更加强势，而父亲们则相反。父亲们的脾气都缓和了下来，他们甚至还会变得很招人喜欢，就像赛珍珠的强势的父亲那样，父亲们跟已经成年的孩子们也可以像同伴一样相处了。赛珍珠的父亲在中年的时候很是气势逼人，这在赛珍珠的《奋斗天使》（*The Fighting Angel*）一书中有所描述。但是到了父亲 80 岁的时候，父女两人在一起生活就其乐融融了。

母亲们倾向于一直紧紧盯着她们的有天赋的孩子们，直到她们去世。园艺家路德·伯班克的母亲就是这样，她是一位控制欲很强的女性。与强势的父亲们相比，强势的母亲们的儿子们常常不结婚，或者即使结了婚也会遇到问题。

如果父亲过于强势，儿子就会反抗。但是，儿子常常是强势母亲的牺牲品。路德·伯班克就是一个典型的例子。"母亲天性非常紧张。"这位母亲的女儿说，"她走路的步子非常坚定，说话时重音在最后。"伯班克夫人在 64 岁的时候还有着黑头发和闪亮的眼睛，一直到她 97 岁，她都紧紧盯着儿子，在他做一切事情的时候都给他以鼓励。像很多其他情况相似的母亲一样，伯班克夫人比自己的丈夫年轻很多，儿子出生的时候，丈夫已经 54 岁了。她跟路德的第一任妻子吵得不可开交，看到儿子的婚姻以离婚终结的时候，她开心极了。

父母们热爱学习，渴望获得成功，以及他们当中总有一位拥有强势性格，这对于他们的孩子长大后成为杰出人物起了重要作用，但是就孩子是否生活幸福就另当别论了。

弗雷德·L.斯特罗德贝克在1958年出版的《天赋与社会》（*Talent and Society*）一书中，报告了一项为期4年的关于家庭环境如何让人最有效地发挥能力的研究。他发现，一位放弃权威的父亲——不管是出于软弱还是出于原则，与一位对成功有执着见解的母亲结合起来，对他们儿子天赋的发展最为有利。如果父亲是个个性很强、气场很大的人，相信自己能够决定自己的命运，他的儿子反而常常会相信有些力量是他自己无法控制的，于是在他的行动上也反映出这样的观念。他会惧怕离开家，而且过于依赖父亲的指导。

在父亲的权威并非压倒一切的家庭里，母亲和儿子都会更好地发展他们各自的潜能。弗雷德在书中还写道，如果母亲在一些事情上对幼小的孩子有很高但是又合乎实际的期望，比如，自己穿衣服，自己照顾自己，独自一人去商店买东西，等等。这些母亲养育的孩子，比起那些母亲期望很低的孩子来，有更高的价值观念，他们的学习成绩会更优秀，工作机会也更好。母亲对孩子的高期望及母亲自身成就卓越不会被儿子当作一种竞争，而如果父亲非常能干，儿子就经常会对自己缺乏信心，甚至比父亲对自己的信心还少。

《天赋与社会》里的这个结论，是从研究一个普通社区的大量家庭而得到的。它似乎意味着，尽管有时候，近距离接触一个强势的母亲会让人觉得不堪重压，但在发展孩子的潜能方面还是起了正面的作用的。如果母亲过分发挥了自己的作用，孩子并不会因此而失去创造力，但是会在他与别人的关系方面出现严重问题，特别是两性、婚姻方面。

ated 第五章

过度关爱孩子的父母

第五章　过度关爱孩子的父母

> 在我15岁以前，我一直不知道这世界上除了我还有别人。
>
> ——弗朗西斯·斯科特·基·菲茨杰拉德

过度关爱孩子的父母要求孩子也爱他们，他们会用爱抚和为孩子牺牲来证明自己对孩子的爱。强势的父母关注的焦点是孩子的事业，而过度关爱孩子的母亲对于孩子（通常是儿子）则不同，她没有什么野心，而是在自己周围划了一个界限，除了儿子之外，谁都进不来。儿子是她的世界的中心，他们母子的行为的前提都是"地球围绕着儿子转"。母亲和儿子把整个社会当作一股他们要去操纵的力量，以使得儿子得到最大的幸福和荣誉。

这样的男孩会变得比较"金贵"。他常常很脆弱、很虚弱，母亲会担心他可能活不到成年。母亲对儿子和他所做的所有事情有着深深的崇拜之情，但是，跟强势的母亲不同的是，她不会时时刻刻逼着儿子向自己给他选定的目标努力。儿子的存在就是她最大的满足，她每天都会觉得儿子的存在是一个奇迹。

跟这样的孩子同龄的男孩们则会觉得，自己很难接受这些孩子的母亲对他的评价，所以这样的孩子会发现，自己跟同龄伙伴相处是很困难的事情，在童年和成年后都是如此。他常常被局限在比较简单的交往关系里，与宠物相处，与小孩相处，与跟母亲同龄的女性相处。如果母亲是个善良的人，那么他也是个善良的人。过度关爱孩子或者占有欲过强的母亲往往会让孩子成为一个有创造力的或者能干的人，但是这样的母亲也很少有增加孩子个人幸福的机会。

如果母亲对人对事充满敌意，或者胆小怕事，或者感觉自己一直受到虐待，她的儿子就可能会有冷漠的一面，或者胆小怕事。那些反感自己丈夫的女人，往往会有朋友少、性关系有问题的儿子。有时候，他们会喜欢战争，在杀戮之中感觉自己不可被战胜，会被尚武的音乐和关于战争的诗词感动。他们喜欢行进的脚步声和飘扬的旗帜。他们很可能总是在向母亲、向他们自己证明，自己有本事把那个不肯跟自己玩的男孩打倒。

特曼和迈尔斯的一项研究发现，这些孩子可能有需要夸大自己那不太强的男性特质。在这项研究所涉及的对于职业的评价部分研究结果非常令人吃惊，城市里的警察和消防队员是被认为不够男性化的职业。研究者们觉得可能是什么地方出了错误，他们就又找了一组警察来重复了实验。但是结果与第一次差不多。因此，研究者们认为，这些职业很可能吸引来了这样一些男人：他们需要从事平民职业，因为它们安全，但是他们又需要通过制服所带来的权威感来加强自己的自信，让他们感觉到自己是强有力的男性。在同样的这一项研究里，工程师、银行家和律师在男性化方面得分最高。

被母亲过度关爱的男孩有一个长期显现的特征，那就是他们需要证明自己的男性力量，但是又舍不得离开母亲的世界及她的价值观念。过度关爱孩子的母亲会试图延缓儿子成熟的进程，而且，除非儿子强烈反对，否则，她可能还会故意让儿子显得女性化。阿纳托尔·法朗士这样评论自己的母亲："她宁愿我长不大，这样她好把我紧贴在她的胸口。任何让我变得更加独立、更加自由的事情都让她很恼火。"

当一个女人失去了一些孩子的时候，剩下的孩子往往要承担母亲更强的占有欲而产生的后果。在3个姐妹因为猩红热而夭亡之后不久，诗人韦切尔·林赛的母亲精心照顾他，使他从一场大病中恢复了起来，这场大病也差点要了他的命。她用一个枕头托着他，抱着他走来走去，长达1年多的时间，她"把生命吹进了他的身体"。在童年时期，韦切尔和那些捣乱、很脏的小孩子们分隔开来。他一直留着卷发，穿着一尘不染的白色棉布衬衫，跟两个同样也在童年时期得过重病的姐妹玩。他母亲写了一部儿童剧，韦切尔在剧中扮演了丘比特的角色。

上了大学之后，20岁的韦切尔抱怨说，自己被他母亲当成一个"不成熟、聪明过人、充满灵感的小宝宝"来对待。他母亲的回应则是提醒他不要忘记，在他还是小婴儿的时候，是她的意志才使他活了下来。

韦切尔不喜欢做内科医生的父亲，他觉得父亲是一个古怪的、让人迷惑的人，有着野蛮人的性格，是一个宁愿把牲口栏的门一脚踢开而不是用手推开的人。他从一些疯魔般的行为中得到快乐，比如，夜里3点在滂沱大雨中驾车，以最快速度穿过泥泞的街道；鞭打着慌张的马在电闪雷鸣里飞跑。

尽管父亲是如此充满旺盛的精力的人，但在他们家里占统治地位的却是母亲。她在熟人圈子里占着主导地位，充满激情地投入到公共事务里去。她是个神秘主义人物，相信突然的灵感和神秘的声音。除了关心唯一的儿子之外，她的生活中还有其他事情。但她去世后，韦切尔觉得自己的生命也枯萎了，他不能再向母亲倾诉了，什么事情都没有意义了。母亲去世3年后，46岁的韦切尔与一个23岁的年轻姑娘结了婚。在偏执狂发作前不久，他曾试图喝洗涤剂毒死自己，他回忆了小时候学校里的其他孩子都不和他玩的情形，把自己搞得愤怒万分。他还谴责妻子夺去了自己最宝贵的东西。他接受了母亲对于人类的同情心，但是他和他同辈人之间的关系却是紧张而痛苦的。

当奥斯卡·王尔德被确认为是同性恋，而被迫与妻子和两个儿子分开的时候，他妻子常对儿子们说："尽量不要对你们的父亲太苛刻。他所有的麻烦都起源于一个儿子对于父亲的仇恨。"确实，奥斯卡·王尔德恨自己的父亲——内科医生威廉·王尔德爵士，威廉爵士因为对妻子不忠而上了法庭，在这场令大家都情绪失控的官司里，他被公众嘲笑了个够。奥斯卡·王尔德还有个对他关爱过度的母亲。奥斯卡·王尔德的妹妹爱索拉·弗朗西斯卡从出生起就是全家爱的中心，但不幸的是，她在10岁的时候去世了。她的夭亡令母亲简·弗朗西斯卡·王尔德悲伤万分，为了缓解这份悲伤，她把目光转向了胖乎乎的小儿子，用他来代替妹妹的位置，甚至给他穿女孩的衣服。

在还是个女孩的时候，简·弗朗西斯卡拥护爱尔兰独立的主张，还用"斯碧兰莎"①为笔名写了有煽动性的文章。在她年老之后，她成了个"悲剧皇后"，生活在半黑暗的环境里，成为一个既吓人又严厉的老妇人。当她去世的时候，她的儿子正在英国的里丁监狱里，他还写下了跟这座监狱同名的著名诗篇。

大卫·M.利维在一项母亲对孩子过度保护的研究中发现，这些让人难以招架的母亲们，她们的丈夫往往处于被动且边缘的地位，在母亲与孩子之间建立起的关系中起不了疏导作用。在这项研究的400人中，这样的父亲在母亲过度关爱孩子的家庭里很常见。

---

① 斯碧兰莎：Speranza，在意大利语里面表示"希望"的意思。

第五章 过度关爱孩子的父母

一品脱香槟、一块羊排,是一位著名的医生给他的小儿子达夫·库珀开的"药方","病人"却没有遵行医嘱。这个孩子常年脆弱、无力,户外活动丝毫不能给他带来快乐。他坐在壁炉旁边,读诗、看图画书。他能够背下来麦考利的《古罗马谣曲集》(*Lays of Ancient Rome*)的大部分,他朗诵爱伦·坡的《乌鸦》(*Raven*),以及阿伊图恩的《苏格兰骑士短歌集》(*Lays of the Scottish Cavaliers*)中的整个章节。在学校里,他开始不那么脆弱了,但是仍然远离人群。

当达夫在父亲临终前从伊顿公学被叫回家的时候,他并没有因为父亲生病而感到难过。尽管做医生的父亲从来没有生气地训斥过他,也并没有忽视他,但他却从来没有感觉与父亲亲近过。每个星期,达夫都会收到父亲写来的信,向他讲述一周发生的事情和家里的新闻。但是,达夫就是无法向父亲讲述自己心底最深处的想法。当达夫的一首诗在《星期六评论》(*Saturday Review*)上发表之后,他父亲查了《惠特克年鉴》(*Whitaker's Almanac*),找到了桂冠诗人薪水的资料,然后很干巴巴地说:"这个位置不值得拥有。"

达夫的母亲才是达夫爱慕的人。她是个喜欢独处的女人,她没有几个朋友,也没有多交朋友的愿望。因为想与真正相爱的人在一起,她离开了自己的第一任丈夫。在第二任丈夫去世之后,她与达夫的父亲结了婚,这个男人从她还是个少女的时候就无条件地爱着她。

达夫很喜欢辩论,但是他找不到可尊敬的对手,伊顿公学也不允许学生辩论有争议的话题。在学校里,他的朋友很少,他非常盼望自己能早日毕业,因为他觉得自己要比周围的男孩子们更加成熟。

如果父亲没有去世,达夫很可能会因为反叛而成为诗人。但是他没有,他从牛津大学毕业后去了外交部,然后去了警卫旅,之后去了陆军部,最后去了海军部,成为英国海军部长。

在里尔克家里，父亲没有办法与他沟通。诗人赖内·马利亚·里尔克的母亲索菲亚·里尔克是个情绪化的女人，她总是一阵一阵地做白日梦。在她心目中，里尔克代替了他的一个姐姐的位置，这个姐姐在他出生前就夭亡了。他母亲把他当成一个女孩来看待，让他留长头发，让他穿女孩们穿的衣服，教他掸灰尘、打扫房屋，叫他"苏菲"。他的玩伴是些可爱的小女孩，他把自己的洋娃娃拿出来和她们一起玩，给她们把花放在花园的椅子下面。

父母都很担心这虚弱的小儿子会感冒，他们抱着他熬过了无数次的疾病。父亲约瑟夫·里尔克是位军人，他一直想得到儿子的青睐，但却一直没有得到。尽管如此，他还是考虑过离开布拉格，接受一份不太喜欢的差事，这样儿子可以在一个更好的环境里成长。但是里尔克父母之间的关系并不好，他们后来离婚了。约瑟夫·里尔克永远无法接受他那女性化的儿子最终成为一位诗人。因为他们家有军旅的传统，他坚持要把儿子送进军事学校，让他离开母亲对他施加的影响。所以，在这孩子11岁的时候，就被从母亲身边带走，穿上军装，剪短头发。圣波顿的军事学校有500名男学生，每间宿舍有50名学生。暴力就是日常生活的一部分。里尔克在那里受到嘲弄，还常挨打。除了学校的医务室之外，他找不到任何其他地方可以让他独处。他在医务室度过了5年军事学校生涯中的相当多的时光。

另外一位父亲也没能把儿子教成一个喜欢户外活动的人，这位是一个古怪的法国伯爵。在一本关于怎样养鹰的书的空白页上，图卢兹－罗特列克伯爵给他的儿子写下这样一段话："要记住，在阳光之下的户外生活是唯一健康的生活方式。任何人和事物，如果没有自由，就会退化，会很快死亡。这本小书会帮助你享受户外的生活。今后，如果你尝到了生活的苦果，你会从狗、猎鹰，特别是从马那里，发现忠实的友情，它们会帮助你忘掉一些痛苦。"

第五章　过度关爱孩子的父母

伯爵的婚事不是缘于爱情的结合，后来也没有孕育出爱情的火花。但是这个婚姻养育了著名画家亨利·德·图卢兹·罗特列克。这是一桩被两个表亲包办的婚姻，这样，家族的财产就不会流入外人手中。他们的第二个孩子，一个漂亮的、正常的、健康的男孩，在1岁的时候不明原因地突然死去了。他们的大儿子弱不禁风，嘴唇厚厚的，长相平庸，身材也很瘦小。他的母亲是个能吃苦、没有什么想象力的女人，她打定主意要保护自己这不幸的大儿子，试图不让他经历不愉快的事情，不受到身体上的伤害。但他经常生病，反倒是离开家去上学的两年间，他的身体状况还算是良好的。尽管他个头很小、其貌不扬，他在学校里还是有好朋友的。在家里，他喜欢和父亲在一起，还喜欢狗和马。

他摔断过两次腿，这在一定程度上阻碍了他的发育，也让他的外表更加丑陋。街上的孩子们把他当成马戏团的怪物，不怀好意地追他。他的母亲搬得离他越来越近了，但当他在酒吧里玩得开心时，她没有提出抗议。

在这之前，他父亲很早就逃避着现实生活，总是钻进他自己的离奇的世界里。他时常穿着讲究的小背心和绑腿，背着一只猎鹰，骑着一匹白色的母马，在公园里散步的游客们带有嘲讽的注目之下挤马奶、喝马奶。有一次，这个不遵循常规的伯爵在大教堂门前的广场上支起帐篷，住在帐篷里，还有一次，他把自己关在庄园的塔楼里面，用滑轮把食品吊上来送进自己的房间。

后来，亨利染上了梅毒，酒精和梅毒联合起来要摧毁了这位天才画家，他的大脑受到了影响。他似乎总是能够看得见各个角落的微生物。他用汽油冲刷自己房间的地板，想要消灭那些根本不存在的虫子，与他同住的母亲总是心神不定，怕他把自己活活烧死。他去世的时候，年仅37岁。

图卢兹-罗特列克伯爵希望儿子能够喜欢马、猎鹰和狗。另外一位父亲——英国人托马斯·彻奇，一个邮递员，则一心推广骑自行车的好处。诗人、小说家、

杰出轨迹　　对话700位名人的童年

文学评论家理查德·彻奇有两本自传：《金色领地》(*The Golden Sovereign*)和《在桥那边》(*Over the Bridge*)。在自传里，按照时间顺序，他记述了一个受到母亲过度关爱、敏感、文学气十足的男孩的生活。这两本书，对于关注母子关系的研究人员来说，是很有价值的资料。

理查德的父母是很简单的人物，母亲是位教师，父亲是个邮递员。理查德与他那很有音乐天赋的兄弟杰克之间的关系也非常好。他从未听到父母争吵过，直到有一天，他的父亲因为相信新鲜空气和锻炼的治疗效果，带着全家去骑自行车旅行。在他的这两本自传里，理查德一直不能原谅父亲对于自行车和汽车的兴趣。

年轻的理查德的世界是以他母亲身上香甜的味道为中心的。当母亲脱下衣服、围裙，放下手绢的时候，理查德就会怀着狂喜的心情去触摸它们。他离自己的母亲越远，他的日子就越黑暗。他的生命力似乎也减弱了，他对自己的肉体和血液所具有的力量也不那么有信心了。

当理查德9岁的时候，他生病住进了医院。他被送到位于布罗德斯泰斯的亚洛康复中心去，他在那里住了6个月。他的胃发胀，四肢很细瘦。吹北风的时候，他就觉得四肢麻木，他的肚子像灌了铅一样，眼睛看到的东西也扭曲了。每一种声音、每一种颜色，对这男孩的感官来说都能产生过度刺激。当他戴上眼镜来纠正高度近视，第一次清楚地看到了夜晚的天空的时候，他激动得晕倒了。

在住院之前，理查德从来没有能够把他自己的个体存在与母亲的个体存在分离开。在医院的时候，他有几天非常想家，但后来，在这个温情、舒适和友好的环境里，他的心情放松下来了。他必须自己照顾自己。当其他人进城去逛街或者到海滩上去玩耍的时候，他躺在窗户旁边的沙发上，一躺就是几个小时，周围堆满了他珍爱的、已经折边烂角的书。从这个时候开始，他可以把母亲当成另外一个人来看待了，可以感觉到她的个性，可以远距离地、用他观察兄弟和父亲时所具有的幽默感和理解心来观察她了。

理查德的父亲在想融入这个亲密的母子的小圈子，是完全失败的。直到理查德的母亲因为支气管哮喘去世，这个小圈子才被瓦解。在她生病期间，十几岁的儿子理查德全心全意地照顾了她。

常常过度控制孩子的单亲母亲们

在这些培养出了杰出人物的家庭里，有50个是由单亲母亲支撑的。在这些家庭里，有1/3的母亲很明显可以被认为是过度关爱孩子的。最不会过度保护孩子的母亲是那些贫穷的单亲母亲们。政治家安奈林·比万、欧内斯特·贝文、乔治·W.诺里斯、阿尔弗雷德·史密斯，医生亚伯拉罕·弗莱克斯纳，歌唱家玛丽安·安德森，就都是这一类女性的孩子。他们没有得到过过分的抚爱，没有经历过母亲对他们是否能够存活而产生的焦虑，他们的正常活动也没有受到限制。很明显，做一个贫穷却可敬的单亲母亲的孩子，也是有很多好处的。与此相反，富裕的单亲母亲们的孩子有时候会因为母亲的无所不在而焦虑。

尽管弗里德里希·尼采的父亲去世了，但他们家还是有足够的财产，让母亲、祖母和两个未婚的姑妈都能腾出手来全天候地去过度保护、过度爱抚、过度控制他这个听话的小孩。在他成年后开始饮酒之前，他一直都是小孩们的行为模范。他妹妹对这个天才男孩也很爱慕。他们还一起编造出来一个幻想的世界——松鼠王国，小玩具们也在这个王国里扮演了重要角色。

保罗·纪德教授是一位很出色的律师，他经营事务所的方针是只接受他坚信是无罪的客户。在他的独子安德烈11岁的时候，他就去世了。年幼的安德烈日后成了获得了诺贝尔奖的作家，他可不仅仅是被母亲过度关爱，他是被女人过度关爱。3个举止行为非常得体的女人把他带大，她们总是围着他转，如果他表示出来了一点点男孩的调皮捣蛋的个性，她们就会非常震惊。这个富有被当作宝贝的男孩被从一个地方带到另外一个地方，从里维埃拉到蒙彼利埃。如果他踩了一个玩伴的沙堡，或者顽固地要占上风，或者咬了一个女孩的肩膀，他就会被飞快地带走，带去一个不同的环境，以让他消除做这些事情的欲望。除了他们自己生活的那些私密的细节，偶然请来的男家庭教师们也没有教他多少东西，但安德烈觉得这些既让他受教育又很刺激。

单亲母亲的儿子阿瑟·贝尔福后来成了英国首相，他母亲为他选了预科学校，对他来说这个选择是幸运的。赫福德郡霍第斯顿的一所学校的校长 C.J. 齐坦顿发现，想要教会这个孩子考伊顿公学所需要的科目，唯一的办法就是时时刻刻帮他去寻找所有事物背后的普遍原理，而不是让他去死记硬背分散的知识点。如果要背，也只背那些最基本、不得不背的。阿瑟的传记作者布兰奇·杜戴尔援引 C.J. 齐坦顿校长的回忆录说："他具有对一个男孩来讲很少见的力量，他可以理解一批互相关联的事情的实质，然后很快地看到它们中的谬误。"

给11岁的阿瑟当老师并不容易，因为这孩子精力并不旺盛。学校的医生建议，让孩子在下午感到疲劳的时候就躺下睡觉。他很喜欢这个"活动"，特别是如果有人在楼下的大厅里轻柔地弹钢琴的时候更是如此。在其他学生打板球的时候，他则和校长一起散步，以一般18岁青年才会有的智力水平与校长交谈。

阿瑟的父亲詹姆斯·梅特兰·贝尔福死于肺结核，去世的时候，作为家中长子的阿瑟只有7岁。阿瑟不太记得父亲，对他的性格也只有一点点印象。

布兰奇·贝尔福夫人有着非常强的个性。在她丈夫去世之后，她断绝了与朋友的来往，把她过人的个性和强大的思维能力都集中到了孩子身上。在阿瑟祖父的那个时代，起居室里挂着黄色的阿拉伯织锦，摆满了法国家具和法国瓷器，房子里总有客人。到布兰奇·贝尔福夫人失去丈夫之后，这些家具上的罩子就再也没被拿下来过。孩子们的卧室和书房成了家庭的中心。在她丈夫患病早期，布兰奇·贝尔福夫人的一个朋友描述了她的情况："如果对她只有一点点了解，你就不会想到，有一些非常强烈的感情在她心里冲撞、闪回、迸裂、燃烧，有时候似乎要把她撕成碎片。"

在牛津，阿瑟收集瓷器，在他的房间里一休息就是几个小时，被他的同学们叫作"漂亮的阿芳"。在后来的年月里，温斯顿·丘吉尔说他是一位势不可挡的政治家，在政治斗争里无所畏惧。

丘吉尔在《当代伟大人物》（*Great Contemporaries*）一书里写道，什么事情都难不倒阿瑟。当议会里一个易怒的政客威胁要伤害他的时候，他看着这个心理失衡的同事，就像看一只罕见的、发怒的、奇形怪状的昆虫。

在新泽西的纽瓦克，小说家斯蒂芬·克莱恩的母亲，是一位有着坚定原则的女性。当社区里一个年轻女孩未婚先孕的时候，是克莱恩太太把这个女孩收留在自己家里，让她住在自己家，维护她的利益。在他母亲去世后不久，21岁的斯蒂芬出版了他的第一本书，书名为《麦吉，街上的女孩》（*Maggie, a Girl of the Streets*），就是根据这段经历写的。他跟一个比他大10岁的女人结了婚，这女人是一个名誉不太好的旅馆的主人。他后来转向了创作诗歌，享受作为一名战地记者带来的激情，追求文思泉涌的境界，比如，他在《红色勇敢勋章》（*The Red Badge of Courage*）里表达了关于恐惧和流血的深度思考。斯蒂芬让他的朋友约瑟夫·康拉德很为恼火，因为斯蒂芬居然觉得自己比康拉德更懂得康拉德家的孩子们想要什么，想表达什么。在孩子们眼里，斯蒂芬是一位很有爱心并且愿意为他们花时间的叔叔。斯蒂芬从来不怎么接近男性同伴，反而和老年女性、孩子和狗相处得更好。他一直就是他母亲的爱子，在生活中，他倾向于跟母亲那一辈人相处，而不是和自己的同辈人在一起，就算在他反抗她，反抗她那种过分的关注、什么都要占上风的态度的时候也是如此。他对自己的父亲很不满，但不恨他。

斯蒂芬说："跟母亲辩论，还不如去跟海浪辩论。"在斯蒂芬的描述中，母亲的声音深厚、有力，她说话就像钟摆的摆动一样慢条斯理。她为《纽约每日论坛报》（*New York Tribune*）和《费城日报》（*Philadelphia Press*）撰写部分新闻。"不是我不喜欢书本"，斯蒂芬在母亲质问他在学校的成绩时说，"主要是那干巴巴的课程实在不吸引我。"

克莱恩太太试图用正确的办法来教养她最小的儿子。在斯蒂芬出生之前，她曾有过5个孩子，但是都没有存活下来。而斯蒂芬又是这么精巧和脆弱的一个孩子，所以直到8岁，他才去上学。当斯蒂芬学会了读书之后，母亲就把他读的通俗西部故事书收走了，但是她却让他沉浸于哈珀的图说历史《反叛者的战争》（*War of the Rebellion*）中。他用母亲的针线盒里的纽扣当士兵，玩战争游戏，一玩就可以玩好几个小时。战争游戏是他最喜欢的游戏。

斯蒂芬很喜欢他就学的卫理公会办的军事学校，除了代数之外，他的其他科目的成绩都很好。在哈得逊河学院上学的时候，他在打架时掉了一颗牙，打架起因是他把坦尼森的作品称作泔水。他表现得最棒的时候是战斗演习时，他戴着蓝色的丝绸缎带，带着自己的连队向前冲。他还是一个非常出色的棒球运动员。

他的父亲喜爱并善待动物，他从来就不让马在1个小时之内跑两英里以上的路程。斯蒂芬是他的第14个孩子，父亲去世的时候，他才8岁。

过度关爱孩子的父亲们

在这400个家庭里，可能有8个父亲应该被算作过度关爱孩子的父亲，他们毫无必要地对孩子的健康和饮食感到过度的焦虑，或者很不恰当地要求孩子把自己的感情过多地分给他们。

有时候，可能整个家庭都会过度关爱一个孩子。最小的孩子，尤其是最小的女孩，最容易受到不合理的过度保护。如果她个头很小却又早熟，既脆弱又美丽，如果她比她的哥哥姐姐们都小得多，整个家庭都有可能在她小时候把她看成全家的宝宝，对她表现出一种过度保护的态度。克莱恩家的年龄大的孩子们在对待斯蒂芬的时候就有一些这样的态度，不过，也是他的哥哥们坚持说他的卷发应该被剪掉。

在其他家庭里，全家对最小的孩子的过度关爱还可能更明显。克拉拉·巴顿就受到了全家的过度关爱，特别是她的父亲。他教会了女儿怎样部署战斗，怎样理解军事谋略。她最渴望的事情就是当一个男孩，参加战争，但是她父亲给她解释说，她生活在一个和平的时代，再也不会有战争了。他常常抱着她，让她坐在自己的腿上，一坐就几个小时，她也喜欢和他在一起。

克拉拉在家里学习，有5位老师——她的父亲、两个哥哥和两个姐姐。两个姐姐和她大哥都在社区里当老师。当克拉拉3岁的时候，姐姐多萝西·巴顿就教会了她怎样读书，另一个姐姐萨莉·巴顿教她地理和拼写。从6岁开始，克拉拉写了一卷一卷的小诗。哥哥斯蒂芬·巴顿教了她算术和怎么样钉钉子。她那脾气暴躁的母亲教了她做家务活儿的技巧。

8岁的时候，克拉拉被送进了寄宿学校，那里的课程水平是中学的水平。校长理查德·斯通是他们家的一个老朋友，他试图帮助这女孩适应班级里那些比她大的孩子。但是这些孩子仍然在她答错了题目并且为此而哭泣的时候嘲笑她，其实，她当时所拥有的知识比他们中的大多数一辈子学到的知识还多。家长、学校医生、学校领导们一起开了个会，结果是克拉拉回了家，回到了她父母的农场上。

在8~11岁，克拉拉度过了一个"暂停"的阶段。因为她的学习早已经非常超前，又无法找到一所能够满足她学业上的需要的学校，所以别人对她也就没有什么要求。她跟随父母搬去了一个农场，那里的女主人是他们的亲戚，需要人帮忙。在这里，她第一次有了年幼的玩伴——5个3~13岁不等的孩子。她的身体变得灵活了，她顺着河流往下游，在房子里贴墙纸。她再也没有出现过她4岁时候经历过的歇斯底里，那时候她觉得雷、雨、云是愤怒的公羊，要从天空冲下来伤害她。但是她仍然是父亲最宠爱的女儿。在这个阶段，她为自己骄傲的主要原因是她的肌肉发育，她觉得自己这样更男性化。

她的一个哥哥和一个姐姐在他们各自的家庭和伴侣身上找到了寄托。但是姐姐多萝西是个未婚的老姑娘，她是一名教师，一直受病痛折磨。他们的母亲的脾气一直很大，没有时间去管克拉拉。大卫在一次庆祝入住新房的聚会上摔伤了。所以，克拉拉这个在有些方面成长得非常之快的小小的女孩，在11~13岁承担起了成年人的责任。她认真地照顾了大卫两年，时常给他做水蛭疗法，结果他彻底地依赖上了她。她照顾他的神经衰弱，允许他出于自私让她为他做事。一名医生的出现结束了这种关系，他使这个男孩走出了家门，重新站起来，"解雇"了他的"小护士"。在这个时期，克拉拉身体上没有继续发育，也变得非常害羞和内向。

在青春期早期，克拉拉决定永远也不恋爱，她认为自己可以全心全意和毫不害羞地爱动物。她有一条叫"纽扣"的狗，后来她还拥有了一匹叫"巴巴"的阿拉伯马，以及一只叫"汤米"的马耳他猫。在写军队里的骡子的时候，她把它们当作人，写国王的马时候，就好像它们是国王一样。她对动物和战争都很有感情。战地的拂晓可以让她诗情洋溢。这个小女人，她的身高从来没有长到60英寸以上，却有一种不可压制、无法满足的渴望。这个受父亲宠爱的女孩，有着与那些受母亲宠爱的男孩一样的神经质，她的生活由于感情方面的困扰而变得很复杂。

第五章　过度关爱孩子的父母

1854 年，在想成为一所公立学校的校长，却没有如愿的时候，克拉拉失去了发声的能力。这所学校的生源是她引进来的，学生人数从 4 名增加到 600 名。学校董事会找了一位男性来接替她的职务，她对此异常愤怒，以至于真的说不出话了。她经常与同代人们发生冲突，后来，她的很多神经质所引起的崩溃都被归结到她无法说话的问题上。

1875 年，她在纽约顿斯维尔的一家疗养院接受了治疗。到了 1878 年，她的身体状况有了很大恢复，她开始游说美国政府在"日内瓦协议"上签字和加入国际红十字会，以减少战争对人类的摧残。1881 年，她达到了这个目的。

在她晚年的时候，她依然保持着自己的活力。她在 88 岁的时候还在学习世界语，在 90 岁的时候学会了怎样用打字机。

另外一个孱弱、受到全家过度呵护的女孩是玛丽·贝克·安迪。她患有一种奇怪的疾病，特点是身体无力，经常会突如其来地大发脾气，甚至歇斯底里，同时，还伴有脊柱附近的急性疼痛。当她出现这些症状的时候，他们的家庭医生纳撒尼尔·G.拉德博士总是可以帮她缓解这些症状，但是，他们全家还是担心她会在这样的惊厥过程中死掉。

这个非常漂亮、吸引人的孩子，对她的姐姐们来说就像个美丽的洋娃娃一样，在她还不到上学年龄的时候，姐姐们经常带着她一起去学校，让她坐在一张桌子上，请她给她们的朋友们讲她长大以后想做什么。她的回答总是："我要写一本书。"正是外祖母在玛丽心里燃起了这样的愿望，她给玛丽看了一本存放在阁楼里的剪贴本，里面贴满了他们家的一位先人写的小诗。当她一个人在家，不能去学校的时候，玛丽时常写一些情绪化的小诗。她在她们家附近成了一个人们心目中的小女孩诗人：美丽、病弱、傲慢和虚荣。

她有 3 个哥哥：塞缪尔、阿尔伯特、乔治，还有两个姐姐：阿比盖尔和玛莎。

他们的父亲马克·贝克,是个既严苛又坏脾气的人。他是一个努力劳作的农夫。

哥哥们,尤其是天赋出众的阿尔伯特,用他们在学校里使用的教科书在家里教小妹妹。在少年时期,有一段时间,玛丽很满足于忘记自己想出人头地的愿望,而很希望将来在阿尔伯特的家里为他管家。阿尔伯特是个有天赋的孩子,后来去了达特茅斯学院读书,在富兰克林·皮尔斯[1]的办公室里辅助法律事务,后来通过考试加入了律师协会。但是,就在他被一个选区提名为议员候选人之后不久,他就去世了。阿尔伯特的死对19岁的玛丽而言是一个沉重的打击,因为她已经完全依靠哥哥来认同自己,希望与单身的哥哥一起生活,分享他的荣耀。

她那脾气暴躁的父亲,而不是她那顺从和承认了失败的母亲,在她年龄渐长、疾病更严重的时候,接过了照顾玛丽的责任。当她歇斯底里的发作变得更加严重的时候,在听到过往的马匹的马蹄踏地的声音时,她都会无法控制地抽搐。由于这个原因,父亲请当地的官员把他们家门前的公路铺上了树皮鞣料。在其他一切措施都无效的时候,他像摇一个小婴儿一样在自己的臂弯里摇晃她。他用一张旧沙发、一个栏杆给她做了一个摇篮,还雇用了一个小男孩来摇摇篮。

已经结婚的姐姐阿比盖尔在玛丽有困难的时候也为她提供了一个避风港般的家。当玛丽无力照顾她第一次婚姻里所生的孩子的时候,孩子的外祖母照顾了他,直到这位老妇人去世。4岁的时候,他被他们家送给了一个很喜欢他的保姆。只是在后来,当他们一家人都拒绝接受玛丽的信仰的时候,他们家对这个"小女宝宝"的过度保护才告终止。

玛丽在她的一生中都受到反复出现的肌肉痉挛和紧张的困扰。邻居们劝她父亲说,最好的办法是对这些症状不予理会,她父亲也接受了这个劝告。她的传记作者埃得温·弗兰顿·戴金说,她父亲这样做了之后,结果是很成功的。有一次,

---

[1] 富兰克林·皮尔斯: Franklin Pierce, 1804—1869, 美国第十四任总统。

当父亲在一场争吵中挑战了玛丽的观点之后,她狠狠地把自己摔在地上。父亲没有理睬她,直接离开了房间,把她自己晾在了那里。1个小时之后,当他回来的时候,玛丽已经回到自己的房间去了。到了大家吃晚饭的时候,她情绪非常平静地下楼来了。

在晚年,玛丽的忠实追随者们取代了她的家庭来过分保护她。他们24小时守护着她,来抵御那些要来摧毁她的"动物磁性"。他儿子递交了一份申请,想让法院判决她精神失常,但是这一举动没有成功。

桂冠诗人塞西尔·戴·刘易斯只有4岁的时候,母亲就去世了。父亲为了儿子虚弱的肺而担忧。为了让孩子多吃点东西,他甚至让孩子在餐桌上到处爬,假装自己是一只饥饿的熊。诗人在他的自传里写道:"我只能依赖父亲来得到一个孩子能够从父母那里得到的精神信念,我也从他那里得到了他全部的爱,因为除了我之外,他就没有别人可以给予这爱了(在我母亲去世之后)。这在我们两人之间也制造了非同寻常的紧密纽带。"

在诗人斯蒂芬·斯彭德家里,生活的背景是灾祸。他们家里总有一种大祸来临的气氛。斯蒂芬这样描述他的占有欲强、心理紧张的父亲:"有一种感觉从来没有离开过我,那就是我父亲的死好像是事先安排好的,在我们(指孩子们)都受不了他的时候就会发生。他去世后,我立刻就回了家,准备开始一个新的、更自由的生活。"当斯蒂芬从这一次"我与父亲关系的尾声"中恢复过来之后,这个少年的健康状况就完全恢复正常了。但不幸的是,他的祖母本来是个快乐和有常识的人,斯蒂芬的父亲死后,祖母就代替了他的角色,也开始焦虑起来了。节日里大家一起出去旅行的时候,她不允许斯蒂芬和兄弟姐妹们离开她的视线,一分钟也不行。

军人、业余诗人乔治·S.巴顿,在12岁以前,幸运地免于在无聊的学校教室里受罪，跟同学竞争，以及承担其他一些童年时代的负担。在他们那个1800英亩的牧场上，唯一的另外一个孩子是他的妹妹妮塔。没有人给他安排让人恼火的功课去做，当他的父亲——一个半退休的律师，给他读书读烦了的时候，他的一个姑姑就接过来继续读。乔治的母亲是个擅长运动、非常活跃的女人，似乎把教孩子读书的职责交给他的父亲了，而父亲也正好对什么事情都有自己的主张。到了12岁，乔治还不能独立读书。

在预备学校里，乔治受到了来自同学的强烈的排斥。在西点军校，他被别人叫作告密虫，即给别人打小报告以赢得领导青睐的人。实际上，他得到教官的赏识，是因为他一丝不苟地执行所有纪律。他的脖子挺得直直的，很傲气，也喜欢夸耀自己。他的读书水平一直不高，但他的记忆力是异常出众的。他在西点军校能够坚持学下来，靠的是背下来整堂课、整章的教材，一字不差地背诵它们。

当乔治15岁的时候，他遇到了一个跟他同龄的，跟他一样受到家庭过度保护的美丽女孩——比特丽斯·班宁·艾尔。她是巴顿家的一个富有的朋友的女儿。她的兴趣在文学和艺术方面。15岁的时候，她还在玩洋娃娃，头发梳成《爱丽丝漫游仙境》（Alice in Wonderland）里面人物的样子。他们俩谁都没有过其他男女朋友，他们的家庭对于孩子们之间的恋爱也非常欣慰。乔治毕业之后不久，他们就结婚了。他们的婚姻很美满，他们的孩子也养成了巴顿家族的喜欢朗诵诗的习惯。据他妻子说，将军最喜欢的是吉卜林的诗歌。

詹姆斯·瓦兰德是乔治的传记作者，他说，乔治可以一时扇一个生病的士兵一个大耳光，过后又可以在另外一个生病士兵的床边哭泣，这说明他本性中存在两个对立面。他感觉，乔治的本性里有非常柔软的一面，而他想要努力把这一面掩盖住。

他的传记作者说："他虽然赢得了将军的军衔，赢得了勋章和荣耀，他却从来也没有什么朋友。"

当我们把受到母亲过度关爱和母亲过于强势的孩子都算在一起的时候，64%的军事领袖、探险家等都被包括在内了。过度关爱孩子的母亲们及父亲们再加上过于强势的母亲们还培养出了54%的诗人，另外还有8个人觉得战争让人激动，也喜欢诵读战争诗篇。过度关爱孩子的父母和过度强势的父母之所以能够算成一类，是因为他们都把注意力集中到了孩子身上，程度超乎寻常。这些孩子们描述父母的词语各有不同，但是大体是固执、喜欢发号施令、坚持己见、过分焦虑、过分保护孩子、控制欲过于强烈、干涉孩子的事情，特别是强势。

如果把过度关爱孩子的母亲与强势的母亲分开来看，我们有64位过度关爱孩子的母亲。在这400名杰出人物中，有57个单身汉，而其中的24个都来自于母亲过度关爱孩子的家庭。这可能也是一个重要的结果。如果母亲很善良，如果她尊重自己的丈夫，或者如果家里有一种信念是欣赏人性化的观点，那么受到母亲过度关爱的男孩很可能会热爱自由和平等，也爱美好的事物。在这些杰出人物中最出色的一些人是"母亲的宝贝儿"。但是，也有相当多的证据表明，对于最后成为杰出人物的男孩来说，最糟糕的家庭环境是有一个过度关爱儿子却恨自己丈夫的母亲。

第六章

"问题"家庭

第六章 "问题"家庭

> 我一定要让人们知道，我不相信我们能够要求艺术、科学、哲学和家庭去保证每一个来到这世界上的人拥有一个安全的童年，充满爱与和谐。如果一个孩子凑巧有这样一个童年，那太棒了。如果一个孩子从这样的童年环境里成长，成为一个让人愉快的、优秀的成年人，那就更棒了。但是，给孩子提供这样一个完美童年似乎是不可能的。我认为童年的一些不愉快是不可能避免的，也是人类本性所致。我同时也相信，任何一个小婴儿，不管出生在什么时候，要做到完全的不愉快也不太可能……不过，我在是一个小孩子的时候，是很不愉快的。
>
> ——威廉·萨罗扬 《贝弗利山的骑车人》（*The Bicycle Rider in Beverly Hills*）

在培育杰出人物的家庭里，创造力和对生活的满足感并不一定是和谐共存的。家长和孩子们时常感到烦恼、大发脾气、善变、喜欢做试验。他们容易经历沮丧，也容易经历精神上的高度欢愉。他们犯的错误相当可怕，赢得的胜利也无比美妙。

用个性测试衡量出来的"正常人"不太可能成为名

人堂的候选人。阿尔伯尼医学院精神病学系的朱尔斯·戈尔登博士、明尼苏达州罪犯教化部的社会学家内森·曼德尔博士，以及哈特福德生命研究院的研究主任伯纳德·C.格卢克二世博士，做了一项调查，对象是73位26岁的男士，这些男士在14岁的时候，生活中没有遇到任何问题。他们用"明尼苏达多项人格测验"（Minnesota Multiphasic Personality Inventory）衡量了这73位的个人情况。这份测试是一种收集被试者对自我的描述的问卷，已经有1953名在校学生接受过测试了。在所有人里，这73位男士算是最没有家庭和个人问题的了。

这个测试的准确性，在对这些受试者的追踪调查中得到了证实。这些人后来的生活和以前一样稳定，没有遇到问题，这一组人的生活方式很正常，不"越轨"。对他们做追踪调查，费用也很低，因为他们多数还留在他们初次接受测试的那个城市——有50人在追踪调查的时候还留在原处。他们中的所有人都读完了高中，多数人从事白领工作。

研究者们发现，这些人有很舒适、很好的生活，没有被任何来自婚姻的不和谐所困扰，没有分居，没有离婚。他们很少有人对自己的工作不满意，也没有几个人有很崇高的理想。他们过着满意的、以家庭为中心的生活，他们没有什么想象力，对社交活动的兴趣也一般。对他们自己，对他们的孩子，他们的期望都不高。他们最看重的是"对生活的满意和与配偶的和睡"，最不看重的是"丰富的性格和广泛的兴趣"。

这些资料让研究者们得出结论：没有内心冲突的"正常"性格，社会地位、经济条件和家庭生活的满足，与其他各个层次的人的和睡相处，意味着缺乏想象力、创造力和自发性。生活过得舒服、特别满意的人，一般来说不会有什么创造力。

这个结论在我们的400人家庭样本背景的调查里得到了验证。在这400人里，只有58个人可以说是生活在没有什么大问题的家庭中，家庭成员之间互相支持、温情相待。但就算是这 58 个人，他们在一些重要方面也只能是很勉强地算作没有什么家庭问题。而且他们中有些人的经历也被描述得很少，这就有理由让我们推测，一旦某些被遗漏的相关事件浮出水面，很可能会改变他们没有家庭问题的背景。

如果用家庭生活是充满矛盾还是很令人满意作为讨论的框架，那么，群体之间是有区别的。后来在戏剧、文学方面做出了重大贡献的儿童，常常来自内部冲突最大的家庭。在他们家庭剧场里所上演的戏剧，常常比自己长大之后写出来的剧作更加复杂和精彩。演员们常常来自争吵不断的家庭。改革家和人道主义者的家庭是最有爆炸式的意见和争论的。婚外生的孩子有他们特别的问题，特别贫穷与特别富有家庭的孩子也有。贫穷的父母有时候会想用孩子谋利，富有的父母有时候会太不循常规，或者干脆忽视孩子。

这些充满冲突、"炸药"的家庭里的孩子不会总是喜欢生活。有些时候，他们甚至非常痛苦，而且正是因为他们的敏感及对事情具有更透彻的洞察力，反而令他们对痛苦感受格外深刻。这 400 人有各自的问题，但是他们最终成为杰出人物。我们没有办法估计，有多少同样有才能、有想象力的儿童生活在相似的家庭环境里，后来发展成了神经质甚至精神病，成为问题儿童，或者对生活满不在乎到了最后一事无成的地步。这 400 人之中，有几个来自充满温情、家人互相支持和和谐的家庭，我们在下一章里要讲述这些人。但是我们当前要做的，是说明在培养出了杰出人物的家庭里，对生活的满足和创造力并不是共存的。

小说家、剧作家安东·契诃夫的父亲帕维尔·契诃夫是个虚荣和自私的人。他的妻子在一封给另外一个儿子迈克尔（后来他成为哥哥安东的传记作者）的信里，把帕维尔描述成一个被"与生俱来、无法改变的伤害欲"所控制的人。他的愉悦感来自仪式、军服、音乐、绘画和自我展示。他有着强烈的自我主张,在他的家乡——

俄国的塔甘罗格，他很积极地参与本地的竞选，从来不放过公共宴会和各种庆祝活动。

帕维尔用安东的祖父给的钱买下了一个小店，安东的祖父本来是个农奴，靠着自己的辛勤劳动和聪明才智把自己和全家人都"赎"了出来。帕维尔在小店里卖酒、药，也卖杂货。安东也要在店里帮着做很多杂事，因为他是所有孩子里给顾客找零钱、上货最快的一个。帕维尔经常不在店里，因为他的兴趣在音乐、绘画和公共事务上。

安东的父亲帕维尔还得到了足够的钱来买一小块地，他在这块地上给老婆和5个孩子们盖了一所房子。他怕受骗，所以他就不肯付一个事先讲好的总数，而是跟建筑工人说，付多少钱要按使用了多少块砖来计算。盖房子的工人回应帕维尔这种不信任的手段则是把墙砌成了一般墙的两倍厚。心烦意乱的帕维尔向放债的人借钱，来支付那一大堆砖头的钱，却发现自己既付不起本金，也交不起利息。为了躲债，他离开了家乡，坐火车去了莫斯科。他的大儿子亚历山大和二儿子尼古拉斯在那里自谋生路，并且接受教育。亚历山大在莫斯科大学就读，尼古拉斯在艺术学校就读。他们俩对于父亲的到来很不高兴。

帕维尔把爱唠叨的妻子欧根尼·契诃夫留在后面，看看哪些家当能够保留下来。这左右为难的女人也像她丈夫一样，被人狠狠骗了一把。不久，她就带着两个小一点的孩子玛丽和迈克尔也跑到了莫斯科。那时候，安东和伊万已经是少年了，他们留在了家乡，以便念完中学。但他们得自己想办法挣出生活费来。

安东对于留在塔甘罗格，远离家人，只有一个兄弟在身边这种情形是很高兴的。他父亲经常揍他，让他在小店里加班干活，还逼他去参加自己担任指导的儿童合唱团。因为有特殊的排练和演出，他曾经深夜两三点钟被从床上揪起来。所以，他很开心自己能获得自由。他给一个富裕人家的小男孩补习功课，以此挣钱谋生，并且发现这样做并不难。

尽管安东很聪明，他却不是个好学生，比如他没办法让自己学习拉丁语和希腊语。伊万比他小，学业结束之后就去莫斯科与家人团聚了。安东参加了毕业考试，却两次都没考过，因为他并没有把自己的时间都用来学习，他喜欢聚会，喜欢去朋友家的庄园玩，喜欢跳舞、唱歌。

他在学校的失败让他非常烦恼，为此他有时候会做这样的噩梦：在梦里，他试图渡过一条很深的河，河两岸是巨大、光滑的石头，河里有些微型的拖船拖着无比庞大的货船。当他想逃离这条河的时候，他会绊倒在倒塌的墓地大门上、行进的葬礼队伍里和学校教师的队伍里。在他的一生中，他不断地做噩梦，梦见学校老师要来揪出他的错误了。

在第三次参加考试之后，他毕业了。但是他并不想去莫斯科找他的家人。母亲写信来抱怨的时候，他的答复就是去捉金丝雀，卖给别人做宠物，然后给她寄一点点钱回去。他母亲说，他的哥哥们开始酗酒，还染上一些其他恶习。他们家人晚上睡在地板上，拿大衣当被子，吃的也不够。伊万胆子太小，不敢出去找活干。帕维尔还揍他，直到邻居们来干涉和房东威胁说要把他们家赶出去，他才停止这样做。帕维尔在贫民区小房间里脏乎乎的墙上贴了一张家务分工表，逼着大家都按他的意愿行事。他们已经搬了 11 次家。母亲担心，一旦安东也来到这个邪恶的都市，他也会像哥哥们那样酗酒和抛弃自己的家庭。但是病弱和孤独的费奥多西亚姑妈搬来和他们一起生活了，姑妈觉得安东如果肯来莫斯科的话，一定能够成为他们家的救星。

安东想过自己给自己打出一片天下，抛弃他的家庭，去读医学院，但是，当时机来临的时候，他却下不了决心切断家庭的纽带。他给在莫斯科的、做得成功也比较有钱的表哥迈克尔写信，请求他给帕维尔在一个离他们家小公寓非常远的库房里找一份工作,这个库房离家应该如此之远,使得帕维尔只能每几个周末才回一次家。如果父亲住在家里,他就不打算去跟家人团聚了。表哥还真的照办了。于是,安东又鼓动了他在学校里结识的两个朋友跟他一起去了莫斯科,在他们家寄宿。这样就意味着他们家有了多余的收入可以买食品。他计划去医学院上学,找工作来维持自己的生活,也维持母亲和弟弟妹妹的生活。他还会帮助伊万找份工作。

安东和他的两个朋友的到来,受到了安东已经绝望的家庭的欢迎。年幼的迈克尔正在街上,都没有认出自己的哥哥,因为在他们家逃出塔甘罗格之后,哥哥已经从一个少年长成了一个成年人。

当安东来与家庭团聚之后,他的两个哥哥也回家来住了。亚历山大给一些幽默类杂志写过一些稿件,他也给安东找了同样的活计。安东给一些无关紧要的杂志写了一些机智的小故事和不伦不类的长篇。所有这些都是在贫寒和迷惑之中写的。尼古拉斯给幽默类杂志画漫画。迈克尔找到了帮其他学生抄讲义的活儿,也能挣点钱。伊万被一个小学聘用,去当了老师。母亲、妹妹玛丽和费奥多西亚姑妈照管家里。玛丽还在上师范学校。安东不仅按部就班上课、写作,还去了一大堆莫斯科的文化人举办的聚会。帕维尔偶尔在周末回来一次,在房间里给他妻子大声读书,搞得这个只有3个房间的家更加混乱。

安东的夜晚却仍然被噩梦充斥。在大学里辛苦学习了一天之后,他会睡得很沉,然后会从这沉沉的睡梦里被吓醒,感觉好像有一种奇怪的力量要把他从床上扔下去,要把他彻底撕碎。这之后,他再要入睡就很困难了。

亚历山大虽然有天分、有创造力,却有严重的酗酒问题。尼古拉斯后来成了一个颇有知名度的画家。当年,伊万很轻松就通过了中学毕业考试,但是不像他的哥哥们那样有向上的劲头,他后来成了一个工作稳定的学校教师,没有什么事

| 第六章 "问题"家庭 |

情可以激励他,但很可能他觉得自己挺幸福。他们家唯一的女孩玛丽后来成了学校教师、艺术家。最小的孩子迈克尔似乎丝毫未受他父亲凶神恶煞作风的影响,他后来成为一名儿童文学作家,也是他哥哥的传记作家。安东对生活充满着激情,最有资格成为他们家的顶梁柱,也最高效地发挥了自己的潜能。在一个家庭里,最后成为杰出人物的那个孩子通常是被全家人认为是最能干、最有自己的想法的那个。

契诃夫一家,尽管父亲很残暴,还时常做出一些错误的人生选择,还是培养出了一个大作家。他们家也产生了另外4个热衷于学习、给他们父亲脸上增光的孩子。在中年的时候,家人都讨厌帕维尔,甚至有些憎恨他,因为他的坏脾气,也因为他们家财务上的困境。但是到了晚年,他变得温和善良,很为自己的作家儿子骄傲,但是那时候他的作家儿子早已因为肺结核去世。

有时候,一名学校教师或者图书馆管理员会发现有个孩子很渴望智力探索上的同行者,但孩子的家庭却无法满足这样的需要。小说家西奥多·德莱塞就有过这样的经历。不过,当他的年老的女教师送他进了印第安纳大学之后,他却受不了那里严苛的课程安排,如果他愿意继续在那里读书的话,那位女教师是会愿意帮他在上完第一年之后留在那里的。在大学里,他读了大量的书,跟他觉得有趣的人交谈,但是课堂让他觉得无聊且烦闷。他的最好的作品都是取材于他们家的闷热的"情感气候"。

尽管最后西奥多成了一名作家,保罗成了一名流行歌曲的作曲家,但他们家里似乎就没有爱学习的气氛。即使在篇幅极大的自传里,西奥多可能也没有给他父亲适当的笔墨,这有可能是因为他根本不了解成功时候的父亲,他所知道的父亲只是个失败者。他没有解释是什么动力让他父亲离开了德国,来到美国。关于他父亲的家庭和所受过的教育,我们一无所知。虽然这位作家极度地以母亲为中心，他从他父亲那里继承来的智力，也有可能比他在描写自己家庭的时候肯承认的要多。

当西奥多写《嘉莉妹妹》（*Sister Carrie*）和《美国悲剧》（*An American Tragedy*）的时候，他在写一个他自小就熟知的世界。他的母亲是个文盲，是个热情但心里没有什么道德戒律的女人，她对孩子们充满信心，虽然经过多次考验，信心也丝毫不减。西奥多是母亲的"小宝贝儿"。他最早的记忆包括抚摸母亲的脚，为了母亲破裂的鞋而哭泣，为了母亲的穷苦而哭泣，以及在母亲温暖的胸前寻求安慰。在他的自传里，他用很多篇幅来称颂他的愉快的、充满希望的母亲，她渴望生活，却又没有能力构建、实现她的梦想。她是唯一的一个总想要他在身边的人。

他父亲是个干瘦、沉郁和心里总有不满的人，在西奥多出生至7岁的这段时间里，他一直没有工作。他曾经是个成功的人，甚至算得上富有，但是后来他的磨坊被烧毁了，他觉得自己受了欺骗，从此郁郁寡欢，把孩子们的恶劣行为也都算在老婆的身上。

西奥多在长大的过程中，如饥似渴地读书，但是对他父亲硬要他去的教会学校充满厌恶。他们家里充满着愤怒、羞耻感和绝望的情绪。最大的儿子保罗已经被抓起来3次了，其中有一次是因为他伪造什么东西。他那时候住在印第安纳州埃文斯顿的一座讲究的房子里，安娜·布雷斯收留了他。当西奥多还是个男孩的时候，他去看望哥哥，那座房子里的华丽奢侈给他留下了很深的印象，偶尔瞥到那些漂亮的女子，那种不经意修饰的样子也非常迷人。有两年的时间，只是因为安娜的援助，德莱塞一家才没有陷入赤贫。当安娜和保罗吵翻的时候，德莱塞一家又陷入困境，开始从一个地方搬到另外一个地方，每一个家都比前一个更破旧。流行歌曲《在沃巴什河河畔》（*On the Banks of the Wabash*），就是西奥多作词，保罗谱曲的①。他们的兄弟罗姆，比保罗小，是个赌徒、醉鬼和漫游者。

西奥多的姐姐们，玛米、爱玛、特雷莎和西尔维亚，回家的时候会带回来一些礼物，是那些带她们出门的男人给她们的。母亲萨拉·德莱塞很喜欢女儿们从男朋友那里得到的漂亮礼物。她说，如果女儿们的父亲没法给她们买礼物，他就别抱怨其他男人给她们买。对此，她们的父亲大发雷霆，但是没人听他的。他伤心郁闷的时候，也没人注意他。

在这400人之中，没有一个男孩的生活像阿列克谢·佩什科夫那样因贫穷而无比复杂。这个孩子长大后给自己起了一个全新的名字，并用这个名字以作家的身份闻名于世，他就是马克西姆·高尔基。在他那长达616页的自传里，他对于生活的矛盾和恐怖的回忆一直没有停止。不过，他那粗暴的祖父虽然把他揍得够呛，但在家里教他读书也教得相当好。上学之后，学校督察员注意到他的情况，既夸奖了他，也因为他在班里捣乱而训斥了他，说他是在浪费自己的天赋。其实，他之所以捣乱，完全是闲得无聊的结果。在他成长期间，在这个祖父权至上的家庭里，祖父母之间的不断争吵，给这个家庭动荡不安的情感环境定下了基调。

阿列克谢4岁时，他父亲马克西姆·佩什科夫因为霍乱而去世，他蜷缩在父母卧室里的一口大箱子后面，盯着穿着白色袍子、僵硬、扭曲的父亲的尸体。在屋子的另外一个角落，他那驼背的小个子祖母则围着他母亲的身体跳来跳去。弟弟萨什卡就要出生了，母亲由于阵痛而滚来滚去。故去的父亲在他自己还是个孩子的时候，因为想要从家里逃走而被自己的父亲带着狗狂追，后来还挨了痛打。这个祖父是个军队里的军官，后来因为对下属太残忍，被放逐去了西伯利亚。阿列克谢的母亲瓦丽亚·卡西林是个凶狠的染料工人的女儿，她深爱着死去的丈夫，

---

① 这是19世纪美国最流行的歌曲之一，它充满怀旧的忧郁，歌词表达了对母亲和恋人的思念。沃巴什河是印第安纳的一条河。

因为他善良、有同情心、受过很好的教育。她那两个野得像牲口一样的兄弟迈克和杰克并不喜欢温和的马克西姆。当他来自己家的时候，他们两个在冰面上凿了个窟窿，把他扔进了冰水里，以示欢迎。

邻居们对卡西林一家避之唯恐不及。他们家的大汉发怒的时候，房子都在摇晃。迈克和杰克都是既打老婆又打孩子，还会侮辱和虐待用人。马克西姆建了一个花园，但他的亲戚们故意把猪放了进去，把花园毁掉。

这一家的当家的老瓦西里·卡西林，在复活节周日可以打老婆从中午一直打到天黑，老婆半死躺在地上的时候他也不给她吃饭。当外孙子把一块白桌布不小心染上了蓝色的时候，他把外孙子打得昏了过去。

在他10岁的时候，他的祖父丢掉了自己的小生意，这孩子也被逼离家去找工作。唯一一个想念他的人是他的祖母。阿列克谢非常爱她，从来不批评她的弱点，她也以同样的忠心耿耿来回报他。她是个文盲，但是她脑子里却存有无数的民间故事和民间智慧，对于人类本性中最基本的善良，她也有着不可动摇的信心。他在一个鞋店里当了一个打杂的小工，后来又成了洗碗工，再后来又成了一个描图工人的学徒、一个抓鸟的人。在这一系列主人的家里，生活并没有比在他自己家更好。他去了乡村，发现那里的人比城市里的人还要愚钝。

他交不到亲近的朋友，当他接到信，得到祖母去世的消息时，整个世界都变得冰冷和空旷了。他没法向任何人倾诉自己的哀痛，他连一匹马或者一条狗都没有，连向动物诉说哀伤都不可能。在19岁的时候，由于身处的这个世界和身边的人都令他如此之筋疲力尽，他决定自杀。他开枪打中了自己左边的身体。但是，经过一段长时期的恢复，他活下来了。后来，他给自己起了一个新名字——马克西姆·高尔基——心痛的男人。

山姆·克莱门斯与高尔基不一样，他不会去写自己在家里目睹的情感冲突。

第六章 "问题"家庭

当一个出版社编辑找了山姆的哥哥奥赖恩·克莱门斯，想写一写奥赖恩眼里的克莱门斯家庭时，山姆勃然大怒，不许哥哥给这个编辑任何信息。这是很不幸的事情，因为山姆也是个"母亲的宝贝儿"，但他对自己母亲的描述省略了一些有趣的细节，这些细节，他们家的后代倒是听说了一些。

关于山姆和他的家庭，我们的主要信息来源是塞缪尔·查尔斯·韦伯斯特。他的母亲是安妮·莫菲特·韦伯斯特，他的外祖母是帕梅拉·克莱门斯·莫菲特。山姆的姐姐比山姆大8岁。在他母亲还在世的时候，塞缪尔·查尔斯·韦伯斯特费了很多心血，收集家族的往事。

简·兰姆皮恩·克莱门斯因为她迫不及待地要离开自己的家，才匆匆忙忙地与约翰·马歇尔·克莱门斯结了婚。这段婚姻并不是爱情的产物。他们两个人在个性上相差如此之大，使得他们从来也没有能够和睦相处过。

他们的第二个孩子帕梅拉是父亲的心肝宝贝，第六个孩子山姆则是母亲的心肝宝贝。唯一的一次山姆所见的一个家庭成员和另外一个家庭成员互吻，是父亲临终之前，把帕梅拉叫到床边，与她告别。约翰十分钟爱这个女儿，提醒她要好好学习怎样管理一个家，让她的丈夫感到温暖，还告诫她说："家里不要养太多猫。"他的妻子简从来就无法拒绝她看到的任何一只流浪猫。在他们那个脏兮兮的家里，最多时候她收留过38只猫。

在她老年的时候，帕梅拉的女儿安妮·莫菲特·韦伯斯特叙述了她母亲对于约翰的感情："在我出生之前很久，我外祖父就去世了。山姆舅舅觉得外祖父非常严厉，但是我母亲却非常喜欢他。从我母亲那里，我得到的印象是外祖父是一个非常有尊严的人，有强烈的幽默感，高度爱整洁，对人要求很高。他的邻居总是叫他'卫士'。有一次，有一个人在街上拍了他后背一下，为这事全家都吓坏了。他是个学者型的人，学过律师课程。这样一个性格、品质的人，却有一个做事毫无章法、遇事撞大运的妻子，这肯定是很难的事情。"

山姆是他母亲的心肝宝贝儿也是很自然的事情。她的大儿子奥赖恩是1827年出生的，女儿帕梅拉也是1827年出生的。她在这之后的3个孩子都没保住，"开心果"汉尼巴尔、玛格丽特和本杰明都很小就死去了。山姆从7个月起就病病歪歪的，到了6岁才健康起来，是他代替了其他那几个孩子在母亲心里的位置。为了让山姆健壮起来，简在他感冒时所采用的治疗方式是往他头上浇冷水。

约翰有多稳重和内敛，简就有多外向和富有戏剧性。和她儿子山姆一样，如果她能给人讲一个精彩的故事，真相是什么对她来说就是完全不重要的了。有一次，她给一个陌生人讲了她可怜的女儿帕梅拉是怎么样被印第安人抢走，再也没有回家的。山姆14岁的时候，有一个星期，他被委以重任，在他工作的报社主管报纸。在他的自传里，他讲了一个让人开心、充满细节但又有些歉意的故事，关于他怎么样把一个跟他们竞争的编辑赶出了他们所在的城市。他的说法是，他刊登了一篇报道，讲这个被爱情折磨的编辑假装投水自杀来骗取感情。但是，如果查查那天的旧报纸，就发现真实的情形是他刊登了一幅漫画，漫画上那个编辑长着个狗头假装要投水，因为这个编辑在社区里有一次盛传流行狂犬病的时候怕狗怕得要命。

简对灾难和祸害都不甚在意。在一次霍乱流行的时候，有个清晨还跟她交谈过的人，晚上就因霍乱而死去了，但是她并没有害怕。有一个邻居死了，因为有一头牛在他骑马的时候冲到了马的面前。简的第一反应是："那头牛怎么样了？"当有人说她喜欢猫多于喜欢孩子的时候，她很随意地回答说："那是因为你要是抱猫抱腻了，你就可以把它放下。"

她的外孙女写道："她喜欢各种各样的热闹。她好像总是要去参加各种游行，甚至葬礼……她是个大美人，舞跳得很好，说话也非常机智。直到生命的最后，她都保持了自己的这种美丽，以及对色彩和舞蹈的热爱……她的房间的色调永远是浓烈的红色——地毯、椅子、饰品全是红色的。如果没人限制她，她肯定也要穿红色的。她的观念很新潮，坚持要穿在传统标准来看过短的裙子。有一次，当她做一件特别漂亮的连衣裙的时候，她家里人悄悄告诉裁缝说，要把裙子做得比她要求的长一些。她在试穿的时候什么也没说，只是坐下来，把裙子下摆卷上去缝了一个边。"

有些传记作家们把她与《汤姆·索亚历险记》（The Adventures of Tom Sawyer）里观念更传统的、更道貌岸然的人物"波丽姨妈"混起来了，这就是这些作者的错了。当山姆在11岁从学校退学回家的时候，她也没有怎么担心，倒是山姆的父亲对循规蹈矩的学习方式很看重。简对于拼写是否正确、说话表达是否准确都不是很在意。有一次她给山姆写信，把"替我亲苏西"（她的孙女）写成了"替我宰苏西"，但是她连这么大的错误都懒得改。她说："他会知道我的意思。"她儿子回了一封滑稽但是很恶心的信，假装他真的执行了她宰人的指令，她读着信，开心地嘿嘿笑。他知道怎么让她开心。她一直喜欢有戏剧效果的东西、跟死亡沾边的东西、煽情的东西，她也喜欢动物磁性说、各种奇异的学说和激动人心的事情。她生活的目的就是体验每天的日子所带来的激动。

简是杰出人物的母亲里另外一位直到去世都精力旺盛并保持外向性格的人。在她81岁的时候，她还给两个儿子山姆和奥赖恩跳舞，舞姿像少女一样轻盈。山姆是她偏向的那个儿子，在这位很难相处的母亲非常老的时候，奥赖恩反倒是承担了照顾母亲责任的人，尽管母亲和山姆一句好话都没对奥赖恩说过。

在山姆11岁的时候，他的父亲克莱门斯法官（他是一位治安法官）就去世了，这使得他们家陷入了严重的财务困境之中。他们家财运上的多次起伏已经让他们失去了自己的家，住进了父亲办公室楼上的一个房间。在去世之前，克莱门

杰出轨迹　　对话 700 位名人的童年

斯法官本来指望着自己会被聘为遗产事务法庭的办事员,这个位置的工资比他做了很多年的治安法官的工资要高。他给家人留下的所有财产是田纳西州里 7.5 万英亩没有被砍伐过的森林,那是他在去世前 10 年用 400 美元买下来作为投资的。他觉得那块地就可以作为传给后代的财富了。

这位法官写得一手漂亮的字,对细节非常在意,工作很努力。有一次,他为了一个案子写了 1300 字的文件,只因为他认为这事关公民自由,尽管他处理这个案子只得到了 13 美元的报酬。

他的大儿子奥赖恩性情极不稳定,没法让人在大事上信任他。奥赖恩每天早上醒来的时候都有一个新想法,他一整天就在琢磨这个想法,但是到了晚上,就不了了之了。某一天,他会学习成为一个演讲家,第二天他又改学法语了。

山姆对奥赖恩总是持批评态度,但是他在理财方面可不如自己的父亲和哥哥。他们家的土地,在山姆和奥赖恩的长期争吵之后,一小块一小块地出让了。在置办了一台从来也没成功使用过的印刷机之后,这位作家也破产了。如果有人对山姆早期在河上的生活有着浪漫的猜想,这种猜想会被传记作家德兰西·弗格森的一段描述所打破。他描述的是一个重复出现的噩梦,在山姆成年之后一直困扰他。在他的梦境中,还有一些可能是童年时期为钱而生的焦虑留下的痕迹。"我每一个月里至少有一次在梦境里遭遇贫穷,不得不回到河上去讨生活。那从来就不是一个愉快的梦境。我喜欢回忆那些日子,但是一想到我要被迫回到那些日子去,我就感到很反感。在我的梦里,我经常马上就要走进一个黑色影子,却不知道那是萨尔马岩,还是帽儿岛,还是仅仅是黑夜之墙。"

弗吉尼亚州的小说家埃伦·格拉斯哥曾经整夜整夜地躺着,无法入眠,听着她母亲这个不快乐的女人在精神的痛苦中走来走去的声音,"走过去,走回来,走到前,走到后,被一个想法或者一个图像驱赶,想要逃避而不得"。当她母亲高兴的时候，会和孩子们一起做游戏，这时候全家人都很开心。当她突如其来一下子跌入重复出现的深度抑郁之中，他们这个十口之家里的年龄小的孩子们就会"跟母亲一起咀嚼无助的面包"。

埃伦在自传里写道："我的父亲是地球上所有人里面母亲最不应该与之结婚的。"这个妻子无法忍受丈夫对待动物的漫不经心，因为她对动物有一种让人心悸的温柔。平时，这位富有的五金商人因为生意的原因离家在外。到了星期六，埃伦和姐妹乐贝的床就被从母亲的房间挪到了隔壁的房间。他们家的狗们也能感觉到星期六的到来，它们会很紧张地盯着大厅里放着的鞭子。

埃伦把她父亲形容成一个完全没有私心、尊重学识的人，他说出来的话比金子还值钱，他是一个"完全彻底的诚实和高尚的人"。他在听这位煽情天才少女带回家的那些故事时总喜欢抹眼泪。他的孩子们在童年时期经常生病，每当他们生病的时候，他就是病人房间里的一个耐心、从来不知道疲倦的高效护士。但是他从来也没有理解过他的太太，用他女儿的话说："一分钟的理解也没有。"他对于美毫无感觉，他从来也没有有意识地"为了开心而做一件事"。在他女儿少年的时候，他还试图限制她读书的选择。

埃伦天生敏感，以至于别人说她"生来就没有皮肤"。在她出生之后的最初3个星期里，她经常没有原因地尖叫，家里人用枕头抱着她到处走。身边的所有人都觉得她是不会存活下来的。

当她7岁的时候，她被送去了一所她无法忍受的学校。埃伦在一个陌生的环境里吃不下饭，结果另外一个女孩居然把她的饭给吃了。老师们心地很好，但是他们并没有保护埃伦不受其他孩子欺负。在她因为神经性的头疼而呕吐、病倒的时候，其他孩子叫她"小白兔"。她的母亲总是在门口等她回家，用拥抱和理解来迎接她。母亲后来说服了家庭医生，如果再让孩子去上学，家人就可能再也没法保护她了。所以,埃伦被允许留在家里和母亲在一起。母亲是"她世界里的太阳",是一个"忍受着不公的、痛苦的、清白的灵魂"。埃伦满怀感激地接受了不再去学校的安排,她认为学校是如此的没有品位,得传染病死了才是最容易的解脱。埃伦的兄弟弗兰克试图对父母双亲都忠实,但是他后来自杀了。在父母闹矛盾的家庭里,在父亲和母亲谁是冲突中受了委屈的一方这个问题上,如果孩子们不能达成共同意见,那么手足关系就处不好。那些更加认同母亲的孩子们会更加具有创造力,但是比起那些"父亲的宝贝儿们"来,更不快乐。"父亲的宝贝儿们"会结婚、生育孩子,从家庭的闹剧里脱身出来。埃伦本人曾经两次订婚,但是从来没有结过婚。

不忠实的妻子和丈夫

在这400位杰出人物的父母中间,婚姻之外的恋情并不常见。舞台设计师戈登·克雷格的母亲、演员埃伦·特里倒是有过很多个情人。拉夫卡迪奥·赫恩的父亲在从爱奥尼亚岛带回家一个妻子之后,又跟以前的情人死灰复燃。

要说真正到处拈花惹草的丈夫,尼古拉斯·托尔斯泰伯爵算一个。列夫·托尔斯泰说自己的父亲对两件事物最有热情:扑克牌和女人。在他的《回忆录》(*Memoirs*)中,他这样形容父亲:"上帝才知道他有没有任何道德底线。"这个高个子、仪表堂堂的男人有点秃顶,有点大舌头。在某一时刻,他很悲哀地发现,他少年时期的伙伴都已经升到了很高的官职,而他却只是一个退了休的近卫军上尉。

尼古拉斯复杂的人生绝对不输于他儿子小说里的那些情节。当他16岁的时候,别人给他安排了一段非正式的关系(说是为了促进他的健康),对方是一个女用人，还和他生了一个儿子，名字叫作米申卡。后来，这个人还去找尼古拉斯与合法妻子所生的儿子们要接济，这搞得他们很难堪，特别是这个人比他们长得更像自己的父亲。

　　托尔斯泰的祖母，老伯爵夫人，是个愚昧、虚荣，也挺笨的女人，她被自己的丈夫和父亲宠坏了，也指望着儿子在她的后半生里能接着宠她。她收养了一个孤女，名叫塔李扬娜·叶戈尔斯基，准备让她给自己做伴，给自己做贴身女侍。那是个漂亮的女孩，有着结实的棕色身体、粗粗的黑辫子、灵活的眼睛，她也很有主见。结果，尼古拉斯爱上了她。

　　塔李扬娜和尼古拉斯想结婚，但是，到了他们 27 岁的时候，他们还是没有结婚。尼古拉斯的母亲不同意他们俩的婚事。塔李扬娜是个孤儿，是他们的远房亲戚，很穷，总之这样的一个新娘是配不上她的独子的。所以，塔李扬娜就继续等待着，同时慢慢使得自己在这个家里变得不可或缺。当尼古拉斯不得不卖掉他作为遗产而继承来的乡下庄园的时候，她跟着他和他那事儿多的母亲搬进了莫斯科的一所只有 5 个房间的小公寓。

　　在这所小公寓里，尼古拉斯需要养活的可不仅仅是塔李扬娜和他母亲这两个人。他还有一个妹妹和一个侄女也住在这所小公寓里，需要他照顾。他妹妹亚历山德拉的婚姻非常糟糕。在她怀孕的时候，她丈夫发了疯，打了她。她的女儿生下来是个死胎，但是尼古拉斯和塔李扬娜瞒住了她，用厨子刚出生的女儿帕申卡来代替了那个死婴。她丈夫被送进了精神病院。亚历山德拉和女儿则搬到了尼古拉斯的公寓。

　　尼古拉斯在政府安置战争孤儿的办公室有一份固定工作。当母亲因为他居然需要工作而对他大表同情的时候，他就坐在老太太床边，拉着她的手。他在家里到处走动，不愿意见朋友。塔李扬娜也认为他应该娶一个有钱的女人。他最后选择的女人玛丽亚·沃尔康斯卡娅,是一处2500英亩的农庄的继承人,有800名雇农。她比尼古拉斯和塔李扬娜大5岁,长得很丑,也很害羞,多年以前就不期待浪漫爱情了。

玛丽亚的父亲是个学者,也是个非常富有的人,很多年来,他一直教育自己的女儿,让她学了法语、德语、英语和意大利语。他带着她在欧洲到处观光,让她学习数学、物理、几何、地理,给她请了钢琴教师,还教她怎样管理家业。他是一个非常严厉的老师。当生气的时候,玛丽亚的脸涨得通红,她从来就无法用语言表达自己的怒气或者不满,只能哭泣。

尼古拉斯把她带到了自己的小公寓,他的母亲和他童年时期的心上人塔李扬娜在那里等着她。老伯爵夫人对儿媳妇很客气,但仅此而已。塔李扬娜却是个诚实的人,不久就承认玛丽亚确实是个好太太。在太太生了孩子之后,全家就搬去了她的庄园——美丽的亚斯那亚·波利亚那(平坦的田园)。在没有女主人的日子里,庄园的情况可不太妙。

"我觉得我的母亲并不爱我的父亲。"托尔斯泰写道,"但她因为他是自己的丈夫而爱他,更主要的是,因为他是她孩子的父亲而爱他。"他们一共有5个孩子。

尼古拉斯伯爵恢复了他旧时的生活,一个快乐的、天真的又没有什么天赋和特殊兴趣的年轻人的生活。他对政治没有兴趣,他有一个藏书很多的图书馆,但是他读书也是漫无目的。不过,他从来没有鞭打过那800名雇农,其中还有他的亲生儿子米申卡。老伯爵夫人在庄园里有她的一席之地,过着她自己的豪华生活。她养着一个瞎眼的艺人给她解闷,每天晚上她还要一个孙子或者孙女和她一起在她的大床上睡觉。亚历山德拉姑姑也有她自己的角落,她在那里养了一群奇奇怪怪的人,在这些人里面,她最喜欢的是一个有些痴呆的朝圣者玛丽,平时总是穿

第六章 "问题"家庭

着男装走来走去。

玛丽亚整天围着自己的5个孩子忙活。最大的儿子也叫尼古拉斯，他尤其聪慧，接受能力很强。她用卢梭的《爱弥儿》（*Emile*）来指导自己养育孩子，就像后来的人们信奉斯波克医生①的忠告一样。这个大儿子尼古拉斯告诉其他的孩子们说，他有一个秘密，如果所有人都知道了这个秘密，那么全人类就都能得到幸福。这个秘密就是兄弟般的爱。屠格涅夫曾经说："尼古拉斯如果再多几个重大的缺点，他就也能成为他弟弟那样伟大的作家了。"托尔斯泰同意这个说法。但是尼古拉斯没有丝毫的虚荣心，他也不会批评别人。

跟自己的聪颖过人的孩子们在一起，玛丽亚很是幸福。她父亲只能教她一个孩子，她却可以教5个。但是这快乐的日子在她结婚9年的时候突然终止了。家里唯一的女儿玛丽亚那时候才9个月大。丑呼呼的、长得很像外祖父的小儿子托尔斯泰还不满2岁。她的孙女亚历山德拉·托尔斯泰这样讲述玛丽亚的突如其来的灾祸："没有人确切知道她的死因。那发生在她唯一的女儿出生的几个月之后。有人说那是因为发烧造成的，也有人说是因为脑子感染。她的上了年纪的女用人说那是因为头受了震荡的结果。"

玛丽亚非常喜欢荡秋千，女用人们就把她推得高高的。不知道怎么回事，秋千上的一块板重重地打在了她的头上。有一段时间，她无法说话。在她能够开口说话之后，她安慰了女用人们，向她们保证不会因为这次发生的事故而惩罚她们。

托尔斯泰在《回忆录》中没有提到这次荡秋千的事故。他说他母亲有一阵突然觉得很冷，之后就发烧了。她耳朵里听到了一种噪声，还发现自己突然间就不会连续数数了。在她恢复的过程中，她给当时不在家的丈夫写了一封长信。她说，

---

① 斯波克医生：Dr. Benjamin Spock, 1903—1998, 是20世纪中期美国著名的儿科专家、育儿导师。他提出的新育儿观被很多母亲，特别是中产阶级的母亲，在几十年内视为育儿圣经。

他用不着为了把家里的钱拿走去还赌债而道歉,但是,"你对赌博的这种让人不愉快的沉迷,让我失去了你的温柔爱情的一部分"。她在信中规定,不许他用钱过度,以免威胁到孩子们将要继承到的财产。他们的庄园必须完整无缺。她也不同意把孩子们送进寄宿学校。她在信中给他写道,她自知自己不久即会去世,有什么很可怕的事情已经发生了,她无法好转起来。托尔斯泰写道:"母亲是在极度痛苦中死去的。"

当托尔斯泰9岁的时候,他父亲死在了很远的一个城市的街道上。他本来是因为生意去那个城市的,还有两个仆人跟着。当他的尸体被发现的时候,他身上的钱和证件都没有了。后来,一个女乞丐把他的证件交还了回来,她说,她是在一个教堂的台阶上看到这些东西的。那两个仆人成了嫌疑犯,但是,这没有任何证据,警方也没有调查。在当时那个时代,仆人杀主人的事件并不少见。

尽管托尔斯泰的老祖母成了尼古拉斯和玛丽亚的5个儿女的法定监护人,塔李扬娜才是真正照顾他们的人。但是,老伯爵夫人因为悲伤和年事已高,在儿子死后不久就也去世了。脾气古怪的亚历山德拉姑姑就成了孩子们的监护人。

正是在长大的时候,托尔斯泰的教育问题开始出现了。一个法语教师把他锁在一个黑黑的储藏柜里,命令这男孩在他面前跪下,当他拒绝的时候,法语老师就扭他的身体。在儿童室里和母亲还有塔李扬娜一起度过的好日子一去不复返了。

托尔斯泰很喜欢亚历山德拉姑姑,他把她与不洗澡的体味联系在一起。她这么脏,是出于坚持原则。因为她要服侍自己的仆人,而决不允许他们服侍她。在托尔斯泰13岁的时候,亚历山德拉姑姑去世了。另外一个姑姑从喀山来了,把孩子们带回了她自己的家。塔李扬娜没法跟他们一起走,因为这个姑姑的丈夫曾经向塔李扬娜求过婚,到后来他也一直用尊敬和喜爱的语气提起她。于是塔李扬娜就留在了庄园,跟800名雇农在一起。因为这个原因,列夫·托尔斯泰暂时失

第六章 "问题"家庭

去了塔李扬娜，这个给了他完全的、毫无保留的爱的人。

青春期对托尔斯泰来说是个很苦的时期。有一个被雇来教家里的3个最小的男孩的大学老师说："谢尔盖愿意学习，也学得会；德米特里肯学习，但是学不会；托尔斯泰既不肯学习，也学不会。"他的课程从来就没顺顺当当地进行过。他在性方面很早熟，他的社交活动也很多。在大学里的第二年，他的历史和德语成绩都不及格，这个成绩很不公平，因为授课的老师是因为跟他们家发生过矛盾，才给的这个成绩。从那之后，托尔斯泰就退出了他所学的东方语言专业，转到了莫斯科大学的法学院。在那里，有一位迈耶教授对这个有天赋却什么成绩都没有的学生产生了很大的兴趣，想激发他对于学习的热爱。他的这个做法如此之成功，以至于托尔斯泰最后退了学，专心去探索自己在哲学方面的兴趣，这样可以让自己不受学校里课程安排的限制。

托尔斯泰成了19世纪跟现在的颓废派、嬉皮士差不多的人物，他的妹妹玛丽亚觉得很好玩："他可能觉得自己是个第欧根尼那样的哲学家，要不就是受了卢梭的影响。"他痴迷的一个想法是要过一种简单而原始的生活。他曾经穿着自己设计的、用风帆布做的衣服，光着脚出现在客人面前，把大家吓一跳。他也曾经独自进入深深的森林，躺在地上仰望星空，头下枕着的是大部头的伏尔泰、卢梭、黑格尔的书。

在亚斯那亚·波利亚那，塔李扬娜为了托尔斯泰而帮忙把庄园管理得井井有条。在托尔斯泰的成长环境里，复杂的感情和智力氛围是很难用简短的描述而说清楚的。在这个小个子、长得很丑、对自己的外表很在意的男孩子面前，很多人上演了他们的人生戏剧。他对很多贫困的雇农很了解，就像他对自己的亲戚的了解一样多。

这些人生戏剧在后来仍然不断地在他面前上演。他的哥哥们上演了他描写过的简单生活。谢尔盖放弃了财富和社会地位，跟他的吉卜赛情人结了婚。尼古拉斯和德米特里都故意要过贫困生活。

在那些后来在文学和艺术方面声名卓著的孩子的家庭里，人与人之间的关系总是特别微妙和复杂的。在未来的剧作家和小说家的家里，总是有些剧情在上演，还有剧情里套着的剧情，有跟旧的剧情矛盾的新剧情。当然我们的这些观察也许只是说明，那些日后成为作家的孩子对于家里成年人之间的关系非常敏感。但这并不是唯一的解释，因为在这些家庭里，离婚和分居的父母也非常多。

两个著名的人道主义者，约翰·拉法基和埃莉诺·罗斯福，都来自破裂的家庭，他们的父母都受到创造性活动的吸引。老约翰·拉法基是个著名的艺术家，埃莉诺·罗斯福的母亲则是把精力投入到她那业余戏剧小组里。查尔斯·林德伯格来自一个破碎的家庭，他父亲很想成为一个诗人，但是最后入了法律行。

老约翰·拉法基是如此心思敏感的一个艺术家，他甚至无法忍受家庭生活中的矛盾，所以他和他的家人不住在一起。他的最小的儿子约翰是在母亲45岁、父亲56岁的时候才出生的。他的年轻妻子受到他的冷落，而把注意力转向最小的儿子身上去寻找安慰和陪伴，这也是很自然的事情。

有天赋的儿童不喜欢破碎的家庭和争吵的父母——其实，普通的儿童也如此。尽管有天赋的儿童的生活被家庭里的矛盾和物质与感情的匮乏搞得很悲惨，这种种不愉快却不会摧毁他们追求成功的能力。在有些例子里，这样的环境反而成为了他们追求成功的动力。破碎家庭里的孩子往往很渴望能够给自己那没有从生活里得到过什么满足的母亲带来快乐。愤怒和烦恼使得这些孩子无法对生活有满足感，在有些家庭里，这样的情绪似乎还激发了创造性的活动。

生活在"问题"家庭里的孩子们如果做"明尼苏达多项人格测验"之类的测试，他们的分数应该不会高。这个测试是个衡量交往和感情问题的很好的工具。

但是，不正确地诠释和使用测试结果却会是有害的。比如说，这样的测试不应该用来把有天赋的儿童排除在天才班或者特殊课程之外。在最近的一次全国性教育会议上，有一个公立的、给有天赋儿童办的学校的校长说，她就不接收有性格问题的学生入学。比如，一个太爱哭的女孩就不会被录取。这种论调背后的原因是，有些孩子因为性格问题，将来可能无法适应职业要求，校方如果给这样的孩子更多的关注，就等于是浪费教育资源。对于有些职业来说，如果工作人员需要遵守成规，才能够珍惜和继承人类文化遗产，那这个校长的理由就是正确的。但是在其他一些职业范围内就不是如此了。

虽然会有这样那样的问题，有创造力的孩子不一定是个全面发展的好学生，但是那些巨大的贡献很可能也是由这样的孩子做出的。这样的孩子很可能来自问题很多的家庭，他们的父母不仅自己给自己找别扭，还经常让孩子烦恼。生活不应该是这样的，但在过去，生活就是这样的。我们没有理由认为现在的生活就不是这个样子的了。

我们当前遇到的挑战，是如何改变我们做事的方法，让那些有创造力的孩子感觉到舒服和内心的安宁。有创造力是好事，内心安宁也是好事。抚养一个孩子，让他既有创造力又内心安宁，应该是个理想的目标。这400名杰出人物的父母们，虽然他们常常是智慧的和有创造力的，但经常是自己没有得到内心安宁，也没有能给孩子带来内心的安宁。如果说，父母只要有无穷无尽的耐心、给孩子经济上的安全感和无尽的爱，就能够让孩子拥有创造力和内心的安宁，那就太天真了。这样的说法还把责任全都推给了父母，因为父母即使想要永远做孩子们的防火墙，为孩子们阻挡烦恼和痛苦，这样的愿望肯定有时候也是无法实现的。

但是，故意给孩子们找烦恼，故意让孩子们有不安全感，故意恣情忘我，想以此激发出孩子深藏的潜能，就不仅是天真的，而且还是危险的。这样做的结果有可能是孩子、父母，或者所有人的感情受到困扰，使他们丧失创造活动的能力。多数父母在不需要特别计划的时候，就已经够经常地让孩子们不开心了。他们用不着担心孩子太过满足。

在产生了伟人的家庭里，内心的安宁和创造力是不能共存的，要面对这样的事实，也是很让人烦恼的事情。但是，烦恼往往是得到洞察力的前奏。

第七章

没有大问题的家庭

第七章 没有大问题的家庭

> 他有个快乐和有秩序的家庭背景,他也一直相信,有一个有序的家庭是非常重要的。
>
> ——亚历山大·沃思、门德斯·弗朗斯

在这 400 个家庭里,相对来说,没有什么问题的最多只有 58 个家庭。为了衡量这 58 个家庭及其他家庭,我们虚拟了一个反映 20 世纪中期文化观念的、理想的家庭,用它来当作标尺。

约翰·史密斯和妻子玛丽·史密斯有一个舒适漂亮、和谐美满的家。在结婚几年之后,他们仍然全心全意地爱对方,同时也非常爱自己的孩子们。孩子们个个漂亮、有爱心、听话。家里人都身体健康。孩子们的学习成绩一直很好,老师们反映孩子们在学校里很招人喜欢。所有的家庭成员都自觉地遵守着家庭的行为准则。约翰和玛丽很积极地参与社区的事务,在邻里中间很受尊敬。

这样的家庭是否被女性杂志报道过,我们不知道。

如果我们调查 400 位家长学校联合会主席的家庭，看看这些家庭的情感和智力氛围，我们可能会发现，他们的家庭也不是完全没有问题的。当然，这个我们也不确切知道。不过，我们可以观察到，我们样本里这没有什么大问题的 58 个家庭，也不是没有矛盾和烦恼的。当代的家庭比起几十年前的家庭来，有一个非常巨大的优势。医学的发展，使得很多在过去会让父母忧心忡忡的事情，现在不会再让他们担心了。现在既没有那么多人患肺结核或者痢疾，也没有那么多没法诊断的慢性病了。

在弗洛伊德学说出现之前和之后，研究对象在描述自己的家庭气氛的时候，在说明家庭气氛融洽方面，时常会用很不同的例子。想要把这些无法检验的、带有想象成分的描述归类到一些模式里去，很多时候是徒劳和很烦人的事情。

"我的父母在年轻的时候和年老之后都是彼此相爱的。"俄罗斯演员、导演——创建了斯坦尼斯拉夫斯基表演体系——康斯坦丁·斯坦尼斯拉夫斯基如是说。他的富有的父母对社交生活毫不在意，把时间都花在陪伴孩子上了。他们都喜欢搞恶作剧，有一次，他们做了一个长毛妖怪来吓唬客人。斯坦尼斯拉夫斯基为了证明他们家庭里有父母和子女亲密相爱的传统，举例说，他的父亲和祖父一直睡在一张床上，直到他的父亲结婚为止！在这个特殊的家庭里，另外一个与理想状况不符合的事情是幼小的斯坦尼斯拉夫斯基长得很丑，当他听到客人们谈论他有多丑的时候，他感觉非常窘。

所以说，要想把这 400 个培养出了杰出人物的家庭归类到约翰和玛丽那样的标准家庭中去，是非常困难的事情。

另外一个男孩的家庭也是有点尴尬地被归类为没有问题的家庭，他就是夏尔·戴高乐的家。他的父亲亨利·戴高乐与自己的表妹让娜·马约结了婚，他们共同在巴黎旧城区左岸的一个很大、天花板很高的公寓里养育了 5 个孩子。父亲

| 第七章　没有大问题的家庭 |

对待孩子既温和又严格。他们的家庭既争论过关于儒勒·凡尔纳的问题，也讨论过尼采的哲学。他们阅读翻译成法文的英语和德语文学作品。戴高乐夫人是个非常爱国的女性，她和丈夫生活在一个和睦、快乐、热爱学习的家庭里。

尽管戴高乐的父亲很严厉，他却总是热情地鼓励孩子们自己找机会领导别人。在戴高乐13岁的那个夏天，父亲给他提供了条件，使得他得以组织了住在他们的夏季度假屋附近的一些农场上的男孩，成立了一支假想的军队。整个夏天，他们都在野营，而野营的形式就像军队要去作战一样。

有3个原因使得戴高乐不太像是一个理想中的儿子。他其貌不扬，在中学里的成绩很是一般，在学校里也不太受同学拥戴。在他十几岁的时候，他特别喜欢恶作剧，别人如果掉进他设计的圈套里，他就高兴地放声大笑。在学校里，他的外号是"长芦笋"。在军事学校里，他对人冷淡，也不和别人接近。不过，他一直有几个亲密和特殊的朋友。在军事学校里，他那照相机一般的记忆力，让他在班里的成绩总是占据前1/3的位置。对于自己不尽如人意的外表，他正面应对，甚至还背诵了西哈诺·德·贝尔热拉克[①]的那篇关于自己的超大号鼻子的著名演说。

在400位杰出人物里，只有一个男孩几乎可以算是来自完美家庭的一个完美儿童，他就是托马斯·埃德蒙·杜威——纽约州的一任州长、共和党总统候选人。他的父亲乔治·马丁·杜威二世是密歇根州《奥瓦索时报》(*Owosso Times*)的编辑。乔治是个友好而热情的人，托马斯对他很佩服，也很尊敬。乔治总是把打两个儿子的任务交给自己的妻子，她是个聪明、热心肠的女人。他们夫妻之间很和睦。托马斯自己说，他从来没有听见父母争吵过。

[①] 西哈诺·德·贝尔热拉克：Cyrano de Bergerac，法国17世纪剧作家、剑客。

在镇子里,他们家很有地位。他的祖父是共和党的一个领导人物。他母亲也来自一个声誉很好的家庭,母亲的父亲是个商人,在奥瓦索这个社区里是举足轻重的人物。他家的花园也是镇上最漂亮的。

托马斯很熟悉他父亲在报社的办公室,在这个小镇里他也几乎认识所有的人。11 岁的时候,他就卖报纸——《星期六晚邮报》(*Saturday Evening Post*)和《底特律新闻》(*Detroit News*)。13 岁的时候,他手下已经有 10 个男孩给他当助手。在要上大学的时候,他已经攒下了 800 美元。

但是工作并没有妨碍他的学习和娱乐活动。他参与学校的话剧和辩论活动,做学校年度纪念册的主编,在军人预备队里做上尉。他唱歌、下象棋、打桥牌。暑假则意味着他可以去既能让人身心放松,还能有收入的农场工作。他长得很英俊,学习成绩也很好。他在同伴中间很有人缘,和兄弟与父母也相处得很好。

成年后,作为一名学生,年轻的托马斯在密歇根大学读书期间也延续了他的成功。但是,尽管没有人会怀疑他的真诚和对社会公正的强烈信念,与他来往密切的共和党同僚们却认为他有时候举止冷淡,或者对某些事不够关心,因为这些,他应该受到批评。在全国大选中,他两次输给了对手富兰克林·D. 罗斯福。罗斯福在乔特高中上学的时候被人说成是"妈妈的小心肝",在哈佛大学读书的时候成绩也一般,在刚刚成年的时候还得了脊髓灰质炎。很显然,作为政治家,来自一个没有问题的家庭并不总是与最辉煌的成功联系在一起的。

另外一个来自小镇的男孩和托马斯同姓,他就是美国哲学家和教育家约翰·杜威。约翰是佛蒙特州伯灵顿市一家商店店主的儿子。他父亲很喜欢跟顾客开玩笑,但是到了一定要催顾客付账的时候就会结巴。

约翰的父母允许他读流行小说,打弹子赌输赢,但是不许他跳舞或者玩扑克牌。约翰在学校里成绩平平无奇,一直到他在佛蒙特大学读三年级的时候都是如

第七章 没有大问题的家庭

此。但这也没有让父母不安,他们根本没有想到自己的独子会成为一位杰出的人物。在他上大学三年级的那一年,他读到一本托马斯·H.赫胥黎的书,被书中的大量科学知识镇住了。从那个时候开始,他经常读书到深夜。很快,他就成了班里的第一名,还得过哲学课历史上的最高分。

把关注的重点放在杰出男性的童年,会使得我们忽略日后这些人的妻子对他们的影响。约翰就是这样一个人,如果他不是得到了他妻子的帮助,他很可能永远不会有一个广大的读者群。爱丽丝·查普曼·杜威是一个自我主张非常强的女性,"头脑坚强,来自一个出了很多激进思想者和自由思想者的家庭"。就是她帮助了约翰这个开窍晚的学生大器晚成。原本他只要能够有思想就感到很满足了,但是她捕捉到了他的思想,欣赏这些思想,并且坚持说这些思想值得传播。

约翰如果没有得到那么多的荣誉,他也会很满足。他最快乐的时光是孩子爬到他腿上,或者拿墨水瓶玩钓鱼的时候。出身于没有问题的家庭的孩子们几乎肯定会成为好的家长。跟那些母亲太强势或者母亲太过于关爱自己的孩子不一样,没有问题的孩子通常在合适的年龄结婚,结婚之后也很幸福。在约翰的人生中,一个强势的妻子给他提供了他所缺乏的推动力。

马丁·路德·金是非洲裔美国人,在对待美国种族歧视的问题上,他采用了甘地的非暴力手段。他出身于一个没有什么问题的家庭,如果按照目前的对理想家庭的定义来看,他们家里情感和智力发展的氛围几乎可以说是完美的。他的父母彼此忠诚,有共同的理念和兴趣。他们在社区里很有地位,两个人也都是学者型的人物。他们给家里的3个孩子提供了温暖的、和谐的家。

马丁·路德·金是这400位杰出人物里唯一一个提到他曾经上过幼儿园的人。从一开始,他就跟同伴们有着良好的关系。他是个超常儿童,在学校里跳了3级,15岁的时候他就可以上大学了。在那个时候,他属于一个来往很密切的孩子们的小组，小组里的孩子们都来自他们那个黑人社区里"最好的"家庭。他跟这些朋友们一起游泳，集体约会（通常是跟他的姐姐和姐姐的男朋友一起），玩游戏。他参加辩论俱乐部，跟老师们关系也都很好。他在莫尔豪斯学院读了大学，他的祖父和父亲都是从那所学校毕业的。马丁是一个英俊、健康的年轻人，是父母的快乐和骄傲。

马丁很早就开始挣钱了。在他4岁的时候，他们家的朋友就撺掇他唱歌，然后给他一些硬币。7岁的时候，他和姐姐在他们家房子外面的马路上摆了一个冷饮摊，就这样开始做生意了。但是，他们一边卖一边喝自己的饮料，喝得太多了，以至于没有赚着什么钱。8岁的时候，他开始卖报纸挣零花钱。到了13岁的时候，他有了自己的送报路线。又过了几年，他就升任经理助理，手底下管着30个报童。

他并没有受到父母的过度保护。有两次，他被汽车撞倒，从自行车上摔下来。有一次，他被棒球棍击中了头部，但是他跳了起来，又继续比赛。他做过风筝、飞机模型，不管是谁碰巧在场，他都能和人家玩在一起。他的父母对他没有什么限制，除了让他要躲开那些名声不好的男孩子。

他的父亲老马丁·金，在他们那个很大的黑人社区里有地位。他不是一个对种族偏见视而不见的人。他给自己的孩子们提供了他所能提供的最好的生活，在孩子们的童年时期，他保护着他们，让他们没有因为种族原因而被置于从属地位。他不许孩子们为白人家庭打工，如果购买某些商品，需要白人店员上门收钱，他就不买这些货物。

在商店里买东西的时候，他总是用现金交易，还要求店员对他以礼相待。当一个鞋店店员让他到店的后面，坐到给黑人的试鞋区去的时候，他就没有在这个店里给6岁的马丁买鞋。家人有时候很担心他会因为这种独立的主张而惹麻烦上身。有一次，在法庭上，他为了维护一个黑人社区的成员而与法官争执起来。

第七章　没有大问题的家庭

童年时，马丁·路德·金在黑人社区里的生活充满自信，很少受到存在于身边的种族歧视的影响。在亚特兰大大学附属的实验学校，他与白人教师之间的来往很可能也是很友好的。生物老师比特丽斯·博利小姐在遵守纪律方面对学生要求非常严格，她给这个聪慧过人的男孩子提供了非常细致的辅导。她很详细地记录了他在学习上的强项和弱点，然后提出了一些补课建议，旨在改进他的学习习惯。

在寻找深层的温情和爱的时候，这孩子就转向了母亲和外祖母。他的外祖父和外祖母是外孙子和外孙女生活的一部分。孩子们把自己的母亲称作"亲爱的妈"，外祖母这个健康乐观的老妇人则是"老母亲"，作为外祖父的"老爷爷"则被孩子们当作家里的男性权威，尽管他很温和，对孩子们也很宽容。

马丁的母亲阿尔伯塔·威廉姆斯·金是个强壮而可爱的女人，她个子很高，肤色很黑，举止优雅。在斯贝尔曼修道院读中学的时候，她和她未来丈夫的妹妹伍迪·克拉拉·金同屋，也是通过这个妹妹伍迪·克拉拉·金，她认识了未来的丈夫。她的父母很认同这段爱情，后来也很高兴地让他们的独生女儿和女儿的丈夫住进了他们的家。这本来是一个临时的安排，但他们都非常满意，所以在今后的生活里就一直没有改变过。在孩子们的父亲从神学院毕业之前，克里斯蒂娜和马丁就已经出生了，阿尔弗雷德·丹尼尔也快出生了。孩子们彼此之间相处得很友好。他们的父亲毕业之后，就成为孩子们外祖父的助手。

等马丁和姐姐、弟弟都上了学之后，他们的坚强且精力旺盛的母亲也回到了大学里去继续学习、取得学位。她的学业，因为她很早结婚而中断了一阵。到了她的孩子们不再那么依赖她照顾的时候，她还当了一段时间的代课老师。

活力十足的社区领袖马丁·路德·金就是来自这样的一个安全、温暖、无比和睦的家庭。他父亲的主张似乎在他后来的发展中是一个重要的因素。

马丁的父亲有一种强烈的愿望,要提升自己家庭的社会地位和智力层次。他要求自己的儿子们学业出众、追求上进。最后,马丁继承了父业,也继承了父亲对于种族隔离的态度,成了一位杰出人物。阿尔弗雷德·丹尼尔是家里的叛逆者,一直没有机会去很好地运用他的天赋。他从学校退了学,早早就结了婚。

在这400个家庭里,有46个是移民家庭。在这些移民家庭中,有一对移民美国的夫妻保持了他们的世界文化观,也从孩子那里得到了很大的乐趣。

当路易斯·布兰代斯从圣路易斯市的小学毕业的时候,他因为学业出色而得到了一枚金奖章。在那个西部城市,他那犹太裔的移民家庭很为社区所接受。他们有过在新的土地上当农民的梦想,但是当他们发现这个主意不现实的时候,他们还是故意躲开那些已经有了成熟的犹太人社区的大城市,而在离城市比较远的地方安顿下来。他们的家成了一个自发的知识分子中心,整个家庭的学习和文化氛围非常让人惊叹。路易斯的父母都各自会说3种语言。

当一次经济萧条袭击美国的时候,路易斯·布兰代斯把家里的生意转手出去,全家到欧洲游玩,直到经济情况好转才回来。在路易斯·布兰代斯的记忆里,这段时间是他童年的黄金时期。不过,他的姐姐埃米在意大利的米兰得了伤寒病,他的母亲和另外一个姐姐范妮就不得不留在旅馆里照顾她。他的父亲和两个儿子——阿尔弗雷德和路易斯,一起去了瑞士爬山。他们特意要找到每一条河的源头,直到路易斯脾气爆发:"我就不明白为什么非要找到欧洲每一条河的源头!"从那个时候开始,体力活动总是很容易让他疲劳。

当爬山活动结束之后,路易斯就试图进入维也纳的一所中学,但是校方没有接受他入学。于是他去了德累斯顿,找到了阿南-里约舒尔学校。有一段时间,他就像飞蛾围着灯飞那样在学校周围奔走。一开始,学校执事拒绝了他的入学申请,理由是他无法拿出出生证明,没有免疫接种证明,也没有参加入学考试。

第七章　没有大问题的家庭

路易斯则撸起袖子，让执事看他胳膊上打过疫苗的疤痕。之后他说："现在，看着我，看，我已经出生了。"于是，甚觉有趣的执事没有让他参加正式入学考试就录取了他。他的父母对于他这些主动的行为感到很欣慰，当他在班里学业成绩很拔尖的时候，他们也一点都不吃惊。路易斯长大之后成了一名律师，后来还成为美国联邦法院的大法官。

一名底特律的精神医学家路易斯·科伦曾经说过，孩子最重要的需求是被人喜欢。弗里德丽卡·布兰代斯这名女性的主要乐趣就是她的孩子。她对儿子们之间的兄弟情谊甚为惊叹，也注意到他们对待自己的姐妹们是多么温柔。路易斯的父母对他都很有信心和尊重。在哈佛读书期间，当他视力下降很严重的时候，他们给予了他无比的理解和支持，却没有过分保护他。这种态度最后帮助他战胜了这个困难。

有一个富有的家庭也享受与孩子们在一起的乐趣，这就是肯尼迪家族。他们家给了孩子体力活动和智力活动的自由。家里的两个大儿子乔和杰克在非常小的时候就独自驾帆船出海了，因为他们太小，脑袋都无法从船舷上方露出来，从岸上看去，帆船上就好像没人一样。所有9个孩子都被给予了自由，也被给予了责任，父母对于每个孩子都有很高的期望，父亲还要求他们在体育和文化上互相竞争。

在这400位杰出人物中，政治家的父母没有一对离婚或者分居的。有几个赢得了公众选举的男性虽然是孤儿或者父母一方早亡，但是他们都是在温暖和被鼓励的环境里长大的。在这些政治家当中，在这些对世界各国友好与和平有着特殊兴趣的男人和女人当中，以及在律师和科学家当中，我们可以看到最理想的温暖、和睦家庭的典范。

阿德莱·史蒂文森——伊利诺伊州的州长和民主党总统候选人，成长在一个时有情绪爆发但本质上相亲相爱的家庭。他的父亲路易斯·史蒂文森和母亲海伦·戴维斯·史蒂文森都喜欢聪明的谈话，喜欢讲故事，他们是活跃、精力充沛的人。他母亲愿意把钱花在教育、旅游和家居装饰上，他父亲则是豪迈、挥洒般的慷慨。因为他们家庭很富裕，观念的不同并没有造成物质上的匮乏，所以这种习性上的分歧就无关紧要了。

父母和祖父母都很喜欢和孩子们在一起——安静、喜欢平和气氛的阿德莱和他那上蹿下跳、咄咄逼人的姐姐伊丽莎白，人称"巴菲"。他们家带孩子们一起旅行了很多次，以至于阿德莱9岁之前在学校正规上学的时间都很少。阿德莱的姐姐，后来的欧内斯特·L.艾夫斯夫人，曾经说，对于他们家来说，经典作品从来就没有"必修的教育内容那种良药苦口的味道"。他们的母亲给他们读霍桑的《神奇之书》（*Wonder Book*）、雨果的《悲惨世界》（*Les Miserables*）、斯科特的《维弗里故事集》（*Waverley Novels*）、库珀的《最后一个莫希干人》（*Last of the Mohicans*）。她读书很好听，还很会制造戏剧效果。

在他们家里，阿德莱被开玩笑地称作"野蛮人"，因为他非常的温和，做事规规矩矩。在一次因为不小心把桌子上的玻璃和银片扯下来而被打了手心之后，他悄悄溜走，到狗房子里去睡觉。几个小时以后，他才被自责和焦虑的父母找到。

虽然他的父母都爱争论，而且是热衷于有话直说，阿德莱却很安静，招所有人喜欢。在学校里，他的行为分数是"优秀"，学业分数却很低，部分原因是他经常缺课。二年级的第一学期，他只上了10天学，老师给他的分数是阅读和拼写很差，写作良好。

与同伴相处，阿德莱既不听别人的话，也不强势欺人。他打架的次数跟别人差不多，万圣节的时候，他也会去把别人家厕所造个底儿朝天，把别人的推车给扔到房顶上去，还在姐姐的床上放了一只黑猫，把姐姐吓得歇斯底里。

| 第七章　没有大问题的家庭 |

这两个孩子经常跟母亲一起在大自然中长时间地散步，母亲还教会了他们观察样本，以及把他们观察到的细节画下来。在晚饭桌上，他们随意编故事。父母中的一位开始讲一个故事，另外一位就会添枝加叶。他们你一句我一句地接着往下编，直到大家都又喊又放声大笑。阿德莱对他父亲的评价是："他是我见过的最有趣的人之一。"

阿德莱的父亲是他的一个姑妈的49个农场的主管，也是《美国名人录》(*Who's Who*)里列入的第一个农民。在识字以前，他的孩子们就知道了1蒲式耳玉米要多少钱。家庭里的成年人也与孩子们分享了自己的兴趣。

阿德莱把自己的课业学习水平保持在最低标准。他的老师们抱怨说，他的兴趣太广、太杂。对于他在学校感到无聊，老师们的解释是，这是因为他精力不集中。直到上了普林斯顿大学，他才成为一名还说得过去的学生。

他的外祖父W.O.戴维斯，是他经常交谈的人之一。从外祖父这里，他得知了他的祖先杰西·费尔的详细故事。杰西是个热爱和平、有宽广眼界和很强能力的人。杰西成了阿德莱心目中的英雄，是他最想模仿的人。他的传记作者肯尼思·戴维斯说："在这个孩子的所有先人给他的影响中，杰西的影响是最重要的。杰西的影响也许可以说是形成了一个核心，孩子所接受的教育就是围绕着这个核心的。"

阿德莱的祖父曾经是美国副总统，他对阿德莱的影响也很重要。阿德莱学习历史就是从学习他们家的先人的故事开始的。祖父经常用牛奶和饼干把孙子、孙女们都哄到图书室里，一边让他们享用点心，一边给他们读书。当阿德莱6岁的时候，祖父就给他读《哈姆雷特》(*Hamlet*)和罗伯特·英格索尔[①]在他兄弟葬

[①] 罗伯特·英格索尔：Robert Ingersoll，1833—1899，美国19世纪的政治家、演说家。

礼上的演说。祖父激发了阿德莱对历史的兴趣，在他 13 岁之前，他就读完了马克海姆的全部 13 卷《浪漫史中真实的美国》（*The Real American Romance*）。他们的外祖父则给他们用正宗的苏格兰口音读罗伯特·伯恩斯①的书。

P.M. 谢尔登研究超常儿童的家庭，他建议研究者们要更加关注祖父母们对孩子的影响，因为这种影响是会通过父母传递给孩子的。他曾经建议要研究祖父母给予孩子的压力，他还提出，这种压力在父母身上的内化，会让下一代的能力得到极大的发挥。

阿德莱的母亲有过度保护孩子的倾向，但是阿德莱很强烈地拒绝接受这种保护，不让自己成为一个整天怕生病的人。他很活跃，与同伴相处得很好。在青春期期间，他很不幸地卷入了一次误射事故，开枪打死了他的一个年轻的表姐。②虽然这是因为他以为"那是没有上子弹的枪"，不是故意要杀人，但是，这次节日宴会期间发生的悲剧却对这个男孩产生了深深的影响。他的负罪感一直是他的一个沉重负担。

在 1954—1955 年，P.F. 布兰德温采访和研究了 30 个西屋科学奖得主的美国中学生。他们都很安静、自省，善于总结经验教训。他们喜欢远足，喜欢阅读严肃的书籍和杂志，喜欢听古典音乐而不是流行音乐。他们常常会选择做一些志愿服务，比如，给盲人读书或者参与教会的工作。他们当中的大多数人都会自己买书来读。他们在学校的学习一点都不困难，但是却也经常为了怎样理解作业题而与老师产生争议。他们的穿戴很传统，把大量时间花在自己找的项目上，比如，集邮和业余无线电。他们很少被同学选入学生组织的领导层，因为他们不是那种

---

①罗伯特·伯恩斯：Robert Burns，1759—1796，18 世纪苏格兰诗人。
②在他 12 岁的时候，阿德莱在自家举办的一次聚会上用一把来复枪给朋友演示一些军事训练的技能。有人在用了这把枪之后忘了把子弹卸下来，阿德莱却误以为那是空枪，开枪时不幸打中一个 16 岁的表姐致其死亡。

第七章 没有大问题的家庭

很有人缘的类型。他们来自有丰富藏书的家庭，父母们对孩子们的期望是希望他们成为专业人士。这30名学生里，有24名是家里的第一个孩子，有16名是独生子女。

在我们的样本里，与西屋科学奖得主的情况一样，在培养出了科学家的家庭里，无论是父母还是孩子，他们的天性似乎就不会让他们把自己卷进有伤害性的人际关系。在科学家的父母中，没有谁离婚、离弃家庭或者分居。唯一也许可以勉强算作离弃家庭的，是塞尔曼·瓦克斯曼的父亲，他因为在军队里服役而曾经长期离家。

对培养出了科学家和医生的家庭的观察，让我们发现了这些家庭之间在情感方面的一些区别。那些既是医生又写小说和剧本的人，常常是出自动荡不定、不快乐的家庭，所以要从这一章里排除出去，这些例子包括萨默塞特·毛姆，他是一个不快乐的孤儿；A.J. 克罗宁医生，在半自传体的小说里，他描述了在父亲去世的时候，自己家里的紧张气氛及家人的分歧；安东·契诃夫医生来自一个没有片刻安宁的家庭；柯南·道尔医生的父亲是一个卓有成就的家庭里没出息的那个，他母亲则对这个事实非常反感。

在医生们中间，在童年时期收集东西是个很常见的业余爱好，他们的父母也鼓励和宽容对待这样的爱好。他们特别喜欢身体上的自由，喜欢在乡间四处漫游。

医生、细菌学家汉斯·津瑟非常得意于他的畅销书《老鼠、虱子和历史》（*Rats, Lice and History*）。在自传《我所记得的他》（*As I Remember Him*）一书中，他讲述了自己温暖、和睦的家庭。在父亲去世了两周之后，他的母亲也去世了。"母亲的死完全是源于父亲的去世。"这个儿子这样说。汉斯是个受到了过分保护的孩子，是他们家最小的儿子，直到11岁，他都留在家里，和母亲在一起。

他非常的淘气，这在医生们的童年里是很典型的。他那思想自由、很有主见的父亲给他精心选择了一所文理高中,他在那里毕了业,进入了哥伦比亚大学学习比较文学,也适应得很好。他原本是想成为一名作家,但是因为一次恶作剧而成了一名医生。一个瞬间的冲动,让他向一个刚从自然科学大楼里面走出来的教授身上扔了一个雪球。他瞄得很准,把教授的帽子打掉了。为了让教授知道他打雪球并不是因为他对这个教授有什么个人恩怨,到了下一个学期,他就选了这个教授的课。就这样,汉斯就跟比较文学系分道扬镳了。科学对他来说成了一个神奇的世界,有那么多东西等他去发现。

不过,对科学的沉迷也没有治好汉斯对于恶作剧的偏爱。有一次,他假装自己有恐水症,去吓唬一个装腔作势的同学。在一片混乱之中,实验室的仪器被打翻了。有一名教授把一桶实验用的海参从汉斯头上倒下去,想让他停止咬同学的腿。

加拿大的著名外科医生威廉·奥斯勒的父母无比宽容。在他因为大骂老师而被学校开除之后,他兴奋地跑回家,高兴地大声喊叫。牧师和妻子毫无怨言地给自己的天才儿子另找了一所学校,而他在那里又因为用硫黄熏了一个女老师而"一举成名"。因为威廉把好多学生都卷进了这个恶作剧,所以谁也没有被开除。但是这位女老师控告了这帮男学生,最后判决是她赢回控诉费,每个男孩还要再赔偿她1美元。

当这个男孩子遇到了一个能够激发他的兴趣的老师的时候,他受到了这位老师很大的影响,也改变了一些爱淘气的心理。这位老师对于教学的看法并不是要给孩子们塞进尽可能多的知识,而是要让孩子们在接受了外界信息之后能够得出自己的看法。他会带着学生们出去一整天,寻找化石。威廉学会了帮老师做显微镜切片给其他同学看。

威廉的传记作者是脾气坏但声名卓著的医生哈维·库欣,而哈维自己在手术

第七章 没有大问题的家庭

室里的暴躁做派，则又被另外一个医学作者威廉·夏普给记录了下来。

威尔弗雷德·格伦费尔爵士是一名医生、人道主义者、作家、探险家，他有个相貌酷似英国维多利亚女王的母亲和一个整天做白日梦的教师父亲。他的强势的母亲负责一所寄宿学校，那是他们家收入的来源。他的父亲则是一名和学生一样孩子气的、受学生喜爱的教师。

威尔弗雷德的父母几乎给了他们的孩子完全的自由。当学校放假的时候，孩子们就根本没人陪伴。每当父母一离开家，兄弟们就把年少的伙伴们叫来，在家里自在地玩。他们给表兄弟们发电报，叫他们火速前来——"海岸线上没有敌人"，因为父母出门去了。其实，他的父母正在那个接到电报的亲戚家里做客，他们看到这封电报的时候觉得是个非常有趣的插曲。

威廉·卡洛斯·威廉姆斯博士是一位诗人，也写过毫不隐讳的自传。他来自新泽西州罗瑟福德一个温暖但充满暴躁情绪的不安宁的家庭。他的工程师父亲经常不在家。他的父母很相爱，但是家里经常有莫名其妙的客人上门，一住就是几个月。这其中，有一个患有精神病的叔叔，曾经想把他们全家都杀死；还有一位跟他母亲动手打架的祖母。威廉和他的弟弟埃德好得就像一个人一样，他们总是在一起，直到20岁。他们完完全全地爱着对方，这种不寻常的感情让关注他们的母亲很是不安。"可怜的妈妈，她有时候随便抄起一个什么东西就把我们狠揍一顿。有一次是一块木料。她把我揍了一顿，然后又带我上楼用金缕梅水给我涂抹打疼的地方。"

关于父母和自己小时候的经历，医生们比科学家们讲得要多一些。有一次，查尔斯·梅奥医生说："我和我哥哥威廉最成功的事情就是选对了我们的爸妈。"威廉·梅奥医生则是这样形容他的母亲："她总是接受别人的优点，但是不批评别人的缺点。我不记得她说过任何一个人的坏话。"

从一开始，查尔斯和威廉兄弟俩就总是在一起。"所有人都知道我们是'梅约两兄弟'，谁要是招惹我们其中的一个，那他也得对付另外一个。"威廉是哥哥，查尔斯是那个有点病歪歪的小个头弟弟。他们拥有生活在乡间的一切自由，打弹子、钓鱼、抓鸽子、骑马。威廉喜欢读书，查尔斯则喜欢瞎鼓捣，总是在修什么东西——搅拌机、泵、炉子。他发明了一个蒸汽机，给家里洗衣服、劈木柴和从井里抽水。14岁的时候，他仔细研究了一篇关于电话的文章，然后自己造了一个，从他父亲的办公室通到他们家里。电话公司说，这违反了他们的专利权，于是他的这个设备就被正规的电话取代了。

查尔斯和威廉的父亲是位乡村医生，当有需要的时候，全家都要给他帮忙。梅奥太太帮着给骨折的患者固定断肢，给生病的小婴儿灌药。儿子们给病人包扎伤口，做显微镜切片，跟着父亲到乡间去出诊。当他们的父亲骑马向病人家飞奔的时候，兄弟们也骑马跟在父亲后面，同时跟他讨论可能的诊断和是否能够康复。威廉开始去看尸体解剖的时候年龄如此之小，以至于他根本看不见台子上的尸体。他父亲就抱起他来，让他坐在台子上尸体的头部旁边，而这孩子就一边观看解剖过程，一边抓着尸体的头发，免得自己掉下去。有一次，在一个异常血淋淋的手术过程中，麻醉师昏倒了，查尔斯就接替了麻醉师的工作。后来他也一直以这种方式帮助父亲，尽管有些病人会因为看到是一个孩子在做这项工作而感到不安。两个孩子都曾跟着父亲去开医学会议，也会阅读父亲写的文章和书籍。

老梅奥医生不仅是个乡村医生，他还是一个有原创性和想象力的医学研究者。他从来不会等到病人交了钱才肯给人看病。他相信，任何有特殊能力的人都有义务为社会提供与他的能力相当的服务。他总是有非常多的病人，而乡亲又总是被各种事情困扰：干旱、债务、坏收成、市价太低，以及因为交不起房贷而无家可归。有时候，老梅奥医生和妻子在这些事情上看法不一，甚至会有很长时间两人

| 第七章　没有大问题的家庭 |

觉得无法沟通。

在梅奥家里，大家没有时间也没有意愿来好好写作，因为他们家始终在行医，比起其他那些自主经营的小生意家庭来，这就使得他们需要将更多的时间花在一起工作上。但是小时候所得到的自由，与土地和血汗直接的接触，让两个孩子在成年之后受益匪浅。

在堪萨斯州托皮卡的一个家庭里，另外一名医生查尔斯·门宁格也养了两个儿子，他们两个日后扬名，是因为建立了诊断精神疾病的私人医院。在我们研究的400个家庭里，有4位母亲自己写了书，讲述她们养育孩子的经历，其中一位母亲就是弗洛拉·奈斯利·门宁格。另外3位是富兰克林·D.罗斯福的母亲，罗伯特·A.塔夫特的母亲和格特鲁德·贝尔的继母。弗洛拉在她的《我的故事》(Story of My Days)一书中写道："孩子们的父亲一直是一个尽心的丈夫，对儿子们也非常有爱心。我想要得到的最好的礼物，就是儿子们在对待他们所爱的人的时候，在态度和行动目的上都像他们的父亲一样。我的梦想是有一个个子高、体形瘦、有智慧、有乐趣的丈夫。我的希望是我们能够对同样的事情有兴趣。我的这些梦想全都实现了，甚至比我想象的还要好。"

查尔斯·门宁格医生和他的太太很喜欢和孩子们在一起。他们从来没有想过要离开孩子自己度假。查尔斯也喜欢后院里的牡丹园。当孩子们大了一些，需要这块地方进行他们的童子军活动的时候，他替他们租了附近的3小块地，而把牡丹园用篱笆围起来了，这个牡丹园后来还成了社区一景。在童子军这个组织还在起步阶段的时候，他还做过全美童子军指导委员会的成员。

在最小的孩子才21天大的时候，弗洛拉·奈斯利·门宁格就开始在长老会教堂她办的主日学校里教授圣经课程。在1919年，她在那里要管理400名注册学生。到了1923年，这门课程成为基督教女青年会活动的一部分，有500名学生来上课。这些课向所有种族的人开放，有14位教师给各个班级教学。弗洛拉还教授美术课，尽管这不像圣经学校那样占时间。她没有把全部精力都给孩子们，也没有过分关注他们。

《门宁格家的故事》（*The Menninger Story*）的作者沃克·温斯洛的看法是，弗洛拉的社会活动牵扯了她过多的精力，她是一个穷苦的孤儿，从小住在一个农场上，这些因素都使得她无法带着热情去做一名富有的医生太太应该做的事，不过他又说，她丈夫却也从来没有因为太太的这些不足而表现过一丝一毫的不满。

卡尔·门宁格的童年很不顺利。他的一年级老师认为他很迟钝，直到他后来一连跳了两级的时候，他的能力才真正显现出来。后来，他成为一名很受欢迎的作家、一位著名的精神病学家，在堪萨斯州托皮卡创立了著名的门宁格医院。

研究这400个家庭，让我们能够发现一些规律，发现家庭与家庭之间的共性和不同。比如，对于医学领域的杰出人物来说，在童年时期，他们的家庭问题的严重程度，和他成年之后是否也会成为一名作家，是有关联的。

公众服务领域里面的杰出人物一般来自相比之下比较平静的家庭，但是幻想小说的作家多来自有问题的、支离破碎的、矛盾重重的家庭。我们又看了一次87名作家的家庭，发现只有大约5个左右的家庭算是温暖、和睦的。我们在这里描述一下这样的几个家庭，用来说明，散文、诗歌作家也可以出自一个与理想化的约翰和玛丽·史密斯之家不相上下的家庭。

A.A.米尔恩是这样描述自己做校长的父亲的："他是我所知道的最好的人。"他觉得他从来没有真正理解自己的母亲，但是他说："她很简单，不情绪化，有普通常识。"米尔恩家的三兄弟从来也没有停止争吵，但也彼此一直认为他们互相需要。A.A.米尔恩说："我们拥有比其他大多数孩子更多的自由。"还很小的时候，他们就可以一起整天在伦敦各处游荡。他们都是行为很好的孩子。他们收集各种东西，包括矿石、虫子。父母给他们读书，带他们到处旅游，允许他们养宠物，家里总是笑声不断。他们很穷，但是他们从来也不知道自己很穷。父亲把学习搞得很有乐趣。"在父亲的家里，对事物有兴趣是很自然的事。我们很容易就能当个聪明人。"

来自一个移民家庭的诗人这样描述他的母亲："在我们做什么事情做得好的时候，母亲就没法不夸我们。有时候是作业写得好，有时候是在冬天的日子里把被单和衣服挂出去晾晒。她总会说谢谢，说我是个好孩子。"卡尔·桑德堡在自传里是这样说的，那简直就是一个幸福家庭的纪录片。他这样说他父母的婚姻："母亲一直保留着结婚戒指，那是一个象征，一枚印章，见证他们两人之间那种深刻的、牢固的东西。"他父亲是个强壮的人，总是能够完成他的工作，他有时候在工作了10个小时之后回家来，衣服全被汗水浸透，看上去疲乏不堪，但是他从不抱怨。

另外一个父母都贫穷的乡下少年是作家、教育家杰西·斯图尔特。在他的自传性质的作品里，他一再表达出对父母的感情和他对自己在肯塔基家乡度过的童年的怀想。心理学家哈夫洛克·埃利斯是一个船长的儿子，父亲一年里有9个月不在家，所以父母每年都把相聚的3个月当成蜜月度过。儿子与父母相处得都很好。"故事王子"E.菲利普斯·奥本海姆是一个皮匠的儿子，皮匠很爱自己的老婆，也爱自己的独生儿子。当儿子的第一本书被一个出版商退了稿之后，父亲凑了钱，给这年轻人自费出版了他的第一本书。还有林肯·斯蒂芬斯——深挖过很多市政腐败问题的著名记者，没有哪个家庭像他的家庭那样温暖、充满爱意、相互理解，让人感动和敬佩。

在一个家庭的内部，兄弟姐妹们对于家庭生活的看法并不总是一致的。作家、教育家玛丽·埃伦·蔡斯深情地描写了她的童年。在自传《白门》(*White Gate*)里，她写道:"我对我的幼年时期的成长经历没有一丝一毫的反感,即使在现在看来,我受到的待遇也是公平的,虽然它也是非常严厉、毫无通融余地的。"

但她也很快补充说,她的两个姐妹现在已经有了自己的家,她们却认为父母当初毫无必要地过分控制了她们,压制了她们。也因此,她们后来在对待自己的孩子们的时候,就采用了不同的态度。她继续写道:"我自己没有结婚,所以,在这个问题上,我没有什么眼前的得失需要尽快做判断。但是,我这些年来也一直有兴趣关注我的姐妹们,看看她们在有了自己的空间和时间之后,她们在养育孩子的方法上做了什么改进,养育出来的孩子又有什么不同。"

当某个孩子不听话、态度粗鲁、忘了自己分内的家务事,或者说了谎时,父母可以随时抄起一只拖鞋或者一片掉下来的瓦片来揍她。当孩子们不服管的时候,母亲很利索地拿卷起来的毛巾把她们拴在门把手上,她们的脚勉强能够得着地,就这么晃荡着。如果是轻一点的惩罚,母亲就把她们用卷起来的毛巾拴在厨房一角一张大桌子的最高层的架子上,在那里要么读书,要么看母亲在炉子里烤加了桂皮的苹果派和姜饼。

每个孩子在5岁以前就在家里被教会了读书,每天晚上吃完晚饭、洗了碗之后,孩子们就围坐在桌前写作业。就连最小的孩子也得在其他孩子写作业的时候在桌前坐15分钟。她们做律师的父亲让她们测量木柴堆的体积,用立方英尺表达出来。她们的母亲可能会说:"你们的父亲马上就要考你们关于罗马皇帝的历史了。"

当我们研究了我们选出来的58个几乎可以说是没有什么问题的家庭之后,我们就看到了一些常见的行为:父母和孩子们都喜欢与对方在一起,他们一起学习,一起玩。如果父母之间感情好,小孩子们之间感情就好。孩子们在智力和体力活动上都有相当的自由。他们对自己的安全和健康不感到焦虑。在这些家庭里有着更多的快乐和幽默，对一些小过失有着更多的宽容。严格的管教在这些家庭里并没有缺失，一般来说，每个家庭也都有他们各自的行为准则。父母对孩子的期望很高，但是不像那些强势父母的家庭那么高。

第八章

不完美小孩

第八章　不完美小孩

> 难道这些有高度创造力的人们像牡蛎一样，必须要有一粒沙，才会得到一粒珍珠？
>
> ——《学业超常儿童研究》(*Research on the Academically Talented Student*) 主编 肯尼恩·安德森

按照刘易斯·特曼的说法，超常儿童通常在各个方面都很突出：体格、情感，当然还有智力。他们对烦恼有很高的忍受能力，通常没有精神方面的疾病，并且漂亮、健康，比大多数孩子更高、更健壮。

对于我们所研究的400位杰出人物来说，这可不是他们的情况。他们中有人可能在智力和创造力方面显现出无与伦比的天赋，但相貌却平淡无奇，瘦小或肥胖，甚至是残疾。他们中很多人说过，想要补偿身体缺陷的心理需要，是他们急于在其他方面做出成就的原因。在很多传记里，特别是自传里，我们经常看到直接与有力的描述，说明童年的厄运如何给了这些人进取的动力，最终让他们成就卓著。

失明与视力缺陷

在我们研究的人群里，作家海伦·凯勒和维德·梅塔是完全失明的。因为严重眼疾而影响生活的则有：拉迪亚德·吉卜林、阿道司·赫胥黎、肖恩·奥凯西等。视力不好，但是对他们影响没有那么严重的有：拉夫卡迪奥·赫恩、雷吉纳德·菲森登、路易斯·布兰代斯、爱弥尔·左拉、詹姆斯·乔伊斯、卡尔·桑德堡和威廉·詹姆斯。

5岁的时候，海伦·凯勒是个随心所欲的小野孩，像小动物一样，完全无法向人表达她的想法。她的老师安妮·莎利文是一个孤儿，她自己的生活也因为视力差而受到影响，但正是她使得海伦最后能够以优异成绩从拉德克利夫学院毕业。海伦能够很好地比较康德和爱默生的哲学，对和平与战争也有自己的见解。她能够阅读法语、德语、拉丁语、希腊语和英语的文字，她骑马、游泳、骑自行车。如果不是因为她母亲的阻止，她也会结婚。

在还是个小婴儿的时候，脑膜炎就使得维德·梅塔完全失明了，所以他完全没有关于看到东西的记忆。他的父亲是一位事业成功的印度公共医学官员，他意识到自己的长子会一生失明，需要学会怎样在失明中生活。在印度，失明常常被人看成是一个诅咒，是因为父母做了坏事，孩子才会得到的诅咒。大家都会躲着盲人。维德的母亲疯了一样寻找各种偏方，甚至让民间医生把有刺激性的药水滴到孩子眼睛里，让孩子既痛苦又惊慌不安。他们夫妻二人对待孩子失明的态度完全不一样。

5岁的时候，维德被送到一所盲人学校去学习。"你现在是个大人了。"当他离开家的时候，父亲对他这样说。到了他15岁的时候，维德独自在美国一路搭顺风车从阿肯色州到洛杉矶去。成年后，他成了《纽约客》（*New Yorker*）的撰稿人。

一个来自都柏林，后来成了剧作家的男人也有视力问题。当肖恩·奥凯西他5岁的时候，有些小小的、闪亮的、乳白色的颗粒开始出现在他的眼球上。他开始怕光，闭着眼睛，在他所能找到的最黑最暗的角落里独自坐着，不停地呻吟。

肖恩是家里最小的孩子，是在他前面有两个也叫肖恩的孩子在婴儿期夭折之后出生的。有一个孩子病的时候，母亲恳求医生和护士救救孩子，那些不负责任的医生、护士们却让她不要出声，好好排队等着，结果在等待的时候，孩子死去了。医生、护士们在那些没有什么大病的病人那里耽搁了时间，这个婴儿却因为呼吸道感染而憋死了。

如果肖恩的父亲迈克尔·奥凯西不是那么自作主张，他们家也许会在经济上更有保障。父亲迈克尔·奥凯西接受了一个报酬非常低的工作，为一个爱尔兰教会的传道工作做职员。他49岁时突然去世，什么也没能给太太和6个孩子留下，只除了他的藏书和他对学习的热爱。全家人陷入了极度贫穷之中。在我们的400人样本里，奥凯西一家是唯一经常挨冻、挨饿的家庭。

在孩子们受欺负的时候，奥凯西太太可以是一个脾气非常大、护孩子的母亲，但是在家里她很温柔，对孩子很支持。肖恩的眼病意味着他们要经常去医院，滴眼药水、上眼药膏、缠绷带、冷敷、热敷。

在肖恩参加的新教教会学校里，执事对他没有同情："医生也都有各自的意见，有些病人总是会死的……如果我们都严格遵守医生的每一条告诫，人类现在还在火堆旁边呢。再过些年，到了他要独立谋生的时候，如果他不会读、不会写，医生能怎么帮他？"有一次，这个虐待狂老师狠狠打了孩子，还要孩子跪下乞求原谅，因为在挨打的时候孩子反抗，踢了老师的小腿。之后，母亲就让孩子退学了。肖恩的3年断断续续的上学生涯就这么结束了。

肖恩从他哥哥阿奇——一个活跃的业余剧社成员那里学到的最多。虽然肖恩10岁的时候还不会读、不会写，他却学了很多莎士比亚和鲍西考尔特剧作中的片段。15岁的时候，他第一次上台出演话剧。

13岁时，肖恩的视力稍微有些起色了。他给自己设计了一个宏大的自学计划，把书举到鼻尖上来读。他读了莎士比亚、狄更斯、斯科特、巴尔扎克、拜伦、雪莱、济慈、戈德史密斯的作品。有一次，他工作的办公室的领导从他那微薄的薪水里扣除了两个先令，他大为愤怒，跑到书店里偷了一本弥尔顿的书来出气。他的姐姐伊莎贝拉想教他学语法，被他拒绝了。他认为自己从正规学校教育里解脱出来是一种幸运，他还相信是眼病让他成为了剧作家。

约翰·洛克伍德·吉卜林是印度孟买一所学校里的雕塑教授，他的妻子是爱丽丝·麦克唐纳·吉卜林。他们的第三个孩子在刚出生不久就死去了。这使得他们到英国找了一个寄宿家庭，能够让他们5岁半的儿子拉迪亚德和还不到2岁的女儿比特丽斯留在那里。通过一则报纸上的广告，他们找到了一对夫妇专门做这门生意，给在印度做公务员的英国人的孩子提供寄宿服务。当孩子们安顿下来的时候，约翰和爱丽丝就悄悄溜走了，他们害怕眼泪汪汪的告别场面。到了拉迪亚德11岁的时候，他母亲才终于来把他接走了。但是没有任何迹象表明她是一个喜欢和孩子在一起、从心里接纳他们的母亲。

在他们那个表面上看起来整洁得体的寄宿家庭里，孩子们度过了生命里的6个年头。在这里，事情并不是表面看起来的那样。拉迪亚德快要被逼疯了，眼睛也要被逼瞎了。从一开始，这个来自印度的男孩就很招罗莎姑妈——他被嘱咐要这样称呼她——讨厌，她的愚蠢和爱欺负人的儿子比拉迪亚德大几岁，也反感拉迪亚德。这家的主人是个老船长，对这个来寄宿的男孩还算不错，但是他不久后就去世了。拉迪亚德没完没了地说话，刨根究底问问题，以及别人对他表示好感

| 第八章　不完美小孩 |

的时候，他不予理会，这些都惹恼了这个罗莎姑妈。为了拉迪亚德灵魂得救，她给拉迪亚德灌输了地狱的概念和那里有多么可怕。无缘无故的微笑就可能招来惩罚，她把这解释成冷笑，但是，她这么解释还真可能是对的。可是另一方面，她倒是一直喜欢比特丽斯这个讨人喜欢和听话的小宝宝。

吉卜林家孩子们的祖母和外祖母，还有相当一些自己也有小孩的年轻有为的叔叔、姑姑、姨妈、舅舅都住在英国。亲戚们——伯恩-琼斯家、波因特家、鲍德温家，对吉卜林家的孩子们都采取了漫不经心的态度。麦克唐纳家的外祖母和两个姨妈例行公事地去看过孩子们一次，在她们看来孩子们吃得饱，穿戴得体、干净，觉得罗莎姑妈是个信奉上帝、行为得体的女人，就很满意地走了。

乔治亚娜·伯恩-琼斯姨妈是亲戚里面对拉迪亚德和比特丽斯最关心的姨妈。每年的12月，拉迪亚德可以去乔治亚娜姨妈家里住1个月。乔治亚娜姨妈家的客人是新一代知识分子里面最有想象力的那些，家里摆放的家具是最时新的样式。威廉·莫里斯[①]就是他在那里结识和相处得很好的一个叔叔。罗塞蒂[②]家、福特·马多克斯·福特[③]家的长辈和斯温伯恩[④]家都曾经参加了拉迪亚德父母的婚礼。唯一一个别别扭扭的客人是一个大家都称他为"勃朗宁"[⑤]的人，门厅里那一大帮孩子着实让他很烦。

拉迪亚德最喜欢的是趴在楼上栏杆上倾听楼下传来的一波一波的男人们的深沉的声音，他们在餐桌上谈论政治、艺术和文学。在"南海"那个无聊的家里可没有这样有趣的事情。

---

① 威廉·莫里斯：William Morris，1834—1896，19世纪英国艺术家、作家、纺织品设计师、自由派社会主义者。
② 罗塞蒂：Dante Gabriel Rossetti，1828—1882，英国诗人、插图家、画家、翻译家。
③ 福特·马多克斯·福特：Ford Madox Ford，1873—1939，英国小说家、诗人、评论家、文学编辑。
④ 斯温伯恩：Algernon Charles Swinburne，1837—1909，英国诗人、剧作家、小说家、评论家。
⑤ "勃朗宁"：指诗人罗伯特·勃朗宁，Robert Browning，1812—1889。

当罗莎姑妈发现拉迪亚德很喜欢读书的时候，就对他的这个兴趣进行了严厉限制。他在半黑的角落里学会了读书，但是他的视力越来越糟糕了。他在学校的作业也因此完成得很差。有一次，当他假装没有收到一份很差的成绩单的时候，罗莎姑妈在他背上挂了一个写了"骗子"二字的大牌子，让他背着牌子去上学。

这次事件给他造成了情感上的阴影。他开始在没有影子的地方看见影子，在没有东西的地方看见东西。罗莎姑妈开始像躲麻风病人一样把他和别人隔离开来。比特丽斯在他们寄宿的这悲惨的6年里一直坚持捍卫哥哥，但是在这个时候她也不被允许与哥哥接触了。后来有一次，乔治亚娜姨妈突然来访，之后，又来了一个陌生的医生，再之后，他们的母亲就来了。看到母亲的时候他缩了回去，以为自己要挨打了，但是母亲俯下身亲吻了他。

当他戴上了在那个时候很少有孩子戴的、有厚厚的镜片的眼镜之后，爱丽丝就带着他、比特丽斯和外甥斯坦利·鲍德温去了离埃平森林很近的一个小农场上住了几个月。她让孩子们四处乱跑，对他们唯一的要求是吃饭之前必须洗手。斯坦利和拉迪亚德二人很让农场招待他们的人头疼，他怀疑这两个孩子是否在互相影响，把对方带坏了。

拉迪亚德的母亲不知道应该如何安置这像陌生人一样的儿子。秋天，她搬去了伦敦。南肯辛顿博物馆就在马路对面，她给拉迪亚德和比特丽斯买了通票。这让疲乏不堪的母亲有了休息一会儿的机会。两个孩子在博物馆里乱闯，连标着"游客免进"的地方也闯进去。

夜晚来临时，因为睡不着，拉迪亚德在家里各个房间乱转。这是他后来经常犯的失眠症的开始。不久，他母亲就回印度了。他被留给3个"亲爱的老太太"，她们很有文化修养，很善良，也不太给孩子立规矩。从那里，他进了联合服役学校，校长是他在乔治亚娜姨妈家的假期中认识的那些叔叔中的一位。

| 第八章　不完美小孩 |

这个年纪虽小但思想成熟、说话唐突、留着点胡子、戴着厚镜片眼镜的孩子，在学校里很不招人喜欢。贝雷斯福德说，他看上去像是一个小穴居人。到了14岁的时候，他在学校里跟任何男孩有冲突的时候都能够保护自己了，在那时候，他才不怎么被欺负了。在最初的一年半里，他跟两个男孩交上了朋友。这两个男孩跟他一样，都很与众不同。

在学校里的第一个学期像噩梦一样，第一学期结束的时候，拉迪亚德还得在学校里过假期。尽管在罗莎姑妈那里经受了很多虐待，他仍然经常回到她那里去，因为妹妹比特丽斯还住在那里。一个肤色苍白、头发颜色很深、比他大2岁的女孩也在那里寄宿，住了他的房间。他疯狂地爱上了这个女孩。在他14岁的时候，他们就订婚了。到了他17岁从学校毕业返回印度的时候，他们仍然保持着订婚关系。但是，时间和距离最终让他们分开了。

拉迪亚德是个典型的有天赋的问题儿童。老师在教那些因为超常智力水平而被选拔出来的儿童的时候，会发现他们的行为似乎很正常，只除了——他们常常在没有轮到自己的时候就迫不及待地回答问题。他们时常会惹恼成年人，因为他们太爱说话，主观意志太强，太坚持追求他们自己的目标，别人和他们说话却说不通的时候让人烦得恨不得把头发揪掉。如果他们想要不尊重人，那他们是会非常擅长这样做的。对一个能力有限的人来说，这样的孩子会特别地让人发怒，而且这样的成年人和这样的孩子之间的紧张关系，会爆发到让人担心的程度。这些情感受到困扰的孩子与其说是一个孩子，不如说是一个尖利的、充满愤恨的成年人，只是碰巧有个孩子的躯体。这些孩子没有一点天真混沌的孩子的可爱之处。

拉迪亚德的那些漠然的英国亲戚们在某种程度上也是值得原谅的，因为他并不总是一位让人愉快的客人。有一次，他大怒着来到麦克唐纳家，他发怒的原因是一个铁路搬运工因他不礼貌而扇了他一巴掌。他在儿童室的地上气得打滚，然后跳起来，宣布说，他要马上回到车站去，"再去教训那个搬运工"。他比亲戚家的孩子们要稍微大一些，更早进入青春期。他的表弟妹们觉得他很有趣，这可能也让他的姨妈们感觉到担忧和头疼。

同时，他的眼睛的毛病、厚厚的眼镜片和古怪的打扮也使得他在适应社交圈子的时候很困难。当他毕业的时候，他和乔治亚娜姨妈家在他们罗丁迪恩的度假屋度过了学校生活的最后几天，这是他记忆里唯一让他觉得愉快的地方。当拉迪亚德成年之后，他要来了那处房屋的敲钟的绳子，把它放到了自己的房子里，这样可以让其他孩子敲钟的时候也同样感到愉快。乔治亚娜姨妈问过他，为什么不告诉别人罗莎姑妈虐待了他。拉迪亚德在自传里写道："小孩告诉别人的事情不比动物更多，因为他们会觉得他们所受到的对待是天经地义的。而且，受了虐待的小孩有很清楚的认识，知道如果自己在离开'牢狱'之前就说出那里的秘密，他们会受到什么样的惩罚。"

后来，他把自己的一些助他成功的性格特点，归结到他6~11岁这段时间的不愉快的经历。他学会了发现别人言与行之间的不一，他总是对别人突如其来要给他什么好处而感到怀疑，他有戒心，对事物观察入微，也能注意到别人的情绪和脾气的变化。

英国作家阿道司·赫胥黎在伊顿公学上学的时候得了一种眼疾，让他因此而离开了学校，没有仅仅成为另外一个"公学毕业的绅士"。他想当一名医生。在他的眼睛感染之后，他就转向新闻行业了。后来，他宁愿相信，上天的意志有时候表面是残忍的，但实质却是好意。

路易斯·布兰代斯去看的第一个眼科医生让他从法学院退学，因为他的眼睛太过疲劳了。他又去找了另外一名医生，医生告诉他："少读书，多思考。"路易斯听取了这个建议，很快就以深思熟虑而为人所知。他还让班上同学读书给他听。在这些给他读书的同学之中，有一位同学的父亲是一个很成功的造纸商。毕业之后，这位同学邀请路易斯加入了他的律师事务所。这个关系对他的事业提供了很大的帮助。后来，他被人们称为"人民的律师"，再后来，他成为第一位犹太裔的最高法院的大法官。

加拿大的科学家、发明家雷金纳德·费森登，在17岁的时候做了一次很大的眼科手术。直到他中年的时候，他才完全恢复过来。在需要聚精会神工作的时候，他就把眼镜摘掉，把眼睛贴在要看的东西上面。

新闻学家、日语教授拉夫卡迪奥·赫恩在一次游乐场上玩的时候受了伤，一只眼睛变得很小，另外一只眼睛相比之下就显得很大。他觉得自己像个怪兽。他生活里的其他困难包括一个排斥他的父亲、一些排斥他的姑姑，以及一个有精神病的母亲。爱尔兰作家詹姆斯·乔伊斯一生都受眼睛酸疼的困扰。法国作家爱弥尔·左拉曾经是个病病歪歪的小孩，身体有点畸形，眼睛近视。

个头小

如果个头比其他孩子小，特别是男孩，这也经常会使得适应群体变成困难的事。有些个头小的孩子变得很好斗，另外一些则会变得退缩。精力十足也充满争议的纽约市长菲奥雷洛·拉瓜迪亚还不到5英尺高。他不仅仅个头小，而且长相也不怎么样。

菲奥雷洛还是个孩子的时候，个头非常小，他在小学里是一路打架过来的。有一次，当他的拳头够不着对手的脸的时候，他哭着跑到了教室里拖了一把椅子出来。他的一个同班同学乔·鲍尔夸耀说他每天都要揍菲奥雷洛一顿。但是菲奥雷洛的传记作者阿瑟·曼却说菲奥雷洛是一个爱争吵、爱说话、爱竞争和不讲策略的人。

出生在匈牙利的小说家、记者阿瑟·凯斯特勒在16岁的时候,有一次在海边的浴室里换衣服,恰好听到两个女人在说话。有一个抱怨自己的孩子长得太快了,另外一个回答说:"你不用担心,要是他像那个凯斯特勒家的孩子那么矮,才可怕呢。"

由此,阿瑟转向课堂去寻找属于自己的快乐。他很喜欢实科学校,在那里,他学习了当代语言和科学。10来岁的时候,他就能说4种语言:匈牙利语、德语、法语、英语。他读达尔文、斯宾塞、开普勒、牛顿、爱迪生、赫茨和马可尼的著作。他还自己制作机械玩具。14岁时,他便认为,除了无限和永恒这两个复杂问题之外,他已经解决了宇宙里所有的谜团。

在16岁的时候,阿瑟的渊博的知识仍然不能让他消除对于怕出洋相的顾虑。他不去舞会,怕自己比舞伴还矮。如果别人请他去一个聚会,又告诉他说"客人里会有一个高个子的金发美女",他就会装病待在家里。

"我诅咒我的小个子。"T.E.劳伦斯这样说。他称自己为"袖珍赫拉克勒斯"。其他的小个子男孩还包括托马斯·哈代、J.M.巴里、亨利·福特、汉姆林·加兰德、莫里斯·拉威尔等等。

在400位杰出人物里,个子小对于其中23位来说是他们发展过程中的一个重要因素。但是这不说明其他人都没有个头小的问题,只是说那些人对这个问题不在乎。

肢体残疾

在本项研究的残疾儿童中，如果说有什么共同点的话，那就是他们与父亲或母亲之间的关系极端亲密。当一个孩子无法自由行动的时候，他就必须经常待在家里。很难说什么时候，他才会不只是父母生活的延伸。需要依赖父母的孩子很容易成为父母的傀儡。对孩子残疾的同情会发展成温柔和纵容，如果太过同情，也会成为孩子发展的障碍。

对孩子最不利的情况是他的母亲无法接受现实。因为残疾孩子与父母变得非常亲近，父母的坚强性格就显得非常重要：坚定，向前看，善于理解孩子。但是，残疾儿童的父母又更容易变得冷淡和无法有所作为。如果孩子身体畸形，那么，负罪感也可以让孩子的父母产生矛盾，进而极大地损害孩子得到幸福的机会。但是，家庭里的这种矛盾倒不一定会影响孩子的创造力。

斯坦因梅茨患有脊柱畸形。他的祖母和他的父亲给了他无限的爱与同情，在家里，他们给了他绝对的自由，只要他是出于科学探索的本意，而不是只想搞破坏，连烧地毯和破坏家具这种行为都会被允许。当他在学校里"造反"的时候，他们和孩子，以及孩子的老师一起努力，解决了他们在家里因过度保护孩子而造成的问题。在他对一个公正而善良的权威人物发脾气和反叛的时候，他们却能够做到一点也不袒护。

斯坦因梅茨不仅是一位出色的电子工程师，他还在罗切斯特的学校董事会里工作，为智力障碍儿童设立特殊项目。他很热切地帮助所有儿童，不管他们是聪明好学的还是有智力障碍的。在他童年时，他的家庭的温暖和热情感染了很多人。尽管斯坦因梅茨因为畸形而受到了很残忍的歧视，对此他却从来不怀恨在心，也不与社会隔绝。

如果一个母亲过度保护孩子，她的判断能力就有可能因为焦虑而受到影响。在这种时候，有些男孩会很有力地打破母亲对自己的过度保护。最高法院大法官、作家和自然爱好者威廉·O.道格拉斯的母亲受过两次几乎是毁灭性的打击。她深爱着的丈夫在还很年轻、很活跃的时候突然去世了。前一天他还在，第二天就再也没有回来。他的幼小的儿子也很怀念他。在《人与山之间》（*Of Men and Mountains*）一书里，威廉写道："走廊里的脚步声、笑声，口袋里硬币哗啦啦的声音，就像哥伦比亚河的河水一样，静静地流走，不再回来了。"直到多年之后，威廉的母亲才能够控制自己，不让自己所受到的沉重打击带来的孤独感流露出来。

后来，小儿麻痹症（脊髓灰质炎）又"袭击"了作为独生子的威廉。当危机过去之后，医生说他应该活不过40岁。医生建议用盐水给他洗那无力的四肢，每两个小时还要给他按摩15分钟，直到有功能恢复的迹象。

一天又一天，一夜又一夜，威廉的母亲执行着医生的嘱咐。威廉学会了走路，衰弱的身体似乎也在好转。母亲认为医生所说的一切都是对的，也因此，她认为威廉注定要在40岁之前死去。她守护着他，娇惯他，试图限制他的活动，请求他的老师和朋友们不要让他累着。威廉最终变得很反叛。"但是我认为，我的反叛不是针对她，而是针对我可能会成为的那个人。"他对母亲的爱并没有让他成为母亲的傀儡。因为在学校里同学嘲笑他的细腿，他备受伤害。那之后，他就开始寻找增强体格的途径。有一个男孩建议他爬山来锻炼因病而萎缩的肌肉，因此，威廉就把离家很近的山当成了自己的体育馆。

与此同时，他在学习上打败了那些嘲笑他的同学们，因为他是一个几乎完美的学生。在爬山一年之后，他的腿开始健壮起来，他成了一个学业成绩优异又善于登山的年轻人。

W.H.赫德森的走路姿势像螃蟹一样，十分与众不同。古斯塔夫·马勒走路

| 第八章　不完美小孩 |

一瘸一拐并不是因为他身体上有残疾，而据说是因为他想分担瘸腿母亲的痛苦。

詹姆斯的家庭培养出了一名小说家和一名心理学家，两位都是非常著名的人物。在他们的家族史中有遗传腰疼和其他一些毛病的倾向，这些身体问题后来都被威廉·詹姆斯定性为"心理现象的身体表征"。但是，没有任何一个其他家庭像富有的詹姆斯家那样打定主意要和睦相处，以及那么热衷于表达他们彼此之间的感情。

13岁的时候，老亨利·詹姆斯和同学一起玩一个充了气的气球时不小心引着了火，他伸腿想去把火踩灭，最后的结果是他因此丢掉了一条腿。他是一个内省但又极度焦虑的男人。年轻的时候，有一个晚上，老亨利独自坐在餐桌旁边，他妻子去照顾两个小儿子了。就在这个时候，他忽然有了一个幻觉。他很放松，感觉很舒服，一点烦恼也没有，但是他忽然意识到墙角有一个神秘的影子，似乎是一个让人极不愉快的、移动的东西，能够放出杀人的射线。虽然在他自己看来，这其实就是个10秒钟的幻觉，但是对于这件事情的记忆令他很不安。在那之后的好几个月，没有任何医生能够让他消除这种不安心理。

在很长一段时间里，老亨利对人类严重缺乏信心，他真切地相信，如果一个人想要完善自己的性格，首先要敢于承认自己是"垃圾"。但同时，他又对自己的家庭有着无边无际的爱，虽然这爱有时候稍微有些说不清道不明。有一次，他对爱默生说，他有时候希望打雷把他的妻子和孩子们都劈死，这样他就再也不会因为爱他们而痛苦了。他同时却总是谴责他人的焦虑感，认为那是一种罪过，但他自己的内心恰恰非常焦虑。

在家里，他扮演了母亲的角色，待在家里时，他总是愿意让孩子们和他亲近。他的妻子是个简单且耐心的女人，她则扮演了父亲的角色。就连孩子们也会用一个父亲的口气去批评自己的父亲。小亨利·詹姆斯是这样评价自己的母亲的："她是我们的生命，是我们的家，是我们家的顶梁柱。"孩子们都不情愿离开家这个避风港。威廉有一次在谈到有关他们的旅行及世界观的话题时说："亨利其实是个'詹姆斯国'人。"

爱丽丝是他们家唯一的女孩，她是个绝顶聪明、坚韧、能吃苦又感情充沛的人。她曾经在聚会上昏倒，因为周围的感官刺激太多了。后来，她卧床不起，得了一种莫名其妙的病，不同的医生把它诊断成"风湿性关节炎""脊柱神经炎"或者"神经性过敏症"。她和她哥哥威廉对自己的病的看法，包括可能由心理因素而引发的生理反应，也没有能够帮助她战胜病痛。

在由青年过渡到中年的时候，威廉曾经被失眠、消化不良、眼疾、腰痛等毛病及经常性的重度抑郁而困扰。他发现神经衰弱的原因可能不是生理性的，这一切都对他个人的成长和他选择心理学作为职业方向产生着重要的影响。

小亨利一生中都因脊柱和消化系统的问题而异常痛苦。他一辈子都喜欢骑马、爬山、旅行，后背的残疾给他带来了很多剧烈的痛苦，但它倒是没有使他无法行动，或者无法做他特别想要做的事情。有一次，他在试图点火的时候伤了自己。詹姆斯家里最小的儿子罗伯特最后成了米尔沃基铁路上的一个小职员。他有一种纤弱的、诗人的天赋，后来死于酗酒。另外还有一个兄弟，在30多岁的时候去世了。詹姆斯家的孩子们天赋都很高，但是这个兄弟虽然有开放而友好的做派，却没有能够充分发挥自己的潜力。

即使在这个关系亲密、和睦、彼此相爱的家庭里，也时常存在无法沟通的情形。老亨利觉得搞科学的人没有什么实际贡献。有一次，威廉在写给他父亲的信里说："您生活在一个如此封闭的头脑中，我经常想到，即使在您自己的孩子身上，您看到的也会是一些陌生人，他们完全没有那些您所欣赏的、您所具备的最好品德。每次想到这里我都觉得很痛苦。"威廉对弟弟小亨利写的小说没有什么

第八章 不完美小孩

敬意，小亨利则对威廉所在的社交圈子一点敬意都没有。小亨利最让父亲满意，他最大限度地实现了父亲的期望，但是他不结婚，因为他对人类没有那么高的敬意，不想帮着人类繁衍下去。

社会名人戴安娜·曼纳斯在快满 4 岁的时候，她的 12 岁的哥哥哈顿死了。他的死让他们的母亲陷入了巨大的悲恸之中，她躲进了伦敦的一个艺术工作室，"在那里，她在极度痛苦之中，塑了一座她死去的儿子的雕像"。这座雕像的石膏模子现在保存在泰特博物馆里。"她的全部艺术灵魂都被放进了这座石膏坟墓里。"她女儿这样说。

戴安娜却没有可能从创造性的活动中释放自己。她那时候已经是一个焦虑到了可笑程度的小孩，她深信自己 5 岁的时候一定会死去。很快，她就无法把手臂举过肩膀，也无法给放在钢琴乐谱架上的曲谱翻页了。她从高处滚下来，摔倒在地，摔坏了膝盖。在那个时代，小女孩被训练得要非常谦卑，但是来家里给她看病的医生们却要她把衣服脱下来，然后严肃地坐成一圈，摇头叹气，看着小女孩像个光溜溜的小虫子一样在他们面前走来走去。最后医生们给出的诊断是进行性的瘫痪，说她肯定活不过 20 岁。有一位医生每天来给她做电刺激疗法。在这期间，她要在生活中尽量保持愉快："我说什么别人都答应，大家都像执行命令一样来娇惯我。"

预料中的死亡没有来临。相反，她长成了一个胖乎乎的、健康的女孩，她强烈地想得到爱，想变得聪明。对于死亡一事，她仍然继续不断地惦记着。她对自己的母亲总是感到焦虑，如果母亲去参加一个社交活动而回家晚了，她就会想象着她母亲死了或者被谋杀了。她每天晚上的祈祷就像是买保险。她祈祷家里不会有人生病或者需要手术，祈祷家里的房子不会着火，祈祷父母在她八九十岁之前不会去世。

杰出轨迹　　对话 700 位名人的童年

11 岁的时候,戴安娜爱上了弗里乔夫·南森①,他把她称作自己的"维京海盗"。她爱他爱得痴迷,还读完了关于他的北极探险的两本记录。到了青春期,戴安娜改变了焦虑的对象,她从跟人手拉手和秘密的信件中找到了快乐。在 15 岁的时候,她可以跑下楼去了。但是自己不太漂亮的外表让她很不满意。她不喜欢母亲让她穿的那些难看的衣服:土了吧唧的衬衫、不合身的裙子、黑色的长筒袜。因为没指望她能活下来,所以她所受的教育也是快乐的,跟着家庭教师有一搭没一搭地学习着。她母亲对于传统的行为教育不感兴趣,也不遵守时间,什么时候上床睡觉,什么时候出门,什么时候上课,她觉得这些都没必要有固定时间。到了青春期快要结束的时候,戴安娜成了一个漂亮的少女,有人缘,喜欢有人相伴。她跟传记作家达夫·库珀结了婚,和温斯顿·丘吉尔及其妻子克莱米·丘吉尔也成了朋友。

林·拉德纳有一只畸形的脚,需要戴矫正器,因此,他经常与母亲一起读书和学习,不怎么和其他小孩在一起玩。埃莉诺·罗斯福和贝拉·巴尔托克都有脊柱问题。简·亚当斯有脊柱畸形,她和自己父亲的关系非常亲密。父亲是一个非常诚实的人,在自己的信仰上毫不动摇。和父亲一样,她把人类的痛苦当作自己的痛苦。

欧若斯克在失去了左手之后成为一名画家。斯坦尼斯拉夫斯基为了改掉自己的笨拙才当了演员。诺伯特·维纳和大卫·劳合·乔治尽管没有残疾,但是他们两个都异常的笨手笨脚。诺伯特的笨拙让他童年的某些时光非常难以忍受,但是他一辈子也没能改进。大卫连系鞋带和把门关好都觉得困难。但是,在这 400 位杰出人物中,如果把少年时期和成年时期都算上的话,真正残疾的只有 4 位。

---

① 弗里乔夫·南森:Fridtjof Nansen,1861—1930,挪威探险家、科学家和外交家。

肥胖

有一个肥胖的孩子被人认为很笨、很无趣。另外一个，在青春期大家都以男孩、女孩之间的关系来建立社交圈的时候，忽然就被关闭在这些圈子之外了。肥胖最严重的那些孩子，据说可能是内分泌有问题，他们在成年之后也是肥胖的。另外一些被家人过度保护的、不运动的孩子，以及那些因为没有人管，或者因为孤独而不停地吃的孩子，到了成年之后往往体形就正常了。

吉尔伯特·K.切斯特顿小时候，据说有一个老师曾经说过，如果谁要是把吉尔伯特的脑袋打开，他在那里只会发现一团脂肪。吉尔伯特在12岁时就非常胖了，个头很高，像个成年人。但是，他穿着水手服走来走去，行为上还像个小男孩一样。因为他总是忘记写作业，老师对此非常生气。他总是丢掉他的那些像狗啃过一样的课本，课本里的空白处和课文上都让他给画满了画。他咬指甲，手总是脏脏的。他经常感冒，又不带手绢。

他母亲带他去看医生，想知道为什么他这么胖，又这么不能集中精力。医生说，他能够确信的是，这孩子要么是个天才，要么是个蠢蛋，还建议母亲不要对孩子太过严格。这个医嘱对她来说太容易执行了，因为她本性就是一个和善、宽容的人，她持家也是没有什么一定之规的。

吉尔伯特的父亲长得像狄更斯笔下的匹克威克先生，只是满头的头发还在。他是个快乐的家伙，总是在忙活一些新的艺术项目。他经营房地产，生活过得很好，但是他真正的兴趣是水彩画、油画、模特、摄影、彩绘玻璃、装饰和投影幻灯。他写过和导演过历史剧，对英国文学了如指掌，也是个爱争论的自由派人士。他的两个儿子吉尔伯特和塞西尔有自己的玩具剧场，这在他们认识的所有孩子中间是独一份的，他们的玩具演员们只有1英寸高。

在所有的这些活动当中，切斯特顿太太和善地走来走去，把杯盘碗盏放在壁炉里的炉灰中，给饭菜保温，因为他们吃饭没有准点。当那些来他们家玩的男孩子们习惯了她那随便披上的衣服和她的前凸的黑牙齿之后，他们就都被这个房子和里面住的人给迷住了。他们在被邀请访问切斯特顿家的时候都非常高兴，而他们也经常受到邀请。

吉尔伯特对人很友好，在学校里，男孩子们都喜欢他。如果别人欺负了他，他似乎也察觉不到。尽管他从来也不记得写作业，却能够一口气读完《钱伯斯百科全书》（Chambers' Encyclopedia），就像牛吃草那样毫不费力。老师们觉得他虽然读完了书，但肯定没有理解里边的内容。有一位老师说，这孩子实在让他受不了了，这可不是指他太胖，而是这老师觉得他不会有任何创造力。但是后来，吉尔伯特不仅写诗，还写文学评论和传记。

没有比吉尔伯特更喜欢学校辩论队的学生了。成年之后，他仍然把当时在中学辩论队的队友当成最好的朋友。他帮着筹办了一个象棋俱乐部、一个自然学俱乐部、一个素描俱乐部。他还是一个委员会的主席，这个委员会办起了《雄辩家》（The Debater）杂志。

舞台设计师戈登·克雷格的父亲爱德华·威廉·克雷格是伦敦的一名建筑师，母亲爱伦是一名演员。小时候的戈登是个胖胖的小个子男孩。当爱伦与情人分手的时候，她有两个孩子——精力旺盛、有点霸道的女儿埃迪和浅色头发、胖胖的、不爱动的戈登，他们俩非常能吃。戈登喜欢吃好多好多的食物，再浇上好多汁，但他不喜欢蔬菜。他非常讨厌走路，尤其不喜欢和那个长腿的、不喜欢他的保姆和姐姐一起走路，因为她们总是把他推来推去。

爱伦认为男人都太好斗，对女人也太冷酷，而女人又都太老实。所以，她故意要把女儿培养得勇敢、霸气，而把儿子培养得顺从、听话。戈登在自己的自传

| 第八章　不完美小孩 |

里写道："就算是母亲也可能无法理解自己的孩子，特别是如果她有其他事情要做，把她的一半以上的精力都从家和家里人那里夺走了。读读她的'回忆录'，看看她怎么说的，她说想让我干一件简单的事情都需要很费力。其实，怎么会费力？只要给我一个微笑，一切就都会有个快乐的结局了。"

一个小时候受到排斥的例子是美国演员小道格拉斯·费尔班克斯，他的父母离婚了。小时候的他是个胖乎乎、没什么吸引力的孩子，他总听别人把他跟父亲相比。他不仅比不过他的父亲——一个浪漫电影的演员，也比不过他的外祖父丹·萨利，丹在生意惨败之前是南方的棉花大王。不管小道格拉斯做什么，都做得不够好。他是在旅馆里长大的，总是碍手碍脚，给别人添乱。他曾经穿着旱冰鞋在纽约的阿尔冈泉旅馆大厅里招摇，有一次，他因为撞上了已经年老的演员约翰·德鲁而吓得半死。

凯瑟琳·曼斯菲尔德是位作家，她出生在新西兰，在一个境遇很好的家庭里长大，却不知为什么，在黑夜里，她总会做噩梦，梦见拿着长刀的屠夫。在白天，她也有"噩梦"，那就是邻居内森家的孩子叫她"胖子！胖子"。在一个名为"我们在海湾"的故事里，她把母亲写成一个叫作琳达·伯内尔的人物，这是一个"在生养一堆孩子的过程中把勇气销蚀掉了的女人"。更加难以忍受的是，琳达根本不爱自己的孩子们。假装是没有用的，因为即使她有精力，她也不会照顾小女儿们，跟她们玩。

在还是个小姑娘的时候，埃米·洛厄尔在日记里写道："我又丑又胖，别人都看得见，又没有情趣，就更不要说脾气还那么糟糕了。噢，天啊，让一切都好起来吧，让保罗爱我吧，不要作弄我。"其实她并不丑，但确实很胖。如果她不是这么胖的话，她应该还是挺好看的。她有纤细的手指、小巧的脚、蓝灰色的眼珠和端庄的五官。

埃米很擅于学习，很有主张，她有些书生气，也有些严苛。她是家里最小的女孩，在她的有文化氛围的家庭里，她很早显露出来的智力上的潜能得到了家人充分的培养。但是，尽管她能力很强，但却不是一个让人满意的学生。她有时候会过早下结论，她的拼写非常差，对于法语词汇应该是什么意思也总是有自己的主意。

在女子学校上学的时候，埃米是同学们里的头儿，她居高临下地跟其他同学们说话，纠正她们的错误，跟她们讲自己的作家哥哥，虽然同学们不想听。当她进入了青春期，却无法吸引男孩子注意的时候，她觉得非常难过。那些她得罪了的女孩子们并不会帮她跟男孩子交朋友，而男孩子们又因为她的外表而躲着她。她那段时间经常出些事故，摔断了骨头、扭了脚踝等等。

埃米假装内敛，喜欢孤独，她在自己的房间里一待就是几小时——读书，做白日梦。她唯一的快乐是去剧院，她在那里可以坐在黑暗中，想象自己就是舞台上那个瘦瘦的、被人爱的女主角。

其他身材肥胖的孩子还有玛丽亚·卡拉斯、亨利·莫顿·斯坦利和奥斯卡·王尔德。玛丽亚·卡拉斯出生在纽约，因为是个女孩，她无法顶替她母亲心里早夭的那个儿子的位置，这让母亲很失望。对孩子有着排斥心理的母亲给她吃了太多的淀粉制品，并且不许她到街上去和其他女孩子一起玩洋娃娃和谈论爱情。玛丽亚被关在家里，自己读书或者弹钢琴到晚上11点。后来，她去了雅典学习，成了世界著名的歌剧女高音。

体弱

在400位杰出人物里，38位体质孱弱的孩子有一个共同特征，那就是他们都活得很长，过着充满活力的生活。在这些人当中，有坚强而不知疲倦的人物如克拉拉·巴顿、威廉·O.道格拉斯、托马斯·爱迪生、阿尔图罗·托斯卡尼尼，以及曾经与因纽特人一起生活的探险家维贾尔默·斯蒂芬森。

几乎在每一个有着体弱儿童的家庭里，都有一个过分焦虑或者做事有动力的父母，或者父母之间关系不太和睦。在这些家庭里，气氛不是随和、乐观的。看起来，孩子的病常常是满足了孩子的某种需要、大人的某种需要，或者孩子和大人的共同需要。生病，不与外人接触，可以保证让孩子不受那些坏孩子、大孩子欺负，而这正是一些父母所担忧的。如果父亲或者母亲因为婚姻关系失败而不快乐，那么，生病还容易让孩子与父亲或母亲非常接近。

最幸运的是，那些反抗父母的孩子，尤其是在青春期的，像威廉·O.道格拉斯那样，拒绝让自己一生都处在一个多病孩子的角色里。西奥多·罗斯福小时候体质很弱，但是青春期结束后，他就成了一个很结实的人。他有过哮喘，作家马塞尔·普鲁斯特也有，还有出生于非洲的作家奥利芙·施赖纳，她后来成了一个精力充沛又很强势的女性。

"我是在夜晚写下的这些，只有在夜晚，我才可以不用把全部精力都给那些可爱又麻烦的、被父亲抛弃的小孩子们。"年轻的妻子玛莎·布洛克·罗斯福这样写给她的丈夫老西奥多。那些可爱又麻烦的小孩们包括7岁的安娜、4岁的西奥多、2岁的埃利奥特、1岁的科琳娜。但是玛莎也在担心她16岁的弟弟欧文，他是南方军队里的通信员。

老西奥多一直被自己的孩子们描述为理想的父亲，被朋友们认为是理想的朋友。"我父亲是我所见过的最好的人。他把力量和勇气与温和、风度、无私结合起来了。他不能忍受我们的任何自私、残忍、游手好闲、怯懦和不诚实的行为。"他的儿子小西奥多如是说。

小西奥多是家里的长子,作为一个北方爱国者的儿子,他很深切地感到自己的责任,但是他无法达到他父亲对他的严格要求。毋庸置疑,他有时候对母亲、姨妈、外祖母都很粗暴。

小西奥多的健康问题,恰恰发生在他父亲不在家和他自己决定要相信父亲的主张的时候。在他父亲离家之前,小西奥多似乎很健康。他母亲觉得他出生的时候丑陋得要命,说他长得像个乌龟。那时候没有任何迹象显示他会是个体弱的孩子。但是,布洛克外祖母写信给她的洋基女婿,告诉他关于孩子们的情况,还告诉他,他老婆已经"忙得不可开交了"。这些信上描述了小西奥多的乳痂(有可能由于过敏引起),但是他父亲在1860年曾经说过那些乳痂已经消退了,小西奥多"几乎是个漂亮孩子"了。

卡尔顿·帕特南在西奥多的传记里写道:"从1861年秋天开始,家里人提到,他感冒、发烧、咳嗽、肠胃不适,就一直没有断过。"

玛莎是个甜美可人却又非常不成熟的人,她的美貌令人印象深刻,她的肤色像木兰花一样,脸颊像珊瑚一样,还有着深色的头发和蓝色的眼睛,她是纽约社交圈子里最漂亮的女人之一。生活对她来说从来就不容易,因为她既没有时间观念也不懂得怎样花钱。"请不要对我太苛刻。"她有一次给丈夫写信这样说。她丈夫则是一个异常能干的人。她怕尘土怕得要命,要在床边铺一张床单,她才肯跪下祈祷。因为她不想在她和神交流的时候还需要分心去惦记有没有尘土。

终其一生,她都是一个"不可被改造的叛逆者"。布洛克家的女人都很甜美、情感充沛。不正面表达愤怒,也不尖刻批评别人,这些都跟她们从小接受的教育和信念有关。玛莎写的信是"可爱又招人烦心"的那一类。每一句负面的话都要有一句正面的话来搭配。这些信件外表得体、充满感情,但是真实的情感却被罩在云里雾里,看不出来。她写信告诉远离家庭的丈夫,他们的大儿子非常淘气,随时都得有人盯着他。之后她又马上安慰丈夫说,孩子是个有爱心、招人疼爱的小家伙。

有一天清早,她正在抚摸着埃利奥特的耳朵,想让他重新入睡,小西奥多闯进了房间,看到这情景,非常嫉妒。在别人的描述里,从那之后,每当他成功地让弟弟(一个非常漂亮的孩子)听他的话的时候,他就高兴得几乎"歇斯底里"。玛莎觉得他需要规矩,但是母亲在对待这个相貌平平的大儿子的时候,态度总是不够明朗,可能这个儿子也很反感母亲。埃莉诺·罗斯福就不是一个漂亮孩子,跟她一样,小西奥多也是从来就无法让自己的母亲开心。但是,他父亲规定的行为准则也不允许他对母亲有任何反感或者反叛的行为。

父亲回家之后,小西奥多的哮喘就发作得越来越厉害了。他们的第一次欧洲旅行非常不顺利,当时西奥多11岁。他们的家信里记载了他母亲对他的不耐烦。她对她的通信对象说:"西奥多对于欧洲的景色视而不见。"他像个贵族一样四处看看,然后问他父亲一些不恰当的问题。埃利奥特却是另外一个样子,他宣称每件事物都非常可爱,"只匆匆看了一眼,就全都装到脑子里去了"。他母亲决心要逼小西奥多认真去看欧洲那些值得看的景色。这次旅行是她坚持要去的,他父亲并不想去。但是小西奥多每四五天就要发作一次哮喘,这让他的父母都很烦恼。他在威尼斯失眠,夜里两点之后才睡得着;在特里斯特,他夜里起来坐了4个小时,他父亲则让他吸雪茄来抑制他的哮喘。他母亲和姐姐给他强灌的黑咖啡似乎是最有作用的。在两次哮喘发作的间隔中,他就被带着马不停蹄地看风景。他们什么都没漏过。小孩子们在每一个旅馆里乱跑,让其他客人很烦,在博物馆和大教堂里，他们拖着脚步到处走。

在旅行中，小西奥多闹着要回家。他想念他在家里独处的时光，想念他的收藏、他的书。后来，邻居伊迪丝·卡罗尔成了他的第二任太太，这位女性比所有人给了他更多的帮助，帮助他成为一个伟大人物。

小西奥多从来没有公开反抗过母亲。当她想让他做什么事情的时候，他就说："噢，好吧，你这漂亮的小东西。"孩子们称自己的母亲为"小母亲"，从来就没有把她当成一个成熟的女性来尊敬。安娜在14岁的时候就接过了管家的责任。安娜比那些尽职尽责到了过分地步的姐姐们都做得更好。她后来成了一个出色的、充满活力的女人，40岁时结了婚，43岁时做了母亲。

后来，在小西奥多对自己的长期的疾病和羸弱起了反叛之心的时候，他的父亲帮助了他。他响应了父亲的说法："你要自己塑造你的身体。"就这样，小西奥多开始练体操，他在单杠上练习胸肌。他参加了野营，睡在潮湿的地上，逼着自己吃苦。在他13岁的时候，他被一群孩子欺负，他为这次遭遇感到耻辱，于是他开始学习拳击。他的所有能量和他的所有愿望都集中在"塑造自己的身体"上了。

他从来没有被娇宠过，在哮喘不发作的时候，他一直在坚持进行大量运动。在自传里，小西奥多赞扬父亲没有把注意力集中在自己这个病恹恹的儿子身上。小西奥多和他的家人从来就没有认为他们可以用他的病当作理由，而忘记去同情比他境遇更差的孩子。他的父亲对于受疾病困扰的孩子们非常关注，他的朋友们一看到他走过来就掏钱包。老西奥多把那些报童从街上收容回来，送他们去西部的农场。他带着自己的孩子们去访问给报童办的寄宿处和给意大利移民儿童开办的夜校。

他的妻子似乎对他的这些项目都不甚关心。有一次，她正在招待纽约一些最富有的大佬，而那时候她的丈夫正在为一个设想中的残疾儿童医院筹款而不得。于是，他就带着几个来自贫民窟的残疾儿童冲进了妻子的聚会，把残疾儿童放在特意腾空了的桌子上。在孩子们身边，他放上了一些金属制作的残疾人用品，这些物品恰恰是他希望这些生活条件差的孩子们能够拥有的。他的女儿科琳娜被他说服，给那些吓了一跳的客人们讲解这些用品的作用。客人们一下就起了同情心，约翰·雅各布·埃斯特太太率先响应，答应捐款，其他妇女也马上跟上。捐款的结果是纽约骨科医院的建立。成年之后的科琳娜，在多年之后，带着她的侄女埃莉诺·罗斯福来这里做过让人难忘的访问。

当小西奥多要进入青春期的时候，他母亲发现他越来越粗鲁和没有教养。但是当他与她及科琳娜一起在街上走的时候，她发现他愿意保护她们，有意让自己挡在她们和一帮街上小混混之间。他的哮喘在青春期时就消失了。

上大学三年级的时候，小西奥多完全掌握了家里的女性们要求于他的那种充分表达感情的艺术，而且他也流露出来，他知道母亲仍然是个不成熟的人。他写给母亲的信是这样开头的："我亲爱的、深爱的、小小的母亲，我真喜欢你那封可爱的、可笑的、无可救药的、小小的信。"

最后，小西奥多成了纽约州的州长、美国副总统，以及第26届美国总统。

当匈牙利作曲家贝拉·巴托克3个月大的时候，他全身几乎长满了湿疹。在他五六岁之前，他父母用了各种办法都没法让他的症状好转。他逐渐有了一种恐惧情绪，怕接近陌生人，很少出门，甚至会把与他同龄的小孩当成最可怕的敌人。在他5岁的时候，他被误诊为脊柱弯曲，他不能坐下，吃饭站着吃，睡觉则平躺在地上。他母亲对家里其他人都不管不顾，几乎把自己的全部精力都给了他。在他3岁的时候，母亲弹钢琴，他就打鼓；4岁的时候，他能够在钢琴上弹40首曲子；9岁的时候，他已经会作曲了。这个早熟的由母亲教育的孩子，在7岁的时候开始去学校上学，一年就完成了4年的学业，所有科目成绩都是优秀。在他的一生中，他都是依赖于母亲或者是一个具有母性的人物，不具备与其他人沟通的能力，这一点令他很痛苦。

斯特拉·卡布里尼52岁的时候，在意大利洛迪附近生了她的第13个孩子——弗朗西丝卡·玛丽亚·卡布里尼。这孩子一生出来，别人就没指望她能活下去，所以她就立刻受了洗礼，她得到的两个名字，是在她之前没有能够活下来的两个孩子的名字。弗朗西丝卡在童年期间一直很娇弱。

和小西奥多·罗斯福一样，她对自己的身体毫不在意，喜欢挑战自己的极限。她在世界的各个偏僻角落建立了学校、孤儿院、医院。在她的组织成立之后的25年内，有10万人在她建立的医院里得到了治疗。

托马斯·爱迪生也是一个体弱的孩子，但是在成年之后，他每天晚上却只需要睡5个小时左右。简·C.斯马茨、查尔斯·埃文斯·休斯及那38个童年时期体弱的人中的大多数，后来都成了工作起来不知疲倦的人，有正常的寿命。

其貌不扬的孩子，英俊美丽的父母

很多研究人员，特别是心理学家莉塔·霍林沃思，愿意强调一个特点，即那些通过考试选拔出来的天才儿童，相貌往往也很出众。在我们研究的400人中，却有相当数量的男人和女人觉得自己的相貌非常普通。传记作家们可以做证，其他很多人的相貌也没有什么吸引人的地方。

女性尤其会觉得她们自己在小时候没有什么吸引人的地方。希拉·凯·史密斯把小时候的自己形容成脸庞灰色、吓人，而前额占了半张脸。伊迪丝·西特韦尔个子非常高，她有个对她很排斥的父亲，他拿一个夹子夹她的鼻子，试图改善

第八章 不完美小孩

她的相貌。莎拉·伯恩哈特是个轮廓尖削、体形非常瘦小的孩子。戴安娜·库珀后来成了一个著名的美女，但是她说，小时候，除了她母亲，没有任何其他人觉得她漂亮。简·亚当斯很怕让别人知道她那英俊的父亲有她这么一个其貌不扬的孩子，以免父亲觉得耻辱。欧内斯廷·舒曼-海因克把自己描述成一个矮小、肤色不健康、相貌平平的人，还担心她那不起眼的相貌会让她无法以歌唱而成名。埃莉诺·罗斯福小时候是个戴着牙箍、笨手笨脚的孩子。玛丽安·安德森又瘦又高，相貌平平。桑塔·拉马·劳一点也不符合祖母心中那种娇弱、小巧的印度少女的形象。

小说家威廉·亨利·赫德森有个鹰钩鼻子，走路姿势很古怪。劳伦斯·豪斯曼是个长相没有吸引力的男孩。魔术师霍迪尼个头小。莫里斯·切瓦力亚因为他的大头曾经被人嘲笑。恩利克·费米、约瑟夫·麦卡锡、伊瓦尔·克罗伊格和查尔斯·戴高乐都曾感到，他们那看上去不怎么样的相貌给他们带来过不便。列夫·托尔斯泰曾经觉得没有人会爱上他，因为他眼睛深陷，前额很宽，嘴唇很厚，鼻子、耳朵都很大。少年时期的弗兰茨·卡夫卡抱怨过自己那"无处逃遁的丑陋"。A.E.豪斯曼曾经被其他男孩称为"耗子"。亨利·福特、约翰·D.洛克菲勒和伯特兰·罗素、保罗·高小时候都是个子很小、五官有缺憾的小孩。

也有一些男孩太"漂亮"了，由于长相过于女性化而不被他们的同伴接受。斯科特·菲茨杰拉德在大学里被选为话剧里的女主角。阿瑟·贝尔福的五官很精致，被人认为长得很女性化。那些没有经历青春期性发育的男孩子是明显地处于劣势。亚历山大·伍尔科特和爱德华·马什得过腮腺炎，导致他们男性功能障碍。塞西尔·罗兹一直都没有变过声，他也从来没对女人有过兴趣。

那些成为政治家的人，在童年时期更有可能长得很漂亮。富兰克林·D.罗斯福（非小西奥多·罗斯福）、尼赫鲁、托马斯·E.杜威据说在少年时期和成年之后都是惊人的英俊潇洒。鲁珀特·布鲁克和哈特·克兰是个少见的英俊少年。西奥多·赫佐尔小时候是个非常漂亮的小孩。玛丽·居里是个娇柔、优雅的女孩，有着漂亮的鬈发。

这些孩子们的父亲们并不常被描述为特别英俊。被描述成美人的母亲们却常常忽略自己的孩子，甚至排斥他们。伦道夫·丘吉尔夫人是个栗色头发的美人，对她的儿子温斯顿来说，她是一颗可爱但"遥远的星辰"。直到他年龄大到可以陪伴她出席社交活动之前，她都很少与他见面。格特鲁德·阿瑟顿把她的母亲描述成一个对自己的外表最感兴趣的女人，她母亲的确非常美丽，但却很排斥孩子。西奥多·罗斯福的母亲，我们已经知道，是一个非常不成熟的女人。

阿瑟·奎勒–库奇是一位英国文人，后来编辑了《牛津英国诗集》（*Oxford Book of English Verse*），他说母亲有着茂密的红棕色头发，德文郡女人特有的奶油般的、玫瑰色的皮肤，这些，她一直保持到去世。"我觉得她是世界上最美的女人，我很宠爱她。"阿瑟在自传里这样写道。她是一个大方得出奇和非常有同情心的人，很乐意照顾她那做医生的丈夫的那些贫穷的病人。她的最大问题是随心所欲地花钱，这成为她那忠实的丈夫的一个很大的负担。她喜欢娱乐和漂亮衣裳，以至于让自己的家庭到了在经济上没有安全感的地步。她儿子在成年之后，用了6年时间，才还清他已经去世的父亲的债务。

在缅因州南部潮头村罗宾逊的家里，3个智慧过人的儿子最后都遭遇了个人的不幸。迪恩是一个出色的医生，但是后来成了个瘾君子。赫尔曼是一个英俊的、外向的年轻人，他进了商界，后来失败了，成了个酒徒。埃德温是个长相平常、古怪的光棍儿，当他的朋友们结婚的时候，他总是很失落。当这个濒临解体家庭的全部负担都落在了他瘦弱的肩膀上时，他精神崩溃了。

他们家看上去具有所有的美德。赫曼·哈奇顿这样描写罗宾逊的家和他的父母:"这个家有着一种诗意的优雅……是一个完美的框架,可以盛放婚姻与爱情的诗篇,一个小店主和他的妻子就写出了这样的诗篇。她的温柔和幻想,与他的坚实的人生哲学相辅相成。他把她当作一朵花……"

父亲总是沉浸在自己与年轻美丽妻子的爱情里,孩子们似乎被排斥在这个爱情圈子外,圈子里面只有父母二人,好像整个世界都被关在外面。就在孩子们与父母在一起的时候,孩子们也经常感到他们的父母并没有意识到他们的存在。

当第三个孩子埃德温出生的时候,他的母亲感到很失望,因为她很希望第三个孩子是个女孩。因为这次生产很困难,所以她丈夫就送她去了一个夏季度假村,在那里恢复健康和心情。这个婴儿在6个月大的时候还没有名字。度假村的其他女人劝说他母亲应该处理关于给孩子起个名字的事情,但是他母亲不为所动。最后,那些女人们这样解决了问题:她们每人在一张小纸条上写下了一个她们各人喜欢的名字,把所有这些小纸条放到了一顶帽子里来抽签。有一个来自马萨诸塞州阿灵顿的女人递交的名字是埃德温,她得到了殊荣,给这孩子命名为埃德温·阿林顿·罗宾逊。

如果女儿和母亲有不同的价值观,那么,一个美丽却又讲究虚荣的母亲似乎会对女儿有负面影响。薇拉·凯瑟的漂亮的母亲觉得自己是时尚方面的权威,从来都不肯在认真梳妆打扮之前就离开自己的房间。她喜欢带一把跟她的衣服相配的小阳伞,任何时候只要有可能,她都要戴着一枝新鲜的紫罗兰。她基本上不管孩子们的活动,除非他们不遵守她的吩咐,或者让她不舒服了。在那些情况下,她就会拿个皮鞭子抽他们。她有着无穷无尽的精力,对于要"按照正确的方式"做事情持非常坚持的态度。她和女儿薇拉各自安排了自己的生活,两人尽量避免经常见面。薇拉和她的两个哥哥在没有装修过的阁楼里拥有一个房间,雪花能够飘进来,除了烟囱里过来的一点热气之外,没有任何取暖设备。家里的其他人倒是不会来这里打扰他们。

他们的父亲是一位南方的绅士,举止得体,他在商业方面的兴趣不足以带来足够的利润,但能够让这个大家庭不至于破产。孩子们的外祖母是一位耐心、勤劳、自嘲的女人,她在中午给寄宿的客人们做饭,她的围裙从来也不曾解下来过。她走路有点瘸,那是因为在一个大风的夜晚,她使劲想要关一扇门,结果把大腿摔骨折了。她做了大部分的家务事,还百般宠爱自己的漂亮女儿。薇拉在日后带着爱与同情描写过她。

薇拉用来反抗母亲的方式是她让自己变成了"威廉"。她把头发剪短,穿着男孩的衣服,戴着男孩的帽子,或者穿那种特别鲜艳和张扬的女性衣服,去挑战她母亲优雅的品位。她佩服的人物是"八大巨头",这些是她父亲有影响力的朋友。她逐渐地越来越喜欢跟成年男性在一起。她跟医生们一起出诊,有一次还在一个小男孩的腿要接受截肢的时候给他用氯仿做麻醉。她解剖青蛙,骑着马在乡间窜来窜去。高中的老师允许她想来就来,想走就走,因为她比其他学生学习超前得实在太多,很显然,学校对她而言是一个很无聊的地方。她阅读拉丁语和希腊语书籍,和镇上的怪人、学者达克先生一起做科学实验。她很高兴她的长相随了父亲而不是母亲。

在一个给孩童的记事本里,她以做填空题的形式描述了自己。她喜欢的娱乐是活体解剖。在别人身上她最能容忍的品质是激情,完全无法容忍的品质是没有勇气。她想要的婚姻伴侣要有"绵羊一般的怯弱"。对她来说最痛苦的事情是做讲究的事情。她最希望拥有的旅伴是"一个有文化的绅士"。如果海难把她带到一个荒岛上,她最想要的是裤子和罩衣。她认为世界上最大的奇迹是漂亮女人。这本小记事册的签名是"医学博士威廉·凯瑟",而不是"薇拉·凯瑟"。

当她决心要当一个男孩的时候,她是言行一致的。直到大学三年级的时候,她才放弃了一直以来的短发和男性的装束。有一个现象是，那些在别人的记忆里非常漂亮的母亲，很少给自己的孩子非常正面的影响，这似乎不是偶然的。

被别人说成相貌非常土里土气的母亲只有两位：杰克·伦敦的母亲，她对自己的儿子漠不关心。还有一位是列夫·托尔斯泰的母亲，她是个全心全意对待孩子的人，总是与孩子分享她对于人和各种思想的兴趣。

父亲的外表和身体特征很少被提到，但是伍德罗·威尔逊有一次愤愤不平地说，如果他像他父亲那样英俊，他讲话就根本不需要言之有物。

需要记住的是，如果孩子有某种残疾，并不代表他只在这个问题上存在痛苦。有一次，乔治·奥威尔说："我没钱，我又弱、又丑，我没有人缘，我还患有慢性咳嗽。我胆子也小，身上还有难闻的气味。"乔治既不信任他的母亲，又不喜欢他的父亲，他觉得自己也无法忍受他的寄宿学校，这在他的《如此的欢乐》（*Such Were the Joys*）一书中写到过。

在这400人里，有39人说，他们的生活曾经因为自己的外表而痛苦。如果我们把丑陋的相貌也算作一种残疾的话，那么这400人里有大约1/4都需要弥补自己的一种或者多种残疾。

第九章

早期的痛苦

第九章　早期的痛苦

> 我在大部分时间里所做的事情都是我的本性驱使我去做的。为了这个就得到这么多尊敬和爱慕，真是很让人羞愧。也有憎恨的箭向我射来，但是它们从来没有射中过我。因为它们都属于另外一个世界，我与那个世界根本没有来往。我生活在孤独之中，这种孤独在少年时候是痛苦的，但在成熟之后却变得很美味。
>
> ——阿尔伯特·爱因斯坦《画像与自画像》(Portraits and Self Portraits) 乔治·施赖伯编辑

通常认为，有些逆境能够引发顽劣行为、神经系统紊乱或精神疾患。而这些逆境当中的每一种，这400位杰出人物里都有人在童年时期经历过。这400人中，有些是私生子，有些因为兄弟姐妹之死而受到了深深的影响，还有不少是孤儿，是单亲，他们被忽视、被排斥。

尽管遭遇了这些逆境，这400人及他们的兄弟姐妹和父母们却很少会逃避现实，或者因为精神疾患而被送进医院。他们有可能忧郁、古怪，或者神经质，但是他们牢牢地把握了现实。他们的一个共同点，是对学习的热爱和对成就的追求，他们被这些所驱动，被那些有内在价值的活动所吸引，从这些活动里得到满足。

在解决存在于家庭之内的现实问题的时候，这400人在童年时期，有许多人出现了很明显的神经质的症状，他们咬指甲、多动、退缩、有叛逆情绪，甚至憎恨别人。但是，尽管受到了环境的制约，他们还是坚持不懈地发展了自己的潜力和能力。

"插足者"情结

出生在匈牙利的剧作家费伦茨·莫尔纳遭遇到很多压抑他的事件，这让他的生活变得很复杂，他把这些归结于他称之为的"我的那个'插足者'情结"。尽管他父母从来没有这样说过，他却非常肯定自己是哥哥的非常差劲的代替品。他的哥哥拉西卡是个金色头发、天使一般的小孩，在费伦茨出生之前就死去了。费伦茨的父亲是位医生，他的办公桌上只放了安静、阳光的拉西卡的照片。不管肤色发暗、活跃好动的费伦茨取得什么样的成绩，似乎都无法阻止父亲对拉西卡的怀念。

17岁的时候，费伦茨高中毕业了。他带回家的成绩单如此优秀，使得欧洲所有大学的门都向他敞开了。但是费伦茨却在父亲的脸上看到了一丝稍纵即逝的阴郁，他知道自己父亲想的是："为什么这不是拉西卡？"后来，当他把盛赞他的第一出剧的早报剪贴带回家的时候，父亲脸上也出现了同样的神情。费伦茨认为，他一生害羞、过分谦虚，即使比其他人都轻易地拥有某种权利，他也总是很不舒服地觉得自己不配得到，这都可以归结于这种"插足者"情结。

家庭成员死亡之后，一个人出现情绪失控是很常见的现象。为了一个死去的

| 第九章　早期的痛苦 |

兄弟姐妹而痛悼的孩子们会突然一下意识到人生的短暂，他们可能的反应会是有一种强烈的紧迫感，要在死亡开始袭击他们之前就做出点什么成就。有时候，活着的孩子会忌妒死去的孩子，因为死去的孩子总是被说成完美的，活着的孩子会因此感到自己受了排斥，于是就更坚定地想用辉煌的方式超过那个死去的孩子。孩子们还经常要面对一个悲伤的父亲或者母亲，而且父母的性格可能因为家里突如其来的悲剧而改变。阴影和绝望代替了安宁，这个活着的孩子意识到他现在必须"替两个人活着"，这样才能补偿父母遭受的沉重打击。如果一个家庭因为这样的悲剧而变得支离破碎、不再和谐，后来成为杰出人物的那个孩子常常会加速成熟，他们会离开家，在家庭之外或者在自己的内心寻找满足和收获。

在父亲去世之后，小说家玛丽·奥斯汀就失去了家里的支持。做律师的父亲非常理解她，父亲曾坚持说孩子应该有自己的图书馆借书证。她母亲的爱则全都集中在家中长子身上，她试图阻止玛丽读书，除非某本书恰好也是大儿子喜欢的。玛丽的欢乐主要来自于她的小妹妹珍妮。当玛丽发高烧、嗓子疼的时候，珍妮安慰她。而即使这种情况，家里人也没有给玛丽请医生，直到珍妮也病倒，因为白喉而生命垂危的时候，医生才被请来。玛丽没有得到医治，她自己熬过了白喉的袭击，但是珍妮死去了。玛丽无意中听到母亲说："为什么死的不是玛丽？"

这个家里的早熟的长女发明了一个"心里的玛丽"给她自己做伴。她惩罚排斥自己的母亲的方法，是在家里来了客人的时候说一些让人不愉快的大实话。成年之后，她成为一名成功的小说家，但她还是无法体验人与人之间的关系所能带来的快乐。了解她的人多数说她很尖刻，相处起来很不愉快。

性情古怪的艺术家萨尔瓦多·达利是个重生的"萨尔瓦多"。"萨尔瓦多"这个名字最初是给一个天使一般完美的"萨尔瓦多·达利"的，但是那个孩子在7岁的时候因为脑膜炎而死去了。对于他的父母来说，在他去世3年后，他们生出的第二个儿子，跟死去的"萨尔瓦多"一模一样。对于他们来说，这是夭折的那个孩子重新回到了他们的怀抱。但是，现在的萨尔瓦多·达利根本无法与父母的选择性记忆竞争，他很快就变得过分好动，甚至喜欢虐待别人。他踢妹妹的脑袋就像踢足球那样。5岁的时候，他把另外一个小孩从栏杆上方扔过去，那个孩子差点儿摔死了。他咬过一只腐烂的死蝙蝠的尸体，他打碎了医生的眼镜，踩踏同班同学的小提琴。当他成了一名少年的时候，他的行为和穿着如此古怪，以至于他去看电影的时候都有人要用石头扔他。他与邻里的所有孩子都相处不来。

布鲁克斯·亚当斯是一位政治传记作家、历史学家。他出生的时候，他那极有天赋、深受宠爱的5岁的哥哥阿瑟刚死去不久。对他们这个有着深厚文化背景的家庭来说，他也是充满反叛意识和无法让人理解的。到他的年龄大到可以参加全家每天晚上的读书会的时候，对他的父母来说，他这个孩子仍然是一个谜。他们把他与其他孩子分离开来，把他放在房间中央的一块垫子上。他在那里一边揪东西一边扭来扭去，结果不仅把自己的衣服蹭坏了，还把垫子也搞坏了。当父亲查尔斯·弗朗西斯·亚当斯给孩子们读书的时候，布鲁克斯又是笑又是大声喊叫，上蹿下跳的。在学校里，他的学业成绩也非常差，阅读和拼写连最基本的标准都达不到。他的父母带他去看家庭医生，想知道这孩子这么笨，是不是因为小时候头上曾经挨过一个板球。但是医生让他们放心，这孩子身体完全正常，也没有任何脑子受损的迹象。父母都没有想到这样一个问题儿童以后能够上大学。直到成年，布鲁克斯还保留着小时候被排斥的记忆。

传记作家丹尼尔·阿伦在《希望之星：当代先驱》（*Men of Good Hope: Latter-Day Progressives*）一书中讲到了布鲁克斯，在他笔下，80岁的布鲁克斯是一个傲慢、直来直去、胆大妄为的人，他在上演一出"一个人反对全世界的政变"。他让家里人如此烦恼，有一个侄女说他是一个"没有用处"的人。他的偏见扭曲

| 第九章 早期的痛苦 |

和妨碍了他真正的学者思维。直到生命的最后，他都一直需要为自己辩护，不信任自己，总是怀有歉意。阿伦引用了他有一次觉得不得不为自己辩护时的发言："我不是一个脑子里长了蛆的人。这么多年来，我从纽约走到耶路撒冷，到处漫游，思考是什么因素正在摧毁世界。我没有病，没有疯，没有阴暗心理。"

在墨西哥的瓜纳华托的一个上中产阶级家里，画家迭戈·里维拉在1岁半的时候就成了母亲玛丽亚眼中的"外来者"。卡洛斯和迭戈是孪生兄弟。他们的父亲老迭戈·里维拉是个议员，是当地一个相当有地位的重要人物。玛丽亚在怀这对双胞胎之前曾4次怀孕，但是要么流产，要么胎死腹中。

卡洛斯在1岁半的时候就死了。无论家人怎样安慰，母亲玛丽亚都无法从悲痛中走出来。每天晚上，她都在那死去的孩子的坟墓旁哭泣。她丈夫为了能够陪在她左右，向墓地的管理员租了一个小房间。迭戈，双生子中活了下来的那一个，是如此羸弱无能，别人都怀疑他是否能够活得下去。

家庭医生说，玛丽亚再这样下去就要疯了，她应该成为一名职业妇女，以此来转移自己的注意力。玛丽亚欣然答应，她注册上学，选择了一门产科学课程。她在这个方面还真是很有才能，只用了通常人们所需的一半时间就完成了学业。与此同时，迭戈被送到乡下，在森林深处的一个非常原始的小木棚里生活，由一个保姆照顾。4岁的时候，他被送回了家里，那时候，他已经是一个胖胖的、健康的孩子了。但是迭戈和母亲之间从来都没有感觉到相互之间的爱意，那个保姆安东尼娅才是迭戈全心全意爱的人。

在他从山里回来之后不久，迭戈的母亲告诉他说，他必须到火车站去，等着站长给他一个小盒子，盒子里有一个他的新的弟弟或者妹妹。他等了几个小时，一无所获，疲劳、伤心地回到家里时，却发现妹妹出生了，就在他母亲的房间里。这愤怒的5岁的孩子找到一只怀孕的老鼠，把它切开，露出里面的老鼠胚胎，逼他母亲看，要向她证明她对他撒了谎。她用大声的哭喊回应他，说当自己把他生下来的时候，她就是生了一个魔鬼。父亲安慰了这个因为受了骗而愤怒得无法控制自己的孩子。后来，他很快又学会了阅读，能够把母亲的妇科书里的词拼出来，又一次向她证明，在妹妹出生的事情上她向他撒了谎。

尽管迭戈有着很多问题，他在艺术和语言方面的天赋还是很早就显露出来了。他被称为"瓜纳华托的神奇男孩"。但是尽管如此，社区对这个孩子的行为还是给予负面评价。这让他母亲非常烦恼，在她丈夫有一次因为生意而出远门的时候，她变卖了家产，带着孩子们搬去了墨西哥城。老迭戈·里维拉放弃了自己的优越职位，也随后跟去了。因为他在矿业生意上赔了钱，所以，他们只好在城里的一个穷人区找了一个小公寓重新安家。在他们家一度连吃饭都困难的时候，迭戈得了猩红热和伤寒，间接导致一个刚出生的小婴儿只活了不到一个星期。迭戈又一次成了"插足者"。

在我们的研究里，有57个人被一个或者多个兄弟姐妹的死亡而深深地影响过。但是并不是所有这些人都像玛丽·奥斯汀和迭戈·里维拉那样受到父亲或者母亲的排斥。但是，他们在做事的时候经常会有一种紧迫感，这促使他们在心理上较早就成熟了。他们中的有些人在少年时期没有安全感，过分急切地想要取悦他人，比如埃莉诺·罗斯福。西格蒙德·弗洛伊德很厌憎在他19个月大的时候出生的弟弟。后来，这个从他那里把母亲的乳房夺走了的弟弟夭折了，西格蒙德心里充满了内疚。与西格蒙德相反的，是精神病学家阿尔弗雷德·阿德勒，他永远无法原谅母亲，因为她在他的小弟弟死之后，恢复得太快了。

肖恩·奥凯西取代了两个与他同名的哥哥的位置，但是他永远忘不了他母亲的哀痛。他觉得有必要用自己的成就给她带来安慰。奥斯卡·王尔德、赖内·里尔克、韦切尔·林赛都因为需要取代死去的姐妹的位置而遭受了痛苦。没有任何证据表明，家里一个孩子的死亡会像童话故事里那样让一个破碎的家庭凝聚起来。

在当今的家庭里，医学和心理学的进步减少了"插足者"情结出现的可能，但是并没有杜绝它。这 57 个家庭，因为孩子死亡而哀痛，而受影响的程度是如此之深，应该有更多的研究，去着眼于理解哀痛死去的孩子与排斥其他的孩子之间的关系。

孤儿与半孤儿

当父母有一方去世的时候，孩子一般能够接受这个事实，没有剧烈的感情上的波动。随着时间的推移，孩子的悲哀也会减轻。孩子似乎能够把父母的死亡当成是自然进程的一部分：出生、长大、衰老、死亡。这不会像兄弟姐妹的死亡那样，让孩子感到自己的生命也受到威胁。在那些失去了双亲或者父母之一的孩子中，有几个认为这个损失造成了严重后果，让他们的童年变得无法忍受。这些人包括小说家萨默塞特·毛姆和意大利女演员埃莉奥诺拉·杜丝。在很多情况下，突如其来的责任加速了孩子的成熟过程，孩子的生活也可能会因为新的经历而变得更加丰富。

在很多代人中，关于孤儿和半孤儿的儿童读物很是常见。很多小说中的人物赢得了少年读者的心，比如大卫·科波菲尔、科赛特、绿山墙的安妮、阳光小溪农场的丽贝卡、灰姑娘、小麻点，除此之外，凯里夫妇、维格思夫妇和摩泰夫妇等半孤儿的整个家庭也赢得了少年读者的心。毫无疑问的是，肯定有不少孩子偷偷地盼望着自己也突然一下子成为孤儿，被扔到一个全新的、具有挑战性的新环境里。

在本书的 400 位杰出人物中，成了孤儿的那些人没有让从故事书里了解孤儿的人们失望。在他们中间，有几个在成了孤儿之后，生活变得更有挑战性，同时也更精彩了。孤儿赫伯特·胡佛曾经很留恋他在各个亲戚家里轮流借宿的日子，那些亲戚都是争相要他去，很高兴他能够住在自己家里。他们不同意一个单身的老师领养他，因为他们认为这孩子应该在一个既有父亲般的人物也有母亲般的人物的家里长大。在他的双亲之一去世之后，他的第一个自己家以外的"家"是在一个印第安人保留地上，他叔叔是那里的工作人员。在学校里，他和他的表兄弟表姐妹们是仅有的白人。他童年时期的最后一个"家"是他的另一个叔叔家，这个叔叔是位医生，帮助他准备了斯坦福大学的入学考试。

胡佛家的3个孩子，每人去了一个不同的亲戚家借住，但是他们对彼此的责任感并没有减弱。当照顾他们妹妹的祖母去世之后，两个哥哥赫伯特和西奥多就组建了一个家来照顾她。西奥多放弃了自己的学业，成了一个排字工人。赫伯特当时没有工作，他住了进来，还带来了一个表姐妹。她是个出色的年轻女子，也是个好厨子，还特别会用民间故事来让大家开心。这4个年轻人一起过了一段快乐的日子。

半孤儿们也会遇到一些挑战，他们从中得到机会早日成熟起来，并且学会利用各种资源。

雯达·加格后来成了一名成功的插画家和畅销童书作家。当她15岁的时候，她的父亲——一个可爱却失败的艺术家去世了。父亲在临终前告诉她："我没有做到的事情，希望你能够接着做下去。"这意味着她要成为一位著名的艺术家，以及抚养和照顾6个年幼的弟弟妹妹。

明尼苏达州新阿尔姆的友好的邻居们给加格家捐了钱和食品，也提供了很多忠告。比如，他们觉得雯达不应该在读完八年级之后还计划接受更高等的教育，而应该到商店里去做个店员。他们认为学艺术不是一个能够保障收入的行当。但在加格家，不论是绘画、当模特还是写作，孩子们的创造性活动总是会让父母开心。所以，尽管他们家在领取救济金，雯达也不肯放弃自己的求学计划。她很轻松地在明尼阿波利斯的一所艺术学校拿到了全额奖学金。

和胡佛家的孩子们一样，雯达和她的弟妹们维持了和睦的关系，他们团结协作，为了彼此的幸福而非常尽力。这些在其他几个家庭那里也很明显，比如居里夫人的家庭、张伯林的家庭和弗莱克斯纳的家庭。

在我们研究的家庭里一共有58位单亲母亲，她们很少有再婚的。有5位找了新伴侣，但是其中有4位又分居或者离婚了。有这么多单亲母亲的一个原因是，在很多家庭里，丈夫比他们的妻子年龄大很多。在这项研究里，鳏夫有26位，我们知道其中有14位再婚了。14位继母里面，有11位受到了后来成为杰出人物的孩子的称赞。

在400位杰出人物里，有14名孤儿，他们通常是被祖母、外祖母、叔叔、姑姑、姨妈、舅舅养大的。在这些家庭里，孩子们之间有着很好的手足之情。这些孤儿和半孤儿也常常受到社区里的成年人的同情和帮助。

非婚生的孩子

在这400位杰出人物中，非婚生的孩子们可能也会试图在媒体和好奇的公众面前隐瞒他们父母的身份。其中，男性可以讲述他们小时候多么无法无天，女性可以讲她们小时候是长相平平、没人喜欢的女孩。他们可能以优雅的态度讲到自己小时候被别人认为笨拙，他们可能也会描述他们如何适应贫困、身体上的缺陷和严厉甚至忽视他们的父母。但是他们不会多说他们的身份。婚外生的作家似乎还会在自己的作品里避开这个话题。但是不管怎么说，似乎没有证据表明，在父母婚姻外出生会成为赢得成功和名声的一个不可克服的障碍。

有些婚外生的孩子所在的家庭是公开地不遵守常规，他们就在这些家庭里和兄弟姐妹们一起长大。有几个孩子很了解自己的父亲，因为父亲虽然和母亲没有结婚，但却是家里的一家之主。

另一方面，杰克·伦敦、布克·T.华盛顿、拉姆西·麦克唐纳、亨利·斯坦利爵士则是既不被父亲承认，也没有得到过父亲的支持。戈登·克雷格和莎拉·伯恩哈特则是在很小的时候，还没有能够留住关于父亲的任何一点记忆的时候，家庭就解体了。

T.E.劳伦斯是军人、作家和探险家，被很多人称为"阿拉伯的劳伦斯"。在他少年时代的后期，他从他的上中产阶级的家庭跑了出来，在皇家炮兵部队里做了个列兵。有人猜测他离家出走的原因，是他发现了他和4个兄弟都是父母在婚姻之外生的孩子。他的绅士父亲宁愿靠微薄的资金生活也不愿意出去工作，他扔下原配妻子和4个女儿，跟一个女家庭教师跑了，并且和她生了5个儿子。

这位女家庭教师对女性很反感，说她们在闲聊上浪费了太多时间，她也很少允许女客上门。因此，她儿子劳伦斯也不太会与女性沟通，但他也反感自己的父母，他宣布说，他们两个都不配当父母，他们家让人无法忍受。但他的大哥——一个医生，把自己的家描述成一个很快乐的地方。这也是他们家给邻里的印象，谁也不知道他们的父母并不存在合法的婚姻关系。

画家保罗·塞尚的父母直到生了第3个孩子之后才想起来要把他们的婚姻合法化。那时候保罗已经6岁了。因为这在他们的社区里并不是什么很特殊的事情，保罗是婚外生的这一事实也就没有怎么影响他。他们家里的冲突，是父亲对商业很感兴趣，而儿子却对生活中的一切实际事务都没有兴趣。

女演员埃伦·特里的儿子戈登·克雷格憎恨他母亲对于事业的投入，因为这种投入促使了她与父亲分手。他20岁就结了婚，有了自己的家庭，埃伦曾经就此事对萧伯纳抱怨过。在事业上，戈登通过做舞台设计，延续了他的建筑师父亲的事业（尽管他从来没有见过父亲）。他并没有延续他母亲的事业，小时候他得到过表演的机会，但他不是个好演员。

女演员莎拉·伯恩哈特只见过父亲两次，她记忆里的父亲是一个和蔼、英俊的人。他名叫埃德瓦德·伯恩哈特，是个有钱的法国人。在他的遗嘱里，他也给女儿留了一小笔财产。因为他在莎拉还很小的时候就去世了，他没有能够活着来保护莎拉免受老保姆的冷落和虐待。

热心的罗欣姑妈去看望了莎拉，孩子不快乐的样子让她非常气愤。莎拉被送进了一所修女学校。在那里，如果哪个修女或者小孩碰到她，即使是无意的，她也对人家又踢又打。当她第三次被学校开除的时候，她母亲的供养人富翁杜克·德莫尼把她送去学习当演员。

弗洛拉·韦尔曼是受过良好教育的人。弗洛拉在25岁的时候离开了她那个体面而富裕的家庭，成了一个灵媒和漫游者。她的家人总是把她性格的变化，和她跟家庭、父母划清界限归因于她的一次发烧，那次发烧让她的头发都掉了，那之后，她就不得不戴假发。弗洛拉的继母对他基本上是漠不关心的，但也正是这位继母让他去参加一个地方报纸举办的写作比赛，由此让他开始了写作生涯。

英国政治家拉姆西·麦克唐纳是由外祖母带大的。他的外祖母是个罕见的漂亮女人，她有一个习惯，就是经常陷入一种对什么都没有反应的状态。孩子和她一起住在一个简陋的小木房里。拉姆西的母亲一直在别人家做女用人，父亲是谁则不详。拉姆西写过一篇很感动人的文章，赞扬他那个村子里的小学校长。这位校长对他来说就像父亲一样，他的教学方法也很值得称道。

布克·T.华盛顿的母亲是一位既有爱心又有雄心的女人。对于不知道自己的

杰出轨迹　　对话700位名人的童年

父亲是谁这件事，布克似乎没有什么特别的感受，因为他认识的其他男孩子也有很多没有父亲。当他发现他的老师希望他的名字不只是"布克"的时候，他就给自己选了个姓。

亨利·斯坦利爵士在寻找探险家戴维·利文斯通博士的时候，他很可能是在寻找一个父亲般的人物。当媒体发现了他的非婚生的身份和他是个来自工房①的孩子的时候，报纸文章对他的评论非常苛刻和不公平。

虽然出生在父母婚姻之外，但似乎也不会阻止一个人取得成功。但是，如果孩子被遗弃，或者被领养后不知道自己身世，那么这些孩子在长大之后就很难成为杰出人物。因为在这400名杰出人物生活的年代里，死亡率比现在要高，所以那时候孤儿也更多。有很多无名的儿童肯定是被扔在了孤儿院的门前。但是，在我们所研究的这400人当中，很少有被遗弃和被收养的儿童，这就提出了一个问题：为什么在那些从来不知道自己真正父母是谁的儿童中，很少有取得杰出成就的人？

一个很有道理的假设是，在收养孩子的家庭里，父母和孩子都发现生活在传统的框架里面是比较安全的做法，他们也会对孩子有合理和简单的目标和期望。在一个不知道孩子血统的家庭里，喜欢创新、喜欢探索的倾向会让人害怕和迷惑。也许父母会故意让孩子降低对自己的期望，而这可能可以解释为什么在被遗弃、被收养、被领养的孩子们当中很少有杰出人物。1960年，美国大约有5%的孩子是在婚姻之外出生的。到了1995年，这个数字增加到了32%。如果我们降低对这些孩子的期望值，就可能是在浪费这些孩子当中可能存在的巨大潜能。对收养

---

① 在英国，工房从14世纪即存在，为无法找到工作的健壮人提供食宿，但这些人要做一些很辛苦的活。后来，工房也成为老、弱、病人和孤儿的避难所。这是很有争议的存在。一方面，这是有些不幸的人的最后一根稻草。另一方面，工房的条件实在太过恶劣。最后，在1930年，英国通过法律，废除了工房。

了有能力的儿童的养父母们给予指导，是一件特别需要有人做的事情。抱有这种态度并提供相应的指导也可能会让孩子的潜能得到更好的发展。

专业的介绍所给孩子选择的养父母可能是经济上和情感上都比较稳定的人。在这样的基础上，很多我们研究过的行事不循常规的、容易失败的父母都不会有资格收养儿童。但是，就如我们已经描述过的，家长不循常规、容易失败，却可能会促成孩子日后的成就。调查一下被收养的现在已经成年的人的看法，可能会对我们有所启发。

胆小的男孩与敢于冒险的孩子

查尔斯·A.林德伯格总是做噩梦，梦见他从屋顶或者悬崖上掉下来。但是在白天，他会直面自己的恐惧。他宣布说他要从一棵高高的树上跳下来，把他的同学吓着了，最后是他母亲的命令才阻止了他。在上高中的时候，有一段时间，他总骑着摩托车在河岸上飞驰。当地的警察又不太想拿法律法规来给这个有名政客的儿子施加压力，最后他们为了让这孩子避免用这种方式伤害到自己，把那块地给犁了。

除了机械及用各种方式证明他无所畏惧之外，查尔斯没有什么其他爱好。在教室里上课的时候，他从来不发言，除非老师叫到他。他的成绩也很一般。他从来不穿白衬衫，也不打扮自己来取悦女孩子。他不参加体育运动，也从来不和男孩子们一起去打猎、钓鱼、滑冰。

他的母亲是一个安静的、阴郁的女人，与她丈夫感情很不好，也从来不鼓励查尔斯去和其他孩子玩。对她丈夫——参议员C.A.林德伯格来说，在危险和痛苦面前能否镇定、坚韧才是对一个男人的真正考验。参议员林德伯格非常为儿子感到骄傲的是，他在一次历时30天的露营中能够忍受身体上的挑战——没有开发的荒野里，蚊子和黑蝇不断挑战他们的忍受力。他给儿子讲，有一次，他和他父亲一天徒步30英里，让人筋疲力尽。而他们之所以徒步，是因为他父亲在把税和所欠的债务全数还清之后，没有钱买火车票从城里回家了，但是他又太过骄傲，不肯承认。

当参议员林德伯格需要做腹部手术的时候，他拒绝使用麻醉剂。尽管这个痛苦的过程持续了1个多小时，他连咬牙动作都没有，只是在手术的最初几秒钟里，外科医生用手术刀切进腹腔的时候，他攥紧了坐在他床边的一个朋友的手。在整个手术的过程中，他都在与朋友谈论国际间的银行业务。

这个做噩梦从高处摔下来的孩子，这个有着一个如此推崇面对危险和勇于面对死亡的能力的父亲的孩子，就是后来那个驾驶小飞机独自一人飞越大洋的查尔斯·A.林德伯格。他为此做的准备是度过了一个兴奋的不眠之夜，他带的食品是几个三明治。

还有其他男孩也有过需要自己面对恐惧的时刻。西班牙斗牛士马诺莱特是一个独生子，他是个胆小的男孩子，因为总是跟着母亲，还遭到别人嘲笑。尽管他在死亡面前表现的镇定自若让他名声大振，但他在斗牛场上却总是内心胆怯，从来也没有享受过那些与死亡的擦肩而过。罗伯特·皮里是北极探险家，他也是一个独生子，他也喜欢黏着母亲，待在自己的院子里，躲开那些叫他"瘦猴子"和嘲笑他胆小的男孩子们。

极地探险家维贾尔默·斯蒂芬森的身体在小时候并不是很壮实，他被同学们叫作"软家伙"。他经常用几个小时的时间来独处，在浴缸里放一只小船。格陵兰探险家和诺贝尔和平奖获得者弗里乔夫·南森虽然不是一个胆小的孩子，但是他却总是不可救药地心不在焉和容易出事故。3岁的时候，他把自己烧伤了。4

岁的时候，他在冰上划伤了自己的前额。有一次，有个鱼钩钩在了他的下嘴唇上，他用了一把剃须刀才把它割下来。他引爆了家里自制的加农炮，结果火药撒了他一脸。他做各种白日梦，第一次试高台滑雪的时候差点把脖子摔断。在有一场他兄弟得了冠军的比赛里，他的两只滑雪板都摔断了。极地探险家理查德·E.伯德将军也很容易出事故，他的右腿受过3次伤，最后因伤从海军退役。

甘地怕蛇、怕黑，还怕他那还是个孩子的妻子卡思·图巴发现他的这些弱点。詹姆斯·乔伊斯害怕雷雨，还怕狗，他被狗咬过两次。欧内斯特·海明威是最容易出事故的人之一。14岁的时候，他摔坏过鼻子，视力也曾经受损。后来，他的右腿上一共有227块弹片，双脚、双手、双膝上都有枪伤，他经历过6次严重的头部受伤，肋骨折断过6条，还经历过10次脑震荡。

语言障碍

马克·夏加尔是在中学里受到一个不喜欢他的老师的歧视之后，开始口吃的。精神病学家们最近开始注意到，有些人在口吃症状出现之前有四肢或者躯体受伤的经历。在手被卡在一个洗衣服的搅拌器里之后，阿诺德·贝内特开始说话结巴。

当阿希尔·戈尔基的父亲扔下自己的家跑了的时候，当时5岁的他就不再说话了。后来，一个家庭教师假装要从悬崖上跳下去，这吓蒙了的孩子才喊出声来。感情上的惊吓让他恢复了说话能力。

丘吉尔和比万都是靠练习和耐心解决了他们演讲的问题。丘吉尔精心准备自己的演讲，把句子结尾处的"s"设法去掉，把整个演讲背下来，还照着笔记不厌其烦地练习每个细节。他在桑德赫斯特[①]的时候，曾经去见过一位专家，当时这位专家说，只有他本人的决心才能够帮助他。

---

① 桑德赫斯特：此处指位于桑德赫斯特的英国皇家军事学院(The Royal Military College)。

不良少年与反叛者

对天赋儿童的研究表明,他们变成行为不端青少年,到了要被警察抓起来的地步的可能性非常小。通常他们肯遵纪守法,也很早就理解他人的权利和特权。尽管这个结论也适用于我们所研究的 400 位杰出人物,他们却不能被归类到死气沉沉、不够活跃的那一类孩子们里去。这其中有几位曾经离家出走,有几位经常逃学,有几位因为对老师不敬而被学校开除,有 7 位在少年时期进过监狱。

爵士小号手路易斯·阿姆斯特朗是这 400 人中唯一一个被送进了专门对付行为恶劣少年学校的人。他的父亲抛弃他们跑了,母亲"在城里到处逛",他是在拿着继父的手枪,装着空弹夹,往空气里开空枪的时候被收入收容所的。但是,他发现在被遣送到新奥尔良的学校之后,他在那里的生活很有收获。他在自传里写道:"那个地方更像是个健康中心、寄宿学校,而不像是个少年监狱。总的来说,我对于自己在那里度过的时光是很满意的。"他就是在那儿学会了乐器,成了乐队的领头人物。

另外一个进过监狱的男孩,对此则是既没有感到幸运也没有觉得高兴。英国小说家乔治·罗伯特·吉辛在监狱里服过一段很短的刑期,因为他从同班有钱的同学的储藏柜里偷了钱,去给一个年轻的妓女买了一台缝纫机。因为这个妓女告诉他说自己想换个职业,他相信了妓女的话,想通过这种方式帮助她。这种对于弱势群体和被压迫的人群的关怀,在智力超群的儿童里很常见。莉塔·霍林沃思在她的《智商 180 以上的儿童》(*Children Above 180 IQ*)一书里也有过相关叙述。被发现偷钱后,乔治感觉自己丢尽了脸。他在监狱里服了刑,之后再也没回学校上学。这是很不幸的事情,因为他一直是一个没有其他学者陪伴的学者。他的整个事业自始至终就是充满狂风暴雨的悲剧。

第九章 早期的痛苦

爱尔兰剧作家布兰登·贝汉，在 16 岁的一天，被人发现他提了一个装满烈性炸药的提包出现在利物浦的船厂附近。他被当成爱尔兰恐怖分子关押起来，后来被送到一个英国的改造营。这在他的充满煽动、给人深刻印象的《伯尔斯多男孩》（*Borstal Boy*）一书中有过记述。

著名医生威廉·奥斯勒曾经因为恐吓学校里的一个女老师而在监狱里待了 3 天。如果美国报业编辑威廉·伦道夫·赫斯特不是来自一个富裕家庭的话，他可能也会被送到一所专为行为恶劣的男孩开设的学校去，而且可能要比活力四射的路易斯·阿姆斯特朗在那儿待的时间还长。有一次，威廉把玩具镖射进了巴黎一家酒店房间的房顶上，然后又把它们往外拔。结果整个房顶塌下来了，连同丘比特的雕塑和所有东西都掉下来了。在自传里，他很随意地说："我父亲不得不给他们买了个新酒店。"威廉还有个喜好是在酒店里玩水和玩火。

在 1874 年的经济恐慌中，威廉的父亲乔治·赫斯特遭受了经济上的重创，他们家不得不卖掉了他们的度假屋、马匹、马车及其他值钱的东西。父母二人穷到需要到老朋友家里去借宿。11 岁的"比利小淘气"被送到祖父的农场。但是这个艰难的阶段并不长，在 1 年之内，乔治就又成了百万富翁。

没有谁比威廉受到更多娇宠了。有一次，在他被带到欧洲去度假之前，他的告别聚会持续了 10 天。但是，金钱并没有给威廉带来朋友。当他因在学校里被同学排斥而感到很痛苦的时候，他央求父母不要再让他穿着过分讲究的衣服，也不要由司机开车送他去上学了。他还要求父母给他的衣服缝些补丁。但是父母却不理会他的烦恼，还是继续往他身上花钱和给他买过分奢华的玩具。他的父亲和母亲关系不好，却比着看谁更能宠孩子。

威廉在哈佛的豪华住所，是大家每天跑去开啤酒会、吃牡蛎晚餐和高谈阔论的地方。为了庆祝民主党 1884 年大胜，他雇用了好几个乐队在校园里招摇过市，向各个方向发射焰火，给所有的学生组织买了一车一车的啤酒。为此他被停学6个月。在大四的第一个学期结束时，他被学校永久地开除了，因为他给教授们送了些尿壶，尿壶上面有教授们的姓名和照片。

威廉并不是400人里面唯一一个因为跟老师作对而被学校开除的人。萨尔瓦多·达利也被学校开除了，因为他不同意让某些老师来评判他的艺术作品，他觉得那些老师的水平比他低。指挥家埃里克·克莱伯被学校开除是因为他胆大妄为，并且对学校没有表示出足够的尊敬。作家尼格利·法里森被学校开除，是因为他帮忙把一个打小报告的老师扔进了安多福中学的一个鸭子池里。

在比萨上中学的时候，恩利克·费米领头用臭气炸弹来骚扰老师。如果学校把他开除，世界上就可能少了一个伟大的物理学家。恩利克是"反邻居党"的成员，他们的目标就是给其他学生搞恶作剧。他们在口袋里装着涂成红色或者黄色的锁，作为他们的组织成员的标志。这个组织的一个成员会去跟他们要捣乱的受害者聊天，以分散其注意力，在同一时间，另外一个人就把锁链悄悄穿进受害者的衣服，把他锁在自己的西装上衣或者外套里。他们在半掩着的门的上方放盛满水的水桶。他们假装决斗，要捍卫某些女孩的荣誉，其实这些女孩根本就没有失去荣誉的危险。他们在屋顶上打水仗。他们把一个相貌平平的女孩选成了"五月皇后"，让她感到非常窘。他们的大多数恶作剧都没有人追究，但是拿臭气炸弹去折腾老师却差点让他们被开除。只是因为有一位老师看到了恩利克的罕见的能力，由他提议，才没有把恩利克开除。但是他和他最好的朋友拉塞蒂——这次恶作剧的领头人，在学校里觉得很无聊，闲不住。像他们这样有才能的学生，在教室里就没有什么事情可以让他们感觉到挑战。

钢琴家和作曲家伊格纳西·帕德雷夫斯基曾经从学校里跑出来，后来被开除了。威廉·奥斯勒被开除是因为他无礼和反叛。利昂·托洛茨基被停学了一段时

| 第九章 早期的痛苦 |

间,是因为他被错当成了领头给老师搞课堂"音乐会"的人。"音乐会"的形式就是大家都把嘴闭着,但是跟着老师走路的步伐乱喊乱叫。另外一个男孩忌妒利昂在班里的领袖地位,就在老师面前说他是领头的,其实他只是个参与者。

路易斯安那州的政治家"鱼王"休伊·朗组织一帮学生成立了一个团伙,要其他学生都服从他们。他不仅没有被开除,反而成功地使一个想要阻止他的校长被解雇了。

因为学校里有一个学生毁掉了他和一个女孩在校园里建的小游戏棚,"野牛"比尔·科迪把这个学生打成了重伤。之后,比尔怕这个学生来报复自己,就离开了学校,加入了一个马车队。在工作的农场上,欧内斯特·贝文拿着工具追得一个农夫不得不藏进储藏柜里,那之后欧内斯特不得不逃离了农场。

诺埃尔·科沃德是个逃学的孩子。莱昂内尔·巴里莫尔和约翰·巴里莫尔兄弟俩在学校的行为简直就是不可救药,他们的学习成绩也非常差。当约翰被新泽西州塞顿豪尔的预备学校录取了的时候,有个牧师想让他在体育馆里做单杠动作,证明一下自己的运动能力。结果,酒瓶、扑克牌、铜弹子纷纷从这孩子的衣袋里掉了下来。

探险家理查德·伯德小时候有一次去山洞里探险,发现了一条据说是从洞底下流过的暗河的源头。他跑到那里呼呼大睡,几小时之后,才被在乡间到处寻找他的朋友和邻居们找到。他和他的兄弟们有一次因为要玩打仗的游戏,在漂亮的草坪上挖出了一条 5 英尺深的壕沟。

格罗弗·克利夫兰每个星期日都要听他父亲布道两次。当他的拉丁文老师上课前就先来一大篇祈祷的时候,他实在是烦透了。在别的学生恭恭敬敬低着头认真坐着的时候,他和朋友把他们的课本从教室的窗户扔了出去,然后自己也敏捷地跳出去了。

杰出轨迹　　对话700位名人的童年

　　威尔·罗杰斯在学校里不可救药，还离家出走了。埃迪·坎托称自己是骗子、逃学惯犯，他从推车商贩那里偷东西，还在大街上打架。有一次打群架的时候，他的脑袋都被打破了。一个药铺里的医生听他吩咐，给他缝合了起来，但是后来伤口感染了，医生不得不又给他做了一次手术，才保住了他的性命。在肯塔基州的帕杜卡，欧文·S.科布是众人皆知的最淘气的小男孩。在他的自传里，他坦白说，他因为小时候总是被人用瓦片揍，他后来一直就没法坦然走过一堆瓦片，总是要后退到撞到什么东西。奥维尔·赖特在印第安纳的里奇蒙德上六年级的时候曾经被停过学，因为他太过淘气。他宽容的父母也没有强迫他回去上学，因为反正他们还有几个月就要搬家了。

　　女孩也不比男孩少淘气。莎拉·伯恩哈特被学校开除过3次，因为她往皇家骑兵队里扔石头，后来还翻墙去和一个士兵约会，和他一起待到深夜。格特鲁德·阿瑟顿也是个不可救药的小孩。欧内斯廷·舒曼－海因克从学校里逃学。埃莉奥诺拉·杜塞、凯瑟琳·曼斯菲尔德、伊莎多拉·邓肯和莎拉·伯恩哈特在20多岁的时候，还没结婚，就怀过孩子。

　　从以上事例可以看出，通常人们的观念是，有天赋、有前途的小孩都是书虫，把自己关在图书馆里，但在这400人中，这个观念没有得到验证。尽管这些人几乎都博览群书，但他们在其他方面也有很强的兴趣。毫无疑问，在今天同样有天赋、有前途的孩子当中，有很多被推进了既没有创造性又没有挑战性的职业环境中，因为他们的冒险、不守常规的行为不容易被别人所容忍。那些被母亲娇惯或者被母亲压倒的小孩才最不容易在童年时期出现什么调皮捣蛋的行为。也许一些有冒险精神的、有好奇心的基金会总裁们应该考虑这样一个行动：到那些专门给不良少年所设的学校去，把那里如饥似渴读书的和有特殊才能的孩子们挑出来，给他们设计一个更具有建设性的教育方式。

在杰出人物成长的家庭里很少有人患有精神疾病

在培养出了杰出人物的家庭里，很少有人因为精神疾病而需要住进精神病院，也很少有人需要在家里接受治疗，或者需要生活在与人隔绝的环境里。这可能并不奇怪，因为精神疾病是既耗费时间，又大大降低人的能力的。但是，在这400人的父母、兄弟姐妹，甚至他们的孩子们当中，也很少有人患精神疾病，这是一个令人意外的发现，值得探讨一番。

根据美国公共健康署的估计，在今天的美国，每10个人里面就会有1个以上的人，在一生中某个阶段会成为精神、心理医院里的病人。美国医院里一半的病床都是被心理和精神疾病患者占用的。在这些人当中，年轻的病人的大部分的诊断是精神分裂症。这些病人的症状使得他们无法成为社区的正常成员，也可能他们所在的社区对他们的古怪和退缩行为缺乏宽容。导致他们精神分裂的原因并不完全清楚，但大多数专家认为是由遗传、生物、化学和环境的原因所致，全世界有很多患有精神分裂症的人。

在培养出了杰出人物的家庭里，似乎很少有人患上让人无法正常生活和工作的精神疾病，所以，就值得我们来考虑一下这个"免疫"能力背后的原因。但是，由于我们的研究方法是以传记为基础的，这使得我们只能把那些有精神疾病的人从这个大样本群里分离出来考虑。

在这400人当中，有4位男性住进过精神病院，有1位女性曾经在医院里接受了几年的专业治疗。在400人的父母中，有两位父亲和两位母亲曾经住院，但是原因既不是受伤，也不是因为得了什么不治之症。这些杰出人物的兄弟姐妹当中，有两个兄弟和两个姐妹据说是有精神疾病。

莫里斯·巴里莫尔是个受公众欢迎的成功的演员，在400位杰出人物中，有

3个是他的孩子。有一次，他坐在纽约西三十街城铁车站的铸铁台阶上，望着远方出神。他的一个朋友看到了他，连哄带骗把他弄上了出租车去了贝尔维尤的医院。莫里斯一路上很顺从，只是没完没了地讲他最喜欢的歌《梦乡花园》（*The Garden of Sleep*）。很快，他被转到了一家私人医院，他在那里住了几年，写一本没有完结的小说。这本小说从头到尾就是没完没了地重复一句话："那是一个美好的六月天。"

查理·卓别林的母亲多年来与现实世界完全脱离，第一次住院是在她儿子8岁的时候。但是，她多年来也一直保持了她的美貌、迷人的风度和年轻的外表。马克斯·伊斯门在《杰出的同行者》（*Great Companions*）一书中讲到，有一次去看她，那正好是她那名人儿子把她从英国接到美国好莱坞的一个公寓的时候。过海关的时候，别人提醒过她不要有不得体的举止，结果她还是给忘了。她想掩饰自己的错误，赶紧又说："我的意思是，先生，当我看到您的眼睛的时候，我发觉，尽管您戴着一顶蓝帽子，但是您的本性很温和。"把她带到公寓之后，她就放上一张唱片，开始给马克斯跳舞，在俯身和旋转之间还暂停片刻，以表示对房间里那只被囚禁在鸟笼里的鸟的同情。

拉夫卡迪奥·赫恩的母亲死于马耳他的一所疯人院里。她第一次发病是在英国生了第二个儿子之后，一开始她是非常阴郁地沉默着，后来就出现疯狂的暴力行为。无法接受这一状况的丈夫送她回了她的祖国希腊，后来她再也没有恢复。

在艾略特·保罗是个十几岁的少年的时候，他母亲认为可以告诉他，他父亲是在他不到4岁的时候死在一所疯人院里的。写第一部小说的时候，艾略特28岁。小说的序幕就描写了他的父亲，被那些想要让他安静下来的人压得跪在地上。在故事里，母亲眼泪汪汪地看着一辆冰冷、黑色的马车来到家门口，穿着白衣的陌生人来到家里用一条条撕碎的床单把患病父亲的手和脚捆绑起来，然后把他带走。

| 第九章　早期的痛苦 |

艾略特的母亲从来没有对儿子描述过当时的场景，但是当她读了儿子的小说时，她发现小说里的描述准确得近乎残忍，对此她既震惊又迷惑。她没有想到一个不到4岁的孩子能够记得住这么多，即便是对于像艾略特这样早熟的孩子而言，这也是让人吃惊的。

当艾略特的父亲被带走之后，他母亲就转向他来寻求安慰和陪伴。在他6岁之前，她就教他学会了本应该在小学里学的大部分知识。她从来就没有因为怕把孩子累着而退缩，艾略特也很感激母亲教了他，因为他后来被允许跳级。

另外一些父母的精神崩溃是和某种绝症有关的。据弗里德里希·威廉·尼采的妹妹说，他们的父亲从楼梯上摔下来过，把头摔伤了。那之后，父亲的生活突然就变得困难和痛苦，几个月之后父亲就死了。因为尼采一直恐惧会遗传父亲的毛病，所以他妹妹的这个"头部摔伤"的说法值得怀疑。高度固执己见的尼采家族并不总是意见一致。

在32岁的时候，伦道夫·丘吉尔爵士遭受了第一次轻度瘫痪的打击，为此他说话和走路都受到了影响，也经历了间歇性抑郁与躁狂的阶段。他儿子温斯顿·丘吉尔提过他父亲去世之前出现过轻度的脑出血，经历了昏迷的阶段，每一次发病之后各个功能便会受到更大的影响。父亲的病并没有让他与自己的长子更加亲近，儿子想给他做私人助理，却被冷冰冰地拒绝了。在他的一生里，伦道夫与温斯顿只长谈过4次。在第四次谈话里，伦道夫告诫温斯顿不要相信所有的关于自己的传闻，他还说了一通自己的"敌人"的坏话。

父亲去世之后，温斯顿决意要像父亲那样生活，伦道夫因为疾病和早逝而没有成功的地方，他要去赢得成功，让父亲能欣慰。他给伦道夫写了两卷本的传记，他接受了父亲的主张，联系了父亲的朋友们，把父亲的反对者拒之门外，背诵了父亲的演讲，还和朋友们说，他准备像他父亲那样在46岁就死去。当他后来放弃了父亲的一些政治主张之后，有很长一段时间，他给父亲写的传记就写不下去了，他需要用各种方式说服他自己，父亲是有道理的。在他逐渐成熟的过程中，最后，他终于能把自己看成独立、完整的，与他父亲可以分离开的人。在对待他自己的孩子的时候，他是个愿意和孩子相处并且让他们快乐的伙伴。

一些父母因为身心性疾病而显得古怪、神经质，或者不能正常生活和工作。弗里茨·克莱斯勒和阿瑟·凯斯特勒的母亲都有重病，弗洛伊德观察过她们，但是没有给她们什么治疗。托马斯·比彻姆爵士的有钱的母亲曾经因为她的"神经"问题而阶段性地离开家，一走就是很长时间。在孩子们刚刚成年的时候，她的丈夫对她不忠实，还想以精神疾病为由把她送进疯人院，是托马斯爵士和他姐姐埃米莉为母亲说理，使她没有被送去。哈特·克兰的母亲有一段时间与他父亲有冲突，也曾经在那时有过神经性的崩溃。戴维·戴奇斯的母亲在产后出现过精神崩溃的状况，但是后来痊愈了。

有些父亲也表现过神经质或者性情古怪。有些父亲是太过于沉浸在自发的、没有任何利益可图的学习计划里，无暇挣钱养家，他们有些被同代人看成异常奇怪的人。有些父亲连大衣扣子都扣不齐，有些永远在演讲，有些夜晚才出门上街，以避免与邻居说话。在这400人当中，父亲们通常是精力旺盛、有远大梦想的，他们有想象力，但是容易失败。不过，他们被送去精神病医院的倒也真不多。

在我们研究的这些家庭里，孩子们在感情上可能是很舒服的，因为他们虽然会有些失败，但是再失败也不会比他们的父亲更差。如果父亲状态很稳定，是社区里的支柱，也许母亲又因为自己无法解释的行为给街坊邻居添了些谈资。我们研究的这些家庭里有一个非常显著的特征，那就是他们完全不在乎自己在外人眼里的形象。

在俄罗斯皇家芭蕾舞学院学习的时候，舞蹈家瓦斯拉夫·尼金斯基严重地受

| 第九章 早期的痛苦 |

到同班同学的排斥。他取代了一个名叫兰才的同学,成为班里最出色的男生,于是兰才给他搞了个恶作剧,差点把他弄死。在这所寄宿学校里,男孩子们很喜欢在下课之后互相搞恶作剧,他们拿鞭子互相抽,拿楔子试图将别人的衣服揪下来。兰才对这个波兰男孩满怀怒气,因为有一次他刺激这个男孩,看他敢不敢用一个橡皮球狠劲砸他,结果瓦斯拉夫真的砸了,砸掉了兰才的4颗牙,把他的鼻子也砸出血了。为了报复,兰才把男孩子们常从上面跳过去的一个很沉重的乐谱架给升高了一些,然后在地上撒了干肥皂粉末。瓦斯拉夫重重地摔了一下,头部受了重伤,胸部也摔骨折了。别人没指望他能活下来。这次事件震惊了莫斯科的成年芭蕾舞演员们,他们带的鲜花堆满了这个年轻学生的房间。而瓦斯拉夫的母亲则独自在他的床边哭泣。瓦斯拉夫的父亲是个靠不住的家伙,他会偶尔带着糖果出现,但是很少留下买食物的钱。

在卧床了好几个月之后,瓦斯拉夫不得不像一个婴儿一样,重新开始学走路。在这个阶段里,他们班上有一个出身于贵族家庭的男孩子,觉得有必要与这个受同学排挤的波兰孩子交朋友。上课的时候,其他同学都不愿意坐在瓦斯拉夫旁边,玩游戏的时候也把他晾在一边。这个有钱的孩子帮助瓦斯拉夫准备了一个晚会——晚会上还准备了香肠、甜点等,瓦斯拉夫的母亲也把自己的最后一点钱花在了这个晚会上。但是,尽管班里所有同学都接受了邀请,连伤害了他的兰才也接受了,可最后一个人也没有来。瓦斯拉夫和他的母亲都伤心地哭了。据他的妻子说,瓦斯拉夫一直就是母亲的宝贝,是她的温柔、体贴、忠实的孩子。

但是,瓦斯拉夫并没有得到母亲的全部关爱,因为她的心思更多地集中在他的大哥身上。大哥有精神疾病,母亲放弃了自己的舞蹈生涯来照顾他。瓦斯拉夫的父亲也没怎么陪伴过他,他父亲也是一名舞蹈演员,但由于他的波兰人身份,他并没有取得与他的天赋相符合的成功。虽然在事业上取得了很高的成就,但是,瓦斯拉夫得了精神分裂症，住院很多年。

在那些住过院的人里面，范·怀克·布鲁克斯是个例外。相对来说，他小时候的家庭生活平安无事，他也没觉得父母对他有很强的控制欲。范·怀克·布鲁克斯把自己描述成一个喜欢艺术、发育超前的男孩子，相比于和自己的同龄伙伴相处，他与成年人更加接近。他很少说自己在学校里的事情，直到进了哈佛，他才在那里得到了很多自己所需要的东西。他说得更多的是，他13岁的时候和一个他喜欢的家庭教师在国外度过了1年。后来，因为他的抑郁症使得他无法正常生活和工作，他住进了医院，在这期间，他给各种杂志和一份周报写文章。克拉拉·巴顿也住过医院，这两个人相似的一点是，日后带给了他名声的工作是他在住院之后完成的。在精神病院里住了4年之后，他于1931年出院了。他出来的时候遇到了一个新时代，让他觉得发憷，他有一种青春的感觉，但是心里的不安似一块沉重的大石头，一直就再没有消失过。

在这400人当中，没有多少人患有心理疾病，不意味着他们没有显露过一些早期的、被人当作精神疾病先兆的征候。阿尔伯特·施韦泽曾经在教室里毫无理由地忽然放声大笑。阿尔伯特·爱因斯坦到处哼唱他自己编的赞美诗，那是唱给他自己编造出来的神的。托马斯·爱迪生曾经放火烧了牲口栏，还坐在鸡蛋上要孵蛋，结果把鸡蛋都压碎了。埃莉诺·罗斯福生活在一个幻想的世界里，在那个世界里她是她死去的父亲家里的女主人。斯坦利·鲍德温对学校校长很不满，这种不满严重到了把他自己中学和大学生活的乐趣都给弄没了。萨尔瓦多·达利跟同学都没有什么令人满意的接触，他会故意等到同学都在看的时候，从楼梯顶端跳下来，以吸引他们的注意力。纳赛尔在6岁的时候想自杀，高尔基在19岁的时候差点自杀了。在400人当中，有好几十人是退缩、好动、过于强出头、情绪容易波动或者很容易就感到情绪压抑的孩子。

在成年之后，这400人也并非没有古怪或者神经质的行为。他们似乎很容易抑郁，特别是在中年时期。很多人有过很长时期的抑郁和"神经疲劳"，甚至使他们有一段时间无法工作。因为无法弹钢琴，帕德雷夫斯基曾有一段时间去乡下种地。演员切瓦力亚是另外一个与自己的母亲异常亲近的男孩子，以至于他与其他女性无法发展出任何有深度的感情。有一段时期，他突然发现自己记不住台词了，后来经过了一个很长的休养、恢复和治疗时期后，他才恢复。之后，他和帮助他康复的女孩结了婚。但是当他彻底恢复后，他又觉得这个女孩占有欲太强。钢琴家、作曲家拉赫玛尼诺夫时不时地需要借助催眠暗示术来把自己从抑郁之中解脱出来。

作家古斯塔夫·莱格勒在战地医院休养的时候，曾经一氧化碳中毒。人们觉得他恢复不了了，便送他回了德国，进了一家精神病院。在那里，有一个时期他说不了话。但是在一些短暂的扰动中，他倒可以说得很流利。最后在勋伯格医生的帮助下，他康复了。这位医生的观点与古斯塔夫的持和平主义的父亲的态度很像。在住院期间，还是个少年的古斯塔夫充分利用了这个休养的阶段，重新审视他的信念。医生让他出院是有些勉强的。中毒的影响过去之后，古斯塔夫后来也一再被卷入各种有打击性的事件，但再也没有出现过精神或者身体上的崩溃。

作曲家莫里斯·拉威尔在一次脑部手术中死在了手术台上。因为阅读能力的丧失使得他无法工作，这次手术本来是希望能够治愈他的阅读能力丧失的。

这400人的家庭当中很少出现精神疾病，不能简单地说这是他们故意隐瞒的结果。当公众对一个人有了足够的兴趣，有传记书籍出版的时候，想彻底隐瞒是不可能的。有几处文献提到了这些家庭的有些成员存在智力缺陷。但是有一个经常出现的现象是，有些被认为存在智力缺陷的人后来被发现并没有智力问题，而是有精神疾病。所以，这些被认为有智力缺陷的家庭成员里也可能有一些是有精神疾病的。但是，既然有文献提到这个问题，就说明他们在提供信息的时候还是诚实的，也说明他们在提供关于自己是否有精神疾病的信息时可能也是诚实的。

赛珍珠的女儿存在智力缺陷，赛珍珠写下了她如何适应这种情况的很有价值的文字。另外一个小说家玛丽·奥斯汀也有一个有智力缺陷的女儿。威廉·贝弗里奇、威尔弗雷德·格伦费尔和威廉·迪恩·豪威尔斯都有智力低下的弟弟，在发病之后行为可能变得无法控制。西格蒙德·弗洛伊德的表兄弟姐妹中，有一个是脑积水智障，另外两个是精神失常，还有一个患有癫痫。格特鲁德·斯泰因的兄弟姐妹中有两个存在智力缺陷。

较少患精神疾病的不仅仅是后来成为杰出人物的那些孩子，还包括他们的整个家庭。这些家庭里，有些是有多个孩子的，但在这些杰出人物的所有兄弟姐妹当中，只有5个有精神疾病。他们是瓦斯拉夫·尼金斯基的哥哥、奥利芙·施赖纳的姐妹，以及诗人埃德温·阿林顿·罗宾逊的聪慧过人的哥哥迪恩·罗宾逊医生。在最后这个例子里，导致迪恩患有精神疾病的一个原因是毒品上瘾。最后，罗伯特·弗罗斯特的妹妹珍妮——一个单身姑娘、学校老师，照她哥哥的说法，她是因为战争爆发而引发了精神疾病。

我们这项研究的主要目的不是要解释这些家庭的行为，而只是把这些行为分类。如我们之前所述，养育了20世纪杰出人物的家庭的共同特点是：热爱学习，有旺盛的精力、强烈的成功愿望、强烈的主见，就算有精神疾病的人仍然持有强烈的主见。但同时，我们又观察到，这些家庭很少有人患有精神疾病。所以，我们也许可以提出一个可能性——虽然我们还无法证明，那就是，这些因素也许帮助这些家庭营造了一种气氛，使得家庭成员们的思维更加不会脱离现实，让他们不会从社会里退缩出来而被送进精神病院。他们向一个目标前进的愿望是如此之强烈，也许让他们根本没有时间去把自己的焦虑感放大到让自己崩溃的地步。

第九章 早期的痛苦

有精神疾病的几个人也有一些共性。精神病学家米尔顿·H.埃里克森曾经讲过,有一次一家医院起火,一个好多年都僵化呆滞的病人却从一个吓坏了的管理员手中抢过钥匙,迅速高效地组织了他们病区的逃生行动。大火之后,他把钥匙还给管理员,然后又进入了僵化呆滞的老样子。成为杰出的人物有没有可能在心理上永远都处在危机之中?

在杰出人物的传记和自传里,有很多处提到他们曾经有过短期的抑郁。对杰出人物来说,抑郁和自杀似乎比其他精神疾病更有威胁性。特曼的研究表明,这不是无关紧要的,也不是偶然的。在那个研究里,1500多名智力超常的孩子到了中年的时候,有15人自杀,这个比例要略高于普通人群中自杀者的比例。

在我们所研究的400名杰出人物中,有几名自杀的:杰克·伦敦、弗吉尼亚·伍尔夫、斯蒂芬·茨威格、韦切尔·林赛、阿希尔·戈尔基、伊瓦尔·克罗伊格及小罗伯特·拉福利特。这说明,在我们这400人当中,自杀的比患精神疾病的人多。这与普通人群里的结果是相反的。

我们无法判断的是,这400人生活的环境,如果与他们同时代的、同社区的人们相比,给一个人的发展带来的困难是更多还是更少。但是很明显的是,几乎任何我们可以想象的困难都在某些地方被某些杰出的人物成功地克服了。在很多情况下,这些困难被经历了它们的人们看成追求成就的动力。在这400个家庭里,父母和孩子似乎都受到了某种保护,免于那些使人无法正常生活和工作的精神疾病。这个保护也许与两方面的原因有关:一是他们身体强大的适应能力,二是他们的所有精力都集中在了他们为自己选定的目标上。

第十章

不适应学校

第十章 不适应学校

> 他的后背驼了下来,成为惯常的姿势。他的双手松垂下来。一只大男孩的胳膊绕住了他,一拧,手腕就是一阵撕心裂肺的痛。这时一个声音响了起来,一个鼓胀的胖大的声音:"哟,是南希老师。你们这帮混蛋过来!"
>
> ——斯蒂芬·文森特·贝尼特《开学》(*Going Back to School*)

在这 400 人当中,每 5 个人里就有 3 个在学校里有严重问题。按照严重的程度来排列,他们对学校的不满依次是:课程设置,无趣的、不讲理的或者残忍的老师,欺负他们、对他们置之不理的同学,或者让他们觉得无聊的人,失败的成绩。总的来说,他们烦心的是整个上学的体验,他们很少只抱怨某一个具体的、清晰的、不满意的方面。

与学校课堂里的教师相比,这些孩子能更好地接受家庭教师。因为家庭教师与学生之间有很好的一对一的沟通,也能够用更加现实的方法去适应学生的不同程度。有时候,祖父母、朋友及社区里有文化的人物,因为对这些好学的孩子产生了特殊兴趣而给他们提供指导。对这样的指导，他们也乐意接受。图书馆工作人员也常常起到有益的作用。比学校的课堂更有价值的学习知识和思想的途径也不少，它们包括学校的报纸、辩论俱乐部、经常接触的知识分子群体、剧院、自己选择的书籍、父母晚餐桌上那些能说会道的客人、父母的藏书室和工作间。反感和抵制学校课堂是世界各国杰出人物的普遍现象，与学校是公立还是私立及各个学校所采用的教育理念是否不同无关。

拉宾德拉纳特·泰戈尔的父母富裕、有文化且很有自己的主见。泰戈尔说，他很幸运的是在13岁的时候就结束了学校生涯，因为他再也无法接受学校的令人难以忍受的折磨了。在一篇简短的自传里，他写道："学校的看法是，想要创造完美的生命，就要把这些生命当成是死的，把它们塑造成方便学校的、规规矩矩的形状……这就是我在学校感觉很痛苦的原因。我非常幸运，在自己变得麻木不仁之前就脱离了那个环境。"

托马斯·曼也来自一个很富裕、有文化的家庭，在他的回忆录里，他描写了一段学校的体验，说那是"停滞不前，让人无法满意"的。欧内斯特·琼斯是受父母宠爱的独生子，他成长在一个为孩子提供充分支持、舒适的英国上层家庭里。在学校里，被欺凌的小孩会被头部朝下塞进马桶里。另外一项时兴的活动是让一个孩子仰面躺在地上，另外一个孩子趴在他身上，再有六七个孩子一层层趴上去。受欺负的孩子如果想逃脱这样的折磨，唯一的出路是要能够把欺负他的学生之一打成重伤。

当一位老师发现13岁的爱德华·格里格在课堂上写他的《作品第一号：德国旋律钢琴变奏曲》(*Opus 1, Variation of a German Melody for the Piano*)的时候，他狠狠地摇晃着这个孩子。爱德华对学校如此之抵触，他曾经站在校舍的排水管出口，故意把自己身上搞得湿湿的，这样老师就会允许他回家换衣服。当爱德华的小伎俩被老师揭穿的时候，他就会想出新的招数。亨利·T. 芬克引用爱德华的话说："我唯一想为我自己使用的借口就是学校对我漠不关心。学校里的物质主义、粗暴、冷酷，都让我的天性对它极为反感。所以我会想出各种令人匪夷所思的方法来逃避学校，哪怕只能逃掉一小会儿也好……我一点也不怀疑，学校没有帮助我发展出优秀的品质，反而把我最坏的品质引发出来了。"

一个亚美尼亚裔的美国男孩威廉·萨洛扬曾经在孤儿院里生活过，他对学校的感激之心更少。在自传里，威廉说："我还记得学校里那种特殊的气味、每个教室的气味、木质地板上的热油、粉笔末、书桌、旧书、纸张、铅笔、铅笔屑、墨水，还有女老师身上的气味。每所学校都有这种气味。爱默森学校就有这种气味。我憎恨学校，但是我从来不憎恨学习。"

然而，尽管他在学校里问题多多，与此同时，他却几乎读完了加利福尼亚州弗莱斯诺小城公共图书馆里的每一本书。

在英国，维拉·布里顿在学校里受到了两个女孩欺负，这两个女孩都比她年龄大。她们拧着她的胳膊，逼她听用令人恶心的语言来进行的一些关于性的描述。

一般来说，女孩对学校的抵触比男孩要少，但这 400 人中的美国女孩却有不少并不喜欢学校。这些女孩包括苏珊·B. 安东尼、赛珍珠、玛丽·奥斯汀、格特鲁德·阿瑟顿、伊莎多拉·邓肯和薇拉·凯瑟。挪威女孩西格丽德·温塞特与她们有同样的感觉："学校干扰了我的自由。我有一套很有效的方法，可以在课堂上漫不经心却又不会受到惩罚。但是我的同学从一开始就认出了我是什么人……她们决意要让我看到，如果一个人与其他人都不一样，那么她的生活就应该被搞得非常不愉快。"

毫无疑问，这些生命正在成长、生命力正在爆发、语言表达能力又非常强的男孩、女孩们在学校里会出现许多问题：他们不满足于老师教的东西，太急切地要了解事情的本质与真相；他们对新思想的渴望和从阅读中得到的快乐，让那些对学习无动于衷的同学和那些在班级里怎么也超不过他们的学生感到憎恨。所以，他们有时候会被倒吊在火堆上或者刀尖上，被猛泼水，直到他们差点被泼死；别人恶意模仿他们，讥笑他们，给他们取难听的外号；他们时常被孤立、被置之不理、被别人命令不许动；有时候别人甚至会害怕他们，以为他们是有超自然能力的儿童。

5岁的时候，普罗科菲耶夫写了一首骏马奔驰的歌。7岁的时候，他写了一部歌剧，叫作《巨人》（*The Giant*），在这部歌剧里，他省略掉了钢琴上的所有黑键。耶胡迪·梅纽因在3岁半的时候就认真地学习小提琴，7岁的时候就进了维也纳音乐学院。帕德雷夫斯基3岁的时候就能用一根手指在钢琴上把熟悉的旋律弹出来。到了4岁，他就会用所有的手指弹钢琴了。施魏策尔11岁的时候就组建了他的第一个乐队。诺曼·安吉尔15岁的时候就是一家报纸的编辑。

斯坦因梅茨5岁的时候就会做分数乘除法。发明家马可尼从14岁起就开始琢磨关于无线通信的想法，在21岁，他成功地发出了第一份无线电报。雷金纳德·费森登14岁的时候就可以上大学了。18岁的时候，信息学的创始人诺伯特·维纳就在哈佛大学取得了博士学位。西格蒙德·弗洛伊德连续6年是班级里的第一名，老师很少叫他回答问题，因为反正他都已经会了。还在上学的恩利克·费米——后来的核物理学家，在读完了一本物理书之后对姐姐说，他都没有注意到那本书是用拉丁文写的。费米还在上小学的时候就成功地设计过电动马达。

4岁的时候，玛丽·居里就记得住她的做物理老师的父亲所使用的很多复杂仪器的名称。在小学里，她在每一个科目上都比同学超前起码两年。还是一个孩子的时候，她就能够轻松地说德语、法语和俄语。阿尔伯特·爱因斯坦在11岁的时候就读哲学书籍和数学、物理教材，作为娱乐，他则会在小提琴上拉出伟大作曲家的作品。J. 罗伯特·奥本海默——核物理学家、原子弹的设计者之一，在上学的时候常常是学校要求选4门课，而他却选7门。在11岁的时候，他就在一些知识渊博的听众面前做过科学报告。他从哈佛大学毕业的时候成绩优异，得到了本科生有史以来获得过的最高荣誉。

小说家乔治·吉辛10岁的时候开始阅读莎士比亚和狄更斯的著作。作家、记者阿瑟·凯斯特勒10岁的时候对数学、物理和制造机械玩具充满热情，他学起语言来也很有天赋。薇拉·布里顿在小学期间就用她父亲的陶瓷厂里的废纸写小说。

出身贫寒的政治家们则必须要具有超出常人的欲望和能力，才能够达到权力的高峰。约瑟夫·麦卡锡和休伊·朗都是贫穷农民的儿子。麦卡锡是个长相平平、受母亲过度保护的孩子，他不喜欢自己的父亲，在小学期间，他跳过一级。19岁的时候，他只用了1年时间就完成了4年的高中课程。休伊·朗用了8个月的时间学完了一般需要3年时间来学习的法律课程。大卫·劳合·乔治是个单亲母亲的孩子，他在15岁的时候参加了初级法律考试。帮他准备考试的只有他50岁的舅舅——一个鞋匠。因为怕别人嘲笑，他们的准备是悄悄进行的。

在这400人当中，显露出了最超乎寻常的智力上的早熟的有：简·克里斯蒂安·斯马茨、诺伯特·维纳、J. 罗伯特·奥本海默、阿瑟·凯斯特勒、诺曼·安吉尔、J. 米德尔顿·默里和伯特兰·罗素。玛丽·埃伦·蔡斯上学第一天就被分配读一本五年级的教材。但是很不幸的是，在那之后的7年里，她不得不一直读同一本课本。伊莎多拉·邓肯在7岁的时候就正式开始教学，教授她独创的现代舞蹈。10岁的时候，她得到母亲的批准，从学校退学，开始全日教学。海伦·凯勒10岁的时候就"口述"了一封以法语口语写的信。她也许是这400人当中最聪慧的女性。

最不快乐又最没有引起研究者重视的儿童，是那些很早就比一般儿童更具有同情心的孩子。他们对于不公正、不平等的敏感，以及他们很容易产生的负疚感，经常会使得他们惹成年人不高兴，并且受到其他孩子的嘲讽。阿尔伯特·施韦泽9岁就能够代替教堂风琴师进行演出，成年人都为此对他加以称赞。但是，当他不肯穿父母辛辛苦苦给他置办的体面衣装，而坚持要和村子里的孩子们一样穿破旧的衣服的时候，当他不肯伙同别人一起去捣毁鸟巢的时候，他却受到了惩罚或者嘲笑。很早显露出来的利他观念往往不为其他孩子所接受，尤其是其他男孩子。

罗伯特·塞西尔爵士想改革伊顿学校的教育状况，在那里，对于经典作家作品的学习成了个玩笑。虽然有父亲的鼓励和兄弟的帮助，但他还是失败了。尽管如此，他始终保持着对政治的热衷，并最终成为首相。多米尼克·派雷神父因为他为流离失所人群所做的工作，于1958年获得诺贝尔和平奖。4岁半的时候，他也是一个流离失所的孩子，自己由此受到很大影响。简·亚当斯观察那些劳工的破败的家，提出了尖锐的问题。赛珍珠很认同那些她结识的中国小孩。有天赋的儿童所表现出来的利他主义和同情心往往不被人注意，或者低估了它们的重要性。

被人认为无趣和学业失败的儿童

智力水平高却无法取得好成绩的孩子之所以如此，常常是因为他们把自己的兴趣集中在一个学科上，而忽视其他学科。有些时候，他们做的事情非常有原创性，反而引起老师的反感。对自己的功课看得很重的学生，如果遭到其他同学的嘲笑，或者其他同学不理解他们对于创造性的追求，不理解他们对于外界信息的反应，他们往往就会觉得很窘，这些学生有时候就会选择退缩、不参与，因为这样会更加安全。有些学生成绩不好是因为他们写作业不够细心、整洁，或者完成时间不够准时。另外一些学生让同龄伙伴觉得很无趣，因为他们想谈论的话题除了自己之外谁都不感兴趣。行为举止有些古怪的孩子，或者外表有些特殊的孩子，比如G.K.切斯特顿，也可能被别人误以为无趣，因为他们看上去比较呆板。在400人当中，有26位是被别人认为无趣的人。

小说家马塞尔·普鲁斯特小时候写起作文来就没完没了，停不下来，但老师们都觉得他写的作文杂乱无章。英国小说家休·沃波尔在上学的时候就开始写长篇历史小说，只可惜没人愿意当读者。

在一所重形式、轻内容的学校里，一个学生可能会成绩很差。但是如果换一所学校，老师们有不同的标准，这个学生又可能成为优秀生。法国作家爱弥尔·左拉在法国的圣路易中学的时候，文学课成绩是零分，德语和演讲也不及格，代数、数学、物理和化学倒是通过了考试。但当他被送到位于马赛的另外一所中学后，他还是有不及格的科目。但是后来在索邦大学的入学笔试考试中，他却名列第二，而这个考试应该是比中学考试难得多的。

美国作家斯蒂芬·克雷恩、尤金·奥尼尔、威廉·福克纳、F.S.菲茨杰拉德在大学里都经历过学业上的失败，因为他们都不喜欢他们所选的课。英国诗人和小说家D.H.劳伦斯在诺丁汉高中读书的时候，在写作课上的21名学生里排在第13名。法国画家塞尚在报考鲍尔艺术学校的时候被拒绝录取。

在这400人当中，军事家和政治家往往总是学习吃力的学生。

在学习吃力或者学习成绩中等的学生中，有一些最后也成为杰出人物。在这些人身上，我们经常能够注意到他们身上有一些共同的特点：在演讲方面的特殊才能，不怕苦、不怕难的坚持，对逆境的忍受能力和对社会的适应能力。对权力的渴望和希望受人瞩目的愿望，有时候可以弥补能力的不足。

有一些固执的男孩宁愿在学校里不好好学习，也不愿意把自己的精力分散到他没有兴趣的科目上。这似乎是个重要的特点，因为这些人往往会在某个方面迈出巨大的一步，让整个人类的生活都有了重大的改变。这些人包括爱迪生、莱特兄弟、亨利·福特和爱因斯坦。

爱迪生这样评论学校："我总是我们班成绩最差的。我记得我在学校里总是不合拍，我以前一直觉得老师们根本不理解我，我父亲也觉得我很笨。"

爱因斯坦的老师和父母都觉得他是个对什么都没有兴趣的孩子。他儿子小阿尔伯特是加利福尼亚大学伯克利分校的农学教授。贝拉·科密策写《美国的父亲与儿子们》（American Fathers and Sons）一书时，为了收集资料而采访了小阿尔伯特。他这样说："实际上，我的理解是，我父亲一直是一个行为很得体的小孩。在那个时候他就比较害羞、孤独，与外界有些隔离。他的老师甚至认为他学习很差。他对我说过，老师们去跟他父亲告状，说他脑子慢，不合群，永远沉浸在自己的傻傻的梦想里。"

为了这些原因，爱因斯坦的父亲在他16岁的时候就鼓励他放弃自己的"哲学胡话"，学习一门"有意义的技能"——电子工程。他说话很慢，所以很不幸，他父母因此认为他对什么都没有兴趣。

对于那些显露出了很强的能力，但是在学校里仍旧成绩很差的学生来说，这常常是由多种因素造成的。但是，即使家庭破碎，老师不如人意，也不一定意味着孩子肯定就没有机会发展自己的才能。

当钢琴家谢尔盖·拉赫玛尼诺夫在圣彼得堡音乐学院考了很差的分数的时候，他把成绩单上分数里的"1"改成了"4"，这样，他母亲有很长时间都没有发现，他在学校里是个不能令人满意的学生。后来，有一位老师来家访，跟他母亲诉苦，说这孩子学习很失败。之后,他母亲就让他退了学,送他去了莫斯科,住在一个非常有名的老师家里,这位老师有好几名学生都成了著名的钢琴家。没人怀疑过这个懒惰、无法安静下来的男孩子的天赋,但是他母亲管不了他。

谢尔盖和他的母亲并不亲近,他觉得她太严厉,让人烦闷。他想念他善良大度的父亲。父亲曾经坐在钢琴前一连几个小时地即兴编曲,还给孩子们讲非常有趣的故事来逗他们开心。但也是这位父亲瓦西里·拉赫玛尼诺夫,败掉了他的第五处房产——这是他老婆给他买的最后一处房产。当他们家破产之后,他的父母分手了,母亲带着6个孩子搬进了一处既狭小又不舒服的住处。当他最爱的姐姐叶列娜死去的时候,谢尔盖受到了很大的打击。她是在被选上为一部歌剧进行排练的时候病死的。姐姐去世之后,他就不再认真练琴,有时还逃学。他11岁就不得不离开家到莫斯科去接受严格的训练,为此他痛哭流涕。

尽管他在莫斯科的音乐老师家里所接受的音乐教育是一流的,但是老师的家却动荡不安,老师对学生又要求甚高,他就在这个家庭里生活了4年,从一个对什么都不在乎的男孩变成了一个外表和举止像个老人的青年。有一名传记作者说,谢尔盖的表情上永远写着"失望"两字。他举止拘谨、很不自然,他脸上的纹路清晰。4年之后,他与老师非常剧烈地争吵了一次,老师冲他喊叫,向他扔东西。好像这次争吵的起因是谢尔盖想要一个自己的房间,房间里能够有一架钢琴。愤怒的音乐老师叫来了谢尔盖在莫斯科的亲戚商议。老师告诉他的亲戚们说,他无法再让这孩子住在家里,也不能让他继续跟自己学习了。

亲戚中只有一个人为这孩子辩护,她就是谢尔盖的姑姑,姑姑知道这名老师的独断专行和令人不愉快的行事方法。于是,姑姑让他住进了自己的家,给了他一个自己的房间,里面放了一架钢琴。他很喜欢与姑姑的4个幼小的孩子在一起,家里的3个用人也很热情地欢迎他的到来,他们把他当成他们愿意照顾一辈子的人。在这个和睦而通情达理的家庭里，他开始了一段多产、独立的作曲时期。

谢尔盖学业失败可以归结于多种因素。但是对于巴勃罗·毕加索来说，唯一的因素就是他只钟情于一种自我表达方式。他固执地拒绝做任何其他事情，他只肯画画，但是他在学校里学到的东西可能比他自己肯承认的还是要多一些的，因为他毕竟是学会了读书、写字和数数。

毕加索的父亲唐·何塞·路易兹·布拉斯科是一个喜欢找乐子的年轻艺术家。到了毕加索10岁的时候，父亲终于承认他以前做得不太好，没法养活妻子和3个孩子。他接了一份工作，在位于克鲁纳的瓜迪亚中学做了一名艺术教师。唐·何塞是他们家族中的第9名职业画家，所以，他骄傲地接受了儿子具有绘画天赋这一事实，认为这是顺理成章的事情。他的妻子也持同样态度。妻子结婚之前的姓是毕加索。孩子后来把这个姓当作自己的职业姓氏，因为他觉得这个姓更加与众不同。

唐·何塞没有能力让自己的天赋转化成经济效益，所以他就想让毕加索得到一个好的教育，而不是仅仅把自己的画架放在父亲的画架旁边，整天画画。但是毕加索对学校固执地采取完全拒绝的态度，而且似乎完全学不会阅读和写字。其他学生慢慢都习惯了看他每天带着自己家养的鸽子来上学，他每天都会迟到，还总带着自己的画笔，就好像这根画笔是他身体的一部分一样。他父亲用鸽子当模特，因此，毕加索也就需要有自己的鸽子，这样做会让他觉得学校就像是父亲工作室的延展一样。他的最糟糕的日子是，当他父亲如此沉迷于自己的画中，而忘了他答应过要在一点钟的时候到学校去接这个孤独的小孩回家。

在这所私立学校里，毕加索的老师是他们家的一个老朋友，尽管他常常不经允许就站起来离开教室，但这位老师却没有为难这个温和、情感充沛的孩子。毕加索跟着老师的太太到处走，就像个小狗一样，在她厨房里，他和她共同度过了很多时光。如果他不得不与其他男孩子们一起坐在教室里，他就紧盯着钟，用唱歌般的声音念叨"一点钟，一点钟"。如果老师叫他集中注意力，他就很顺从地这样做，但是他如此努力来集中注意力，以至于他脑子里唯一可以想的事情就是"集中注意力"。老师说的话从他耳朵里冒出去了，然后他什么也没听懂。

毕加索的传记作者贾米·萨巴蒂斯说，唐·何塞爱孩子，但是又很担心孩子的前途，在孩子10岁的时候就让他退学了（同一年，唐·何塞自己也找了一份他并不情愿做的工作），他找了一位家庭教师，帮不情不愿的毕加索准备中学入学考试。但当这位家庭教师怎么也教不会毕加索做四则运算的时候，便绝望地放弃了。在这段时间里，毕加索在艺术方面的才能却越来越明显，对孩子寄予了期望的亲戚们帮助唐·何塞把儿子送到了马德里，去上皇家艺术学院。毕加索轻而易举地通过了入学考试，他用一天的时间就完成了本来应该一个月完成的考试。这在家里引起了一阵轰动。亲戚和朋友们都很有信心，他们出钱帮助孩子交了学费，他们这样做也就等于是买了这孩子的一点点"股份"。所以，他们期待着这天赋超群的年轻人会赢得各种奖金，即使他不能给他们带来财富，起码也会给他们带来荣耀。

毕加索在马德里是相当快乐的，但是他看不出有什么理由要跟着没什么东西可以教给他的老师们学习。所以，他在城市里到处逛，他很喜欢城市里的景象，当他愿意的时候，他就素描和作画。他的亲戚们很失望，但是理解他的唐·何塞总是尽自己所能地给他寄钱。但是毕加索很快就不得不回家了。他在一个雨伞店的门廊里搞了一个自己的画室。在第一次办个人作品展览的时候，他还没到长胡子的年纪呢。

阿尔伯特·爱因斯坦的父亲赫尔曼·爱因斯坦在德国的慕尼黑管理一家小型的电化学工厂。在阿尔伯特·爱因斯坦15岁那年，父亲生意失败，去了米兰，因为他觉得那里的生意可能会更好做。赫尔曼是个乐观的人，喜欢啤酒和美食，喜欢席勒和海涅的著作。爱因斯坦的母亲是个业余音乐家，工厂里的工程师常常到家里来听她演奏贝多芬的曲子。赫尔曼的兄弟也是个工程师，跟他们住在一起，他是一个对政治很有兴趣的知识分子。

在这个家里，既不缺热爱学习的气氛，也不缺书籍和音乐，大人觉得这个孩子对什么都没有兴趣，但他可以拉小提琴一拉就是几小时。十一二岁的时候，他就在读康德和其他哲学家的著作了，还读《巴克纳的力与物质》(*Buchner's Force and Matter*)之类的书。他说话总是有些迟疑，语言学习对他来说比较困难。

在爱因斯坦15岁的时候，他们家其他人去了米兰。他自己留在慕尼黑，以便完成中学的学业。但是他实在受不了学校了，他请校医给他开了个证明，证明他神经衰弱，需要6个月的时间在意大利跟父母在一起。这样，在对一个人的成长有重要作用的16岁，爱因斯坦有了休学的机会，可以从课堂和有组织的学习活动里解放出来。意大利的温暖和美丽让他彻底心满意足。在这个阶段，他开始思考，如果一束光线被禁锢住，会产生什么后果。这个问题在他日后的学术发展中是很重要的。

在他的犹太裔、上中产阶级家里，家人是无法忍受一个无所事事、学习成绩又不好的小孩的。赫尔曼·爱因斯坦在米兰的生意也不成功，但是其他亲戚比他混得要好。他们愿意每个月拿出100瑞士法郎，资助爱因斯坦去同意招收外国学生的苏黎世理工学院读书。他们这样做不是因为他们觉得孩子有前途，而只是因为想帮忙。但是，他在参加入学考试的时候，动物学、植物学和语言这几科却都不及格，他没有其他任何出路，只好又回到中学，把成绩差的学科补起来。爱因斯坦在瑞士阿劳一所很普通的地方中学入了学，一年之后，他终于考上了苏黎世理工学院。

第十章 不适应学校

后来，一个小女孩曾经给他写过一封很私人的信，抱怨她的老师不理解她，他回信说："曾经一度，我的老师们也是这样对我的。他们不喜欢我独立的风格。虽然他们需要一名助教，却不肯聘用我。"

爱因斯坦的同学中没有人和他有什么交情。很多年之后，当被问到的时候，他的老师们都不记得他曾经是自己的学生。他毕业之后，找工作也很困难。他想当中学老师，却找不到这样的工作。他按照报纸上的广告去应聘，也没有下文。有几个月的时间，他在一所技术学校做临时助教。随后他又找了份在一所寄宿学校辅导成绩差的学生的工作，但因为他一定要坚持用自己的那一套来教学，他最后被解雇了。后来，他在专利办公室找了份工作，在这期间，他一直坚持学习和发表论文。早在1907年，他就发表了论文，为他的相对论理论提供了主要依据，但是他的文章在学术圈子里没有引起任何关注。

在他67岁的时候写的自传体笔记中，爱因斯坦说："事实上，当今的教育方法居然还没有把思考和钻研彻底扼杀掉，这才是一个奇迹。思考、钻研的这棵脆弱的苗，除了需要养分之外，最主要的是需要自由。如果没有自由，它就肯定会被破坏和毁掉。如果认为通过强迫，把学习当作任务，就能够让人体验到观察和探索的乐趣，那就是个严重的错误。"

爱因斯坦不喜欢任何刻意展示知识的举动，也不喜欢用一大堆知识把脑子塞满。当别人问他声速是多少的时候，他回答说，他不知道这个问题的答案，但是他知道，如果他需要这个答案，他知道在哪一本参考书里可以找得到。他认为重要的是要小心翼翼地对待问题，以及永远保持感觉新奇的能力。

在传统学校教育里，考试是他最不喜欢的事情。他认为，取消考试才能够让人的记忆力活跃起来，才能够使得学生们不再需要年复一年把诸多知识塞进脑子，反正几个月之后还是会忘记。

爱因斯坦从来没有忘记他在进入苏黎世的学校之前，为了准备考试而感受到的压力。"这压力如此之巨大，当我终于结束了最后的考试的时候，我发现，那之后的一年，我都没有办法思考任何科学问题。"这是他的朋友和传记作者安东尼娜·瓦伦丁引用的他的话。

有些学生无法轻松搞定考试，有些则不肯考试。上威廉·詹姆斯的课的时候，格特鲁德·斯泰因就不肯参加期末考试。威廉·詹姆斯很欣赏她的风格，说他很能理解，然后给了她一个全班最高分。法国作家、诺贝尔奖获得者阿纳托尔·法朗士在一次口试中被一个喜欢说教的老师蒙住了，这老师在口试中提出一个可笑说法——隆河最后注入密歇根湖①，阿纳托尔却被老师绕了进去，同意了这个说法。伟大的歌剧作曲家普契尼考试不及格是家常便饭。

细菌学家保罗·埃利希憎恨所有考试。在他的一生里，他对任何需要考试的人都怀有深深的同情。他在写作方面是彻底地不可救药，老师不得不把这项要求给他免去了。他说话和他父亲一样，说话速度快，有好多惊叹号，还会激烈地打手势。在大学里，他勉强通过规定的考试。有一次，有人指着他告诉罗伯特·科赫②说："那是小埃利希。他给显微镜切片染色相当棒，但他永远也别想通过考试。"

休整时期的重要性

在这400人当中，经常会有人提到一个休整时期，在这个时期里，生活里的日常活动停止了，孩子们可以有一个自由的时期去思考、计划、不受任何限制地读书，或者在一个全新的环境里结识一批全新的人。在400人中，有10%的人

---
① 隆河：River Rhone，流经法国和瑞士的欧洲大河之一。
密歇根湖：Lake Michigan，美国五大湖之一。
② 罗伯特·科赫：Robert Koch，1843—1910，德国医生、科学家、诺贝尔奖获得者、现代微生物学创始人。

描述过一个间歇时期，这对他们后来的发展起到了重要的作用。

温斯顿·丘吉尔有过两次这种时期。约翰·肯尼迪在少年时期即将结束，要去英国上学的时候，得了黄疸病，这使得他有了一个跟朋友在欧洲旅行的自由时期。H.G. 韦尔斯 8 岁的时候把腿摔断了，也有了一个休整时期。他在那段时间养成了读书的习惯，因为这个习惯，他后来就没有去给一个布匹商人当助手。在他刚成年时，另外一场病又让他开始了写作。马蒂斯是在一次养病的时候开始作画的。爱因斯坦是在意大利休息期间，在头脑里开始形成了他要解决的科学问题。

英国医生哈夫洛克·埃利斯，在他还是一个 19 岁的年轻人的时候，接受了一份工作，在澳大利亚丛林之中的学校里教书。他的任务不重，所以晚上是完全属于他自己的。他在一个小小的、偏僻的土房里读了一摞一摞的英文、法文、德文和拉丁文的书。他把日后自己的出色成长归功于这一年。

查尔斯·埃文斯·休斯在还不到 12 岁的时候，就从高中毕业了两次了，但是因为他太小，无法上大学。在纽瓦克高中，学生们在玩"甩尾巴"游戏的时候，大孩子们把他甩到了墙上，他磕掉了两颗牙。当青春期到来的时候，他一边适应自己外表的变化，一边在纽约市的街头闲逛了 6 个月，这个城市提供了丰富的生活体验机会，他从中受益匪浅，享受着他的自由。在这段时间之后，他觉得自己已经为上大学做了更好的准备。威廉·伦道夫·赫斯特和约翰·拉法格也有过收获很大的间歇时间，在这段时间里他们都是在纽约市里闲逛。理查德·伯德在 13 岁的时候就一个人周游世界。诺曼·安吉尔在 17 岁的时候去了美国当牛仔。路易斯·布兰代斯一直没有忘记那个自由自在的夏天，他和父亲、哥哥一起在欧洲到处游历。玛丽·居里在 15 岁的时候曾经在乡下度过了自由的一年。

诗人埃德娜·圣·文森特·米莱在八年级的时候，英文老师给了她一个"C"。

她以前在这个老师的课上一直都是得"A"的。埃德娜在老师布置的《最后一个莫希干人》(The Last of the Mohicans)读书报告中写了很多自己的见解,这位老师很反感这些见解,但是又不允许埃德娜拿她最近读过的6本书中的任何一本来写读书报告作为代替。埃德娜的母亲是个独立的女性,因为丈夫赌博,她就把丈夫轰出了家门。她与校长因为这次事件发生了争执,之后她就带埃德娜离开了学校。埃德娜在学校里一直是受人欢迎、门门功课得A的学生,她在家里觉得难堪、不快乐,也很孤独。她的妹妹们都很正常地去上学,她母亲是个护士,白天一整天都不在家,晚上也经常不在家。在接下去的那一段孤独的日子里,她好好地为上高中做了准备,还用她母亲的一个病人送给她们的钢琴即兴弹奏。这段时间虽然没有给她带来快乐,却帮助她塑造了未来。

不抱怨学校的是少数

在这400人当中,有近40%的人说他们在学校没有过问题,或者说不出来具体有过什么问题。对于这些人当中的几个来说,公立教育是个极其重要的机会,因为若非如此,他们就没有其他地方可去,去读书、学习,结识会读书的成年人。乔治·华盛顿·卡弗早期上过的学校在学术方面是很贫乏的,但是他毫无抱怨。不过,他最快乐的时候,还是后来在艾奥瓦州立学院读研究生的时候。

另外一些不抱怨学校的学生,是由于老师看到了这些学生超常的能力,给了他们特别的指导和鼓励,加快了他们学习的进度。欧内斯特·卢瑟福后来成为一位世界著名的物理学家,他出生在新西兰亮水城的一个亚麻农场。他的父亲詹姆斯·卢瑟福是个做车轮的匠人,在因为一次严重事故而导致残疾之后,他不得不改做其他工作。他利用水力驱动建造了一个创新性的亚麻织造作坊,并试验各种方法来浸泡亚麻，他还发明了一种特殊且省力的分离亚麻纤维的装置。欧内斯特的母亲喜欢唱歌和读书，她曾经是一名教师。父亲收入不少，父母让孩子们受到了不错的教育，但不幸的是，他们家的 7 个儿子（有两个在驾驶帆船出海的时候淹死了）和 5 个女儿却没有理由相信父母还能够给他们别的什么。

欧内斯特在新西兰的哈弗洛克度过了小学生活。学校里一位名叫雷诺先生的老师对儿童的天赋比一般人更有兴趣，他每天早上在正式上课之前，先给一些超前孩子上一个小时的课。在社区出资办的尼尔森中学里，科学是选修课，而欧内斯特常常是班里的唯一一个选这个科目的学生。因为在考试的时候答对了 600 道题中的 580 道，他还获得了奖学金。人们经常看到科学课教师 W.S. 利特尔约翰博士和他这位热爱科学的学生边走边谈，有时候他们停下来在地上画草图，根本不注意身边的行人。他的同学们发现，当欧内斯特沉浸在一本书里的时候，即使别人打他的头都不会让他分神。欧内斯特不仅科学成绩优秀，在历史、英语文学、法语和拉丁语课上也得过奖。

当他获得了新西兰大学奖学金的消息传来的时候，他把锄头扔到一边，说："这是我这辈子挖的最后一个土豆。"然后就离开了父亲的农场。尽管这所大学里的科学仪器还不如一些像样的中学里的多，他还是被铁磁性实验深深吸引住了。这在后来帮助他发明了无线电波磁性探测器。在一间寒冷的透着穿堂风、混凝土地面的地下室里——那本来是用来做储藏室的，他会一连几个小时地做设计精妙的实验。他与房东太太的女儿玛丽·牛顿订了婚，但是，玛丽等了他好几年，他才有能力养家糊口。后来，他又得到一笔奖学金，去了剑桥大学。到了他选择第一份工作的时候，最吸引他的是加拿大麦基尔大学的一份研究工作。如果他回到新西兰，他挣的钱会更多，但是，麦基尔大学的那个实验室是由一个烟草业的百万富翁资助的，是世界上拥有最先进设备的实验室之一。

卡洛斯·罗慕洛是另外一个全面发展的好学生，他从未和别人说起过他不喜欢学校。在高中里，他因为演说而得过奖章，他是自己高中年度纪念册的编辑，也是菲律宾的《马尼拉时报》（Manila Times）的见习记者。因为他在公众演说方面的天赋，他被送到哥伦比亚大学学习，主修英语文学。

家庭教师受到欢迎

这400人迫切需要与有智慧的成年人进行直接和频繁的交流。如果这个需要在学校里能够得到一定的满足，他们对学校的逆反心理就会减轻很多。尽管家庭教师常常没有资格在正规、有名声的学校里教书，他们却因为与学生进行一对一的交流而受到学生的珍视。

帮助本杰明·卡多佐做去哥伦比亚大学读书的准备的是霍雷肖·阿尔杰。他是一个风趣、圆滚滚的小个子男人，他的强烈愿望是成为一名诗人。霍雷肖·阿尔杰写过一首长篇讽刺诗，抨击政府，但是这首长篇诗歌没有为他赢得声誉。他写的那些儿童读物很显然不是他认真对待的东西，但却让他成了一名颇有名声的作家，他擅长的是写穷苦的小孩如何通过勤奋努力、勤俭节约和优秀的品格而成功。霍雷肖·阿尔杰给银行家约瑟夫·塞林格曼的孩子们当了12年的家庭教师，就是约瑟夫·塞林格曼把他推荐给卡多佐家的。在霍雷肖·阿尔杰的指导之下，本杰明·卡多佐得以在13岁的时候就通过了哥伦比亚大学的入学考试。

林肯·斯蒂芬斯在军事学校里有很不开心的时候，还因为喝酒被关了20天的禁闭。他的父亲很同情他的处境，就把他带离了学校，找了一个住在旧金山的英国人给他当家庭教师。这位教师让孩子接触到了以前从来没有听到过的交谈。这位教师的住所是几个牛津大学毕业生的聚会场所，他们在那里有说不完的话，讨论各种文化现象。对林肯来说，这无疑带给了他激动人心的体验。在他被关了禁闭的时候，他读了大量的书，从中受益良多。到他从家庭教师和其朋友们那里听到了新思想时，他已经做好了准备去接受新思想的洗礼。

在这 400 人当中，那些由父母亲自教育的孩子们，没有一个不感激父母的。伊丽莎白·肯尼是一名澳大利亚的护士，她创立了独特的治疗婴儿瘫痪的方法。在她的自传里，她谈到了母亲给她的教育："在后来的很多年里，我和母亲度过的那些安静的夜晚一直留在我的记忆里。所以我一直很难理解的是，为什么传播知识的人会觉得教育是件恼人的事情，而年轻的头脑为什么会拒绝接受知识。"

白天是伊丽莎白可以自由支配的时间。到了 6 岁的时候，她基本上就是生活在马背上的，她骑马到村子里去取邮件，帮着把牲畜赶回家，跟亲戚家的孩子道格拉斯一起赛马，看谁先到 10 英里之外的祖父母家。她的弟弟身体比较孱弱，她便自己给他设计了一个健身房，让他在那里锻炼，直到他像其他孩子一样健康和强壮。当父亲需要人帮忙推销农产品的时候，她担任起了拓展新市场的工作，而且非常成功，不仅帮助了父亲，也帮助了整个社区。但是她涉足商业却招来了社区里很多人的指责，他们觉得这不是年轻姑娘应该干的事。虽然她把整个社区从破产的危险中拯救了出来，却无法改变人们的想法。在进入护士学校之前，母亲是她唯一的老师。

在家里接受教育可能出现的问题是，当孩子成年的时候，家长还不能从老师和孩子每时每刻伴侣的角色中转换出来。德米特里·肖斯塔科维奇是一位俄罗斯单亲母亲索尼娅·肖斯塔科维奇的儿子，索尼娅有 3 个孩子，全都有音乐天赋。革命之后，索尼娅在度量管理局里做办公室的打字员，她丈夫去世之前也在那里工作。德米特里的算术能力非常差，算术作业对他而言是噩梦，对他的老师也是噩梦。当他提出想待在家里，只学习音乐的时候，他母亲同意了。他在读书方面是博览杂收,他的两个姐妹也是如此。尽管他们很穷,他们却想办法拥有了两架三角钢琴。玛利亚比弟弟大两岁,中学毕业后,她准备进入音乐学院学习。当她和德米特里第一次在音乐会上演出的时候,她穿的裙子是用一条旧床单缝制的。家里从来没有多余的钱来满足他们所有的需要。最小的孩子佐娅不得不放弃自己的舞蹈课程,她记恨母亲,和母亲之间的关系很疏远,因为她觉得家里所有的好条件都给了两个大的孩子。

食物的匮乏,长时间的练琴,时时刻刻的压力,这些使得德米特里的喉咙里出现了腺体感染。当20岁的玛利亚和17岁的德米特里去克里米亚休养的时候,他们两个都伤心地哭了,因为在那以前他们从来没有离开过母亲。

孩子们逐渐长大成熟、结婚生子,并且将全部精力都投入在自己的小家庭和事业里,这些都深深伤害了他们的母亲。她很憎恨儿子的婚事,因为他娶了一个非常可爱的年轻姑娘,她怎么也挑不出这姑娘的毛病。在1932年的新年前夕,她独自坐着,给在美国的姐妹写了一封非常不开心的信,恳求她回来和自己一起住在儿子家里。德米特里和太太尼娜去看望朋友了,玛利亚和丈夫在大学里庆祝新年。佐娅仍然没有和母亲和解,她们之间的关系仍然很疏远,在那个时候,佐娅住在莫斯科,离家人很远。这位母亲也非常不喜欢和佐娅及她的丈夫住在一起。在德米特里家里,她也觉得她像一个没用的用人一样,她睡在客厅的沙发上,讨厌他们外出、聚会,讨厌他们的汽车和他们经常去光顾的那些昂贵的餐馆。

"我们是境况中等的人家",她给姐妹写道,"我们一直勤劳工作……但现在,我该怎么生活下去呢?……不再等待德米特里早上醒来,他回来的时候不再去给他开门。如果他们搬去一个新公寓的话,他们可能不要我了,我的家就毁了。"

这个圆圆脸、戴眼镜、不成熟的男孩在他的音乐事业上很早就获得了成功,这无疑与他母亲决定让他留在家里学习有关,和母亲早期对他的教育也有关。但是，对他们两人来说，代价也是巨大的。他母亲无法让他成长起来、离开自己，过一个正常的成年人的生活。她甚至试过破坏他的婚姻，连孙辈孩子们的出生也没有让她高兴起来，但幸运的是，德米特里已经有了足够的力量抵御她的影响。

威廉·库珀·豪威尔斯和他的太太玛丽在婚后的37年里都有着共同的理念，尽管有时候他们之间也会有摩擦，有时候运气也不好，但是他们一直很幸福。威廉是一名印刷匠，在他们刚结婚的那段时间里，他从一个工作换到另外一个工作。这对小夫妻在乡间一起长时间地散步、聊天、陶醉于自然美景中。威廉·迪恩·豪威尔斯是他们的8个孩子里的老二，他的个头很小。比他大4岁的哥哥乔却很是勇猛威武，随时都愿意保护他。他们家没有一个孩子在学校里好好上学，因为他们发现，更适合他们学习的地方，是父亲在报社的办公室、家里的藏书室，最适合他们的教学来自父亲。未来的小说家威廉·迪恩·豪威尔斯在正规学校上学的时间，各个时期加在一起，也就是16~18个月。但是他6岁的时候就会排字，七八岁的时候就开始写诗，11岁的时候，在印刷厂里就可以顶一个成年人干活。

威廉·迪恩·豪威尔斯受到了他父亲极深的影响。终其一生，他和他父亲一样相信：出色的工作可以拯救灵魂；太关注自我，则要受惩罚。其他男孩却发现，他们可以利用他很早就建立起来的公正、公平的观念来欺负他。他们的麻木让他非常痛心。当他开始长大成人的时候，他发觉，自己与父亲分开是很困难的事情。

有一段时期，当家里有7个小不点的时候，他们的父亲放弃了他的印刷生意。他们全家搬进了偏僻地带的一个狭小破旧的小木房子里。父亲受到他兄弟们的鼓励，想在这里建立一个乌托邦，他和他召集来的居民可以建立一个远离尘嚣的社区。这个社区的经济基础可以是一家本来已经存在的磨坊，他们可以把它改造成一家造纸厂。但是，这个冒险试验没有成功，威廉·迪恩·豪威尔斯的母亲玛丽对此很不高兴，也很害怕。她和丈夫在意见上产生了分歧，大儿子乔是她的可靠盟友。但是威廉·迪恩·豪威尔斯和父亲很亲近，他和父亲一起读书，在空气清新的秋天里散步、谈话。这是他的休养期，一个等待和思考的时期。他对家里的矛盾非常敏感，但是这个矛盾却没有大到会影响家庭成员之间彼此相爱的地步。

和家庭之间的亲密纽带使得他难以离开家，知道他的家庭很幸福、很安全，似乎是他发挥创造力的前提。当他被派去俄亥俄州的赞尼亚出差一星期的时候，他因为离开了家而感到情绪非常混乱，刚到那里的第一个晚上，他就要求回家。因为一项类似的工作，他又去了俄亥俄州的戴顿，在那里他和他喜欢的叔叔伊萨克住在一起。这15岁的男孩思念父母心切，吃饭的时候在餐桌上都会掉泪。当他回家之后，他母亲告诉他说，他如此依赖这个家，让她非常高兴，但是她也知道她这么想是错的，因为他们家需要他的这份收入。

他们的乌托邦一直就没有实现，当威廉兄弟们拒绝继续给这个乌托邦提供经济援助之后，他们全家就搬到了俄亥俄州的哥伦布市。在那里，父亲在《俄亥俄州日报》（*Ohio State Journal*）找了一份工作，后来又在州众议院得到了一份职员的工作。在那里，威廉·迪恩·豪威尔斯产生了创作的强烈的念头，他开始着手写作，并发表第一首诗，还找到了一份待遇颇丰的工作。

已经有很多文献描述过温斯顿·丘吉尔的家庭了。在这个家庭里，有很多例子说明父母和亲戚的性格特点是怎样与杰出人物的出现相关联的。他们家里有热爱学习的气氛，有喜欢探索的态度，经历过多次失败，有很多有自己坚定信念的亲戚，不会依赖别人的意见。但因为温斯顿的父亲和叔叔都有些行为无常，家庭生活也是充满波动的。

在温斯顿被人当成一个对什么都没兴趣的孩子的时候，他和其他类似的孩子一样，其实是正在展现一些能够让人预见到他未来的能力的特点。父亲不爱搭理他，母亲忽视他，然而，他却在一个对他来说像母亲一样的女性长辈埃弗里斯特

| 第十章　不适应学校 |

太太那里得到了很多关爱。他发展出来了对"行伍诗歌"的喜爱，对战争的狂热，还有一种在类似的孩子里常见的对于自身安危的置之度外。他异常活跃，但跟同龄人的关系很差，身体也不太好，经常感冒。他还有一个缺陷，就是说话有些问题。

在他们的家族里，家人无论在身体还是智力上都有强烈的进取心。温斯顿的曾外祖母奥萝拉·默里·杰尔姆和曾外祖父伊萨克，和他们的9个孩子一起，住在马萨诸塞州。曾外祖母是个精力非常旺盛、办法很多的女人，到现在，在她的家乡伯克郡山还流传着她的故事。她的儿子，也就是温斯顿的外祖父莱纳德·杰尔姆是外交官、新闻工作者、金融家，还是华尔街的一个投资赌徒。他的失败恰好发生在女儿珍妮·杰尔姆和伦道夫·丘吉尔爵士结婚的时候，这位爵士就是后来温斯顿的父亲。奥萝拉·默里·杰尔姆培养出了不止一个精力过人、行为无常、热衷于试验的儿子。她的大儿子爱伦，还在普林斯顿大学学习神学的时候，就从做桑树的投机生意中赚了4万美元，他用这钱来资助条件困难的学生，帮助他们解决住房问题。另外一个儿子爱迪森是众所周知的机智，他是一个包括各国人士的社交圈子的头儿。劳伦斯和莱纳德两兄弟是罗切斯特市《美国日报》（*Daily American*）的创始人。

温斯顿的外祖母克拉丽萨·杰尔姆是位坚强、积极的女性，无论对饮食、卫生还是时尚衣饰都有自己的个性，她把一种钩织的小披肩推广成了一个为人增色的颈部装饰品。她把自己的女儿送到了沃德·麦卡利斯特[①]那里，让这个自诩"最势利的势利眼"来教女儿如何追求时尚，包括什么是最完美的礼节，什么是最讲究的饮食。

温斯顿的父亲伦道夫·丘吉尔爵士，在成为一个激情洋溢和不知疲倦的政治

[①] 沃德·麦卡利斯特：Ward McAllister，1827—1895，当时纽约市上流社会里有地位的人士，自诩为上流社会成员层次、品位的评判家。

家之前，是个闲人、花花公子。他第一次考牛津没有通过，在伊顿公学的时候也是个问题学生。他的哥哥是布兰德福德侯爵，曾经在布兰海默宫殿的一层搞了一个化学实验室。他们的母亲，温斯顿的祖母，马尔伯勒公爵夫人，是个诡计多端、什么都要控制但本性很善良的女人。当他们家经济状况遭遇麻烦的时候，儿子不得不靠娶富裕的美国女人来振兴家业，在那个时期，是她把行为乖张的丘吉尔兄弟管束住了。

在这个家族里，家庭成员的失败是很常见的。温斯顿的父亲伦道夫爵士37岁的时候就从政界退出了。温斯顿的母亲在他父亲去世之后，出版了11期《盎格鲁－撒克逊评论》（*Anglo-Saxon Review*）。这些5美元1本的杂志卖得不好，所以也没法继续出版了，她自己也破产了。"当珍妮特把她的最后一分钱都输在这辉煌的事业上时她脸上还带着笑容。确实，在她还能够继续的时候，那是一段非常美好的时光。"

温斯顿的这位劲头十足的母亲有着惊人的耐力。她是个热情高涨的女骑手，也是从不疲倦的旅行者。她最喜欢的活动之一，是在布兰海姆宫殿附近的一个死水塘里钓巨大的鳗鱼。

1912年，在温斯顿的母亲与乔治·康沃利斯·韦斯特离婚之前不久，《文学摘要》（*Literary Digest*）介绍她是盛大的"莎士比亚日"的组织者，她几乎是独自一人在伯爵府组织了这次活动。她被描述成一个下巴很结实的女人，她有一种与众不同的气质，似乎生来就是组织者。大批的观众来观看了比赛和话剧，话剧是在一个环球剧院里演出的，里边还有符合历史原貌的舞蹈及选美皇后。

家里曾经有过一段不平静的日子，温斯顿的父母因为与威尔士王子有过一次争吵，而无法进入英国的上流社会。他们还被卷入了一些有争议的政治问题之中。那时候，温斯顿可能是在幼儿期，或者在上小学。在这段时间里，他拥有他的保姆埃弗里斯特太太的全部的不带任何条件的关注。在自传里，他写道："我的保姆是我的知心朋友，她自始至终陪伴着我，直到她去世，她是我那20年人生中最亲爱和最亲近的朋友，她纯真又充满爱心，有着朴素的信念。"

是这个保姆教会了他阅读、数数，做简单的四则运算，还使他形成了喜欢玩军事玩具的爱好。然而在控制他的好动方面，她却是没有任何办法，她也很担心他经常感冒，特别是在他得过两次肺炎之后，这种担心更甚。有时候，温斯顿的要求之所以能得到满足，是因为他威胁保姆，如果不满足他的要求，他就去信邪教。这就把这女人吓坏了，因为她全心全意地爱着这个顽皮的孩子，生怕他的灵魂得不到拯救。有一次，他倒是体现了自己的勇气，他把这位胖胖的、朴素的保姆请到了哈罗学校去，还大大方方地当着其他男学生的面亲吻她。

我们已经知道，他母亲是个明星般的人物，他只能远距离地崇拜着她。他和父亲只有过三四次长谈，父亲对他漠不关心甚至是有敌意的，不管他怎样想与父亲接近，得到的都是冷冰冰的拒绝。

温斯顿的第一所学校是母亲为他选的，她看中的是学校的声誉和社会地位。但是温斯顿拒绝接受校长的那种暴躁无比的行为，他很用力地把那男人的帽子踢成了碎片。他母亲让他从学校退了学，送他去了位于布莱顿的一所学校，这所学校是两位很善良的老太太办的。在这个良好的环境里，温斯顿还是被舞蹈老师称为是全英国最淘气的小男孩。在得到允许后，他经常离开教室，在校园里瞎跑，来释放他无穷无尽的能量。他不想学拉丁文，不想学希腊文，也不想学数学。老师也不逼他学。

伊顿公学是他父亲上过的学校，位于一个低洼地里，而哈罗学校则在山上。温斯顿被送到哈罗学校去上学，因为他的父亲觉得他在那里可能会更健康一些。在学校里，他一直在最差的一个班上。成年之后，他把这段时间说成浪费了的时

杰出轨迹　　对话700位名人的童年

光和非常不快乐的一段插曲。

在青年时期,他与弗兰克·哈里斯①讨论过他与父亲之间的恶劣关系。弗兰克问他,有没有喜欢过伦道夫爵士。温斯顿的回答是:"我怎么喜欢他?我小时候很想喜欢他,但是他不让我喜欢他。他把我当成一个傻瓜。我每次问他问题,他都冲我大吼。我所有的一切都归功于我母亲,没有任何可以归功于父亲的地方。"

对于哈罗学校,温斯顿有一些苦涩的记忆。在到校第一天,他想跟人谈政治,但是老师没有任何反应。他在那里只得到过击剑和背诵"行伍诗篇"的奖项。因为拒绝学习数学、拉丁文和希腊文,他被安置在年级里程度最差的班上。这要是在今天,就会被称为阅读补习班,跟不上进度的学生在这里补习英文。但是他的英文并不差。他关于莎士比亚的知识非常丰富,因为这是他自己想学的。他在学校没有亲密的朋友,他对别人也不甚友好。那一段时间正是他父亲在议会里出言不逊、引起很多争议的时候,这些事情经常出现在报纸上。虽然这孩子受父亲冷落,对父亲了解并不多,他还是搞了个剪贴本,把媒体上所描述的父亲的行迹收集起来。如果其他哪个孩子的父亲不赞成伦道夫爵士的政治主张,温斯顿就对这孩子很不友好。在学校里,他这种做法实际就是在用一种非常坚决的方式模仿他父亲,但是他对父亲的忠心却没有得到认可。

伦道夫爵士看到儿子似乎对什么都没有兴趣,对此感到很羞耻。他确信温斯顿在英国肯定是没法谋生的,所以想过等到他成年后把他送走。后来,父母把温斯顿从哈罗学校接了出来,给他找了一位家庭老师,对他进行一对一的教学。这个家庭教师很有名气,因为他成功地把很多男孩送进了桑德赫斯特军事学院。但结果是,这位家庭教师对温斯顿毫无办法,他觉得温斯顿根本不像是在哈罗学校上过学的孩子。

---

① 弗兰克·哈里斯: Frank Harris, 1856—1931, 英国新闻学家、出版家、文字编辑。

| 第十章　不适应学校 |

在这个时期，伦道夫爵士为自己日益加重的疾病和经济的窘迫而担忧。他卖了20封书信（还没写，就先卖了）给一份煽情的报纸《每日写真报》（*Daily Graphic*），然后他就去了非洲打猎，把自己历险中的见闻给报社发回来。他把赚到的2000英镑成功地投资在非洲的矿业里了。他在野外生活，不刮胡子，很陶醉于自己的冒险，回家的时候，他的身体也恢复了很多。与此同时，他的太太逃去了欧洲大陆，省得总是看当地的报纸嘲弄她的丈夫。而温斯顿则又一次没考进桑德赫斯特学院。

伦道夫回到家后，心情不那么紧张了，他太太觉得，在圣诞节期间，他们家可能会过一段安静的、亲密的家庭生活。伦道夫的姐姐温伯恩夫人把博恩茅斯的一所房子借给了他们。结果，伦道夫走了，去参加爱尔兰的菲茨吉本爵士的疯狂宴会去了。

在这些年里，温斯顿缺少同龄伙伴，但是他很喜欢和弟弟玩，也喜欢和表弟妹玩。在温斯顿在场的时候，亲戚们非常担心其他孩子的安全，但温斯顿的表弟妹们却觉得他危险而有趣。在节日期间，他把表弟妹们和村子里的小孩们都组织起来打仗、修工事，搞一些非常复杂的战术。每天早上，用人们都要不安地商量，节日期间拿温斯顿怎么办才好。他自己的保姆根本管不了他。但是，最后在一次事故中受了伤的不是那些小孩子们，而是温斯顿自己，这也是他童年的终结。那时候，他18岁，弟弟12岁，表弟14岁。他们在玩狐狸和兔子的游戏，其他孩子在后面拼命追，温斯顿在前面跑，他跑到了一座桥上。如果向回跑，那他肯定就被抓住了。桥下面是一棵松树的顶部，很是诱人。于是，他向树顶跳了过去，但没跳准，重重地摔在了坚硬的地面上。他昏迷了3天，醒来之后在床上躺了3个月。

在这次事故中，他的一侧肾脏摔裂了，不得不做了手术。在手术之后的休养期，温斯顿寻找到了自己智慧之光。他有很长时间待在伦敦和议会里，他的一些亲戚在那里是有政治影响力的人物。他认识了贝尔福、张伯林、罗斯伯里、阿斯奎思，以及其他有影响力的人物，他们在后来都对他产生过重要的影响。他去旁听了议会的会议。他也基本完成了他应该完成的学业，终于，他在第三次参加桑德赫斯特学院的考试时，勉勉强强通过了。

在历数他们对学校课堂的不满的时候，丘吉尔和400人当中的其他人也提到了他们喜欢、感谢什么样的课堂。他们喜欢那些允许他们往前学、满足自己进度的老师，那些允许他们不受阻碍地在自己感兴趣的领域学习的老师。他们充满感情地回忆所有的挑战他们思维的成年人和同学、把激动人心的好书介绍给他们的人、供给了他们学习所需的材料的人。他们尤其喜欢自己的休养时期，这给了他们自我反省的时间。他们喜欢寻找那些能够充分表达和讨论思想的地方，比如辩论俱乐部、学校的报纸和讨论小组。他们喜欢被需要的感觉，喜欢从小就承担责任。他们会热情地回应那些肯花时间倾听他们的人和那些相信他们的人。他们最看重的是自己的特殊兴趣能够得到有深度有智慧的人的欣赏。这些人所看重的事情，对于今天的教育工作者来说，应该在怎样教育聪颖、有前途的学生方面有所启发。

如果真的要找出一些人的显要地位与他们所受的教育程度之间的联系，倒是有一个角度，那就是：公众会要求专业人员得到认证。也因此，律师、教师、医生、工程师是受过最正规的教育的。作家、艺术家、演员、发明家受过的学术训练最少，这些人也是最容易强烈反感课堂教学的。政治家受过多少教育，那就情况不一了。

但是，谁又能够说，成长于非正规教育的莱特兄弟、爱迪生、马可尼、诺埃尔·科沃德、巴勃罗·毕加索、巴勃罗·卡萨尔斯、塞缪尔·克莱门斯，比起那些接受过更正规教育的施韦泽、爱因斯坦、甘地、弗洛伊德、费森登、费米、库欣和布兰代斯来，谁对社会做出了更多或者更少的贡献？更重要的是，在当今实行义务教育的环境里,有一些儿童,如果放在过去,是会走非正规教育的道路的,我们需要发现这些儿童,看看他们怎么样了。

在过去,给孩子找到动力,去在某个特定领域里接受正规训练,这是孩子的家庭的任务。那些倾向于进行独立工作、自己决定要做什么的年轻人,或者那些在剧院、新闻发布室、政治组织、劳工组织和艺术工作室里接受教育的年轻人,常常也是他们的家庭给了他们所需要的鼓励。在这 400 人当中,有 358 人有着商业或者专业的家庭背景。几乎所有这些家庭都热爱学习,追求成功。亚特兰大大学教育学院的院长霍勒斯·曼·邦德说:"如果我们能够给这块土地上的每一个孩子同样的机会,让他们像专业人士、技术人员和其他类似人士的孩子们那样能够从智力的挑战中得到乐趣,那我们就能把我们人才库里的人才数量增加 5 倍。"

大量的研究支持他的这个结论,这些研究表明,在目前,主要还是专业人员和商界管理人员的子女才会受到父母的鼓励,去学习做白领阶层的工作。

但是,人们也越来越意识到,在过去,有些家庭"盛产"成功人士和有想象力的人士,但现在,这些家庭有些方面和以前不一样了。从这一类家庭出来的学生经常对什么都没有兴趣,也没有想象力。这些来自专业人士或者注重学习的家庭的孩子能通过考试,能写像样的报告,要求他们在学校里得"C"或者"B"也没问题,但是不管是在课上还是课下,他们却常常采用漠然的态度来对待学习的过程。这些年轻的毕业生们给自己计划的是一个舒适的生活,能够享受闲暇的时光,到了老年之后经济上也有保障。

在那些花费高昂代价请好老师,大家激烈竞争要进名牌大学的学校里,这样的态度在学生中间甚为流行。很长时间以来,这些学校一直就让家长不要参与到学生的学习过程中去。家长们听到的是:教师的职责才是教学,家长的职责就是提供物质保障和稳定的情感。

来自同伴的压力也会让孩子产生这样的感觉：如果偏离一致性模式，他们就会在交往中不再受到欢迎。人类学家告诉我们，学校是世界上同伴压力最明显的地方了，儿童在这里变得几乎害怕思考，他们要先看看自己的同学们在想什么。有独创性的思考大约在二年级达到顶峰。那时候的儿童还急切地想要学习，为世界的奇妙感到激动，他们善于观察的程度是那之后就开始走下坡路了。在表现智力的活力与独创性方面，高中时期却是一个特别荒芜的时期。经常出现的情况是，学生在进了大学之后才能够重新找到自主学习的动力，才能重新找到原创性、直觉，以及对真理和美的追求。有些时候，即使在进了大学之后，这些重要的东西也找不回来。取得了重大成就的成年人往往从他们的工作中得到很多乐趣，对于学习，他们会像孩子一样欣喜，爱因斯坦就是一个例子。但这可能会让他们在公众眼里显得很幼稚。

有名气的和在学识上有深度的成年人能够顶住压力，不去随波逐流。但是，三年级的孩子做不到。明尼苏达大学教育研究办公室的E.保罗·托兰斯说："来自同伴的、让人随大流的压力会特别瞄准那些不寻常和有独创性的想法。"

有一种现象引发了很多实验和讨论，那就是，很多为大学学习做好了准备，考试分数很高的学生，在进了大学之后，反而对学习没有什么兴趣。这些实验和讨论的目的是要思考为什么这些学生不热爱学习。

我们研究的这400人当中有如此之多无法适应学校生活的孩子，就说明对于迫切地想要学习、喜欢探索的学生来说，我们应该为他们做的事情还有很多。我们不能仅仅是扩建校舍，然后把能力和兴趣都相差非常大的孩子们按照年龄分组，让他们全都按照一个模式学习。

第十一章

"离开永远摇着的摇篮"

第十一章 "离开永远摇着的摇篮"

> 我们需要的是……为大胆采取行动，甚至是为过分大胆的行动而做好准备——我们要有能力在事实基础上认真地猜测人的潜能能够达到什么样的、以前的时代根本想不到的水平。我们会经常猜错。但是，在这个过程中，大胆猜测，即使错50次，也胜过1次的谨小慎微。
>
> ——加德纳·墨菲《人类的潜力》(Human Potentialities)

如果我们在观察、研究的时候，太努力地试图得出确定的结论，或者总想给一个难题提供一个简单化的答案，甚至为此有选择性地分析我们的资料，那就是有危险的。这种努力常常会导致人们把正确的马鞍放到错的马上。

父母应该如何抚养孩子？这方面的理念已经出现了很多突如其来的大转弯。原因之一，就是很多人不加分析地接受新的想法。如果父母想象自己是婴儿，被严格按照固定时间喂食，他们就会相信他们的婴儿应该是饿了就吃。自己小时候被"放养"的父母则容易接受给孩子设立界限的主张，认为这样可以让孩子有安全感。

怎样才能养育有能力、有创造力的孩子，让他们快乐而高效地发挥他们的潜力和技能？这个问题没有简单答案。但是，综合起来观察一下这400位杰出人物的经历，可能会促使我们在事实基础上认真地做一些猜测，思考一下什么才是更好的方法从而引发新一轮的创造热潮，让新一批的杰出成就"开花结果"。

总结我们的研究结果

多数杰出人物不是出生在大都市、城市中心的，他们从农场、乡村和小城市慢慢地迁移到了大城市里。

在几乎所有这些人的家庭里，父母中至少有一位非常热爱学习，这一特质还往往伴随着充沛的体力和对于目标的不懈追求。没有显示出热爱学习气氛的家庭只占不到10%。

在这些家庭里，75%的孩子们受到了各种困扰：贫困，家庭破裂，排斥他们、占有欲过强的父母，家庭经济状况不稳定，身体残疾，父母对孩子在学校的成绩的不满，或者对孩子自己选择的职业的不认同。

50%的父母对于有争议的问题有着自己的见解，那个时代使得他们与众不同。但是在当今，有争议的问题会被很容易地接纳。而几乎所有的政治家、人道主义者、改革家都是由那些非常有主见的父母抚养大的。

这400人中有20位诗人。这些诗人的父母们没有一个是诗人。

有85位小说家和戏剧作家，这些人中的74位，以及20位诗人当中的16位，在童年时期，目睹了父母在家里上演的令人紧张不安的情感剧。

有32位医生、律师、科学家，他们当中有21位的家庭背景使得他们在小时候得到了在户外探索的机会，他们非常自由，同时也很早就需要承担起一定的责任。他们常常是在体力活动上很活跃，喜欢收集东西，也很淘气。

几乎一半的这些人的父亲都经历过生意或者事业给他们带来伤害性后果的挫折。

有25%的母亲被形容成很强势，但强势的父亲只占5%。

在这些家庭里，富有比赤贫更常见。有1个家庭接受过政府救济。有1位杰出人物是在工棚里长大的。有2个生活在孤儿院里。有5位经历过极度的贫穷。但是有21个家庭要么是靠继承来的财产生活的，要么是众所周知的富有。358个家庭（其中有一些很富有）可以被归入生意人家庭或者专业人士的家庭。

多于1/4的孩子在童年有过各种各样的缺陷或者残疾：失明、耳聋、四肢残疾、体弱、其貌不扬、个头小、肥胖、语言障碍……很多这样的孩子认为自己有要补偿这些缺陷的心理需要，这个心理需要是他们追求成功的一个决定性因素。

在探险家和冒险家当中，几乎所有人都有一个事故频繁的过去。

有57个人把一个兄弟姐妹的死亡描述成给他们带来重大创伤的事。

有14个人有继母。这些继母对11个人起到了帮助的作用。有3个继子不喜欢也不欣赏自己的继母。

有23个人的父亲酗酒，在这些父亲酗酒的孩子当中，有14个后来成了幽默作家、演员或者歌唱家。

这400人的家庭里，有精神疾病而需要住院治疗的人非常少。

这些孩子们喜欢一对一的辅导，可以由专门的家庭教师来辅导，也可以由家长来辅导。

这些孩子最不喜欢的学校是中学，他们最愿意接受的是高质量的大学。

这400人当中，有3/5表达过对学校和学校教师的不满，但是4/5是拥有超乎寻常的能力的。

与其他研究比较

当我们在原始资料里筛来筛去，完整阅读了5000多册书籍，并从中提取出观察和思考的时候，我们担心自己有可能在无意中引入了某些偏见，对此我们也会感到有些不安。但是，让我们感到安心的是，心理学家和社会学家的一些研究提出了相似的问题，结论与我们对这400位杰出人物的观察非常接近。

很多研究的主题是有问题的家庭。有些研究人员也像我们一样，在如何诠释家庭问题与创造力之间的关系方面，对自己的发现有不确定的感觉。卡内基集团为多项关于创造力的研究提供了经费，在它出版的1961年7月号的《季刊》（*Quarterly*）中，主编曾这样说："必须要说明的是，与其他人相比，有创造力的人更多地宣称自己的童年并不很快乐。（也许他们是在陈述事实，但这也许是另外一个迹象，说明他们有能力准确地观察周围的事物，能够接受别人想要回避的事实。这种能力是一再被注意到的。）但无论如何，家长切不可把这项发现错误诠释，认为它说明的是，如果家长希望孩子有创造力，就要故意给他们制造悲惨境遇。"

这篇文章的重点不是在提倡"全家齐心协力"培养"全面发展的儿童"。它提倡的是要给能力强的儿童提供最好的机会，让他们在有创造力的老师的指导下，发展每个人独特的兴趣。

加利福尼亚大学个性测试与研究学院对卓有成就的建筑师们进行过一项研究，这项研究也发现这些人不喜欢学校，家庭有各种各样的问题：母亲很强势，孩子愿意冒险、不怕失败。这项研究的主持者唐纳德·W.麦金农说："不是所有取得成就的建筑师都有幸福的家庭，能够让孩子的心理健康发展。"

几乎毫无例外，这些建筑师的父母中起码有一个在绘画方面有相当出色的能力。经常是母亲在孩子童年时期用言传身教的方式促进了孩子艺术天赋的发展。在这些建筑师当中，有几个经受了父亲的粗暴对待，但是这没有影响他们在建筑方面的天赋。但是，与那些有温和的父亲的建筑师们相比，这些人在商业运作上却不太成功。

最出类拔萃的建筑师们一般有过人的智力水平，但是不一定达到"极高天赋"的标准。在个性测试与研究学院进行的一项关于概念掌握的测试中，他们的成绩比大学本科生稍微高一些，但比科研工作者要稍微低一些。在大学里，在学那些不感兴趣的课程的时候，他们是尽可能地少做功课，在喜欢的科目里，他们才会得"A"。他们当中最有创造力的一个学生曾经被学院的院长劝说退学，因为院长觉得他毫无天赋。另外一个在设计课的论文里抨击了学院教授们的设计风格，因此没有通过考试，所以他最后不得不拿了一个艺术学学位，而不是建筑学学位。同样的情况也出现在科研人员当中，有些人在高中时期成绩很好（但是他们在家里和在学校都不开心），但是到了大学就掉到了勉强及格的水平，因为他们的注意力都集中在自己感兴趣的领域了。

在建筑师身上，唐纳德最经常注意到的一个特点就是他们的观察入微。在同一项研究里，他说："他们的共同特点是有一个异常开放的态度，愿意尝试各种体验，对他们自身和外界发生的一切都观察入微。他们有能力把事物的复杂性和无序性都纳入到他们的感知中去，不会为这些无序性感到焦虑。这样，他们就具有了从这丰富原材料里建立新秩序的能力。

"我们发现，这些人可以持续高强度地工作，相对来说很独立，他们的精力能够被很有效率地利用起来。他们也可以承担失败的风险，虽然他们对偶然而至的忧郁并不免疫，但是可以战胜自己的忧郁。但在课堂上，他们可不好对付。"

性别认同

传记作家们有时候公开,有时候犹犹豫豫地指出,有些有天赋的男人会让别人觉得他们有点女性化,有些有天赋的女性又太男性化。在父母当中,强势的母亲多半是大步、坚定地走路,做事非常独立,而父亲却是家里喜欢做梦的人。

明尼苏达大学教育研究办公室的主任 E. 保罗·托兰斯是一个很善于观察有创造力的人。他发现,有创造力的女孩常常显得男性化,有创造力的男孩则常常显得女性化。他认为,这只不过说明了创造力的本质,即在同一个人身上既需要敏感,又需要独立。漫不经心的观察者不会注意到,那些有些女性化的男孩们同时也是很独立的,而那些独立的女孩们同时也是很敏感的。

唐纳德强化了这一说法。他列出了如下的情况:在访谈的过程中,他研究的这些男性建筑师们在外表上和在公开的行为上都没有性别角色方面的问题。但是,有一些测试却让这些男性显得有些女性化。这些测试把广泛的兴趣、敏感的认知、自我意识和对自己内心感情的理解和接纳都算成女性特征。看来我们应该做的是改变我们文化中对于"男性"和"女性"特点的传统观念。改变的结果很可能是让杰出的成就如花朵般到处绽放,因为这样的改变会形成一种气氛,让独立与敏感无论在什么人身上显露出来,其价值都得到认可。

在一个观念过于单一的社会里,超乎寻常的智力本身就是社会交往方面的"残疾"。特曼和奥登发现,尽管他们研究的对象多数都结婚了,在概念掌握测试中成绩最高的那些人——他们的研究对象中"大脑最发达"的那些人却是老姑娘和大龄光棍。

有创造力的学生被学校视为问题儿童

在 E·保罗·托兰斯的研究中,他观察到一些有非常强的创造能力的小学生,这些孩子简直就是我们这 400 人的翻版,只不过年龄更小。在应该做指定作业的时候,他们似乎是在玩。他们投入到改造、探索性的活动中,而很多这样的活动并不为人提倡,甚至是被禁止的。他们很喜欢学习,但是在老师看来,他们的行为不是在学习而是在玩。他们直觉很强,有着丰富的想象力。他们喜欢奇幻故事,善于透过平常的物品看到它不寻常的用途。他们容易变通,有创造性,独一无二,善于观察,对事物很敏感。他们很善于回答"怎样才能够让这个玩具更加好玩"这样的问题。他们有着充足的活力。

E·保罗·托兰斯发现,在创造力方面得分很高的儿童,有 70% 不会被选入为智力超常学生开设的特殊班级。有一些智力超常儿童是很有创造力的。另外有一些智力平均或者略高于平均水平的孩子也是非常有创造力的。但是,也有很多智商非常高的孩子一点创造力也没有。

E·保罗·托兰斯发现,很多老师喜欢的是智力水平高却没有创造力的孩子。这样的孩子不会反叛,他们通常会又快又好地完成学校的作业。有创造力的孩子却经常会让别人觉得他们有一些发疯、犯傻的想法,或者是很淘气。这样的孩子会让别人觉得不严肃、不可靠,也没前途。但是在标准化考试里,这些孩子却很有可能跟那些智力水平高却没有创造力的孩子一样,考出一个好成绩。这会让老师十分不乐意,因为老师由此得到的结论是"这孩子只要愿意,作业就能做得更好"。这种孩子让老师维持起课堂秩序来很麻烦,比如说,他们可能会在老师问一个老掉牙的问题的时候给出一个有趣、意想不到的答案,让全班都大笑起来。

在一系列对具有高度创造力的儿童的研究中,E·保罗·托兰斯说:"很明显,这些孩子遇到的很多麻烦都是他们自己带来的。教育的一个目标就是要帮助这些孩子在不要失去创造力的同时也不要招人反感。"

这样的孩子在课堂上很会分散大家的注意力。哈罗德·L.伊克斯比别人晚一年从八年级毕业，因为有一个脾气非常坏的老师让他留了一级，理由是他不应该在课堂上放声大笑。克劳德·莫奈在学校里既不安分又不敬重老师，特别是在绘画课上，他随便想旷课就旷课。但是，当他愿意的时候，他的作业就能写得像其他学生一样好。他画的漫画让同学哈哈大笑，而同学的家长们很快就坚持要出大价钱买这些画。还在上学的时候，他就以一个漫画家的身份挣到了可观的收入。但是，他的父母和老师对他难以管束。

芝加哥大学的雅各布·W.盖泽尔斯和菲利普·W.杰克逊的说法是，有高度创造力的孩子的母亲们，与那些智力发达却没有创造力的孩子的母亲们相比，是非常不同的。有高度创造力的孩子的母亲们，与我们研究的400人的母亲们最为相似。这些"高度创造力"的母亲们，在孩子交朋友的时候，愿意看到这些朋友是喜欢思考的人，是不容易觉得无聊的人，是有开放的头脑和良好价值观的人。相对来说，她们对金钱不那么感兴趣，她们的政治主张也比较自由化。

智力水平高却没有创造能力的青少年的母亲们则更为关注物质问题，而且，她们的丈夫，相比那些有高度创造力的孩子的父亲们而言，受过更好的教育，从事的职业也更好。高智商孩子的母亲们更愿意看到孩子的朋友说话文雅、行为得体，来自良好家庭。相比有高度创造力的孩子的母亲们，这些母亲们的政治观点趋于保守。

雅各布和菲利普从所有的高智商的孩子和高创造力的孩子当中又找出两个小组，一组是智力水平非常高却没有什么明显创造力的孩子，他们的智商中值是150左右。另外一组是创造力非常强的孩子，他们的智商中值是127，这足够把这些孩子放在超常儿童的类别里，但又不是极其超常。这两个组当中最极端的儿童是：智力并不超常但有创造力的儿童和智力超常却完全没有创造力的儿童。雅各布和菲利普对这两种极端的儿童是这样评论的："我们看到的有创造力的少年，他们行为的本质，是他们有能力创造新的形式，他们大胆地把一般人觉得毫不相关、完全不同的元素结合起来，他们能够开拓出新的方向……智商高的少年则显得有能力也有需要把注意力集中在普通的方向上，他们需要被引导，遇事需要有正确的答案。"

智商高的学生们一般会选择比较传统的职业：医生、律师、工程师。创造力高的学生里，则有一半以上选择了不常见的职业：探险家、作家、发明家。

从芝加哥和明尼苏达的研究里，我们可以看到，老师很可能会更喜欢智力水平高但是没有创造力的学生。这样的学生被看成认真、要求上进和有前途的。

特曼研究的那一组超常儿童大多是由老师推荐的，他们的人生轨迹提供了又一个证据，说明老师们喜欢高智力水平却不特别有创造力的学生。每个老师要给特曼提供班里 3 个最聪明的学生和班里年龄最小的学生。每个老师还要给出上一年他们教过的学生里最聪明的那个人的名字。特曼的预期是对的，班里最小的那个学生往往也是智力水平最高的那个。但是，为了特曼的这项研究而选择学生的过程是在 1920 年进行的。在那个时代之后，学校里开始使用统一教学计划，给超常孩子加快进度的方式越来越少见了。现在，班里最小的孩子就不太可能是最聪明的孩子了。现在的老师如果从班里选出一个用老师的标准来看算是超常的学生，来参加斯坦福－比奈智力测试，这个学生的成绩可能还不如随机选出来的学生成绩好。

在 20 世纪 20 年代，如果一个有可能成为爱迪生、爱因斯坦、毕加索、丘吉尔或者克莱门斯的学生在加利福尼亚州上学，在斯坦福的这项研究的人员去选天才儿童的时候，他肯定是不会被选上的。

不管是那时还是现在，老师都喜欢听话、认真做日常作业的学生。特曼的研究小组在他们选出来的这些超常学生的每个人生阶段里，一生中，会对他们进行一些阶段性的细致而严谨的研究。这些研究发现，到了1940年，在仍然居住在加州的男性研究对象当中，最大的一个群体是律师，他们占9.53%。第二大群体是被归类为"高等办公人员"的人们：初级会计师、统计人员、出纳人员等等。如果以"他们所担负的责任、工作的重要性、社会地位和收入作为职业和商业成功的标准"，他们作为一个整体来看是成功的。在他们当中，有4%的人进入了名人录。

在斯坦福的研究里，这些有能力又符合社会主流价值观的人们的童年环境，与雅各布和菲利普研究的那些高智商、低创造力的孩子们的很相似。只有很少的几个人来自"地位很低或者非常低的家庭"。大多数的父亲们是专业人才或者生意人，家里都有藏书。每100名孩子里，只有1名非常不喜欢学校，有7个有一点儿不喜欢学校，这与我们研究的400人形成鲜明的对比。在童年时候就存在的对主流价值观的认同，以及做事的能力，一直延续到了他们成年之后。

特曼的研究对象们得精神疾病、需要住院治疗的比例与社会上的平均水平差不多。自杀的比例，男性的和整个社会的比例差不多，女性的略高一点。有两位女性是在拿到博士学位前夕自杀的。大多数的精神疾病不是精神分裂症，而是酗酒或者抑郁狂躁症。

作为一个群体，这些人是非常成功的，他们是优秀的社会成员，但是，没有什么证据表明这些人具有改变社会现状的特质，而不仅仅是维持社会现状。特曼和奥登对他们的评价是："有几个领域是需要特殊才能的，在这几个领域里，他们当中没有人取得过杰出成就。这些领域是艺术、音乐，文学在某种程度上也可以算在内。这个群体没有产生伟大的作曲家，也没有产生有创造性的艺术家。"

当今与这400位杰出人物成就相当的人

以下是一些小学生的人生故事的节选，我们通过这些故事来强调，有创造力的孩子面临的问题是一直存在的。尽管这些孩子生活在舒适的环境，离大城市很近，但是研究文献表明，我们没有任何理由相信这些孩子的情况有任何特殊之处，在世界各国，有很多同样情况的孩子。

我们暂且把一名11岁的男孩称为"A"，他用斯坦福－比奈智力测试测出来的智商是151。在测试中，他的各个方面分数都很均衡，但他却做不好一些日常的、常规的事情。他最突出的方面是词汇和数学。他的外貌很漂亮，没有什么古怪的举止，也没有什么迹象表明他心理不成熟或者情感不稳定。他很友好，会与人相处，他举止自信，有不动声色的幽默。他的母亲是做研究工作的，是优秀大学生联谊会的成员。他的母亲上的是一所很有名的大学，并且取得了硕士学位。他的父亲是位工程师，但是兴趣爱好却是学习语言，他能读20种语言的报纸，能够用好几种语言进行流利的口语交流。学习是他们家庭生活的重心，家庭成员都很有主见，也很包容。家中其他的孩子也很优秀。"A"是一个美国历史上的重要人物的后裔，这位重要人物是一位既有勇气又有着丰富想象力的人。

孩子的父母做了那些居住在美国大城市郊区的父母常做的事。他们把家收拾得很好、很漂亮。父母对邻居热情和友好。他们让孩子们读书，带他们出去旅游，给他们买有教育价值的玩具，同时，还会从儿童图书俱乐部里订阅图书。

男孩"A"很早就对电学感兴趣，这吸引了他的大部分注意力。他们家的地下室里乱堆着旧的电视机、收音机、台灯、熨斗，"A"把它们拆了又装，装了又拆。8岁的时候，他就会在百科全书里迅速、高效地查找自己需要的信息。11岁的时候，他为了好玩，可以画出半导体收音机的草图，画得很有层次，还写了注释。他对音乐的兴趣可能比他在电子学等科学方面的兴趣还高。他的阅读范围很广，但是主要是在传记、科学和音乐方面。他有自己的唱片收藏。

在他成功地说服了朋友参加他举办的"发明家展览会"的时候，他的组织能力也展现了出来。尽管那其实就是一次贩卖旧货的活动，他把卖得的钱拿来买他发明需要的东西。他在男孩和女孩当中寻找和他有着相同兴趣的人。他很独立，在学校外面也很快乐。但是他有一些特点，正是这些特点使得他在学校里的日子很不好过，那就是情感上的敏感和对别人的深切同情，使他坚持要分清是非和公正。当其他的孩子习惯性地淘气，欺负街坊上有残疾的孩子的时候，他会飞奔过去解救那个孩子，挥着小拳头又喊又骂。男孩"A"习惯性地对所有遇到麻烦的人都很关切：孩子、老人，甚至也包括动物。这也许跟他母亲的热情是一脉相承的，她就是他们那个街区上对别人的需要最关切的人。

他的学前班老师觉得他和其他孩子都不一样，用"情感不成熟"为理由不让他升级。毫无疑问，他对电路比对做纸环更有兴趣。年复一年，他对学校的反感丝毫没有减少。尽管他的成绩和高智商都为人所知，学校还是认为他一定要学会服从学校规定，一定要按照计划好的教学大纲来学习。有一次，在小学教室里，他把一本四则运算本撕得粉碎。结果，老师又让他带了一本新的回家，还警告他说，如果他不把所有没做的题都认真补上，他就不能升级。他们家的一个朋友跟他说，老师真的别无选择，只能想办法让他听话。他信了这个朋友的话，为了让这个朋友高兴，放学之后，他花了三四个下午，把一个学期的作业都做完了，中间还时常停下来跟别人聊天，安慰别人，吃饼干。很显然，学校的作业跟他需要学习的东西是毫无关系的。

第十一章 "离开永远摇着的摇篮"

学校的校长在接受访问的时候认为，让男孩"A"把兴趣从电子学转到棒球上去是一个好办法，因为这样就会让他和其他的男孩子们更接近。校长根本就没有想到，在学习上，应该让这个孩子往前学，而不是把他往后拖。学校要求所有学生都要遵守同一套学习常规，否则，学校的权威就会受到挑战。这所学校有一个班级是给学业超前的学生准备的，但是很显然，谁也没想到应该让男孩"A"到那个班级里去。

尽管男孩"A"在学校里让人觉得古怪和行为多变，他的适应能力却让这个有创造力、智力高度发达的孩子在情绪上很稳定。在学校的环境里，他受到取笑和斥责，但是如果他和不在那个学校上学的孩子们在一起，就没有这个问题。那些了解他在学习上的真正需求的老师们，在一个本来就是错误的大环境里，也没法帮助他把事情纠正过来。他在智力和学业测试中的成绩和他的能力是符合的，但是他在学校里各门功课的成绩却很差。这些功课的成绩如果不提高的话，他会连大学都考不上。

在男孩"A"身上，以及我们将要看到的男孩"B"身上，有一些特点是在我们研究的400人那里经常看到的，这些特点预示着日后的杰出成就。这些男孩们对别人的感受和情绪甚为敏感，跟其他孩子相比，他们的触觉、视觉、听觉和嗅觉也都更灵敏。

在400人中的几个人身上，我们发现他们对感官刺激的反应异常灵敏，这让他们与众不同。比如，他们最早的记忆会是珠宝、风景，或者保姆裙子上色彩鲜艳的条纹。阿尔伯特·施韦泽第一次听到铜管乐器奏出的美妙和声的时候，差点昏过去。让·西贝柳斯能够把颜色和声音联系起来[①]，这让人无法理解，但是为了不被嘲笑，他试图在同班同学面前守住这个秘密。他的敏感的观察力总是让他

[①] 这种能力，现在被称为"联觉"或者"通感"，产生于大脑神经网络的非常规的连接方式。

显得好像是外星人一样。萨尔瓦多·达利详细地描述了他自己是如何对感官刺激而不是别人的想法或者语言更有感觉的。弗兰克·劳埃德·赖特很感谢他母亲给他的一些彩色纸和木头块，这些是他最初的玩具。其他孩子们很容易就能忍受的喊叫、挨打和被排斥，对于这些异常敏感的孩子来说，就可能会带来极大的创伤和打击。这些孩子也经常能够很敏锐地感觉到其他孩子和成年人的忧郁与悲伤，有时候，他们所能给予别人的同情，其深度是有些成年人都从来没有感受过的。

男孩"B"是另外一个有创造力的孩子，他的测试成绩也令他被归在了高智商的那个组里。他的父母也都很书生气，热爱学习，很有自己的见解。这个男孩也很自信、漂亮，永远是沉浸在自己那些天才的发明里和自己想要做的学习项目里。下面的一些生活故事是他的母亲写的，我们得到了她的允许，在这里发表出来：

那是1954年，我们的儿子吉米出生在发生了很多事情的一天。在那个时候，护士们就跟我说了，他的举动不像一个刚出生的孩子。因为他没有马上就表现出饥饿，她们就觉得他有些地方不太一样。当然，等我们带他回了家之后，他就变了个样子。每两个小时就得准时喂他一次配方奶，每天24小时都不间断。在整个婴儿时期，他都是这样能吃，他长得飞快。除此之外，我真的没有看出来任何迹象说明他与众不同。因为他胆子不是很大，有点怕羞，迷迷糊糊的，我觉得他的智力应该就是中等水平。更令人困惑的是，书上说孩子到了什么时候就应该会开口说话了，但是他到了那个时候仍然不会说话。到他2岁半的时候，他终于开口说话了，一开口说话便是完整句子，既清楚又准确。在他还差1个星期满1岁的时候，他学会了自己走路，然后他走起来就像一个2岁的孩子。类似的情况后来一再发生，不管他想学什么。任何时候，只要吉米决定了做一件事，他就一直要做到让他自己满意为止，中途肯定不会放弃。

当我们第一次给吉米买了圣诞节玩具的时候，我们发现他根本就不喜欢玩这

第十一章 "离开永远摇着的摇篮"

些玩具,这让我们感到很奇怪。那时候他1岁,而这些玩具就是特意给这个年龄的孩子设计的。在商店里,他还试过这些玩具,好像还挺喜欢的。我们当时不知道的是,玩具对吉米基本上就没有什么吸引力,当他会玩某个玩具的时候,他就再也不想玩了。14个月的时候,他就指着一本硬皮故事书封底的那些图画,用手势问我每张图画的名字。

他这样问了我几个星期,然后,当我让他指出来消防队员、出租车、熊……都在哪里的时候,他能够一点都不出错地做到。那时候他15个月大。当我意识到他是多么超前的时候,我是既高兴又慌张。在那个时候,我就能够想象到他以后会与同学和学校产生矛盾。我已经听到过很多关于"推"孩子的弊端,所以我甚至害怕回答他的问题了。因为我知道这样就把他和其他同龄孩子之间的距离拉得更大了。但是我很快就发现,一个真正的超常儿童,如果真的想要得到一个问题的答案,他就会"推"周围的大人。我觉得很有趣的事情是观察超常儿童是怎样学习的。学习什么内容,用什么方法学,全是吉米自己的选择,他所需要的就是有个人来回答他的问题。比如说,当他2岁的时候,我带他去镇上的图书馆的儿童部。在一个角落里有一个巨大的地球仪。他跑了过去,没有像一般2岁小孩那样只是把地球仪转个不停,而是问了几个国家的名字。后来我们给他买了一幅世界地图。有一阵子,他会重复使用原来的学习方式,他问别的国家和岛屿的名字,直到他把它们全都记住。

吉米2岁时第一次为一个玩具而兴奋,当时是我丈夫带了一些很难的木制智力游戏玩具回家。当他看到这些玩具,开始摆弄它们的时候,我们才发现他玩得有多熟练,并且有多么兴奋。从那时候开始,智力游戏玩具就成为我家里必不可少的东西。

在他大约2岁半的时候,我开始发愁他的玩伴的问题。他是我们家唯一的孩子，他第一次跟其他小孩接触的经历简直是灾难性的。那个孩子非常粗野，到了什么地步呢？就是吉米根本就不知道什么时候就可能头上挨打或者被推到一边去。吉米是个平和的孩子，他根本就不明白为什么另外那个孩子要来打他。在这个时候，我们这对没有经验的父母又一次坚定地跟着潮流走了，我们想让吉米学会"如何与各种各样的孩子相处"。所以我们就总让吉米和这个孩子一起玩，希望他能够逐渐适应。但是结果正相反，吉米缩进了他的小小的壳里，只要有陌生的孩子靠近他，他就很不安，对此我们十分担心。归根结底，我们是想用正确的方式培养他，对吧？我们甚至给一个精神病学家写过信，向她讲述了我们在养育吉米的过程中遇到的难题。她做过大量的关于超常儿童的研究。我们向她讲述了吉米在2岁半的时候就痴迷于地图、智力玩具、百科全书等等。她担忧的则是他在社会性和情感方面的适应能力，还认为吉米其实用不着这么多智力上的深化学习，没准是这些东西把他搞迷糊了。我们也知道，一个平均水平的2岁孩子应该能够和其他2岁孩子坐在一起玩，他们如果急了，也会打人、咬人、抓人。可是吉米不是平均水平的2岁孩子，他有没有可能从与其他孩子一起玩耍之中得到快乐？我想，在我们那个区里，肯定还有其他特别聪明的学龄前儿童。所以，绝望之下，我就给我们本地的报社打了电话，在报纸上做了一段广告，大意就是我很急切地希望能够结识与我们家孩子有同样困难的孩子的家庭。就这样，我找到了5个很聪明的孩子。大家在我们家里每周聚一次，我们组建了一个学龄前儿童的学习小组。母亲们商量之后，接受了我提出来的一个计划。这个计划包括简单的科学实验、游戏、智力玩具、讲故事和户外活动。吉米是在这里找到了自我，也找到了同伴。这些孩子因为聪明，在社会性方面也更成熟，更能够参加集体的活动。

在那段时间里，吉米很快乐，我们也注意到，他开始对他周围的世界产生了相当强烈的兴趣。在他2岁9个月的时候，他开始问字母的名称，到了3岁，他

第十一章 "离开永远摇着的摇篮"

能读出简单的词。当他 3 岁的时候，他开始对很多事情感兴趣，这些内容大大超出他的年龄。我记得每次他在商店里看到花种和蔬菜种子的时候，他都会为了想要它们而哭起来。最后我们终于答应了，给他买了种子。他会把它们种在他自己的"农场"里。到了夏天，我们就吃上了吉米种的玉米、四季豆、西瓜、番茄、萝卜和土豆。他对把种子种下去倒没有那么兴奋，令他觉得兴奋的是观察这些植物的生长。有意思的是，我和我丈夫都不喜欢园艺工作，在吉米种这些东西之前，我们俩也从来没喜欢过种什么东西。实际上，我们家的院子可能是我们这片住户里杂草最多的一个。

在大约 3 岁半的时候，吉米开始对石头感兴趣。他注意到了它们的区别，想让我们告诉他这些石头的名称。在他把我们的院子都找遍了之后，我们带他到一座山附近去散步。我们看得出来，他在收集各种形状和颜色的石头的时候是多么兴奋。我和他父亲要想帮他鉴别这些石头还是比较困难的，但是我们借助一些手册，居然成功了。当然，吉米再也没有忘记过这些名称。

4 岁的时候，他最喜欢的玩具是他的星象投影仪，第二感兴趣的是集邮。他从那个时候开始集邮，一直坚持到现在。现在他 6 岁 8 个月了，有了满满 5 大本邮票。

科学里的哲学内容常常让他很入迷，他会说这样的一些话："月亮是海洋的机器，因为它控制潮汐。"或者"如果我们发射好多火箭上天，但是它们都从同一个地方反弹回来，那么那个地方就是空间的尽头。"他喜欢讲各种各样的想法，喜欢猜测那些未知的东西。

对于吉米，一切都很顺利。但是到了学前班入学的第一天，事情就不一样了。他做好了上学的准备，但是学校却没有做好接受他的准备。他的第一任老师在开学初的几个星期里根本就不知道拿他怎么办才好。吉米表现出对于上学的不情愿，后来就病了。在我们的一再追问之下,他说最初的那几个星期他什么也没做,就是自己坐着,盯着老师,玩具根本引不起他的兴趣。不必说,是时候需要跟老师沟通了,这次见面会是在学校外面的人行道上进行的。老师说,她很为孩子担心。她最大的担心是这孩子做事跟其他孩子都不一样。他学习太好了,举止太温顺了,太严肃了。她想在他这里试验一些方法,让他不要成为一个"孤家寡人"。这位老师很明确地表示,她过去有过一次与另外一个超常儿童接触的经历,而且那是一次很不愉快的经历。

就是在这个班里,吉米感受到了来自老师和同学的不宽容。当老师很明白地告诉吉米说,她希望吉米像其他孩子一样做事的时候,他照着做了。事实上,他很快就发现,他做事越傻乎乎的,就越能得到老师和其他同学的认同。老师的试验成功了。他成了班里的滑稽明星,而且不仅在学校是这样,在家里也是这样。我向校长提出了抗议,校长提议,让他们学校自己的心理学家给孩子做测试。但是她想要知道,我们是否愿意让孩子退学。我们当然被这个念头吓坏了。难道他没有受教育的权利吗?但是,难道这就意味着他一定也要跟其他所有小孩受一模一样的教育吗?我们决定让他接受测试,也许,根据测试结果,他们会在1月份把他挪到一年级去。在他5岁的时候,他接受了这个两个半小时的测试。结果显示,他是一个高度超常的儿童,但是他们认为他的社会适应能力不够好,应该被放到一个学前班的"慢班"里去,这样他才能"赶上其他孩子"!学校担心,如果他们让孩子去一年级,他会觉得很无聊;如果让他去二年级,他可能体力上又吃不消。很明显,他们没有读过特曼的研究报告,不知道超常儿童在社会性方面也是超前的,智力年龄和社会年龄之间是有关联的。

种种不理解、不宽容已经给孩子造成了生理和心理上的问题,而这些在孩子的睡眠和饮食上都反映了出来。为了不让孩子继续接触这样的不宽容,我们最后

第十一章 "离开永远摇着的摇篮"

还是让孩子退学了。

这是我们生活中最黑暗的时候。与一个人没有自己的国家同样悲哀的，是一个孩子没有自己的学校。很自然，我们感觉痛苦，甚至愤怒。这就是我们听到了无数次的平等的教育权利吗？我们很快就发现，在一些教育工作者心目中，"平等"的意思就是"大家都一样"。

在那一年剩下的时间里，我们给吉米注册进了一所私立学校，尽管我们几乎交不起那里的学费。但这个学校对学生又过于纵容了，连学生在教室里摔跤和打架都可以。在学业上，它也没有给吉米提供什么，再加上教室里的混乱无序，这一切都让吉米觉得这个地方味道不对。当时他已经有了一些神经质，受不了有孩子打他，即便是无意的，他也无法忍受。他觉得这意味着他们不喜欢他。他会打回去，但是很快他就发现这样也不能制止他们。他们还是孩子，不理解吉米，对他们不理解的事情他们会感到恐惧，所以才会打他。现在，在与其他超常儿童的父母交往的过程中，我发现这些孩子中的大多数都不喜欢动手打架，他们宁愿避免身体的接触。也许是因为在出现矛盾的时候，这些孩子能够用更像成年人的方法来解决。但不管原因是什么，我觉得，我们的社会更应该担心的是那些喜欢伤害别人的孩子吧。

在第一个学年结束的时候，吉米的情绪非常差，我们用了一整个暑假，才把他的状况调整过来，为下一年的学业做准备。这一次，我们送他去了另外一所私立学校。这所学校教育孩子有爱心、宽容，同时也强调规矩，不允许在教室里打人。几个星期之后，他就恢复了正常，因为在这里他感受到被人接纳。但是在这里，老师仍然没有发觉他是超常儿童，因为他的兴趣没有仅仅集中在阅读上，而是对各种实物也有兴趣。而这个老师以前接触的超常学生都是什么都不做，只愿意阅读。因为他总是第一个完成布置的作业，所以他手上就有大把时间来制造行为问题。我们就决定让他再接受一次测试。这次的结果让我们觉得很合理，因为结果与孩子在家里的表现很一致。他的新学校里的教育主任考虑了他的智商，同意在下一年让他进入三年级。只有到那时候才会知道，吉米会有什么样的新的成长轨迹。

在我写下这些文字的时候，吉米6岁8个月。今年，他的强烈的兴趣显示在了考古学、气象学和电子学方面。他有一个自己的小气象站，也组装了收音机和信号器，基本上不需要别人帮忙。他也在继续进行他的发明创造。吉米有一种能力，是能够把很普通的材料拿来，按照他脑子里的目标，用新颖和不寻常的方法来使用这些材料。今年当他听说了艾德怀尔德和拉瓜迪亚机场的空难的时候，他感到非常难过，并且决定要为此做点什么。他用鞋盒子上的一块纸板、两条纸片和两小块磁铁，做了一个驾驶员可以在驾驶舱里使用的装置，能够提示驾驶员他是在"偏离航线"还是"接近地面"。不必说，他的偶像是托马斯·爱迪生。

吉米知道自己是个超常儿童，他也知道为什么有些人反感他。但是他知道这是上帝给他的一份礼物。有一天，吉米会用这份礼物让世界变得更加美好，为人类服务。他会用这种方式来帮助所有的人。

没有任何人有权利批评吉米不去适应平均水平的小朋友，或者脑子慢的小朋友。当他请这些小朋友到我们家里来的时候，吉米总是那个肯去按照其他小朋友的方式玩耍的孩子，就算那些方式可能会让他感觉很不舒服，他也是如此。如果我们要求其他孩子也要试着去适应超常儿童，这难道是太高的要求？或许，那些孩子也"应该学习与各种各样的人打交道"，包括超常儿童。

作为超常儿童的父母，我们一直在努力找到一个途径来尽最大可能地培养孩子发挥他的全部潜能。在这个过程中，我们一直感到很孤独。记得几年前我曾对我丈夫说过：上帝给了我们一个超常儿童，却忘了附带一份使用说明书。

第十一章 "离开永远摇着的摇篮"

有时候，老师自己也是一个有创造力的、高智商的孩子的家长。这样，他们看到那些无法融入课堂的孩子们受到了伤害，就更能够有所触动。有天赋的老师，与有天赋的学生一样，在所有人都要保持同样进度的课堂里常常会遇到麻烦。有些时候，他们作为家长也作为老师而进行的反抗会让他们成为新闻人物。一位新泽西州的科学家和他的太太让他们的3个音乐和学业方面都非常超前的孩子留在了家里，由他们自己来教，因此，他们被当地的学区送上了法庭。另外一位老师也上了法庭，因为他想证明他有权利不上交他的教课计划，他希望能够有教学自由，用学生的求知欲来引领他的教学。另外一个在某个富裕的大城市市郊任教的老师有一整个夏天都被媒体大肆报道，他给学生们传达了对于学习的热爱，却不按照教学大纲进行教学，所以他被学区解聘了。但是学生家长们对他被解聘表示了强烈的不满。为了解决如何教育有天赋、有能力的学生这一问题，各地的老师们创造了一些新颖而又智慧的教学方法，这些方法足可以写成一大本书。但是，这些教学方法只运用在了很少的一部分有天赋的学生身上。

以下的叙述是一位高中教师写的，讲述他的女儿在1960—1961年上学前班的经历。我们得到明尼苏达大学教育研究办公室的主任E. 保罗·托兰斯的准许，在此重印这段叙述：

在我观察我的大女儿成长的过程中，让我印象深刻的是她对自己周围世界的强烈兴趣。她和我接触惯了的高中生非常不同。她看上去是非常急切地要学习、要探索。14个月的时候，她开始用完整的句子说话，那时候我发现她学那些我们念给她的童谣学得多么快。

在她逐渐长大的时候，她对于周围世界的兴趣和好奇心似乎是飞快地增加的。她没完没了地问问题，什么都问，从婴儿是从哪里来的，到树叶是怎么变黄的。我决定有问必答，不拿"我不知道"或者"我以后再告诉你"来搪塞她。我对她的问题给了比较全面的解释，还给她演示，如果我有不会的问题的时候，我们怎么能够在书里找到答案。在这种时候，我觉得她只是在点头，接受了我的说法却不一定理解。但是很快地，我吃惊地发现，她能够根据我给她的回答而问出更深一层的问题。

很快，我们就有了天文望远镜、显微镜、塑料做的人体骨架模型、蝴蝶和昆虫的标本、小老鼠、鸟蛋、一些三叶虫和海百合的化石，以及其他类似的东西，有些是她在我们家门口车道上铺路的石头里找到的。只要她喜欢这些东西，我们就一直玩下去，我们把整个过程当成一个游戏，没有特意要去学什么。

在3岁的时候，她第一次看了芭蕾舞演出。她决定要当一名芭蕾舞演员，她几个小时几个小时地随着柴可夫斯基的音乐自己瞎编舞步，从中得到很大的快乐。这种对芭蕾的热情被一个威严的老师给打击了一阵，因为这个老师要她像所有学生一样只练习向前的舞步。不过，在去了一个级别更高的班级、换了一个老师之后，她的兴趣就又回来了。

今年她开始去学前班了。整个暑假，她都忙碌极了，尽管我一再提醒她，要到一年之后，上了一年级，她才会被允许开始阅读……学前班的前几个星期，她激动得晕头转向。每天她都急切地想要上学去。她最喜欢的是"展示和讲解"时间。她收集了22种不同的树上的叶子，把它们贴在一个本子里，在每个叶子的下方都写上它们的名字，把它们带去做了"展示和讲解"，还解释了树叶为什么会变颜色。下一次，她带了自己养的小乌龟去做"展示和讲解"，还带了她的书去讲解鱼类、爬行动物、两栖动物的生命周期。

到了大概11月份的时候，她开始抱怨所有其他小孩都只带他们的玩具和洋娃娃去"展示和讲解"，或者讲他们在电视上看到了什么节目。她还发现，老师总是给学生读书，而不许学生自己读，她对学校的兴趣变淡了。当老师不许她用

"教你认时间"的钟给小朋友讲怎样看时间，却让她去做剪贴的时候，她对学校的兴趣就彻底消失了。

她的兴趣转向了她的穿戴和其他小孩有什么不一样。她开始越来越经常地学着老师的口气说话，把老师说的话当成金科玉律，比什么都重要。

有一个星期，他们要谈论的题目是外太空。当老师允许她把自己的天文望远镜和天文学书带到学校去的时候，她对学校的兴趣暂时地恢复了一些。但是，老师没有听明白她所讲的反射望远镜的原理，在拿了望远镜想要观察的时候，把反的那一头拿来去瞄太阳。但是在那个时候，她已经习惯了接受老师说什么就是什么，所以她不敢去纠正老师的错误，不敢去把望远镜掉个头。从那天开始，她拒绝带任何东西去学校参加"展示和讲解"，她唯一肯议论的就是学校什么时候放假。

这3个超常儿童让人想到我们研究的400人当中的很多智力超常的人。但是，因为现在人们对于科学天赋还是尊重的，所以他们还是属于更容易被人们接受的那一类有天赋的儿童。这些孩子来自有热爱学习的气氛的家庭，他们就读的是人们心目中高质量的学校。在过去，给这些孩子潜能的发展施加了最大的影响的，一般是他们的家庭。这400人的父母在智力和体力上都充满活力，愿意接受新的体验，而且把他们对学习的热爱一直保持到了老年。比起这400人的父母来，今天的父母受到了更大的压力，要让孩子迎合给普通儿童设定的标准。

今天，和那400人生活的时代一样，智力发达又富有创造力的儿童是社会最宝贵的财富之一。当我们学着与他们合作，而不是阻挠他们的时候，他们的天赋可能会以超出我们想象能力的方式回报我们。

第十二章

当今杰出人物的摇篮

第十二章 当今杰出人物的摇篮

从本书第一次出版到现在，40多年过去了。但论起理解、总结杰出人物的童年，它仍然是为数不多的研究之一。戈策尔的家庭成员写过两篇后续调查。《300名杰出人物：对杰出人物的心理与社会分析》出版于1978年，这项研究加了新的样本，也有更多的统计数据。1992年，出版了《转移立场与坚持立场的人：政治信念与信念失落之间的动态平衡》（*Turncoats and True Believers: The Dynamics of Political Belief and Disillusionment*），这项研究聚焦于政治领域风云人物的人生历程。在这一章里，我们保持了这个家庭的传统，重新对资料进行一次更新。

在《300名杰出人物：对杰出人物的心理与社会分析》一书出版之后，迪恩·基恩·西蒙顿与我们取得了联系。他是加利福尼亚大学戴维斯分校的心理学教授。他向我们索取了我们的IBM数据卡——在当时，统计数据是储存在打孔卡片上的。他做了一些很漂亮的统计分析，还用他从其他来源找到的资料来为我们的资料做了补充，这些成果发表在他1999年出版的《天才、创造力与领袖素质》（*Genius, Creativity, and Leadership*）一书中。

简·皮尔托在1998年出版的《理解创新者》(*Understanding Those Who Create*)(第二版)里收入了很多她那些研究对象童年情况的资料,还详尽地分析了研究各个领域里创造能力的文献(此书的第三版在2004年问世)。阿诺德·路德维希在1995年出版的《伟大的代价:创造力与疯狂》(*The Price of Greatness: Resolving the Creativity and Madness Controversy*)一书里,使用了《纽约时报书评》(*New York Times Book Review*)介绍过的传记作为样本,来考查本书第一版中提出的很多假设。我们很高兴的是,阿诺德·路德维希的严谨的研究证实了本书在以下方面的主要结论:父母的特点、出生的顺序、破碎家庭带来的后果、家庭里人口的多少、父母的去世、健康问题、社会行为、在学校里遇到的问题、职业的选择等等。如果有读者喜欢用数据来检验描述性的看法,我们特别推荐《伟大的代价:创造力与疯狂》一书的第二章。

尽管我们的样本很大,但本书从本质上来说却并不是一个统计研究。它所使用的方法,被亚伯拉罕·马斯洛描述过,它的资料"不是通常的那种对特定的、分离的数据点的收集,而是像我们对待朋友和相识的人那样,逐渐地发展起一种对他们的综合的、全面的了解"。这种方法通常被传记作家和民族志学者采用,他们让自己完全融入到一个个体或者几个个体的生活中去。

还有其他一些研究,也是用比较传记的方法来进行,同样是试图在大量的传记中寻找共同点,比如,克莱夫·詹姆斯的《20世纪名人》(*Fame in the Twentieth Century*)和《20世纪的伟大人物》(*Time's Great People of the Twentieth Century*)。但是这些研究只是偶尔才会提到研究对象童年的经历。通过比较、研究传记的方法,来检验影响了我们这个世界的重要人物的童年和学校经历,这样的研究还远远不够。

在这一章里,我们对本书第一版和《300名杰出人物:对杰出人物的心理与社会分析》做了一些补充。但这些补充不包括阿诺德·路德维希和迪恩·基恩·西蒙顿做过的出色的统计分析。社会学研究非常看重统计规律，但是在实际应用上它们的用途却是很局限的，因为这些规律不能应用到每一个个体身上去。比如，一个非常显著的统计结论是，相比起其他孩子来说，老大和独生子女更容易成为杰出人物。

其他统计分析还发现，如果父亲不是很成功，孩子往往会更成功。统计规律可以让我们注意到儿童可能会遇到的困难，但是任何家长和教育工作者都不应该把这些规律直接运用到一个特定的孩子身上去。我们认为，家长和教育工作者从杰出人物是如何战胜挑战、从童年时期他们得到机会发展自己的故事中，也许能够得到的未必是具体做法，但会是很多的启示。

在这个补充里，我们最感兴趣的是，最近的几十年里，当社会发展给人们带来了新的挑战和机遇的时候，杰出人物是如何应对和利用这些新的挑战和机遇的。这就需要我们取得一批新的样本。而这就有1962年米尔德丽德和维克托所遇到的同样的问题。谁是当今新出现的杰出人物？这个问题没有一个确定的答案。"杰出"是一个主观概念，这个词可以与很多词互换使用，比如，著名、伟大、天才。但是每个词都有各自不同的含义，一个人可以用哪个词来形容，也是一件主观的事情。

当《纽约时报书评》的克莱夫·詹姆斯做了一个《20世纪杰出人物》的公共电视节目的时候，他和十几个同事花了几乎整整一个星期，试图在一件事情上达成一致，那就是：哪250位20世纪的人士是"真正的、无可置疑的世界著名人士"。他们做了很多比较随机的选择，比如他们收录了鲁契亚诺·帕瓦罗蒂，却没有收录普拉西多·多明戈，因为他们认为前者家喻户晓，而后者是只有对优秀的演唱感兴趣的人才会知道的。他们收录了巴勃罗·毕加索，却没有收录亨利·马蒂斯，收录了玛格丽特·米切尔，却没有收录 T.S. 艾略特。斯蒂芬·埃德伯格没有被收入，因为只有网球球迷才知道他。但是约翰·麦肯罗被收录了，因为所有人都对坏小子感兴趣。

米尔德丽德和维克托希望有一个比这更加客观的取样标准，而且他们还需要得到研究对象童年时代的信息。所以，他们就用图书馆的工作人员采买传记的标准作为他们选择样本的标准。这不仅方便，还可以去掉他们自己可能有的个人的偏向性。这不是我们可以想到的最严谨的取样方式，但是它够用，从这个样本里得到的结果与以其他方式取样而得到的结果也很相似。

比如，在《伟大的代价：创造力与疯狂》一书里，阿诺德·路德维希把本书第一版和《300名杰出人物：对杰出人物的心理与社会分析》里面的样本与他自己的样本进行了比较。他的样本来自于《纽约时报书评》评论过的传记。他还把自己的样本与其他书目做了比较，比如《书评文摘》（Book Review Digest）列出的传记书目，S.M. 斯蒂尔瓦特的《创新艺术家传记》（Biographies of Creative Artists），P.E. 谢林格的《圣詹姆斯传记指南》（St. James Guide to Biography）。他发现，每一个这些其他资料库里所包括的人物，与他的样本相比，都有 67% ~ 85% 是相同的。

在对本书2003年版进行补充时，我们最开始是从蒙特克莱尔公共图书馆的资料里取得了一批新样本。我们首先从蒙特克莱尔公共图书馆抽取了一个新的样本，以确保我们发现的任何更改都不是更改了图书馆造成的。我们都不住在蒙特克莱尔，但是它的图书馆的目录可以在互联网上检索。我们很快就发现，使用米尔德丽德和维克托用过的方法并不是最好的选择。维克托总是对他的3个儿子说，他最大的成就之一，就是在事业上没有成功到让自己的孩子们无法超越的地步。我们知道，他和我们的母亲都希望我们在可能的时候能够改进他们的工作。我们注意到，电子版的图书目录不仅有为成年读者写的传记，还有专门给儿童和青少年写的传记。于是我们决定把这些也收录进来，而米尔德丽德和维克托没有收录这些。我们对哪些人会成为青少年的榜样很感兴趣，同时我们也发现为青少年写的杰出人物传记会更加集中在当今的人物，因为青少年读者显然对那些年代久远的人物没有对当代人物兴趣大。

米尔德丽德和维克托当时的标准是，出生在国外的人只要有一本传记就可以被收录。而我们决定，不管是美国人还是外国人，我们收录一个人物的标准是起码有两本关于他的传记被出版过。这是因为，现在国外出版的杰出人物的传记比1962年的时候多得多了。最后，我们只考虑1995年之后出版的传记，希望以此来把握近期的趋势。并且我们只收入了那些每本书只讲述一个人的传记。尽管有了这么多限制，我们的样本还是包括了794个名字，这几乎是本书第一版和《300名杰出人物：对杰出人物的心理与社会分析》两本书加在一起的人数。当然，这些书对我们来说是太多了，肯定读不过来。但是我们可以根据统计规律选择一些，进行深入的阅读。

我们做的第一件事，是做一个比较，在新的样本里，那些传记数目最多的人物，与旧样本里传记数目最多的人物，是不是同样的一些人。结果是，新旧样本有着惊人的不同。

2003年的样本在很多方面都有所不同。在榜首的人物中有了更多的女性，这是预料之中的。而且她们多数是社会活动家而不是作家。体育明星出现的频率更高了，这部分是因为我们也收录了给青少年写的传记。传记榜上的前两名是曾经的美国第一夫人、参议员希拉里·罗德姆·克林顿，有着复杂种族背景的高尔夫球天才泰格·伍兹。非洲裔美国人、脱口秀节目主持人、杂志发行人奥普拉·温弗瑞和美国第43任总统乔治·W.布什的传记数量一样多。著名的社会活动家有

杰出轨迹　　对话700位名人的童年

南非的"自由斗士"纳尔逊·曼德拉、最高法院的大法官瑟古德·马歇尔、民权运动领袖罗莎·帕克斯和艾达·B.韦尔斯,以及女权运动领袖伊丽莎白·卡迪·斯坦顿。

表1　1962年、1978年和2003年的杰出人物

（姓名及公共图书馆藏有的传记数量）

蒙特克莱尔公共图书馆 （1995—2003年）	门罗帕克公共图书馆 （1962—1976年）	蒙特克莱尔公共图书馆 （1962年以前）
希拉里·罗德姆·克林顿 （Hillary Rodham Clinto） （11）	罗伯特·肯尼迪 （Robert F.Kennedy） （14，蒙特克莱尔公共图书馆有11）	富兰克林·罗斯福 （Franklin Roosevelt） （28）
艾德瑞克·泰格·伍兹 （Eldrick Tiger Woods） （11）	林登·F.约翰逊 （Lyndon F. Johnson） （11，13）	莫罕达斯·甘地 （Mahatma Gandhi）（21）
迈克尔·杰弗里·乔丹 （Michael Jeffrey Jordan） （9）	西蒙娜·德·波伏娃 （Simone de Beauvoir） （5，5）	温斯顿·丘吉尔 （Winston Churchill）（20）
奥普拉·温弗瑞 （Oprah Winfrey）　（9）	阿娜伊斯·宁（Anaïs Nǐn） （9，2）	阿尔伯特·施韦泽 （Albert Schweitzer）（17）
乔治·沃克·布什 （George W. Bush）　（9）	西多妮·科莱特 （Sidonie Colette）　（8，7）	西奥多·罗斯福（Theodore Roosevelt）（17）
珍妮·古道尔 （Jane Goodall）　（6）	T.S.艾略特（T.S.Eliot）（7，9）	阿尔伯特·爱因斯坦 （Albert Einstein）（5或6）
纳尔逊·曼德拉 （Nelson Mandela）　（6）	切·格瓦拉（ChéGuevara） （7，7）	肖恩·奥凯西 （Sean O'Casey） （5或6）
瑟古德·马歇尔（Thurgood Marshall）（6）	卡尔·荣格（Carl Jung） （7，6）	纳尔逊·洛克菲勒 （Nelson Rockefeller） （5或6）
特蕾莎修女（Mother Teresa of Calcutta）（6）	埃德加·凯西 （Edgar Cayce）　（6，7）	列夫·托尔斯泰 （Leo Tolstoy）　（5或6）

第十二章 当今杰出人物的摇篮

续表

蒙特克莱尔公共图书馆 （1995—2003 年）	门罗帕克公共图书馆 （1962—1976 年）	蒙特克莱尔公共图书馆 （1962 年以前）
罗莎·帕克斯 （Rosa Lee Parks）（6）	塞萨尔·查韦斯 （César Chavez）（6，3）	马克·吐温（Mark Twain） （5 或 6）
艾达·B. 韦尔斯 （Ida B.Wells）（6）	赫尔曼·黑塞 （Hermann Hesse） （6，10）	威廉·詹姆斯（William James）（5 或 6）*
华特·迪士尼 （Walt Disney）（5）	埃兹拉·庞德 （Ezra Pound）（6，10）	亨利·詹姆斯（Henry James）（5 或 6）*
德瑞克·基特 （Derek Jeter）（5）	此前出现过的 （1962—1976 年的传记）	西格蒙德·弗洛伊德 （Sigmund Freud）（5 或 6）
教皇约翰·保罗二世 （Pope John Paul II）（5）	西格蒙德·弗洛伊德 （Sigmund Freud）（12）	
弗里达·卡罗 （Frida Kahlo）（5）	富兰克林·罗斯福 （Franklin Roosevelt）（8）	
马克·麦奎尔 （Mark McGwire）（5）	马克·吐温 （Mark Twain）（7）	
托马斯·默顿 （Thomas Merton）（5）	列夫·托尔斯泰 （Leo Tolstoy）（6）	
伊丽莎白·卡迪·斯坦顿（Elizabeth Cady Stanton）（5）	莫罕达斯·甘地 （Mahatma Gandhi）（6）	
劳拉·英格尔斯·怀德 （Laura Ingalls Wilder）（5）	阿尔伯特·施韦泽 （Albert Schweitzer）（2）	
此前出现过的（1995 年及之后的新传记）	亨利·詹姆斯 （Henry James）（2）	
马克吐温（Mark Twain）（7）	威廉·詹姆斯 （William James）（2）	
阿尔伯特·爱因斯坦 （Albert Einstein）（6）	肖恩·奥凯西 （Sean O'Casey）（1）	
莫罕达斯·甘地 （Mahatma Gandhi）（5）		
温斯顿·丘吉尔 （Winston Churchill）（4）		

续表

蒙特克莱尔公共图书馆 (1995—2003 年)	门罗帕克公共图书馆 (1962—1976 年)	蒙特克莱尔公共图书馆 (1962 年以前)
塞萨尔·查韦斯 (César Chavez)（3）		
罗伯特·肯尼迪 (Robert Kennedy)（2）		
富兰克林·罗斯福 (Franklin Roosevelt)（2）		
西格蒙德·弗洛伊德 (Sigmund Freud)（2）		
西奥多·罗斯福 (Theodore Roosevelt)（1）		
亨利·詹姆斯 (Henry James)（1）		
西蒙娜·德·波伏娃 (Simone de Beauvoir)（1）		
阿娜伊斯·宁 (Anaïs Nǐn)（1）		
切格瓦拉 (Ché Guevara)（1）		
卡尔·荣格（Carl Jung）（1）		
埃德加·凯西 (Edgar Cayce)（1）		
纳尔逊·洛克菲勒 (Nelson Rockefeller)（1）		

*：包括他们两人共同的传记。

在这个名单的最前面，希拉里·罗德姆·克林顿代表着一个新的趋势，那就是杰出人物的夫人可以因为她们本身的成就而成为名人。我们的新样本包括南希·里根、科丽塔·斯科特·金和温妮·曼德拉。当然，希拉里·罗德姆·克林顿在她丈夫的行政事务中就很活跃，现在自己也当上了参议员，传记书架上有那么多关于她的书，可能也反映出人们对这对夫妻的婚姻问题很关注，可能与对她的个人成就的关注相当。南希·里根在结婚之前是个广为人知的演员。科丽塔·斯科特·金和温妮·曼德拉都是因为自己的成就而占有重要地位的社会活动家。但是，所有这些女性的名声与她们的婚姻也是密不可分的。

希拉里·罗德姆·克林顿出身于一个中产阶级家庭，住在大城市的富庶的近郊，她的传记作者把那里描写成一个安静的地方。她母亲是个典型的以孩子为中心的家庭妇女，她父亲的家居装饰布匹生意虽然可能有些上下起伏，他却一直为家庭提供了良好的经济保障。希拉里喜欢学校，学习也非常好，她的生活可以说是一帆风顺，直到她的婚姻出现了问题为止。她的婚姻问题与她那魅力十足、充满野心的政治家丈夫在公众眼光之中的私人生活是分不开的。与希拉里不同，克林顿的童年充满艰辛，这帮助他拥有了一种与众不同的能力——对别人的痛苦的深切理解与同情，但这也给他带来了其他的问题。尽管希拉里自己的童年没有本书重点描述的种种问题，她却把帮助逆境中的儿童当作了自己的事业。她的丈夫需要别人的帮助来消除童年困境所带来的阴影，她对他的帮助让她自己也得到了名声。我们经常会发现，那些出了名的夫人和家庭成员的一个最重要的贡献就是帮助自己处在困境中的亲人。

在新样本中，我们很高兴地看到了更多的女性和少数族裔，但是，让我们感到很惊讶和有一些失望的是，如此多的人物（除去一些体育和音乐明星之外）与我们以前研究过的人物是属于同一个时代的。伊丽莎白·卡迪·斯坦顿和艾达·B.韦尔斯如果被算作19世纪的杰出人物是最恰当的，但是因为她们也活跃在20世纪，用我们的选择标准来看，她们也就应该被收录进来。

伊丽莎白·卡迪·斯坦顿的生活里的最大的危机，是她的哥哥在她11岁的时候去世了。她试图取代哥哥的位置，想证明她做任何事都可以像他做得一样好，包括学习希腊语，也包括马术。但是她父亲无法从哀痛中解脱出来，不管她取得什么样的成绩，她父亲总是会说："你要是个男孩多好啊。"在她成年之后，她把自己的毕生精力投入到了为女性争取尊重和平等权利的事业中去。

著名的新闻界人士和社会活动家艾达·B.韦尔斯在密西西比州的小镇上长大，她有一个快乐且家庭成员互相支持的家庭。为了鼓励她学习，她的母亲和她一起学习读书。在她16岁的时候，她的父母都死于当时流行的黄热病。在邻居们的帮助下，她担负起了照顾5个弟弟妹妹的责任，其中有一个妹妹还是残疾人，无法自己行走。她靠做乡村学校的教师来谋生，骑着骡子往返于家和学校之间。在这样的困苦中，她形成了顽强的性格，帮助她日后以一个勇于开拓的记者和民权运动人士的身份建立了声誉。

现在，伊丽莎白·卡迪·斯坦顿和艾达·B.韦尔斯这样的历史人物的传记的出版，也是为了纠正种族和性别歧视，特别是现在有了一些给青少年读者的版本。教师布置作业让学生阅读这些书籍，图书馆人员也愿意往图书馆购进这些书。这样做的目的是要让这些人成为家喻户晓的人物，为青少年提供更多样化的榜样。当然，传记的一个传统功能一直就是为青少年提供榜样，就像经典的小霍雷肖·阿尔杰[①]的故事那样。

每一代的传记作者都会重新诠释历史上重要人物的生活，很多还会加入最新发现的资料。值得注意的是，蒙特克莱尔公共图书馆的书目收入了1995年之后新出版的7本马克·吐温的传记、6本爱因斯坦的传记、5本甘地的传记和3本丘吉尔的传记。这些更新的诠释会让今天的读者更容易理解这些经典人物。

但是，也正是对年轻的读者来说，伊丽莎白·卡迪·斯坦顿和艾达·B.韦尔

---

① 小霍雷肖·阿尔杰：Horatio Alger，1832—1899，是美国19世纪的多产作家，写过很多给青少年的小说，主要描写出身贫穷的孩子如何通过毅力、勤奋、诚实、勇敢，过上幸福生活。

斯这样的女英雄显得很遥远，因为她们的抗争已经是过去那个时代的事情了。奥普拉·温弗瑞可以算是今天年轻人的一个榜样，产生富有创造力的人物的最好条件是天生的才能、不幸的遭遇与及时得到的帮助。奥普拉的单身母亲离开了她，把她留在密西西比的一个农村的养猪场上，由奶奶抚养。这个奶奶非常强势，还打孩子，让孩子难以忍受，但是她也带奥普拉去主日学校，在她很小的时候就教会了她阅读。奥普拉非常聪明，同时读起书来也如饥似渴，上学后从一年级一下子跳到了三年级。

奥普拉6岁时到了密尔沃基，跟母亲一起住在那里的贫民窟里。与此同时，她在那里得到了受教育的机会，进了一个开办在富裕地区的、混合族裔的学校，那是族裔混合运动的一部分。14岁的时候，她的生活又一次来了个大转弯。她父亲把她带到了纳什维尔去生活。他给她建立了行为规范，也给了她鼓励，这些恰恰也是她从母亲那里没有得到过的。还在读大学的时候，奥普拉就得到了她的第一份电视台的工作，正是这段经历让她证明了自己的智慧和个性，这两种品质是做脱口秀主持人取得成功必不可少的绝佳组合。

在民权运动达到最高峰的时候，奥普拉在一所大多数学生都是黑人的大学里读书，但是她选择不把自己的能量放在民权运动里。她在表演和电视事业中倾注了她的全部精力。杰出人物有一个共同特点，即他们在追求自己的目标和从事自己所热爱的事情的时候是全心全意的。

奥普拉的正规学校教育虽然可能没有对她的事业有过很直接的帮助，但是至少她的老师们对她持鼓励的态度，并没有试图去阻止她。

纳尔逊·曼德拉的一个特点也是年轻的时候反叛。他有过很多优越条件，但是他为了走自己的路，把它们都放弃了。他父亲是村子里的首领，有4个老婆，13个孩子。在纳尔逊9岁的时候，他父亲去世了，他被族长收养，还得到了当时生活在南非的黑人孩子能够得到的最好的条件,其中包括在海尔堡大学学习的机会。他在那里帮忙组织领导了一次抗议,原因是食堂的伙食太差。当校方逼他为此道歉的时候,他离开了学校。后来,当族长给他安排了一门婚事的时候,他反抗了族长,跑到约翰内斯堡去了,在那里,他参加了更加激进的政治活动。

从上面的例子我们可以看到,蒙特克莱尔公共图书馆的藏书帮助我们找到了有趣和重要的人物。比起维克托和米尔德丽德1962年的样本来,现在的样本更加多元化。但是,这些不同的样本又有哪些共同点?蒙特克莱尔公共图书馆是否发生了变化?它的藏书是否还能够涵盖当今的杰出人物?我们希望能够确定蒙特克莱尔公共图书馆仍然有代表性,所以我们就拿了从蒙特克莱尔公共图书馆得到的样本中列在榜首的人物,与其他几个图书馆的资料进行对比。我们使用的另外一个检验一个人杰出程度的标准,是依据亚马逊图书网站和巴诺图书网站上的畅销书榜。但是这些只包括近期的畅销书。当我们搜索畅销传记的时候,名列榜首的是希拉里·克林顿的自传,但这仅仅反映出这本书是最近出版的。

目前,我们可以确信的是,我们从蒙特克莱尔公共图书馆得到的样本是一个合理的名单,这些人的传记在1995年之后还有出版并为公共图书馆收藏。但是这些人是什么人呢?他们与以前样本里的人物又会有什么不同呢?我们注意到的第一件事是女性几乎多了一倍。在最初的1962年的样本里,只有14%的人物是女性。到了1978年,样本里的女性人数比例就增加到了24%。而到了2003年,这一比例增加到了27%。

样本里反映出来的社会上的性别差异,也从如下的观察中显露出来:在1962年的样本里,44%的女性是作家,14%是歌唱家或音乐家,10%是演员(见表2)。在后来的样本里,这样的性别不均衡仍然存在,在政治领导人这个领域里,女性罕见,但对男性来说这就是一个很重要的领域。实际上,样本里女性人数增加的一大原因是新增加的一个类别："夫人、家庭成员与社交明星"。女性体育运动员的传记数量也有所增加。这样的性别不均衡不是取样的失误，它所反映的是当今社会的现实。在杰出的女性当中，不少是作家、歌唱家、运动员、演员，而相比之下，在政界身居高位的女性所占比例却非常低。

表 2 在 2003 年、1978 年和 1962 年，按性别分类的杰出人物的职业领域

（在公共图书馆藏书中取样所得到的生活在 20 世纪杰出人物的传记的数量）

图书馆（取样时间）	蒙特克莱尔（1995—2003 年）		门罗帕克（1962—1976 年）		蒙特克莱尔（1962 年之前）	
	女性	男性	女性	男性	女性	男性
样本中的性别比例（%）	26.8	73.2	23.8	76.2	14.0	86.0
按职业划分的传记比例（%）						
演员	20.6	10.0	17.3	5.4	10.3	3.1
艺术家	3.3	3.3	2.7	8.8	1.7	5.4
运动员、体育人物	8.4	12.4	0.0	3.8	0.0	0.3
商界领袖	2.3	3.4	4.0	1.7	0.0	2.0
舞蹈家、编舞艺术家	1.4	0.9	2.7	1.3	3.4	0.3
外交官	0.5	0.2	0.0	2.5	0.0	0.8
编辑、出版人	0.0	0.7	1.3	2.1	0.0	2.8
娱乐明星、电视人物	1.9	3.6	0.0	0.0	0.0	1.1

续表

图书馆 （取样时间）	蒙特克莱尔 （1995—2003年）		门罗帕克 （1962—1976年）		蒙特克莱尔 （1962年之前）	
探险家、冒险家	0.0	0.5	0.0	1.3	1.7	1.7
电影制片人	0.9	2.6	0.0	1.3	0.0	0.6
发明家	0.0	0.3	0.0	0.0	0.0	0.8
记者	4.7	3.6	2.7	0.8	1.7	1.1
法官、律师	0.5	2.2	0.0	0.8	0.0	2.8
劳工领袖	0.0	0.2	0.0	0.4	0.0	2.0
军事家	0.0	1.7	0.0	0.8	0.0	3.1
音乐家、歌唱家、作曲家	9.8	12.2	4.0	5.8	13.8	9.0
摄影师	1.4	1.4	1.3	0.8	0.0	0.0
医生、护士	1.4	1.2	0.0	0.4	1.7	1.4
飞行员、宇航员	1.9	1.4	0.0	0.4	1.7	0.8
政治领袖	2.3	10.1	4.0	17.1	1.7	19.7
精神病学家、心理学家	0.5	0.2	1.3	1.7	0.0	0.3
科学家、学者、教育家	3.3	6.0	2.7	6.7	6.9	9.0
社会活动家	5.1	2.1	9.3	4.5	8.6	2.3
夫人、家庭成员、社交明星	8.5	0.0	12.0	1.7	0.0	0.0

续表

图书馆 (取样时间)	蒙特克莱尔 (1995—2003 年)		门罗帕克 (1962—1976 年)		蒙特克莱尔 (1962 年之前)	
作家、诗人、剧作家	17.3	16.5	29.3	24.6	44.8	28.7
其他	1.9	3.8	5.3	4.6	1.7	2.0

尽管科学家和商界人士在现代社会中起着举足轻重的作用，也是青少年们重要的榜样，但相比之下，这两组人的传记却比其他人少得多，而且不管是给成年人写的，还是给青少年写的都很少。在本书1962年版所用的样本里，31%的人物（包括男性和女性）是作家，17%是政治领袖，9%是科学家、学者和教育家，只有不到2%是商界领袖。在我们2003年的样本里，17%是作家，11%是运动员，8%是政治领袖，5%是科学家、学者和教育家，3%是商界领袖。应该强调的是，样本中科学家和商界人士所占比重低，这是用传记为基础的研究方法的必然结果。

我们的假设是，作家占的比例相对来说非常大，不是因为他们比其他领域的人更重要，而是因为作家自己就能写很有趣的自传，也可能是因为传记作家喜欢写关于其他作家的书。我们认为，运动员、演员、音乐家及其他公众人物的传记之所以能够摆放于书架上，不仅是因为他们在历史上的重要性，也是因为当今的读者对他们感兴趣。教育工作者们可能在扭转过去传记出版的种族不均衡方面做了很多工作，但是，到目前为止，他们在填补科学家和商界人士的传记的缺失方面还做得太少。

米尔德丽德和维克托在他们最初开始做研究的时候，就意识到了这个遗漏，他们在诠释资料的时候，对此尽力做了补偿。他们还给化学家莱纳斯·鲍林写了一本传记，借此帮忙弥补著名科学家传记的缺失。但是，在我们这次进行补充的时候，我们决定，为了纠正样本里科学家和商界领袖人物比例太小的问题，我们

杰出轨迹　　对话 700 位名人的童年

要用另外 3 个名单来补充我们从公共图书馆得到的名单：(1)《生活》（*Life*）杂志于 1990 年发布的 "20 世纪最具影响力的 100 个美国人"；(2)《时代》（*Time*）出版的《20 世纪的伟大人物》（*Great People of the Twentieth Century*）；(3)时代网站于 2000 年发布的 "20 世纪最重要的人物"。这些名单是由历史学家、新闻记者们所组成的委员会列举出来的，反映的是这些成员对于名单上人物的历史地位的认可。

我们这次做补充的样本的定稿去掉了所有在本书第一版和《300 名杰出人物：对杰出人物的心理与社会分析》当中已经被收录的人物。我们还把新的从蒙特克莱尔公共图书馆得到的样本也缩小了，只包括那些有 4 种或者 5 种以上（视具体领域而定）传记的人。这就给了我们一个规模合适又有一定代表性的群组，包括 199 位杰出人物，可以为以前的研究做补充。

一位很有洞察力的人，在研究过去的杰出人物时，曾经说过："有人生来伟大，有人成就伟大，还有一些人是被迫成为伟大的人。"报业大王凯瑟琳·格兰姆就属于这最后一种人。如果不是她丈夫因精神病自杀，她不可能成为《华盛顿邮报》（*Washington Post*）的发行人。她父亲把他的新闻公司的控股权给了她的丈夫，因为老头儿认为任何男人都不应该成为自己太太的职员。凯瑟琳在成长期间得到了财富所能买来的一切，同时，似乎也从她父亲那里继承了领导才能，但即使这样，她也心甘情愿地接受了女性所担当的传统角色，成了一位母亲和交际花。她丈夫的悲剧，使得她身不由己地成了一个女强人。她还是一个杰出的领袖，领导《华盛顿邮报》成功度过了"水门事件"丑闻，以及有组织的劳工运动等关键时期。

商界人物的传记，经常是关于那些会在公众面前展示魅力，或者做的生意很风光的商业领袖的。这些人包括商人李·亚柯卡，他发动了工人和社区的力量，游说政府，挽救了濒临破产的戴姆勒－克莱斯勒一家公司。那些从事特别风光的生意的人，包括香水和化妆品巨头雅诗兰黛，还有时尚设计师克莱尔·麦卡德尔，她创造出了系带子的蓬蓬裙装、没有肩带的游泳衣，还让紧身衣走红，成为了以简洁为特点的"美国时尚"的发言人。克莱尔本来想高中毕业之后就去纽约学习时装设计，但是她那保护过度的父亲坚持让她住在家里，在本地上大学，学习传统的课程。她主修了家政学，这样她起码可以学缝纫，但是她其他功课的成绩都很差。最后，在度过了两年既不开心又不成功的大学生活之后，她母亲说服了她父亲，让克莱尔去了纽约的帕森设计学院。

不怎么风光却可能在商界影响更大的，是那些在美国大城市之外修建了住宅小区、开设了快餐店、开办了购物中心的人。威廉·莱维特的父亲亚伯拉罕在10岁的时候就退了学，但他如饥似渴地阅读哲学书，20岁的时候他又回到学校，进了法学院。毕业后他成了一名房地产律师和开发商。威廉在纽约的公立学校接受教育，但是，19岁时他却从纽约大学退了学，因为他迫不及待地要在他父亲的房产建筑生意里赚钱。在他22岁的时候，他就成了公司的总裁。负责设计的是他17岁的弟弟。在美国经济大萧条期间，他们盖了一些价格昂贵的住房，但是走向成功却是在第二次世界大战之后，他们盖了造价低廉、模式统一、坐落在郊区的住宅小区，人称"莱维城"。

快餐业的大佬雷·克拉克对学校更是缺乏耐心，在高中读了两年就退学了。他说："对我来说，这些地方的节奏就是太慢了。学校充满了烦恼，却很少让人有什么进步。"他是一个典型的严肃、紧张的孩子，在有些事情上可以过分地兴奋。书本让他觉得很沉闷，他渴望的是行动。雷还在上高中的时候就开了一家音乐公司。

雷的最大的热情是从事销售，有很多年，他靠卖餐饮设备过着很不错的日子。不过，这是一个很传统的行业。当他52岁的时候，他的重大机遇来了。他注意到，麦当劳家的两兄弟从他那里订了很多制作奶昔的机器。麦当劳兄弟发明了快餐店这个主意，但是他们却不知道应该把这个主意转化为什么样的商业模式。雷却有一个完美的商业模式——保证严格的质量标准，允许每家分店保留足够的利润，让他们觉得有利可图。在那个时候，大多数搞连锁经营的模式都用的是从投资者那里赚钱的模式。

据说商业巨头山姆·沃尔顿以前是最富有的美国人，但后来比尔·盖茨超过了他。山姆出生在俄克拉荷马州的金费舍尔，他父亲是个搞房产抵押贷款的掮客。在经济大萧条时期，他父亲破产了，把全家搬回了他在密苏里州的老家。山姆在学校里是个得"A"的学生，是童子军的雄鹰级队员，在高中的时候打过工，靠工作挣钱读完了密苏里大学。当时他没钱读研究生，恰巧连锁零售企业正在招管理人员，他就接受了J.C.潘尼给予的一份工作，在那里学到了零售业的运作。正是由于勤奋和善于动脑，他缔造了沃尔玛的成功。举个例子来说，他曾采用当时最先进的电脑数据检索技术来管理货物流通环节。

山姆的童年时期并没有出现过重大的危机，只是他的父母在他上大学的时候离婚了，还有就是在他职业生涯早期，他曾经开过一个廉价小店，在租店面方面有过一些问题。他的岳父比他自己的父亲更加成功，帮他开始了自己的事业。从创造力理论的角度来看，他可以算是一个"专心发展"的人，他充分发展了自己的能力，却没有像"受到挑战"的那些人那样遭受过不幸。他的人生是很多人希望能够拥有的，但是很少有人有兴趣去读他这样的人的传记。

在互联网蓬勃发展的时候，"电脑迷变成了一个亿万富翁"出现了，成为靠自身努力获得成功的美国梦的最新的化身。比尔·盖茨其实相当符合这个形象。他是个很害羞的孩子，他写第一个计算机程序的时候才13岁。那个时候，还没有个人电脑，也极少有年轻学生对此感兴趣。他父亲是西雅图的一个很有地位的律师，他母亲则热衷于慈善事业。他是一个对事情容易感到兴奋的孩子，公立学校里慢腾腾的进度让他非常烦心。等到父母把他从公立学校转到一所精英型的私立学校之后，他就好多了。在那所私立学校里，有很多像他这样智力超常的学生。他进了哈佛大学，因为他父母认为他应该体验一下本科教育，但是他觉得那里的课程很无聊。他很少去上课，考试全凭最后的突击，只要有可能，他就泡在计算机房或者玩扑克。在大学三年级，他退了学，开了一家软件公司。

盖茨是一个容易过度兴奋的超常儿童——"一个罕见的精力充沛的孩子，从婴儿期就如此""他对那些不如他脑子快的人没有耐心，包括老师在内"。他儿时的朋友们说，他们一直就知道他出奇的聪明，特别是在数学方面；他母亲则说，从8岁开始，他基本上就是做自己想要做的事。幸运的是，他的父母和老师愿意尊重他的要求，帮他得到了使用计算机房的时间。

盖茨的巨大成功得益于他的智慧、勤奋、强烈的竞争心，以及超强的商业头脑和技术头脑。相当好的运气也是一个因素：因为当时CP/M操作系统公司（微型电脑控制系统公司，在20世纪80年代很火）的老板接受了律师的糟糕建议，认为IBM公司是以硬件为营利手段的公司，拒绝去跟IBM进行商谈，结果使得微软拿到了IBM的合同，帮助他们开发了个人电脑的操作系统。商业成功的一大要素，就是要在合适的时间，处于合适的位置上，而且要知道如何利用这两个优势。

杰出的科学家和学者容易来自给他们支持的家庭，他们的人生一般不会有那么多严重的不幸，而这些不幸则常常会激励作家、艺术家、演员、政治家、社会活动家，使得他们更有创造力和前进的动力。

万维网的发明人蒂姆·伯纳斯-李的父母一直都非常支持他，他的父母是数学和计算机科学的先驱者，编程、虚数、抽象数学是他们家餐桌上惯常的讨论内容。

童年时，蒂姆就用纸箱搭建过玩具计算机。1976年，当他还是一名牛津大学学生的时候，他"制造"了一个真的计算机，用的是边角料、电烙铁和一个旧电视。

物理学家理查德·费曼的父亲梅尔维尔，在孩子还坐在婴儿椅子里的时候，就开始教他科学的思维方式。他拿了一堆有颜色的卫生间瓷砖，鼓励理查德把这些瓷砖按照一定的规律进行排列，比如，两块白砖，一块蓝砖，两块白砖，一块蓝砖，等等。当他们二人在树林里散步的时候，梅尔维尔鼓励理查德去观察鸟儿们都在干什么，而不是教他记住鸟类的名称。在学校里，理查德在数学和科学两个科目上的成绩总是领先，高中时，他在学校代数竞赛队里成了明星。

经济学家米尔顿·弗里曼生活在新泽西州拉威镇大道上，他父母开了一家小店，他们家就住在楼上。那是一个离纽约市20英里的小镇。他的父母是移民，需要节衣缩食才能勉强维持生活，他们常常在付账的时候，给人支票，但是把支付日期写成将来的某个日子。米尔顿进了当地的公立学校，他的学习如此之好，以至于在六年级的时候，老师让他去了另外一所学校的七年级，用一年把两年的功课都学完了。他不像很多有创造力的人那样在学校不开心，米尔顿说，他的高中生活是"快乐、有收获的，但是也没发生什么大事"。

作家、艺术家可能会从个人经历过的事件中得到灵感，成就他们的创造性工作。与他们不同的是，科学、体育和商业方面的工作，要求人们在抽象的或者是不带个人色彩的事情上投入高度的专注力。对他们来说，个人悲剧和冲突可能只会分散了他们的注意力，而不是打磨创造力的工具。这并不意味着未来的科学家的生活里就从来不发生悲剧。化学家莱纳斯·鲍林的父亲在他9岁的时候就去世了，海洋学家雅克·库斯托的父亲是在他两岁的时候去世的。在儿时，物理学家斯蒂芬·霍金是个"古怪、行动不自然、干瘦、小个头"的孩子，在小学里，他因为说话障碍而受到别人嘲弄。（这可能使得他在成年之后，在工作的时候，轻易地忽视肌萎缩性脊髓侧索硬化症造成的瘫痪。）

虽然个人生活所经历的悲剧不能激发科学家的创造力，但他们在应对个人的问题的时候所培养出来的心态和思维习惯，却可能会帮忙塑造他们日后的工作和思维方式。在父亲去世之后，莱纳斯·鲍林就自己安排了自己的生活，因为他母亲的全部精力都被疾病和家里的事务占满了。他不顾母亲的反对，考取了化学博士学位，他母亲却觉得，对于一个需要挣钱帮助家里的年轻人来说，有一个学士学位就够了。在不顾家庭的阻力、为自己做决定并且取得成功的过程中，他所获得的自信在后来的日子里伴随了他的一生。在他做出了开创性的工作，把量子理论运用到化学键上之后，无比的自信又让他去挑战强大的军队系统，发起反对核武器试验的运动，他因此第二次获得诺贝尔奖。65岁时，他又一次发起运动，挑战强大的医学系统，在这次有极大争议的运动中，他试图证明维生素C可以治愈癌症，也可以治愈普通感冒。

数学家科特·哥德尔8岁的时候得了风湿热，他在后来的一生中都相信他的心脏因此受到了损伤，尽管医生们都让他相信他的心脏并没有受损。他总是觉得自己有病，在老年的时候，这种倾向还发展成了偏执狂。科特的传记作者认为，这种偏执是"他一生都在追求的一种统一的世界观的结果"，这种追求始于童年时代想要在混乱的世界里寻找秩序感的愿望。他人生的中心是一个信念，认为宇宙在本质上是理性的和有序的，通过仔细观察能够被彻底了解。但具有悲剧色彩的是，他的逻辑思维的力量太强大了，不可避免地引领他推翻了自己最基本的逻辑基础。因此，他最大的成就是证明了任何逻辑体系都是不完全的。

在我们的样本里，悲剧在其他一些人的生活中也起到了重要作用，有时候，悲剧引领一个人走入了后来取得成绩的领域；有时候，悲剧给一个人提供了情感上的养料，让他发展了自己的事业。

女演员芭芭拉·史翠珊的情况是，她小时候受到的虐待似乎让她下了决心去追求演艺生涯。她父亲在她1岁的时候就去世了，她母亲不得不搬回家去，与自己的多病的父母住在一起。芭芭拉的母亲和外祖父、外祖母都太劳累，情绪低落，无法给她所需要的感情。但是，当她5岁的时候，她从一户有电视的邻居家里得到了温暖。她"爱极了在那个小小的电视上，透过有些放大作用的屏幕，那些闪烁的影像，爱极了电视里的笑声和各种感情"。对于一个觉得自己丑、没人关爱的小女孩来说，"能够逃避几个小时是不够的"。从那一天起，她就知道，自己一定要成为女演员。

尽管她的继父对她说，她丑得都不配拿15美分去买冰激凌，她的母亲也觉得她不够漂亮，一直劝她不要走演艺的路，但她仍然坚持追求自己的目标。在小学里，同学们拿她的大鼻子和有些斜视的左眼取笑。尽管她16岁的时候以平均91分的成绩就从高中毕业，别人却无法劝说她去上大学。她在做着秘书工作的同时，到处去考演员，上表演课。后来，她得到了一些表演和演唱的机会。再后来，她的事业就起飞了，这让所有人都很吃惊。

很多演员和艺术家的生活里都有一段艰难的童年时光。女演员贝蒂·戴维斯的父母在她7岁的时候离了婚，但是她母亲全力帮助贝蒂发展事业，鼓励她学习表演。女演员奥黛丽·赫本的父母也分开了，她自己被困在荷兰，但是她那富有的上流社会家庭使得她能够尽情追求自己的事业。格蕾丝·凯利的母亲是个运动员、摄影模特，父亲是个建筑方面的企业家。跟兄弟姐妹相比，格蕾丝弱不禁风，又没有什么体育才能，但是她却成功了。

在童年，墨西哥艺术家弗里达·卡罗先是得过小儿麻痹症，后来又在墨西哥城遭遇了一次可怕的电车事故，使得她一生残疾。在几个月卧床不起的时候，绘画是她唯一可以做的事情。如果没有这些意外所带来的痛苦，很难说她的艺术创造力会不会走向其他的方向。

痛苦与折磨不是艺术生涯的必要条件，但是，在著名的艺术家当中，家庭中不寻常的行为和生活模式是很常见的。美国画家乔治亚·奥基弗声称，她认识的人当中不抱怨自己童年遭遇的人并不多，而她正是这为数不多中的一个。乔治亚·奥基弗成长在威斯康辛州的一个农场里，从她的卧室窗户看出去，景色是美丽的——有一间红色的牲畜房，周围是600英亩的苜蓿。但是，尽管她从来没有抱怨过，但实际上在她的记忆中，自己一直是个"长相普通、不讨人喜欢的小孩"。她记得有一次，当家里有客人来的时候，她曾经被反锁在后面的房间里，因为她母亲认为她"太丑了，不应该让客人看见"。卡罗的父亲是个摄影师，对女儿很尽心。而乔治亚·奥基弗是7个孩子中的老二，她基本上就得自己给自己找乐子。

吉他手吉米·亨德里克斯的母亲长期酗酒，她会出现几天，然后消失几个星期甚至几个月。最后，在他15岁的时候，他母亲死于肝硬化。演员加里·格兰特的母亲一直就没有从他哥哥的死亡所受的打击中恢复过来，在他10岁的时候，母亲被送进了精神病院。当他14岁的时候，加里模仿了父亲的签名，在一份许可书上签了字，加入了一个杂技团。

伪造父母签名或者改出生日期的情况，在好几个杰出人物的传记里都有提及，这包括华特·迪士尼。华特·迪士尼的童年的一个标志是他在很多地方住过，因为父亲为了养家，试过很多不同的工作。从那个酷似迪士尼乐园里美国大街的密苏里州的小镇，到堪萨斯城的工厂，华特学会了依靠自己的勤奋与创造力生存。一位传记作者注意到："他们家庭生计的缺乏保障，无疑塑造了他的强烈愿望，使得他不仅要成功，而且还要以特定的方式成功。这特定的方式就是他要避免把自主权的任何一方面交给任何外人，他把他公司的股票和决策权都尽量紧地抓在自己手里。"

杰出轨迹　　对话700位名人的童年

在如何应对困难方面，体育界的人物与其他领域的杰出人物并无不同。像大多数的体育明星一样，高尔夫球运动员泰格·伍兹很有天赋，在很小年龄，他就崭露了头角。他因混血儿的种族背景受到了一些骚扰。但是跟老一辈的运动员，比如杰基·罗宾逊和其他少数族裔运动员相比，这些都已经不算什么了。

在体育方面获得巨大成功要求一心一意地投入：训练，训练，再训练。通常需要有一个成年人做教练，安排旅行和其他实际问题，把自己的全部精力投入发展这个年轻人的天赋上去。在泰格·伍兹那里，他父母担当了这个角色。棒球运动员德瑞克·山德森·基特的父泰格·同样为孩子的事业努力。当德瑞克5岁的时候，他说，他要成为纽约洋基队的游击手。除了他父母之外，所有人都让他要实际一点。德瑞克回忆说，他父母对于学习也是同样重视，"他们对待家长老师见面会就像对待税务局的问询会一样，还要带证据去支持他们的观点。如果我要在学校里做口头报告，他们会让我在头一天先给他们讲一遍……他们从不停息地参与到孩子们的生活中去，参与到我们对未来的梦想中去。"

米尔德丽德·扎哈里亚斯因为在多个运动项目里都很出色而著名。童年时期，她也有同样疯狂的梦想，她预料自己会成为有史以来最伟大的运动员。这个理想最终是否实现，还有争议，但是美联社有6年都把她选为"年度最佳女运动员"，在1950年还把她选为"半世纪最杰出女运动员"。

篮球运动员迈克尔·乔丹曾经被他高中的篮球队刷了下来。有一个教练回忆说："迈克尔一直就觉得他还能够做得更好。直到现在也如此。我觉得他从来就没有过那种'我用不着努力'的态度。有一件他一直在做的事情，那就是无比努力地工作，不管是训练，还是比赛，还是赛季结束之后。我觉得这就是他和其他很多同样有天赋的人的区别。"

在还是一个孩子的时候，棒球击球手马克·麦奎尔的绰号叫"大树"，因为他又高又壮，还有红头发，很像在他的家乡加利福尼亚州附近生长的红杉树。尽管他的视力非常差，马克还是跟他的 4 个兄弟和街坊邻居的孩子们一起打棒球、高尔夫球、橄榄球。朋友们很喜欢给这个容易害怕的孩子来点恶作剧。他父亲小时候得过小儿麻痹症，但是后来体育很好。他担心棒球小联盟里的教练和那些什么都要插手的家长对这个孩子有负面的影响，便不允许马克去参加联盟，一直到他的能力变得非常突出之后才允许他去。

身体上的缺陷可以导致残疾，但也会激励人取得体育方面的成就。田径明星杰西·欧文斯是个体弱、瘦小的孩子，身体弱到无法帮父亲和兄弟们在棉花地里干活。但是，当他们家搬到了俄亥俄州的克利夫兰之后，杰西在那些零星的工作之余找出时间，跟他的伙伴们在街巷里和学校操场上赛跑。在那里，一个当地的教练发现了他。拳击手乔·路易斯有语言障碍，这曾经让他很难堪，无奈之下他只好去了职业学校，但正是由于自己的这个缺陷也促使他去选择了一个不受教育水平影响的职业。

总结

我们的样本里的绝大多数人在年轻的时候都有超群的天赋和能力，这会让他们有资格进入为有天赋和超常儿童设立的项目。特别是在今天，这样的项目多采用多元智能模型，综合一个人的音乐、艺术、社会、空间和心理能力，再加上语言和数学方面的杰出能力。但是，有类似杰出能力的人是数以百万计的。我们的研究对象还有些更多的特质，一些让他们鹤立鸡群的特质，一些让他们成为杰出人物的特质。如果用这些研究对象当榜样是有些危险的事情，因为在某些程度上他们属于例外。年轻女演员最后能够成为明星的比例一定是很低的，高中肄业生最后能成为商业巨头的比例一定还要更低。就算我们已经知道最后的结局，我们也不好批评芭芭拉·史翠珊的母亲，只因为她认为女儿也应该考虑其他职业选择。我们也不好批评雷·克拉克的父母，只因为他们希望他把高中读完。我们能够理解克莱尔·麦卡德尔的父亲，他认为她应该先读几年大学，再出去闯荡，学习时尚设计。我们也理解德瑞克·山德森·基特的父母，他们坚持说他应该在打职业棒球的同时考取一个大学学位。有天赋的年轻人，如果自己有愿望，当然应当执着地追求卓越及明星的地位。但是他们可能也应该有一个备用计划，一个"B 计划"，以防万一他们的"A 计划"没能成功。但是，这也有另外一种风险，如果心里有了一个备用计划，就可能让他们不需要背水一战去实现自己的"A 计划"。

有时候，出名是机会使然，在合适的时间处在合适的位置上（或者在错误的时间处在错误的位置上）。如果麦当劳兄弟没有从雷·克拉克那里订购奶昔机器，他也许一辈子的工作就是一个卖餐饮设备的经销商。如果希拉里·罗德姆没有爱上比尔·克林顿，她有可能会成为一个成功的律师和儿童权利的捍卫者，但是她很可能不会出版一本位列畅销书榜第一位的书。即使在科学领域，名誉有时候也是因为运气，看谁凑巧成了第一个做出某个重大发现的人。如果莱纳斯·鲍林没有因为他的政治信念而被拒绝去伦敦，他可能就会看到一些重要的 X 光折射照片，抢在弗兰西斯·克里克和詹姆斯·沃森之前发现正确的 DNA 的分子结构。

所以，运气是重要的，但是运气又青睐那些做好了准备并且坚持不懈的人。我们所有的研究对象有一个共同的特点，那就是在追求他们的梦想和目标时候的锲而不舍，他们听从自己内心的召唤，做他们想要做的事，或者是他们感觉他们应该做的事，不管别人在做什么，也不管各种各样的权威人物告诉他们什么。心理学家说，这样的性格是有一个"内在的控制中心"，诗人可能称它是"按着与众不同的鼓点行进"。其他人可能称其为强烈的独立思维,不在乎他们是否与别人都不一样。不管我们称它是什么,这一点点的额外因素,对于目标的锲而不舍,再加上才华、勤奋和运气(重要性按此顺序),会让人获得成功。

在这方面,旧的样本和新的样本里都有许多例子。奥普拉·温弗瑞不倦地为自己的电视主持人生涯而努力,尽管她的同学们说她把自己贱卖了。芭芭拉·史翠珊拒绝接受家里人和行业内的专家给她的劝告,坚持不懈地追求她的戏剧事业……

这并不是说我们样本里的所有人物都是反叛者,也不是说反叛本身就是目的。我们的很多研究对象并不需要反抗父母或者老师,因为这些重要的人物支持他们追求自己的理想。大多数成功的年轻体育明星,比如泰格·伍兹,都有为孩子倾注了无数时间、精力的父母,他们给孩子提供支持与指导,带他们去参加比赛,用其他方式帮助他们生活的各方面。当比尔·盖茨觉得公立学校太局限他的时候,他的父母就把他转到了一所教育理念更新的私立学校。山姆·沃顿的父亲非常欣喜地看到儿子在零售业上的成功。没有比理查德·费曼对于科学的兴趣更能够让他的父亲开心的了。

从这项对于杰出人物的研究当中,家长和老师能够学到的是,即使成功的机会看上去很渺茫,他们也应该鼓励和支持孩子去追求自己的梦想与兴趣,这一点很重要。这不意味着超常儿童的父母不应该给孩子设定界限,不应该让他们做家务,或者不应该让他们做合理的学校作业。芭芭拉·史翠珊在高中期间,尽管除了表演以外对什么科目都没有兴趣,但她在学业上的成绩仍然非常优秀。华特·迪士尼在家里的农场上干了那么多活,在外面做了那么多半日工,也没有损毁他的创造力。但是家长和老师应该注意的是,除了家务劳动和有组织的活动之外,有创造力的孩子还需要时间和空间做他们自己的事。他们得到自己的时间和空间,有时是因为父母鼓励这种做法和事先做了规划；有时则是因为父母很忙，没时间管孩子。

有高度创造力的人如何在一个方向、一个事业上发展出那种一心一意、锲而不舍的专注，从而迈向杰出的成就？心理学家亚伯拉罕·马斯洛论证说，人有几个层次的需要，他们必须要满足自己的生理需要、安全需要、情感与归属需要、尊重需要，然后才能转向他们的创造性需要，或者"自我实现"的需要。按照这一理论，有创造力的人就应该是那些生理和情感的需要已经得到满足的人。马斯洛验证自己的理论的方式是研究世界上最卓有成就的一些人物的传记资料。他发现，有一些人符合他的理论，包括亚伯拉罕·林肯、托马斯·杰弗逊、阿尔伯特·爱因斯坦、埃丽诺·罗斯福、简·亚当斯、威廉·詹姆斯和巴鲁赫·斯宾诺莎。但是更多的人并不符合这个理论，包括沃特·惠特曼、亨利·梭罗、路德维希·凡·贝多芬、富兰克林·D.罗斯福、西格蒙德·弗洛伊德、乔治·华盛顿·卡弗、尤金·德布斯、阿尔伯特·施韦泽、托马斯·伊金斯、弗里茨·克莱斯勒和约翰·歌德。

这是个让人印象深刻的名单。如果他们不符合马斯洛的理论，那么问题应该出在马斯洛的理论上，而不是他们的成就上。如果他们的生活轨迹符合他的理论，他们可能会更幸福，但是没有理由相信他们会更有成就。基于我们自己的研究和马斯洛的研究，我们不得不强烈地反对这样一个假设，即自我实现和创造性的成就只能在其他需要得到了满足之后才有可能发生。相当数量的有创造力的人物有着感情上没有解决的问题，有些人甚至还不断遭遇了财政、健康和安全上的问题。

也许，创造性的成就也可以是一个渠道，用来表达一个人在生活的其他方面的不幸福和烦恼；也或者它是一种解决人在生活的其他方面烦恼的方法。对于那些写诗歌、小说和半自传性质的非小说的作家来说，情况当然可以如此。画家也常常会把他们的感情放到画布上。作曲家也可以如此。

第十二章 当今杰出人物的摇篮

弗里达·卡罗在电车事故之后，一生都处于身体的巨大痛苦之中。因为残疾，她还要面对与社会的脱节带来的巨大心理痛苦。但是在所有这些痛苦当中，她的画作无比辉煌。在父亲的眼里，伊丽莎白·卡迪·斯坦顿一直就没有能够成功地取代死去的哥哥，但是她成功地为女性改变了世界，为她们赢得了投票权。奥普拉·温弗瑞对参与她电视节目的很多人的遭遇都能理解，这是因为她自己也曾经有过同样的生活经历。她的电视事业起飞的时候，她还在想法解决她自己生活中的烦恼及各种棘手问题。

有创造力的人们想要成功，需要的不仅是天赋和鼓励，他们还需要一点什么特殊的东西，把一个业余爱好转化为富于激情的、把其他一切都置之度外的生活的召唤。古希腊人把这个东西称为"缪斯"，卡尔·荣格称之为"本原激情"，简·皮尔托简单地称之为身体上的一根"刺"。在有些情况下，这可能只是因为想解决一个难题而"上了贼船"。在科学家的生活里，我们可以看到这样的事情，他们在接受挑战、解开自然之谜的时候被迷惑住了。或者我们在运动员的生活里也可以看到这样的情况，他们被想要战胜对手的愿望所驱使。但是在有些情况下，尤其是在作家、艺术家、表演艺术家和精神领袖的生活中，激情的基础可能是对不幸遭遇与经历的愤怒和不满。

如果一个孩子身上没有这么一根"刺"，没有这么一种在某个领域想取得成功的欲望，父母能够做什么呢？也许他们应该为他们所拥有的而心存感激。没有任何证据表明，杰出人物比那些对生活采取一种更加平衡的态度的人们更幸福。这些杰出人物对社会的贡献也不一定就更大。但是，如果一个孩子有成功的愿望和动力，有天赋的孩子可能需要帮助来转化他们的烦恼、失望甚至个人悲剧，让他们从有创造性的、有建设性的渠道释放出来。当然，我们不能因为相信痛苦能够产生伟大的艺术家、科学家，或者伟大的领袖人物，就去故意给孩子制造痛苦。

生活会给每个人都带来失望和不幸，儿童需要得到帮助，从而学会如何从这些不幸之中得到最大的收获。

芭芭拉·布什表达过一个遗憾，那就是，她没有帮助儿子乔治平抚妹妹死去所带来的悲伤。她说："你要记得，儿童也是会悲伤的……他觉得自己受了骗。"在今天，让人欣慰的是，大多数孩子不需要面对兄弟姐妹或者父母的死亡。但是，比这程度要轻的悲剧还是很有可能在儿童的生活里出现的。最好的忠告也许来自简·皮尔托，她说："如果你的生活遇到了困难，用积极的态度来利用它，教孩子通过意象来表达。"鼓励孩子去写、去画、去听音乐，去花时间冥想，去大自然中漫步。用任何可行的方式表达自己的情感。

从我们的研究对象身上，我们可以学到什么样的经验教训，让学校能够更好地帮助聪明、有天赋、敏感、富于创造性的儿童？在我们的样本里，在学校里得到收获最大的人，是父母没有合适的教育背景和资源，无法给孩子提供所需要的学习条件的人。这些人包括纳尔逊·曼德拉、艾达·B.韦尔斯、瑟古德·马歇尔及奥普拉·温弗瑞。对于我们的研究对象中的很多人来说，上学就是他们不得不应付过去的事，这样他们才能做那些对他们来说最重要的事。很多人觉得学校无聊沉闷，因为进度太慢，或者占用了太多他们原本可以拿来做自己最想做的事情的时间。

如果学校教育有更多的灵活性，就会有利于有天赋的超常孩子。如果老师了解这些孩子在学习上的需要，知道如何激起他们的学习热情，也许就可以与孩子商量，做一个"不同寻常的"或者"不一样的"独立项目，但是仍然由老师给予一些指导和时间限制。如果数学是一名学生能力和兴趣所在，老师和校长也许可以让学生去上难度更大的数学课。这样，一名二年级的学生也许就可以在自己有天赋的科目上学习四、五年级的课程。

给有天赋儿童开设程度深的课程会对他们有帮助，特别是那些对数学和科学有兴趣的学生，在这些科目上有很多知识是需要通过正规学习来掌握的。每周几小时的强化课程是不够的。聪明的孩子每周、每天都聪明，不是每周聪明一两次。比尔·盖茨除了正常上学之外，还有很多机会可以与计算机打交道，但是他需要一个更有挑战性的环境，从早到晚都需要，这样才能让他保持兴趣。即使在哈佛大学，他也没觉得课堂有什么激发兴趣的东西。幸运的是，他进入的计算机科学领域在当时还没有要求有天赋的年轻人具有正式的文凭。奥普拉·温弗瑞由校车送她去一所大城市郊外的学校，那里的学习对她而言更有挑战性，使她获益匪浅。在大学里，她把自己的兴趣看得比正规课程更重要，而她进入的职业领域又基本上不看重学业成绩，这些都让她获益。

在20世纪90年代获得了名声和财富的人们与60年代及之前的名人们有很多相似的地方。比如，多数人在童年时期生活在有热爱学习的气氛的家庭里，很多人讨厌学校，相当多的人试图补偿生理、环境及家庭等方面的不足。

但是在其他一些方面，当代的杰出人物与以前的又有所不同。在未来，那些会在传记书架上占有一席之地的人物与现在又会有所不同。就像统计结果无法运用在个体上一样，今天的年轻人也不会与这本书的研究对象们有着完全相同的发展道路。当今社会为有天赋儿童的教育提供了更多的选择：家庭学校、政府特许学校、职业高中、另类私立学校等等。如果年轻人在高中毕业之后想延迟上大学，而去发展自己的其他兴趣，比如，旅行、实习、做志愿者，那他们可以延迟上大学的时间。

如果一个人想学会独立思考和行动，那么，非常重要的一点，就是他们需要拥有去选择走非传统道路的自由。父母和老师能够给孩子们的最好的帮助，也许就是鼓励年轻人去探索各种选择，让他们更好地利用能够得到的资源，不管他们选择的道路最终会把他们引向哪里，他们都能够跟随着自己内心的召唤。

附录

杰出轨迹　　对话700位名人的童年

1962年样本的人物简介[①]

布鲁克斯·亚当斯：历史学家，大学以上学历。父亲：历史学家。

亨利·亚当斯：历史学家，大学以上学历。父亲：历史学家。

莫德·亚当斯：演员，小学毕业（曾经是童星）。父亲：商人；母亲：演员。

简·亚当斯：诺贝尔和平奖得主、豪尔安居会的创立者，大学毕业。父亲：富有的磨坊主。

康拉德·阿登纳：政治家，大学毕业。父亲：政府工作人员。

阿尔弗雷德·阿德勒：精神病学家，大学以上学历。父亲：粮食商。

肖洛姆·阿莱赫姆：作家，中学毕业。父亲：经营杂货店和小旅馆。

弗雷德·艾伦：演员，中学毕业。父亲：订书匠。

埃德蒙·艾伦比：军事领袖。父亲：继承了财产。

玛丽安·安德森：歌手，中学毕业。父亲：冷藏间工人，出售煤和冰；母亲：用人。

舍伍德·安德森：诗人、小说家、写故事的人，大学毕业。父亲：制作马具的匠人，打零工；母亲：洗衣妇。

诺曼·安吉尔：小说家、演说家，中学毕业。父亲：百货商店店主。

苏珊·B.安东尼：为妇女争取权利运动的倡议者，大学毕业。父亲：织布厂厂主，生意起伏之后成为小旅馆经营者。

路易斯·阿姆斯特朗：爵士乐音乐家，小学毕业。父亲：工人。

格特鲁德·阿瑟顿：小说家，中学未毕业。父亲：富有的商人；祖父：美洲银行的办事员。

[①] 为方便中文书读者，我们在这里节选列出原作者提供的400位杰出人物的主要信息：人名、做出杰出成就的领域、受教育的程度、父母或其他亲属的职业。

克莱门特·艾德礼：劳工运动领袖、政治家，大学毕业。父亲：富有的捐客。

玛丽·奥斯汀：小说家，大学毕业。父亲：律师（很早就去世了）；母亲：护士。

罗伯特·史蒂芬生·史密斯·贝登堡：军事领袖、童子军创立者，中学毕业。父亲：数学教授、作家、演说家；母亲：艺术家、社交活跃分子。

斯坦利·鲍德温：政治家，大学毕业。父亲：工业家。

阿瑟·J.贝尔福：哲学家、政治家，大学毕业。父亲：继承了遗产。

阿尔本·W.巴克利：政治家，大学毕业。父亲：雇农。

詹姆斯·马修·巴里：小说家、戏剧家，大学以上学历。父亲：织布工人。

埃塞尔·巴里莫尔：演员，中学毕业。父亲：演员；母亲：演员。

约翰·巴里莫尔：演员，中学未毕业。父亲：演员；母亲：演员。

莱昂内尔·巴里莫尔：演员，中学未毕业。父亲：演员；母亲：演员。

贝拉·巴尔托克：作曲家、钢琴家，中学毕业。父亲：农业学校校长、钢琴家、大提琴家；母亲：教师。

克拉拉·巴顿：美国红十字会创立者，大学未毕业。父亲：农夫、士兵。

伯纳德·M.巴鲁克：商人、政治家，大学毕业。父亲：医生、农业专家。

托马斯·F.比彻姆：指挥家、艺术活动经办人，大学毕业。父亲：富有的制造商。

布兰登·F.贝汉：作家，中学未毕业。父亲：粉刷房子的匠人。

维诺比·毕哈维：改革家，大学毕业。父亲：纺织业商人。

亚历山大·格雷厄姆·贝尔：发明家，中学毕业。父亲：演说教师。

格特鲁德·贝尔：旅行家、行政工作人员，大学毕业。父亲：继承了财产。

希莱尔·贝洛克：作家，大学毕业。父亲：法官。

乔治·贝洛斯：艺术家，大学毕业。父亲：建筑师、建筑商。

戴维·本·古里安：政治家，大学未毕业。父亲：律师。

阿诺德·贝内特：小说家、戏剧家，中学毕业。父亲：放债人、律师；母亲：布匹商人的助手。

康拉德·博克维西：小说家，中学未毕业。父亲：养殖牛的农场主、小生意人。

伯纳德·贝伦森：艺术评论家、作家，大学毕业。父亲：小贩。

福克·伯纳多特：外交家，接受过军事训练。父亲：继承了财产。

莎拉·伯恩哈特：演员，中学毕业。父亲：法律学士。

安妮·贝赞特：政治领袖，接受私人教育。父亲：失败的生意人。

安奈林·比万：政治家，小学未毕业。父亲：煤矿工人。

威廉·贝弗里奇：社会改革家，大学以上学历。父亲：英国驻印度的官员。

雨果·L.布莱克：政治家、法学家，大学以上学历。父亲：农夫、杂货店店主。

爱德华·博克：编辑，高中毕业。父亲：翻译人员。

菲莉丝·博顿：小说家，在家里接受教育。父亲：牧师。

路易斯·D.布兰代斯：法学家，大学以上学历。父亲：商人。

罗伯特·布里斯科：政治家，大学毕业。父亲：家具店的店主。

薇拉·布里顿：记者、演说家，大学未毕业。父亲：富有的陶瓷制造商。

路易斯·布罗姆菲尔德：作家，大学未毕业。父亲：贫穷的农夫。

鲁珀特·布鲁克：诗人，大学毕业。父亲：学校教师。

范·怀克·布鲁克斯：杂文作家、评论家、翻译家，大学毕业。父亲：华尔街掮客。

赛珍珠：小说家，大学以上学历。父亲：传教士。

卢瑟·伯班克：园艺家，中学毕业。父亲：农夫。

理查德·E.伯德：极地探险家，中学毕业。父亲：《温切斯特星报》（*Winchester*

Star）的编辑。

弗朗西丝卡·卡布里尼修女：社会工作者，小学毕业。父亲：富裕的农夫。

玛丽亚·卡拉斯：歌唱家，小学毕业。父亲：化学家。

埃迪·坎托：幽默演员，小学未毕业。父亲：失败的小提琴手。

拉萨罗·卡德纳斯：军人、政治家，小学毕业。父亲：织布工人、桌球厅经营者。

本杰明·N.卡多佐：法学家，大学以上学历。父亲：法学家，被迫辞职之后成为律师。

安德鲁·卡内基：工业家、慈善家，小学未毕业。父亲：曾是织布工人；母亲：杂货店的店主。

恩里科·卡鲁索：歌剧男高音，中学毕业。父亲：熟练的机械工人。

乔治·华盛顿·卡弗：植物学家，大学以上学历。父亲：奴隶；养父：富裕的农夫。

巴勃罗·卡萨尔斯：大提琴家、作曲家、指挥家，小学毕业。父亲：村里的风琴师。

阿尔弗雷多·卡塞拉：钢琴家、作曲家，在家学习。父亲：音乐教师；母亲：有自己的收入。

薇拉·凯瑟：小说家，大学毕业。父亲：房地产商、放债者。

埃德加·塞西尔：政治家，大学毕业。父亲：继承了财产。

保罗·塞尚：画家，中学毕业及接受艺术教育。父亲：富裕的帽子商，后来成了银行家。

马克·夏加尔：画家，大学未毕业，接受过艺术训练。父亲：银鱼处理厂的工人。

奥斯汀·张伯伦：政治家，大学毕业。父亲：螺丝钉制造商、政治家。

约瑟夫·张伯伦：政治家，中学毕业。父亲：制造商。

查理·卓别林：演员、制片人，中学未毕业。父亲：流行歌曲歌手；母亲：演员。

伊尔卡·蔡斯：作家，中学毕业。母亲：《时尚》（*Vogue*）杂志编辑。

玛丽·埃伦·蔡斯：教育家，大学以上学历。父亲：市法院的法官、州立法官员、农夫；母亲：曾任学校教师。

安东·契诃夫：剧作家、小说家，大学以上学历。父亲：小商店经营者、库房雇工。

吉尔伯特·K.切斯特顿：记者、作家，中学毕业，接受过其他专科训练。父亲：在自己父亲的公司里做事。

莫里斯·切瓦力亚：演员、歌唱家，中学毕业。父亲：粉刷房子的工人；母亲：制花边的工匠。

理查德·彻奇：作家。父亲：邮局职工；母亲：小学教师。

珍妮·杰尔姆·丘吉尔：作家，在家上学。父亲：记者、华尔街投机者、《纽约时报》（*Now York Times*）1/4股份的持有者。

温斯顿·丘吉尔：政治家、作家，中学毕业，受过军事训练。父亲：政治家。

塞缪尔·克莱门斯：作家，小学未毕业。父亲：治安法官、商人、炒土地的人。

格罗弗·克利夫兰：政治家，中学毕业。父亲：牧师。

欧文·S.科布：幽默作家、记者，中学毕业。父亲：蒸汽轮船公司的雇员。

威廉·弗雷德里克·科迪·"野牛比尔"：军队里的侦察员、演艺公司经营者，小学未毕业。父亲：农夫、政治家、移民社团的组织者。

约瑟夫·康拉德：小说家，中学毕业。父亲：土地经营者、未出版诗集的诗人。

戴安娜·库珀：演员，在家上学。父亲：继承了财产；母亲：艺术家。

达夫·库珀：政治家，大学毕业。父亲：成功的外科医生。

阿伦·科普兰：作曲家，中学毕业。父亲：百货店店主；母亲：父亲的合作者。

诺埃尔·科沃德：演员、剧作家，小学未毕业。父亲：钢琴行的外出营业员；母亲：寄宿客栈经营者。

爱德华·戈登·克雷格：演员、舞台设计师，小学毕业。父亲：建筑师；母亲：演员。

哈特·克莱恩：诗人，中学未毕业。父亲：巧克力制造商。

斯蒂芬·克莱恩：作家，大学未毕业。父亲：卫理公会牧师；母亲：自由撰稿记者。

斯塔福德·克里普斯：律师、社会主义运动领袖，大学以上学历。父亲：富有的律师。

阿奇博尔德·约瑟夫·克罗宁：作家，大学以上学历。父亲：商人。

安德鲁·坎宁安：英国将军，中学毕业，接受过军事训练。父亲：都柏林和爱丁堡的解剖学教授。

玛丽·居里：物理化学家，大学以上学历。父亲：中学科学老师；母亲：女子学校校长。

哈维·库欣：外科医生，大学以上学历。父亲、祖父和曾祖父都是医生。

加布里埃尔·邓南遮：作家、军人，大学毕业。父亲：佩斯卡拉市长、失败的生意人。

戴维·戴奇斯：批评家，大学以上学历。父亲：犹太教牧师。

萨尔瓦多·达利：画家，小学毕业，接受过艺术训练。父亲：律师。

克拉伦斯·达罗：律师，大学以上学历。父亲：牧师，辞去这个工作之后成为木匠和家具工人。

塞西尔·戴·刘易斯：诗人，大学毕业。父亲：英国国教牧师。

夏尔·戴高乐：军人、政治家，中学毕业，接受过军事训练。父亲：哲学和文学教授。

玛丽·路易丝·德拉梅：小说家，小学毕业。父亲：住在英国的法语教师。

阿格尼丝·德·米尔：舞蹈家，大学毕业。父亲：好莱坞制片人。

塞西尔·德·米尔：电影制片人，大学毕业。父亲：剧作家；母亲：教师。

埃蒙·德瓦莱拉：政治家，大学以上学历。父亲：艺术家、从西班牙到美国的移民。

尤金·德布斯：社会主义运动领袖，小学毕业。父亲：经营食品店。

克劳德·德彪西：作曲家，中学毕业。父亲：经营瓷器店。

弗雷德里克·德柳斯：作曲家，大学未毕业。父亲：出口商。

约翰·杜威：哲学家、教育家，大学以上学历。父亲：经营百货店。

托马斯·E.杜威：律师、政治家，大学以上学历。父亲：《奥沃索时报》（Owsso Times）的发行人、奥沃索邮局的局长。

米洛万·吉拉斯：作家、南斯拉夫共产党领导人，大学毕业。父亲：农场主。

威廉·O.道格拉斯：法学家，大学以上学历。父亲：长老会牧师。

阿瑟·柯南·道尔：侦探小说作家，大学以上学历。父亲：职员、建筑师、建筑商。

西奥多·德莱塞：编辑、作家，大学未毕业。父亲：磨坊主，生意失败之后打零工。

戴维·杜宾斯基：劳工运动领袖，小学毕业。父亲：烘焙师傅、小店主。

伊莎多拉·邓肯：舞蹈家，小学未毕业。父亲：商人。

埃莉奥诺拉·杜塞：演员。父亲：演员；母亲：演员。

约瑟夫·杜维恩：艺术品鉴赏家和交易商人，小学未毕业。父亲：艺术品商人。

安东尼·德沃夏克：作曲家、指挥家，中学毕业，接受过音乐训练。父亲：屠夫。

阿梅莉亚·埃尔哈特：飞行家，中学毕业。父亲：律师。

玛丽·贝克·埃迪：基督教科学教派的创始者，中学未毕业。父亲：富裕的农夫。

安东尼·艾登：政治家，大学以上学历。父亲：继承了财产，爱好绘画。

托马斯·A.爱迪生：发明家，小学未毕业。父亲：经营小旅店、粮食商人；母亲：学校教师。

保罗·埃利希：细菌学家，大学以上学历。父亲：经营小旅店。

阿尔伯特·爱因斯坦：理论物理学家，大学以上学历。父亲：电子工程师，建了小工厂。

德怀特·D.艾森豪威尔：军队领导人、政治家，中学毕业，接受过军事训练。父亲：经营小商店，机械师、工厂管理人员。

谢尔盖·爱森斯坦：电影制片人，大学毕业。父亲：富裕的造船商；母亲：继承了财产。

爱德华·埃尔加：作曲家，中学毕业。父亲：风琴师。

哈夫洛克·埃利斯：科学家、作家，大学毕业。父亲：海员、船长。

小道格拉斯·费尔班克斯：演员，中学毕业。父亲：成功的演员。

老道格拉斯·费尔班克斯：演员，中学毕业。父亲：律师、倒卖银子；母亲：经营寄宿客店。

尼格利·法森：作家，大学未毕业。2岁时由祖父收养，祖父是个不成功的炒股人。

威廉·福克纳：小说家，大学未毕业。父亲：经营养马场，也是密西西比大学财务长。

恩利克·费米：物理学家，大学以上学历。父亲：火车站站长；母亲：小学教师。

凯瑟琳·费里尔：歌唱家，中学毕业，接受过音乐教育。父亲：村里的学校教师。

雷金纳德·费森登：物理学家，大学以上学历。父亲：牧师。

F. 斯科特·菲茨杰拉德：小说家，大学未毕业。父亲：不成功的食品批发行业的销售员。

柯尔丝滕·弗拉格斯塔德：歌剧女高音，大学毕业。父亲：白天是法庭上的誊写员，晚上是乐团指挥；母亲：奥斯陆歌剧院的声乐教师。

亚历山大·弗莱明：细菌学家，大学以上学历。父亲：农夫；母亲：丈夫死后在继子的帮助下管理农场。

卡尔·弗莱什：小提琴家、教师，中学毕业，接受过艺术训练。父亲：外科医生。

亚伯拉罕·弗莱克斯纳：律师、教育家，大学以上学历。父亲：批发商人、小贩。

福特·马多克斯·福特：作家、教师，大学毕业。父亲：德国公民、《伦敦时报》（London Times）的音乐编辑。

亨利·福特：汽车制造商，小学毕业。父亲：农夫。

爱德华·摩根·福斯特：小说家，大学毕业。父亲：建筑师。

阿纳托尔·法朗士：小说家、评论家、诗人，大学毕业。父亲：书商。

弗朗西斯科·佛朗哥：军人、独裁者，中学毕业，接受过军事训练。父亲：海军军官（管理工资）。

安妮·弗兰克：《安妮日记》（Diary of a Young Girl）作者，中学毕业。父亲：商人。

西格蒙德·弗洛伊德：精神分析法的创立者，大学以上学历。父亲：小纺织厂厂主。

罗伯特·弗罗斯特：诗人，大学未毕业。父亲：《旧金山布告》（San Francisco Bulletin）的编辑；母亲：教师。

雯达·加格：画家、作家，中学毕业，接受过艺术教育。父亲：艺术家（移

350

民之前是波希米亚的木雕家）。

约翰·高尔斯华绥：小说家、剧作家，大学毕业。父亲：律师。

莫罕达斯·K.甘地：政治领导人，大学以上学历。父亲：波尔班达尔总理。

哈姆林·加兰：作家，大学毕业。父亲：贫穷的农夫。

保罗·高更：画家，中学毕业。父亲：不成功的记者。

乔治·格什温：作曲家，中学未毕业。父亲：经营各种小生意。

卡里·纪伯伦：诗人、画家，中学毕业。父亲：做小生意。

安德烈·纪德：作家，大学毕业。父亲：富有的法律教授。

威廉·S.吉尔伯特：剧作家，大学毕业。父亲：海军外科医生、小说家。

乔治·R.吉辛：小说家，大学未毕业。父亲：小店主、药剂师。

埃伦·格拉斯哥：小说家，小学未毕业。父亲：商人。

塞缪尔·龚帕斯：劳工运动领袖，小学未毕业。父亲：雪茄烟制造商。

阿希尔·戈尔基：艺术家，大学毕业。父亲：商人、木匠。

马克西姆·高尔基：作家，小学未毕业。父亲：在岳父家的染坊里做工。

肯尼思·格雷厄姆：作家，中学毕业。父亲：律师。

威尔弗雷德·格伦费尔：医生、传教士，大学以上学历。父亲：学校校长、传教士。

爱德华·格里格：作曲家，中学未毕业。父亲：英国领事。

托马斯·哈代：小说家，中学毕业，接受过其他专科训练。父亲：石匠。

拉夫卡迪奥·赫恩：作家，中学未毕业。父亲：军官。

威廉·伦道夫·赫斯特：报纸发行人，大学未毕业。父亲：采矿业大亨。

欧内斯特·海明威：作家，中学毕业。父亲：医生。

西奥多·赫茨尔：政治家，大学毕业。父亲：富裕的商人。

戈登·休沃特：法学家，大学以上学历。父亲：家用布匹商。

悉尼·希尔曼：劳工运动领袖，小学毕业。父亲：失败的粮食商；母亲：小店主。

奥利弗·温德尔·霍姆斯：法学家，大学以上学历。父亲：医生、诗人。

赫伯特·胡佛：工程师、政治家，大学毕业。父亲：铁匠。

哈里·霍迪尼：魔术师，小学未毕业。父亲：犹太教教士。

阿尔弗雷德·爱德华·豪斯曼：诗人，大学未毕业。父亲：催债人、不成功的发明家。

劳伦斯·豪斯曼：作家、插图画家，中学毕业，接受过其他专科训练。父亲：催债人、不成功的发明家。

威廉·迪恩·豪威尔斯：作家，小学未毕业。父亲：报纸编辑、排版工匠。

威廉·亨利·赫德森：自然学家、作家，在家学习。父亲：农夫、酿酒厂工人。

查尔斯·埃文斯·休斯：法学家，大学以上学历。父亲：浸礼会牧师。

兰斯顿·休斯：作家，大学未毕业。父亲：成功的商人和墨西哥农场主。

阿道司·赫胥黎：小说家、评论家，大学毕业。父亲：编辑、传记作家、历史学家。

亨里克·易卜生：诗人、剧作家，中学毕业。父亲：不成功的商人。

哈罗德·L.伊克斯：政治改革家，大学以上学历。父亲：小店主。

亨利·詹姆斯：小说家，大学以上学历。父亲：继承了财产。

威廉·詹姆斯：心理学家、哲学家，大学以上学历。父亲：继承了财产。

教皇约翰二十三世：教皇，中学毕业，接受过其他专科训练。父亲：农夫。

欧内斯特·琼斯：精神病学家，大学以上学历。父亲：煤矿工程师、钢铁厂管理人员。

鲁弗斯·琼斯：教友会哲学家，大学毕业。父亲：农夫。

詹姆斯·乔伊斯：作家，大学毕业。父亲：医生、演员、歌手、商业职员、政界职员（不成功）。

弗兰茨·卡夫卡：诗人、作家，大学以上学历。父亲：干货批发商人。

贺川丰彦：社会改革家、传教士，大学以上学历。父亲：外交官和商人。

希拉·凯·史密斯：小说家，在家学习。父亲：外科医生。

阿瑟·基思：人类学家，大学以上学历。父亲：农夫。

海伦·凯勒：作家、演讲家，大学毕业。父亲：编辑。

约翰·F.肯尼迪：政治家，大学以上学历。父亲：政治家。

伊丽莎白·肯尼：护士，在家学习，接受过其他专科训练。父亲：土豆和洋葱农场主。

罗克韦尔·肯特：艺术家，大学未毕业。父亲：律师。

杰尔姆·克恩：作曲家，大学毕业，接受过其他专科训练。父亲：街车联合会主席。

马丁·路德·金：牧师、社会改革家，大学以上学历。父亲：浸礼会牧师。

威廉·L.麦肯齐·金：政治家，大学以上学历。父亲：不成功的律师。

拉迪亚德·吉卜林：作家，中学毕业。父亲：美术老师。

霍雷肖·赫伯特·基奇纳：军人，中学毕业，接受过军事训练。父亲：军官、爱尔兰官员。

保罗·克利：画家，中学毕业，接受过艺术训练。父亲：教师。

埃里克·克莱伯：指挥家，中学毕业，接受过一些音乐训练（从布拉格音乐学院被开除了）。父亲：希腊语、拉丁语、德语教师。

阿瑟·凯斯特勒：作家，大学未毕业。父亲：制造商。

弗里茨·克莱斯勒：小提琴家，大学毕业。父亲：医生、鱼类学家。

伊瓦尔·克罗伊格：金融家，大学毕业。父亲：火柴厂厂主。

约翰·拉·法奇：牧师、编辑，中学毕业，接受过其他专科训练。父亲：艺术家。

小罗伯特·拉福利特：政治家，大学毕业。父亲：政治家。

老罗伯特·拉福利特：政治家，大学以上学历。父亲：农夫。

菲奥雷洛·拉瓜迪亚：政治家，大学以上学历。父亲：军队音乐家。

林·拉德纳：幽默作家，中学毕业。父亲：商人。

哈罗德·J.拉斯基：政治学家，大学以上学历。父亲：棉花运输商、慈善家。

哈里·劳德：歌唱家，小学未毕业。父亲：工人。

D.H.劳伦斯：小说家，中学毕业。父亲：矿工；母亲：教师。

格特鲁德·劳伦斯：演员，小学未毕业。父亲：演员。

玛乔丽·劳伦斯：歌剧女高音，中学毕业，接受过其他专科训练。父亲：富裕的农夫。

托马斯·E.劳伦斯：考古学家、军人、作家，大学以上学历。父亲：继承了遗产。

斯蒂芬·B.李科克：幽默作家、经济学家，大学以上学历。父亲：农夫。

洛蒂·莱曼：歌唱家，中学毕业，接受过音乐专业教育（在音乐学院很失败，被学校送回了家）。父亲：小镇官员。

约翰·L.刘易斯：劳工运动领袖，中学毕业。父亲：煤矿工人。

辛克莱·刘易斯：小说家，大学毕业。父亲：医生。

查尔斯·A.林德伯格：飞行家，大学未毕业。父亲：政治家。

韦切尔·林赛：诗人，大学毕业。父亲：医生。

马克西姆·李维诺夫：外交官，大学毕业。父亲：农作物商人。

大卫·劳合·乔治：政治家，中学毕业，也学过法律。父亲：英国国教学校的校长。

杰克·伦敦：作家，中学未毕业。养父：普通劳动者；父亲：流动算命先生；母亲：灵媒。

休伊·P.朗：政治家，中学未毕业。父亲：农夫。

埃米·洛厄尔：诗人、评论家，中学毕业。父亲：富裕的磨坊主。

道格拉斯·麦克阿瑟：军官，中学毕业，接受过军事训练。父亲：将军。

贝蒂·麦克唐纳：幽默作家，大学未毕业。父亲：矿业工程师；母亲：服装设计师。

詹姆斯·拉姆西·麦克唐纳：政治家，小学毕业。父亲：工人；母亲：用人。

拉蒙·麦格赛赛：政治家，大学毕业。父亲：教师。

古斯塔夫·马勒：作曲家、指挥家，小学毕业，接受过其他专科训练。父亲：小蔬菜店店主。

艾瑞卡·曼：作家、演员，中学毕业，接受过其他专科训练。父亲：成功的作家。

克劳斯·曼：作家，中学毕业。父亲：成功的作家。

托马斯·曼：作家，大学未毕业。父亲：富有的粮食商人，后来破产了。

曼努埃尔·马诺莱特：斗牛士。父亲：屠夫。

凯瑟琳·曼斯菲尔德：作家，大学未毕业。父亲：新西兰银行的行长。

伽利尔摩·马可尼：发明家、电子工程师，中学未毕业。父亲：富裕的蚕农。

爱德华·马什：诗集编者，大学毕业。父亲：外科医生。

乔治·C.马歇尔：军人、政治家，中学毕业，接受过军事训练。父亲：富有的煤矿经营者。

扬·马萨里克：外交家，大学毕业。父亲：哲学家、政治家。

托马斯·马萨里克：哲学家、政治家，大学以上学历。父亲：马车夫；母亲：

厨师。

亨利·马蒂斯：画家，大学毕业。父亲：粮食商。

W.萨默塞特·毛姆：小说家、剧作家，大学以上学历。父亲：外交官。

威廉·H.莫尔丁：漫画家，中学毕业。父亲：农夫、商人、矿工。

安德烈·莫洛亚：作家，大学以上学历。父亲：纺织品制造商。

查尔斯·霍勒斯·梅奥：外科医生，大学以上学历。父亲：医生。

威廉·詹姆斯·梅奥：外科医生，大学以上学历。父亲：医生。

约瑟夫·麦卡锡：政治家，大学以上学历。父亲：农夫。

维德·梅塔：作家，大学毕业。父亲：市政府卫生官员。

亨利·路易斯·门肯：编辑、讽刺作家，中学毕业。父亲：烟草商。

皮埃尔·孟戴斯-弗朗斯：政治家，大学以上学历。父亲：富裕的服装制造商。

卡尔·门宁格：精神病学家、作家，大学以上学历。父亲：医生。

威廉·门宁格：精神病学家，大学以上学历。父亲：医生。

耶胡迪·梅纽因：小提琴家，在家学习，接受过音乐训练。父亲：教师。

埃德娜·圣·文森特·米莱：诗人，大学毕业。父亲：学校校长；母亲：护士。

A.A.米尔恩：诗人、剧作家，大学毕业。父亲：教师。

阿梅代奥·莫迪利亚尼：画家、雕塑家，中学未毕业，接受过其他专科训练。父亲：银行家。

费伦茨·莫尔纳：剧作家、小说家，大学以上学历。父亲：医生。

克劳德·莫奈：画家，小学未毕业，接受过其他专科训练。父亲：不成功的杂货店老板。

玛利亚·蒙台梭利：医生、教育家，大学以上学历。父亲：军人。

伯纳德·劳·蒙哥马利：军人，中学毕业，接受过军事训练。父亲：圣公会牧师。

乔治·穆尔：小说家，中学毕业，接受过其他专科训练。父亲：乡下的绅士。

约翰·R.穆德：基督教青年会领导人，大学毕业。父亲：木材商。

约翰·米德尔顿·默里：作家，大学毕业。父亲：政府工作人员。

弗里乔夫·南森：探险家、动物学家、人道主义者，大学未毕业。父亲：律师。

贾迈勒·阿卜杜尔·纳赛尔：政治家，中学毕业，接受过军事训练。父亲：邮局局长。

贾瓦哈拉尔·尼赫鲁：政治家，大学毕业。父亲：政治家。

莱因霍尔德·尼布尔：神学家，大学以上学历。父亲：牧师。

马丁·尼默勒：神学家，大学毕业。父亲：路德教派牧师。

弗里德里希·W.尼采：哲学家、诗人，大学以上学历。父亲：路德教派牧师。

瓦斯拉夫·尼金斯基：舞蹈家，接受过专科训练。父母都是舞蹈演员。

理查德·M.尼克松：政治家，大学以上学历。父亲：工人和小店主。

克瓦米·恩克鲁玛：政治家，大学以上学历。父亲：金矿工人。

乔治·W.诺里斯：政治家，大学毕业。父亲：农夫。

肖恩·奥凯西：剧作家，小学未毕业。父亲：清教教堂的工作人员。

尤金·奥尼尔：剧作家，大学未毕业。父亲：演员。

E.菲利普斯·奥本海默：小说家，中学未毕业。父亲：商人。

J.罗伯特·奥本海默：物理学家，大学以上学历。父亲：富有的纺织品制造商。

何塞·克莱门特·奥罗兹科：画家，大学毕业。父亲：编辑。

乔治·奥威尔：作家，中学毕业。父亲：英国公务员。

威廉·奥斯勒：医生、人道主义者、作家、藏书家，大学以上学历。父亲：牧师。

伊格纳西·扬·帕德雷夫斯基：钢琴家、政治家，小学毕业，接受过音乐专科训练。父亲：庄园管理员。

鲍里斯·帕斯捷尔纳克：作家，大学以上学历，接受过其他专科训练。父亲：画家；母亲：音乐家。

乔治·S.巴顿：军人，中学毕业，接受过军事训练。父亲：律师。

艾略特·保罗：作家，大学未毕业。父亲：农夫。

罗伯特·E.皮里：极地探险家，大学毕业。父亲：木材工人。

巴勃罗·毕加索：画家、雕塑家，小学未毕业。父亲：美术教师。

多米尼克·皮雷神父：人道主义者，大学以上学历。父亲：小镇里的官员。

教皇皮乌斯十二世：罗马天主教教皇，中学毕业，接受过其他专科训练。父亲：教会法律专家。

约翰·考珀·波伊斯：作家、诗人、评论家，中学未毕业。父亲：神职人员。

谢尔盖·普罗科菲耶夫：作曲家，中学毕业。父亲：农业经济学家、庄园管理员。

马塞尔·普鲁斯特：小说家，中学毕业。父亲：医学教授。

贾科莫·普契尼：歌剧作曲家，小学毕业，接受过音乐专科训练。父亲：音乐家、村里的风琴师，父亲家族里四代都是音乐家。

厄尼·派尔：新闻界人士，大学未毕业。父亲：农夫。

曼努埃尔·奎松：政治家，大学以上学历。父亲：学校教师。

谢尔盖·拉赫玛尼诺夫：钢琴家、作曲家，在家学习，接受过音乐训练（9岁进音乐学院）。父亲：不成功的庄园管理员。

桑塔·拉马·劳：作家，大学以上学历。父亲：外交官。

莫里斯·拉威尔：作曲家，接受过音乐专科训练。父亲：矿业工程师。

古斯塔夫·莱格勒：作家，大学以上学历。父亲：书商。

沃尔特·鲁瑟：劳工运动领袖，大学未毕业。父亲：工厂工人、工会官员。

塞西尔·罗兹：行政人员、金融家，大学以上学历。父亲：神职人员。

赖内·马利亚·里尔克：诗人、作家，大学未毕业。父亲：铁路官员。

迭戈·里维拉：画家，中学毕业，接受过艺术训练。父亲：镇政府官员、公共卫生官员。

埃德温·阿林顿·罗宾逊：诗人，大学未毕业。父亲：造船木匠、小店主。

杰基·罗宾森：棒球运动员，大学毕业。父亲：农夫、城里打工者；母亲：家政服务者。

小约翰·D.洛克菲勒：慈善家，大学毕业。父亲：金融家。

老约翰·D.洛克菲勒：石油大亨，中学毕业，接受过其他专科训练。父亲：治癌妙方兜售人。

纳尔逊·洛克菲勒：政治家，大学毕业。父亲：慈善家。

奥古斯特·罗丁：雕塑家，中学未毕业。父亲：警局督察。

威尔·罗杰斯：演员、幽默作家，中学未毕业。

罗曼·罗兰：文学家，演说家，大学以上学历。父亲：公证员。

卡洛斯·罗慕洛：政治家、作家，大学以上学历。父亲：市长、省长。

埃丽诺·罗斯福：演说家、作家、社会和国际事务领袖，中学毕业。父亲：商人。

富兰克林·D.罗斯福：政治家，大学以上学历。父亲：经常失败的金融家。

西奥多·罗斯福：政治家，大学毕业。父亲：玻璃进口商、义务社会工作者。

伯特兰·罗素：数学家、哲学家、社会改革家，大学以上学历。父亲：政治家，继承了财产。

欧内斯特·卢瑟福：物理学家，大学以上学历。父亲：农夫。

安东尼奥·德·奥利维拉·萨拉查：政治家，大学以上学历。父亲：监督员、小旅店店主。

卡尔·桑德堡：作家，大学毕业。父亲：铁路工人。

玛格丽特·桑格：社会改革家，中学毕业，接受过其他专科训练。父亲：石匠。

乔治·桑塔亚纳：哲学家、诗人，大学以上学历。父亲：律师。

威廉·萨罗扬：小说家、剧作家，中学未毕业。父亲：清教牧师、葡萄农场主；母亲：成为寡妇之后做零工。

阿图尔·施纳贝尔：钢琴家，小学毕业，接受过音乐训练。父亲：羊毛商。

奥利芙·施赖纳：作家，在家学习。父亲：卫理公会牧师。

欧内斯廷·舒曼－海因克：歌剧女中音，小学毕业。父亲：奥地利军官。

阿尔伯特·施韦泽：哲学家、医生、音乐家，大学以上学历。父亲：路德教派牧师。

乔治·伯纳德·萧伯纳：剧作家、小说家、评论家，中学毕业。父亲：不成功的制造商；母亲：音乐教师。

德米特里·肖斯塔科维奇：作曲家，中学未毕业，接受过音乐训练。父亲：曾经在度量管理局工作；母亲：成为寡妇之后，曾经在度量管理局工作。

让·西贝柳斯：作曲家，中学毕业，接受过音乐训练。父亲：医生。

伊迪丝·西特韦尔：诗人、评论家、小说家，在家学习。父亲：继承了遗产，时常不成功的金融家。

奥斯伯特·西特韦尔：诗人、剧作家、小说家，接受过专科训练。父亲：继承了遗产。

萨谢弗雷尔·西特韦尔：诗人、评论家，大学毕业。父亲：继承了遗产。

阿尔弗雷德·E.史密斯：政治家，小学未毕业。父亲：卡车司机。

莉莲·史密斯：作家，大学未毕业，接受过其他专科训练。父亲：制造商。

约翰·菲利普·苏萨：乐团指挥、作曲家，小学未毕业，接受过其他专科训练。父亲：乐团指挥、造柜子的工匠。

斯蒂芬·斯彭德：诗人、评论家，大学未毕业。父亲：记者、小说家。

康斯坦丁·斯坦尼斯拉夫斯基：演员、戏剧出品人，在家学习。父亲：继承了财产，磨坊主。

亨利·莫尔顿·斯坦利：探险家，小学未毕业。养父：经营棉花买卖的商人。

维贾尔默·斯蒂芬森：极地探险家，大学以上学历。父亲：农夫。

林肯·斯蒂芬斯：记者，大学以上学历。父亲：富裕商人。

格特鲁德·斯泰因：作家，大学未毕业。父亲：不成功的街车公司副总裁。

查尔斯·P.斯坦因梅茨：电子工程师，大学毕业。父亲：工程师。

阿德莱·E.史蒂文森：政治家，大学毕业。父亲：农场管理员。

伊戈尔·斯特拉温斯基：作曲家，大学毕业，接受过其他专科训练。父亲：歌手。

杰西·斯图尔特：作家，大学以上学历。父亲：农夫。

阿瑟·S.沙利文：作曲家，中学毕业。父亲：军队里的乐队指挥。

罗伯特·A.塔夫特：政治家，大学以上学历。父亲：政治家。

拉宾德拉纳特·泰：诗人、艺术家、作曲家，大学未毕业。父亲：富裕商人。

迪伦·托马斯：诗人，中学毕业。父亲：教师。

约瑟夫·布罗兹·蒂托：政治家。父亲：马贩子。

列夫·托尔斯泰：小说家、哲学家，大学未毕业。父亲：庄园管理人。

阿尔图罗·托斯卡尼尼：指挥家，大学毕业生，接受过专科训练。父亲：裁缝。

亨利·图卢兹–罗特列克：画家，大学毕业。父亲：继承了财产。

西格丽德·温德塞：小说家。父亲：考古学家。

皮埃尔·范·帕森：记者、作家，大学以上学历。父亲：商人。

儒勒·凡尔纳：作家，大学以上学历。父亲：律师。

塞尔曼·瓦克斯曼：细菌学家，大学以上学历。父亲：木匠；母亲：小店主。

亨利·A.华莱士：农学家、政治家，大学毕业。父亲：《华莱士农场杂志》(*Wallace's Farm Journal*)编辑、农业部部长。

休·沃波尔：小说家，大学毕业。父亲：圣公会牧师。

布克·T.华盛顿：教育家，大学毕业。母亲：家务工作者。

比特丽斯·韦布：作家，中学未毕业，也曾在家学习。父亲：富裕的制造商人（财运经常逆转）。

哈伊姆·魏茨曼：化学家、政治家，大学以上学历。父亲：做木材生意（生意经常戏剧性地大起大落）。

H.G.韦尔斯：作家，大学以上学历。父亲：园丁、小店主；母亲：家庭主妇。

伊迪丝·纽博尔德·沃顿：小说家，在家学习。父亲：工程师，也继承了财产。

詹姆斯·麦克尼尔·惠斯勒：画家、雕刻家，中学毕业，接受过军事训练（被开除了）。父亲：工程师（容易失败，性格有问题）。

沃尔特·弗朗西斯·怀特：作家、美国全国有色人种促进会的秘书，大学毕业。父亲：邮差。

威廉·艾伦·怀特：编辑、作家，大学未毕业。父亲：没有学位的医生、旅馆经营者。

诺伯特·维纳：数学家、作家，大学以上学历。父亲：教授。

奥斯卡·王尔德：诗人、戏剧家，大学以上学历。父亲：医生。

威廉·卡洛斯·威廉姆斯：医生、作家，大学以上学历。父亲：工程师。

温德尔·威尔基：政治家，大学以上学历。父亲：律师；母亲：律师。

伍德罗·威尔逊：教授、政治家，大学以上学历。父亲：牧师。

托马斯·沃尔夫：作家，大学以上学历。父亲：石匠。

弗吉尼亚·伍尔夫：作家，在家学习。父亲：《国家传记词典》(*Dictionary*

of National Biography）的编辑。

亚历山大·伍尔科特：记者、作家，大学毕业。父亲：不成功的驻国外的律师。

弗兰克·劳埃德·赖特：建筑师，大学未毕业。父亲：牧师；母亲：教师。

奥维尔·赖特：航空事业开创者，中学未毕业。父亲：牧师。

理查德·赖特：作家，中学未毕业。父亲：磨坊工人。

威尔伯·赖特：航空事业开创者，中学未毕业。父亲：牧师。

威廉·巴特勒·叶芝：诗人、戏剧家，中学毕业，接受过其他专科训练。父亲：艺术家。

汉斯·津瑟：细菌学家，大学未毕业。父亲：化学家。

爱弥尔·左拉：小说家，中学毕业。父亲：工程师。

斯蒂芬·茨威格：作家，大学以上学历。父亲：成功的商人。

关于作者

维克托·戈策尔博士是一位以小组和个人心理疗法为专业的心理学家，曾住在加利福尼亚州帕洛阿图和圣荷西市。从加州大学伯克利分校取得心理学学士和硕士学位之后，他于1953年在密歇根大学取得临床心理学博士学位。他曾是下列组织的会员：美国心理学学会、社会问题心理学研究学会、美国矫正精神医学学会。他曾任美国超常儿童学会主席。

米尔德丽德·乔治·戈策尔曾经是高中英语教师，担任过新泽西州派特森市为情绪障碍学生开设的弗罗姆学校的校长，后来专职从事写作。她在印第安纳州曼西市的波尔州立大学取得了英语学士学位，在芝加哥大学和西北大学读过英语专业的研究生课程，在加州大学伯克利分校读过儿童发育专业的研究生课程。

米尔德丽德和维克托相识于20世纪30年代后期，他们一同去墨西哥旅行，在那里认识了画家迭戈·里维拉和弗里达·卡罗。在那之后，他们二人都尽毕生精力致力于和平与社会公正。他们二人也都着迷于童年的早期经历如何影响后来成名的人。1962年，维克托和米尔德丽德撰写了本书，这本书很快被认为是经典之作。后来他们还合作出版过其他书籍，包括1978年出版的《300名杰出人物：对杰出人物的心理与社会分析》和1995年出版的《莱纳斯·鲍林：科学和政治中的一生》(Linus Pauling: A Life in Science and Politics)。维克托于1999年去世，米尔德丽德于2000年去世。

特德·乔治·戈策尔是米尔德丽德和维克托的儿子，他继承了这个家庭的传统——研究者，并积极投身于社会与政治变革。他出版过6本书，发表了大量专业文章，主要致力于研究社会变革运动、不同时代人之间的冲突，以及社会阶层与政治态度。特德是位于新泽西州坎姆顿的拉特格斯大学社会学系的教授、前系主任。他在俄亥俄州金泉市的安提奥茨学院取得社会学和人类学的学士学位，在圣路易斯华盛顿大学取得了社会学与拉丁美洲研究的硕士学位和社会学博士学位。在拉特格斯大学任教之前，他曾在俄勒冈大学和圣保罗大学任教。

阿丽尔·M.W.汉森是一位科学作家，现居俄勒冈州波特兰市。她家里五代都居住在美国西北太平洋海岸地区，她出生和成长在华盛顿州普杰群岛的一个小岛上。她的早期教育包括家庭学校和西雅图的常青超常儿童学校。阿丽尔在宾夕法尼亚州西城市的西城中学读了高中，在宾夕法尼亚州哈沃福德的哈沃福德学院取得了英语学士学位。她是特德的继侄女，目前致力于发展科学传播事业，主要方向是天体物理学和宇宙学。

读 书 札 记

印象深刻的名人：_____

他的成长环境：_____

_____

_____

_____

你的阅读感受：_____

_____

_____

_____

_____

_____

_____

_____

印象深刻的名人：_____

他的成长环境：_____

_____

_____

_____

你的阅读感受：_____

_____

_____

_____

_____

_____

_____

印象深刻的名人：_____

他的成长环境：_____

_____

_____

_____

你的阅读感受：_____

_____

_____

_____

_____

_____

印象深刻的名人：_____

他的成长环境：_____

_____

_____

_____

你的阅读感受：_____

_____

_____

_____

_____

_____

_____